Paul Herrmann

Vom Anfang und Ende der Welt

W0221819

aufbau taschenbuch

tilgt, der Mythos aber gibt ihn wieder und weist a… Verwurzelung der Menschennatur im Reich all dessen, was Leben heißt.

Zum Mythos gehört nicht nur die literarische Fassung, sondern auch die Formung im Bild, in anderen Kunstformen, im Ritus und Volksbrauch einschließlich des Aberglaubens, ja auch die Wiederkehr eines Mythos in jedermanns Träumen bei Tag und Nacht. Denn ein jeder von uns trägt Mythen in sich, in jenem Raum, den die Psychologie das »kollektive Unbewußte« nennt und von einer Art Mythenkonzentrat durchwoben glaubt, vererbten Urtypen von Menschenhaltung, die, wenn sie in den Träumen, in Phantasien, in Dichtungen, in Visionen ins Bewußtsein treten, dort als immer wiederkehrende, allen Völkern aus ihrer gemeinsamen Wegstrecke vertraute Urgestalten erscheinen, als Archetypen wie etwa denen des alten Weisen, der Großen Mutter, des Schattens, der Schlange, des Göttlichen Kindes, aber auch Urtopographien wie Paradiesgarten, Waldsee und Höllenfeuer.

Wer waren sie – die eigentlichen Träger und frühen Vermittler all der Mythen, die uns bekannt geworden sind; woher kamen sie?

Früheste Kenntnisse zu den Ur-Germanen und ihrer Herkunft lassen sich nur über linguistische Abstraktionen der Herauslösung einer urgermanischen Sprache aus einer hypothetisch angenommenen indo-europäischen Spracheinheit erschließen. Dieser Prozeß der Herauslösung und Konsolidierung einer gemeinsamen Vorstufe der heutigen germanischen Sprachen ist wahrscheinlich in den letzten beiden Jahrtausenden vor unserer Zeitrechnung erfolgt. Darauf lassen früheste Runeninschriften und Lehnwörter in benachbarten Sprachen schließen. Das Germanische wird uns heute nur in Form einzelner Stammessprachen faßbar. Die moderne Vor- und Frühgeschichtsforschung stellt zugleich die Annahme einer ethnischen Einheit der Germanen in Frage. Über die Herausbildung der einzelnen Stämme gibt es bis heute nicht mehr als unbewiesene Theorien. Weniges gilt als gesichert: 1200–800 v. Chr. besiedeln sie die Gebiete bis an die Weichselmündung, von der Nord- und Ostseeküste, einschließlich Dänemarks und Südschwedens, bis zum Nordrand der deutschen Mittelgebirge.

Die zunächst in Südskandinavien anzutreffenden Nordgermanen besiedeln später selbst Island. Zwischen dem 4. und 2. Jahrhundert v. Chr. stoßen die germanischen Stämme gegen Osten und Südosten vor, teilweise bis zu den Alpen, ihre Plätze werden von den Burgunden, Vandalen und um die Zeitenwende von den Goten, die später bis nach Südspanien wandern, eingenommen. Diese erste Germanenwanderung der vorrömischen Eisenzeit endet im 1. Jahrhundert unserer Zeit. Mit Beginn des 3. Jahrhunderts treten an die Stelle der früheren kleinen Stammesgebilde jetzt aus militärischen und ökonomischen Gründen größere lockere Kriegsbündnisse. Im Rahmen weiterer Integrationsprozesse werden immer größere Stammesverbände begründet. Aus ihnen gehen die späteren Großstämme der Alemannen, Thüringer, Franken, Bayern, Sachsen und Friesen hervor. Mit dem Ende des 4. Jahrhunderts kam es dann immer wieder zu großen Umwälzungen und Wanderungsbewegungen, den großen »Völkerwanderungen« der germanischen beziehungsweise deutschen Völkerschaften. Im 8. Jahrhundert begann die große Ausdehnung nach Osten, nachdem im 6. Jahrhundert das deutsche Sprachgebiet relativ klein geworden war. Während der deutschen Ostexpansion wurden die Gebiete östlich von Elbe und Saale erobert, die dort ansässigen Slawen unterworfen, Schleswig, die Ostseeküste, Böhmen, Siebenbürgen, Teile der Slowakei und Österreich besiedelt.

Auf einzelne Stammesnamen sowie deren Konsolidierungs- und Wanderungsgeschichte kann hier nicht weiter eingegangen werden. Auch entspricht der hier verwendete Terminus »Festlandgermanen« für die späteren Deutschen als Kontrast zu den Nordgermanen Skandinaviens nicht den entsprechenden einschlägigen Theorien, soll in unserer Darstellung jedoch genügen.

Gewiß haben die unterschiedlichen Lebensräume – bei den Nordgermanen die des rauhen und kalten Nordens und bei den Festlandgermanen die doch etwas milderen mitteldeutschen Wald-, Seen- und Mittelgebirgsgebiete – Einflüsse auf die Lebensweise wie auf die damit verbundenen Vorstellungswelten, gerade wenn man bedenkt, daß die Religion in frühester Zeit eine magische Naturverehrung war. Somit muß man bei vielen Übereinstimmungen in den Grundvorstellungen doch von einem Unterschied zwischen der nordischen und der deutschen Mythologie ausgehen. Wenn im Titel dieses Buches von einer deutschen Mythologie gesprochen wird, so macht es sich notwendig, diese Begriffsabgrenzung zumindest in Ansätzen zu begründen.

Zunächst noch erscheint die nordische Götterwelt ärmer als die deutsche; erst um 500 beginnt ein reger Sagen- und Mythenaustausch beziehungsweise deren »Wanderung« von Süd nach Nord. Fast alle mythischen Grundvorstellungen entstammen dem Deutschen (lediglich die Mythen um Bragi, Loki, dem Fenriswolf, Heimdall und einige Eigenschaften von Odin, Thor und Tyr sind rein nordisch und werden also in unserem Text nicht vorkommen). Jedoch erscheinen beim heutigen Vergleich die Göttersagen und Mythologien des Nordens wesentlich bildreicher, umfänglicher und poetischer – man denke an die ausführlichen Beschreibungen der Weltschöpfung, Einrichtung mit Walhall, Weltesche u.a. sowie den Untergang in der »Götterdämmerung«. Grund dafür ist, daß die Veränderungen, Zusammenfügungen und Vertiefungen der alten Stoffe, die die Norweger, Dänen und Isländer vorgenommen haben, das Werk von Dichtern sind und daher als Kunst-Werke zu gelten haben. Somit sind die nordischen Edda-Lieder weniger Volksglauben als Kunst, mehr Phantasie als lebendige Religion.

Eine deutliche Scheidung ist wichtig, um eine deutsche Mythologie zu schaffen; auch wenn es schwerfällt, die Kenntnisse, die Schönheit und Abgeschlossenheit der Bilder der Edda nicht mitzudenken. Behalten wir letzteres als wissenschaftliches Vergleichsmedium im Auge und stellen uns die Aufgabe der Nachreichung dieser »Komplementär-Mythen«.

Auf der Suche nach Material oder einer Vorlage für die Neuherausgabe einer germanischen beziehungsweise deutschen Mythologie fand sich eine erstaunliche Vielzahl von mehr oder weniger seriösen Ausgaben, entstanden Ende des 19. und Anfang des 20. Jahrhunderts. Noch vor der Jahrhundertwende erlebte die deutsche Sprachwissenschaft einen ersten großen Aufschwung und erlangte gesellschaftliche Anerkennung als Wissenschaft. Eine Sprachwissenschaft, die sich der historisch-vergleichenden Methode bediente, das heißt, die durch diachronen Sprachvergleich verschiedener Entwicklungsstufen der deutschen Sprache versuchte, deren Ursprünge und Entwicklung bis in die Gegenwart zu erschließen und zu beschreiben. In dieser Zeit entstanden ausnahmsweise viele Wörterbücher zu den einzelnen Etappen deutscher Sprachentwicklung vom Indogermanischen über das Alt-, Mittel- und Frühneuhochdeutsch bis zum damalig aktuellen Stand ebenso wie dazugehörige Grammatiken und regionalsprachige Wörterbücher. Als hervorragendstes Werk ist das »Deutsche Wörterbuch« der Brüder Grimm zu nennen.

Zugleich war es eine Zeit, in der das Deutsche Reich neuerlich begründet wurde, man dabei nach seinen geschichtlichen Ursprüngen suchte, bemüht war, möglichst reine Traditionslinien zu beschreiben. Die literarische »Weltflucht« und Besinnung auf das goldene Mittelalter und auf die Märchen und Mythen aus heldenhaft verklärter Vorzeit durch die Romantiker hatte ihren Höhepunkt bereits hinter sich. Volkslied-, Märchen- und Sagensammlungen gab es jetzt zur Genüge, auch hier sei an die Brüder Grimm und ihre »Kinder- und Hausmärchen« erinnert.

Anfang des neuen Jahrhunderts gab es dann auch mehr als ein Dutzend germanischer und deutscher Mythologien; vielfach waren dies jedoch »gesamtgermanische« Mythologien. Vorweg sei auch hier wieder der Name Jakob Grimm genannt, dessen mehrbändige Ausgabe, entstanden zwischen 1835 und 1878, vielfach faktologische Grundlage anderer Werke und Ausgaben von Zeitgenossen war. Wissenschaftler wie Simrock, Mannhardt, Golther, Mogk, E.H. Meyer, H.I. Schlender und P. Herrmann haben Anerkennung gefunden. Wie auch unsere Ausgabe sind all die anderen zumeist wissenschaftlich angelegten Werke das Ergebnis von historisch-vergleichender Sprachwissenschaft im Zusammenwirken mit ethnologischer und – heute würde man sagen – sozio-kultureller Forschung. Natürlich mag die Wissenschaftsentwicklung, insbesondere auf letzterem Gebiet, viele neue und vielleicht auch wesentlich andere Forschungsergebnisse erbracht haben – unsere Ausgabe möchte nur ein bescheidener Beitrag für ein neuerlich zu eröffnendes und öffentliches Nachdenken über unsere fernere Vergangenheit und unser unbewußtes Verknüpftsein mit damaligen Denk- und Verhaltensmustern sein.

Bei der Materialsuche, dies sei hier ebenfalls vermerkt, fanden sich natürlich auch eine gewisse Anzahl von »Mythologien«, die unter literarischem oder gar wissenschaftlichem Vorwand versuchten, mit »Bearbeitungen« germanisch-mythischen Kulturguts, oftmals zu regelrechten Umdeutungen und Verfälschungen ausgewachsen, die »kulturelle und völkische Überlegenheit« der germanischen beziehungsweise der »arischen Rasse« zu beweisen und damit einen gefährlich fanatischen Nationalismus vorbereiten halfen und späterhin auch unmittelbar propagierten.

Zum Ende des Ersten Weltkrieges machte es sich notwendig, die »Volksseele« wieder für das deutsche Vaterland zu mobilisieren; germanisches Kriegertum und unbeugbarer Siegeswille selbst in der Niederlage wurden beschworen, hierfür eignete sich besonders der Mythos der Götterdämmerung. Die Pervertierungen des Germanentums, die zum Wahn aufgepeitschten Mythen, durch den Nationalsozialismus auf das Volksbewußtsein, auf die Architektur und alle bildenden Künste, ja auf alle künstlerischen Genres übertragen, davon zu sprechen kann hier nicht ausreichend Platz sein. Doch gerade die sprachlichen Zeugnisse sind es, die von der fatalen Manipulation eines ganzen Volkes durch perfektionierte Ideologiemechanismen, wie während der zwölf schwarzen Jahre des deutschen Faschismus, künden. »Arisch«, ein Begriff, auf dem ein ganzes Theoriegebäude beruhte, einem Volk seine »schicksalhafte« Überlegenheit einzureden, ist ursprünglich ein linguistischer Terminus, der eine indogermanisch-persische Sprachgemeinschaft bezeichnete und bereits ein halbes Jahrhundert, bevor Alfred Rosenberg ihn auf den Höhepunkt brachte, als Grundlage für Rassentheorien verschiedener »Wissenschaftler« dienen sollte. »Arisch« grenzte »nicht-arisch« aus, bevor der Begriff seit 1935 durch »nordisch« oder »deutschblütig« ersetzt wurde. Der »Volksfeind« war längst gezeichnet. Von der »Nordrasse« ausgehend, wurde ein Menschenideal geschaffen, das von »Artfreude und Blutstolz des heldischen Menschen« geprägt war und sich der »Ethik des Kampfes« sowie seinem »selbstgewählten Führer willig unterwarf«.

»Germanische Demokratie« und »schicksalhafte Gefolgschaft« wurden zu Schlagworten ... wohin diese und andere Sprach-, Denk- und, in deren Folge, Verhaltensregelungen führten, wissen wir.

Daß eine derartig mißbrauchbare und mißbrauchte Vor-Geschichte und Kultur auf Antipathie beim folgenden Regime und dessen Ideologie-Funktionären stoßen mußte, ist nicht gerade unverständlich.

Mit der vorliegenden Neuherausgabe von Paul Herrmanns

Buch, in zweiter Auflage 1906 erschienen, hoffen wir, einen Text ausgewählt zu haben, der allen Anforderungen an möglichst wissenschaftliche Objektivität, zumindest zum damaligen Forschungsstand, sowie an weitestgehende Ideologiefreiheit – soweit Wissenschaft überhaupt ideologiefrei sein kann – Genüge tut. Er ist der erste und nach bisherigem Wissen auch einzige, der in aller Konsequenz eine Unterscheidung von nordischer und deutscher Mythologie realisierte.

Wir haben uns vorbehalten, Passagen herauszunehmen, die keinen eigentlichen Wissens- oder Informationsgehalt für den Leser haben, die zu weit vom Gegenstand abschweifen und außerhalb heutigen allgemeinen Verständnisses liegen und ohne wissenschaftliche oder einschlägige historische Vorkenntnisse für den Leser nur schwer erschließbar wären. Des weiteren wurden Textstellen gestrichen, die entsprechend dem damaligen Geschlechterrollenverständnis zwar begreiflich sind, aber heute längst düsterster Vergangenheit angehören sollten. Auch ein »wissenschaftlicher« Versuch über rassentheoretische Schlüsse, der die Existenz von Zwergen in urgermanischen Wäldern glauben machen will, wurde gestrichen.

Die Orthographie und Grammatik wurden im wesentlichen beibehalten, nur allzu befremdliche Abweichungen vom heutigen Sprachgebrauch wurden angepaßt.

Dieses Buch will ein Versuch sein, uns die Glaubensvorstellungen unserer Vorväter und -mütter begreiflich und vertraut zu machen. Es will aufspüren, was davon bis in unsere Tage überliefert ist. Es will Verständnis für manchen Aberglauben wecken, Erklärung finden für manches Märchen und manchen Brauch, sie uns als unserer kulturellen Identität zugehörig begreifen lehren und sie so in unsere gemeinsame Zukunft hinüberretten.

Thomas Jung

EINLEITUNG

Während man früher einseitig glaubte, daß alle heidnische Religion sich aus der Naturbetrachtung entwickelt habe, nimmt man heute oft ebenso einseitig an, daß alles religiöse Denken aus dem Seelenglauben abzuleiten sei. Die Religion hat viele Quellen, und jeder Versuch, alle Erscheinungen der Religion auf eine Quelle zurückzuführen, muß gezwungen und unnatürlich erscheinen. Man könnte ebensogut den Ozean von einem Flusse wie die Religion von einer Quelle ableiten. Zwei Schichten von mythischen Vorstellungen lassen sich mit Sicherheit bei den Indogermanen bloßlegen, Seelenverehrung und Naturverehrung; beide berühren sich oft auf das engste und verschmelzen zu einem Gebilde, so daß sie nicht scharf auseinanderzuhalten sind. Die großen, mächtigen Götter, die Repräsentanten von Naturmächten, sind von einem Gewimmel niedriger, mißgestalteter Wesen umgeben, die an der Schwelle des Hauses nisten und durch die Luft schwirren. Neben den feierlichen Opfern und Gebräuchen des höheren Kults findet sich, nicht in getrenntem Nebeneinander, sondern unlöslich verwachsen mit ihnen, der niedere Kult der Beschwörungen und des Zauberns, die abergläubische Beobachtung der kleinlichsten Vorschriften. Die moderne Ethnologie eröffnet einen Blick in die fernste vorgeschichtliche Zeit, wo von einer Ausprägung indogermanischen Wesens noch nicht die Rede sein kann, und zeigt uns, daß auch hier eine fortschreitende Entwicklung vom Rohsten zum Höchsten stattgefunden hat. Seelenverehrung und Naturverehrung mußten in ihrem letzten Ziele zu der Vorstellung führen, daß die ganze Natur belebt sei. Es ist möglich, vielleicht wahrscheinlich, daß eben dieses die Stelle ist, wo die beiden getrennten Quellen sich in einem Strome vereinigten. Aber auch die Vorstellung ist noch nicht widerlegt, daß die trübe Quelle des Seelenglaubens die ältere ist, aus der die reinere der Naturvergötterung sich ablöste, um schließlich doch wiederholt mit ihr in Berührung zu geraten. Galt nach der Auffassung des Seelenglaubens die ganze Außenwelt, vom Himmel an bis zum kleinsten Gegenstande, für beseelt, d.h. als der Sitz von Geistern, so konnten die Naturerscheinungen allmählich immer mehr und mehr selbständig betrachtet werden und ihren gespensterhaften Untergrund verlieren. Bei allen Völkern findet sich der Glaube an ein Fortleben der Seele, aber nur bei höher beanlagten der Glaube an Götter als die idealisierten Abbilder von Naturerscheinungen oder die leitenden Mächte in den großen Naturbegebenheiten. Nicht auf deutschem, nicht einmal auf indogermanischem Boden kann die Frage entschieden werden, ob der Seelenglaube oder die Naturverehrung älter ist. Es genügt, beide Vorstellungen gesondert zu behandeln und darauf zu achten, wo beide ineinander übergehen. Da der Seelenglaube unfraglich niedriger und roher ist, soll mit ihm begonnen werden. Den zweiten Hauptteil nimmt die Darstellung der Naturverehrung ein, und hier gilt es, vom Einfachen zum Entwickelten, vom Naturgeister- und Dämonenglauben zum Götterglauben aufzusteigen.

I DER SEELENGLAUBE

In dem Gefühle des Menschen von der Unsicherheit seines Lebens ist ein Ursprung der Religion zu suchen. Die Furcht hat zuerst die Götter in die Welt gebracht, sagt schon STATIUS, und noch heute stimmt ihm mancher einseitige Forscher unbedingt bei. Was ist das Leben, das zu gewissen Zeiten, aber keineswegs immer im Menschen ist? Das ist die große Frage, die sich der Menschheit aufdrängte und die auch wir mit all unserem Wissen nicht erschöpfend zu beantworten vermögen. Die Majestät des Todes ließ den Menschen zuerst erschauern, hier stand er etwas Unerklärlichem gegenüber, das mit Gewalt sein Denken aufrütteln mußte. Der Tote, den er vor sich sieht, ist derselbe, der immer bei ihm gewesen, und doch ein anderer; die Augen, die sonst des Wildes Spuren folgten, sind geschlossen; die Arme, die den Bogen spannten, streng und straff, hängen schlaff herunter. Es ist ein ungemein feiner Zug in dem Prometheusfragmente des jungen GOETHE, daß selbst Pandora, das vollkommenste unter den Geschöpfen des Titanen, des Lebens Weh und des Todes geheimnisvolle Macht empfindet und in den bangen Ruf ausbricht: Was ist das? der Tod? Die Erscheinung des Todes trat mit erschütterndem Ernste und mit einer überraschenden Bedrohung in den engsten Lebenskreis des Menschen ein. Was war es, das dem Körper jetzt fehlte? Anfänglich mochte man das Blut dafür halten, aber bald gewahrte man, daß es sichtbar in Fäulnis überging; oder das Herz konnte es sein, aber der

Leib vermoderte und mit ihm das Herz. Das, was mit dem Tode entschwand, mußte etwas vom toten Leibe Verschiedenes sein, was nicht mit den Augen wahrzunehmen war, und das war der Atem, der jetzt aufhörte und sich von dem Körper getrennt hatte. Mit dem Aufhören des Atmens war das Leben dahin. Ausatmen, aushauchen, den letzten Atemzug tun ist in vielen Sprachen das Wort für sterben. Wo aber und was war der Atem, der früher in dem Körper war? Er stirbt nicht mit dem Körper, fällt nicht der Auflösung anheim wie Blut, Herz, Gehirn und Gebein, er mußte weiterleben, auch nachdem er den Leib verlassen hatte. Eine besondere Stütze erhielt die Vorstellung vom Fortbestehen des im Tode scheinbar aus dem Körper entwichenen Lebensprinzips durch die Erscheinung des Traumes. Der Körper des Schlafenden liegt da wie der des Toten, noch tätig aber ist und weiter lebt die Seele, sagt CICERO. Welche Wirkung das Traumleben auf den einfachen Menschen ausübt, hat GRILLPARZER in seinem dramatischen Märchen »Der Traum ein Leben« packend veranschaulicht. Wenn der Schlafende aus dem Traum erwacht, muß er sich erst besinnen, ob die Erlebnisse der Nacht wirklich Tatsachen gewesen sind. Der Mensch im Naturzustande vermag nicht zwischen subjektiv und objektiv, zwischen Einbildung und Wirklichkeit scharf zu unterscheiden. Im Traume vermag er entfernte Gegenden aufzusuchen, er vermag sich an Dingen zu ergötzen, die längst hinter ihm oder in weiter Ferne vor ihm liegen. Angehörige erscheinen wieder, die längst verstorben sind, um zu raten und zu warnen; Feinde beunruhigen den Schläfer und quälen ihn wie zu Lebzeiten.

Seelenglaube und Traumleben berühren sich also nahe; der Tod wie der Traum mußten den Menschen auf das Dasein und die Fortdauer der Seele führen. Beim Tode verläßt die Seele den Körper für immer und schweift als Geist umher. Erscheint der Verstorbene dem Schläfer, so muß es seine Seele, sein anderes Ich, sein Trug- und Ebenbild sein, das mit dem Träumenden in Verbindung tritt. Mit dieser Vorstellung, wo die fremde Seele handelnd gedacht ist, hängt eine andere unmittelbar zusammen: Im Schlafe verläßt die Seele den Leib nur auf kurze Zeit; sie selbst ist jetzt die handelnde, sie kann Freud und Leid erfahren, mit Personen und Gegenständen verkehren, die ihr lieb sind oder ihr Angst und Furcht einflößen. Je mehr der Mensch von der Wirklichkeit der Erlebnisse des Traumlebens überzeugt war, um so erklärlicher wird uns das Grauen, mit dem er diesem Rätsel gegenüberstand. Sein erstes Bestreben mußte sein, diese verwirrenden und beängstigenden Erscheinungen von sich fernzuhalten: Abwehr wird der Anfang des Kults gewesen sein. Auch beim Eintritte des Todes war das Grauen das naturgemäße Gefühl. Die Seele mußte widerwillig den Leib verlassen haben, feindlich mußte die Stimmung sein, in der sie vom Körper geschieden war; sie mußte nach der grausamen Logik des Naturmenschen auch dem Überlebenden zu schaden suchen: so entstand die Seelenabwehr. War aber die Seele persönlich gedacht, so mußte sie auch an den bescheidenen Freuden des Lebens teilnehmen; Essen und Trinken und was sonst den Menschen im Leben ergötzte, mußte auch die Seele gern haben, und so entstand die Totenpflege. Die Aufgabe, den Verkehr mit den Seelen und Geistern zu vermitteln und dadurch über Leben und Gesundheit der Stammesgenossen zu wachen, mußte einer Person übertragen werden, die zugleich Arzt, Medizinmann und Zauberer war. Er mußte mit seinem Amte die Fähigkeit verbinden, die rätselvollen Vorgänge erklären zu können. So entstand die Traumdeuterei, die bis auf unsere Tage in Blüte steht, und da die Seele im Traume Dinge erlebt, die noch der Zukunft angehören, steht an der Schwelle des Glaubens neben dem Zauber auch die Weissagung.

Da die Furcht das erregende Moment gewesen war, ist der ganze Seelenglaube mehr oder weniger in dumpfem Aberglauben und scheuer Gespensterfurcht befangen: sämtliche Naturerscheinungen sind Äußerungen des Zornes oder Wohlwollens der Toten. Himmel und Erde, Wald und Feld, Berg und Tal, das irdische Wasser und das himmlische Wasser der Wolke, alles ist beseelt von Scharen von Geistern.

1. Die Seele als Atem, Dunst, Nebel, Schatten, Feuer, Licht und Blut

Das ist in den allgemeinsten Zügen die Seelentheorie, wie sie allen Völkern eigen ist, in der das Leben, der Geist, der Atem, Träume und Visionen in einen gewissen Zusammenhang gebracht werden, um das eine durch das andere zu erklären. Selbst in den Sprachen der zivilisierten Völker finden wir noch ihre Spuren. Noch heute sagen wir: er ist außer sich, er kommt zu sich, und wenn er wirklich tot bleibt, bestätigen wir, er ist nicht mehr zu sich gekommen; in dem ersten Falle bezeichnen wir mit »er« den geistigen, in dem anderen den leiblichen Menschen. Wenn das Volk sagt, »er« geht um, meint es seinen Geist. In einer gesunden oder kranken Haut stecken, aus der Haut fahren, sind bekannte Redensarten. Das Wort Geist, das Bewegliche, bedeutet vielleicht den erregten und bewegten Lufthauch; west- und ostgerm. Seele gehört zu griech. »beweglich, regsam« und hängt mit dem Namen für See, got. saiws, zusammen: es ist nicht ausgeschlossen, für Seele an den sich bewegenden Atem zu denken. Ostgerm. ǫnd gehört zur Wurzel anan und vergleicht sich lat. an-ima Luft, Wind, Atem. Auf dieselbe Wurzel geht auch ahd. ano, der Ahne, zurück. Der Ahn ist der Totliegende, Verstorbene, der ausgeatmet hat; auch nhd. »ahnen«, voraussehen, kann zu der Wurzel an gehören. Man faßte also die als Atem den Leib verlassende Seele als Wind, als Lufthauch auf. Darum glaubt man noch heute, daß sich beim Verscheiden eines Menschen die

Luft im Sterbezimmer mit leisem Wehen bewege, daß großer Sturm entstünde, wenn sich jemand erhängt habe, daß man ein Fenster oder eine Tür für die Seele öffnen müsse, wenn sie den Leib verlasse, und daß man eine Tür nicht stark zuschlagen dürfe, sonst klemme man die Seele ein.

Die Seele konnte auch als Rauch, Dunst und Nebel aufgefaßt werden; denn bei kaltem Wetter sah man für einen Augenblick den Atem als eine schwache Wolke, die zwar für das Auge alsbald wieder verschwand, von deren Gegenwart man sich aber durch das Gefühl überzeugen konnte. Auch beim Gähnen scheint der Glaube gewesen zu sein, daß aus dem weitgeöffneten Munde die Seele entfliehen könnte; heute gebietet der Anstand, die Hand vor den Mund zu halten, einstmals tat man es, um das Entweichen des Seelenhauches zu verhindern.

Nachdem die Seele als der vom Körper entströmende Atem aufgefaßt war, wurde sie später um ihrer Feinheit und Unbemerkbarkeit willen mit einem Schatten verglichen. Der Geist oder das Gespenst, das der Träumende sieht, gleicht einem Schatten; während des Schlafes verläßt die Seele den Körper, wie während der Nacht der Schatten den Körper verläßt. Darum ist Schatten ein fast überall sich findender Ausdruck für Seele. Die Furcht vor den Schattenbildern schuf bei den Deutschen schemenhafte Gespenster (ags. scucca, ahd. scema); hagu, wovon Hagen gebildet ist, bedeutet die geisterhafte Erscheinung, Hagen ist das Gespenst vor allen andern; selbst die Hexe ist nichts anderes wie »die Schädigerin, die ein Gespenst ist«. Im Volksrätsel vom Schatten klagt der Schatten des Abgeschiedenen seinem verlorenen Menschenkörper nach:

Da du lebtest, lebte auch ich,
Da hättest du gerne gefangen mich.
Nun bist du tot, nun hast du mich,
Und daß ich sterbe, was hilft es dich?

Wer am Silvesterabend seinen Schatten ohne Kopf sieht, stirbt im nächsten Jahre. Wer am Weihnachtsabend seinen Schatten doppelt erblickt, stirbt im nächsten Jahre. In der St. Markusnacht (25. April) kann man an der Kirchentüre die Schatten derer sehen, die demnächst sterben werden. – In Luthers Tischreden heißt es: Wenn ein Übeltäter zum Richtplatze geführt wird, soll ihm die Erde seines Schattens weggestochen oder weggestoßen werden und er selbst darauf des Landes verwiesen werden. Ein Edelmann im Gefolge Kaiser MAXIMILIANS I. sollte in der Nacht einen Gefährten erstochen haben; sein blutiges Schwert war neben der Leiche gefunden. Der Angeschuldigte schwor, sein Schlafgemach jene Nacht nicht verlassen zu haben, und konnte nicht überwiesen werden. Man nahm an, der Teufel müßte die Schattengestalt des Angeklagten angenommen und die Tat verübt haben. Darum ward er gegen die Sonne geführt und hinter ihm seinem Schatten der Kopf abgestoßen. Diese Scheinhinrichtung, am Schatten vollzogen, wurde einer am Verbrecher ausgeübten für gleich gehalten. »Swaz ich im tuon, daz sol er mînem schatten tuon«, ist ein oberdeutsches Rechtssprichwort.

Da der Schatten dem Körper stets nachfolgt, wurde er als eine besondere rätselhafte Gestalt, als ein besonderer Geist gefaßt, der um das Wohl des Körpers liebend besorgt ist. So entwickelte sich der Glaube an die Schattengeister, Schutzgeister, die dem Menschen angeboren sind: sie begleiten ihn von der Geburt bis zum Grabe, warnen ihn in Gefahren sichtbar oder flößen ihm ein gewisses vorahnendes Vermögen ein. Diese Vorstellung, die allgemein heidnisch ist, wurde von der katholischen Kirche übernommen: alle Länder, alle Menschen haben Schutzheilige.

Tot und erkaltet liegt der Leichnam da, ohne jede Wärme, alle Tätigkeit und alles Leben ist erstarrt. Seitdem der Mensch an der Opferflamme des Zauberers die Wirkungen von Wärme und Kälte kennengelernt hatte, lag es nahe, im lebendigen Leibe ein sanft loderndes Feuer anzunehmen, das den Körper beseelt und belebt, wie das verborgene Feuer die dunklen Reibhölzer und den geschliffenen Stein. Die Auffassung der Seele als Licht, Feuer ist daher jünger. Bekannt ist der Ausdruck, »einem das Lebenslicht ausblasen«. Wir pflegen noch heute den Kindern am Geburtstage so viele Lichter um den Festkuchen zu stellen und anzuzünden, wie sie Jahre zählen. In dem Märchen »Gevatter Tod« wird eine unterirdische Höhle erwähnt, worin tausend und tausend Lichter in unübersehbarer Reihe brennen. Das sind die Leben der Menschen, einige noch in großen Kerzen leuchtend, andere schon zu kleinen Endchen heruntergebrannt; aber auch eine lange Kerze kann umfallen oder umgestülpt werden.

Nach der rohsten Auffassung ist der eigentliche Sitz der Seele das warme, feuchte Blut; nach seinem Ausströmen verläßt die Seele den Menschen. Blutsverwandte Menschen sind auch seelenverwandt: die das Blut aus demselben Blut haben, haben auch die Seele aus derselben Seele. Auch nach freier Wahl glaubt man die Blutsverwandtschaft erzeugen zu können, durch gegenseitige Aufnahme des Blutes, durch Blutmischung. Wer einen Teil des lebendigen Blutes mit einem zweiten tauscht, wird dessen wirklich blutsverwandter Bruder.

Bei den wilden Völkern ist der Blutbund noch heute üblich; HERODOT erwähnt ihn bei den Skythen, TACITUS als armenisch-iberische Sitte. Auch bei den Deutschen finden sich dunkle Spuren dieser uralten Vorstellung. In dem mittelalterlichen Volksbuche »Der Römer Taten« wird der Hergang auf das genaueste beschrieben: Ein Ritter schlägt einem andern vor, mit ihm einen Bund zu schließen, und sagt: Ein jeder von uns wird aus seinem rechten Arme Blut fließen lassen; ich werde dann dein Blut trinken und du meines, damit keiner den andern weder im Glück noch im Unglück verlasse, und was der eine von uns gewinne, der andere zur Hälfte mitbesitze. Im »Waltharililiede« erneuern der Held des

Gedichtes und König Gunther das »blutige Bündnis«. In den Teufelsbündnissen des Mittelalters spielt das Blut eine wesentliche Rolle. Das Schreiben mit Blut ist natürlich eine Zutat, die bei Verdunkelung des ursprünglichen Sinnes der Handlung wie so oft zur Hauptsache wurde. Auch den Hexen wird ein Blutzeichen aufgedrückt, wenn sie mit dem Teufel ein Bündnis eingehen. Im 16. Jahrhundert gestand eine Hexe zu Köln, daß sie der Teufel auf der Stirn geritzt und damit gekennzeichnet habe.

2. Die Seele in Tiergestalt

Die Seele, die den Leib verlassen hat, ist zum Geist geworden. Menschen, denen die Rufe der Vierfüßler und Vögel wie menschliche Sprache erscheinen und ihre Handlungen, wie wenn sie von menschlichen Gedanken geleitet wären, schreiben ganz logisch den Tieren so gut wie den Menschen Seelen zu. Wie das Tier gleich dem Menschen von Mut, Kraft und Schlauheit beseelt ist, muß es auch von einer Seele belebt sein, die nach dem körperlichen Tode ihr Dasein fortsetzt. Diese Seele kann auch ein menschliches Wesen bewohnt haben, und somit kann das Geschöpf ihr eigner Ahne oder ein einst vertrauter Freund sein. Hierin beruht die Vorstellung, daß, da alles in der Welt lebendig ist, auch alles Lebendige seine Gestalt wechseln, sich verwandeln kann. Der Mensch kann auf einige Zeit zum Tiere werden, das Lebendige kann auch zum Steine oder Baume werden, scheinbar starr und leblos erscheinen, aber dennoch seine lebendige Menschheit im Innersten der unbeweglichen Masse bewahren. Die Märchen und die mythischen Sagen der kultiviertesten Völker bezeugen diesen Totemismus allerorten.

Unter den Tieren, in die sich die Seele verwandelt, nimmt die Schlange einen hervorragenden Platz ein. Ihr geräuschloses Gleiten, ihr stummes Züngeln, ihr plötzliches Erscheinen und Verschwinden, ihre stete Verjüngung, als welche die Ablegung der alten Haut und deren Ersetzung durch eine neue erschien, hatten etwas Geheimnisvolles und riefen die Vorstellung hervor, daß sie Alter und Tod nicht kenne, daß sie eine Art göttliches Wesen wäre. Ihr Leben in der Dunkelheit, das sie mit den spukhaften Seelen teilte, ihre Vorliebe für Schlupfwinkel, die sie in die Nähe der Gräber wie in die Wohnungen der Lebenden führte, konnte dazu führen, die Schlange als die endlich vom Leibe ganz entwichene Seele zu betrachten, sie als den Wohnsitz der Seele anzusehen.

Anstatt eines Kindes wird eine Schlange geboren, diese aber so lange mit Ruten gestrichen, bis sie sich in ein Kind verwandelt; es soll aber oft geschehen, daß die Schlange verschwindet, und alsdann findet sich kein Kind mehr. In einer adeligen Familie kamen alle Kinder mit einem Schlangengesicht oder in Schlangengestalt zur Welt. Sobald aber das Kind zum erstenmal gewaschen wurde, legte es das Schlangengesicht ab und entdeckte seine menschliche Gestalt. Denn solange das germanische Kind die heidnische Wassertaufe noch nicht erhalten hatte, mit der die Namensgebung verbunden war, galt es als Seele; der Körper wurde als Gewand erdacht, das die Seele anzieht; durch einen Ring oder ein Seil wird nach deutschen Sagen die Verbindung zwischen Körper und Seele hergestellt. Man darf eine Schlange nicht töten, das bringt Unglück und kann das Leben kosten. Der Zisterzienser-Prior CÄSARIUS VON HEISTERBACH (13. Jahrhundert) weiß, daß die Schlange als Schutzgeist mit dem Kinde zur Welt kommt und daß das Leben des Neugeborenen an das ihre geknüpft ist. Im Spreewalde sagt man: jedes Haus hat zwei Schlangen, eine männliche und eine weibliche; aber sie lassen sich nicht eher sehen, als bis der Hausvater oder die Hausmutter stirbt; dann teilen sie ihr Los.

Das Schlangenpaar, das als Schutzgeist im Hause wohnt,

sind die Seelen des Ahnherrn und der Ahnfrau des Geschlechts, die in dem Hause der Familie geblieben sind. Darum ist die Schlange von der Schweiz bis Niederdeutschland ein erwünschter Gast im Hause, den man nicht töten darf, soll dem Hause nicht großes Unglück widerfahren; vielmehr muß man sie mit Spenden, besonders mit Milch und Brot gewinnen. Auf der Türschwelle darf man nach bayerischem und vogtländischem Aberglauben nicht Holz spalten, weil die Hausotter darunterliegt.

Als die Seele, die ihren Schatz nicht hergeben will, ist die Schlange die Hüterin des Grabschatzes; nach süddeutschem Glauben trägt sie daher ein Schlüsselbund am Halse, im deutschen Märchen kehrt als ähnliches Symbol die Krone des Otternkönigs wieder. Gelingt es, der Schlange dieses Krönchen zu entwenden, so hat man entweder an diesem selbst einen unerschöpflichen Schatz, oder man zwingt den Schatzwächter zur Auslieferung eines solchen.

Aus dem Seelenglauben ist also ein Teil der Schatzsagen zu erklären. Dem Toten werden reiche Schätze mit in sein Grab gegeben; bei späteren Geschlechtern erwacht die Gier nach den nutzlos vermodernden Kleinodien; der Mensch überwindet das Grauen, steigt in das Grab hinab und holt sich den Schatz. Die gewaltige Scheu vor der lebhaft gebliebenen Vorstellung, durch das Eindringen in sein Haus und in seinen Frieden die Seele des mächtigen Toten zu beleidigen, war es, die in Wirklichkeit den Schatz hütete; aber ihr mit menschlichen Waffen entgegenzutreten war das Verwegenste, das die Phantasie erfinden konnte. Die Seele bewacht als Schlange oder in jeder anderen Tiergestalt den Hort, wie schon die alte Sage von König Guntram erzählt; um das ungeheure Wagnis hervorzuheben, werden die grellsten Farben aufgetragen, das Tier verwandelt sich in Drachen, Bären und andere Spukgestalten, und nur selten gelingt das Abenteuer. Nach jüngerer Sagenform erscheint die Seele selbst dem Menschen im Traume, nennt ihm den Ort im alten »verwünschten« Schlosse, wo der Schatz liegt, sagt ihm voraus, wie alles kommen werde, und bittet ihn, sich nicht zu fürchten. Sie werde als Schlange unter dem grauen Steine hervorkriechen, sich um ihn ringeln und ihn küssen wollen, und wenn er das ruhig ertrüge, so werde sie erlöst sein, ihm aber solle der Schatz gehören. Der Mensch verspricht alles, aber wenn der kalte Kuß nach ihm züngelt, schreit er laut auf; dann bleibt der Schatz ungehoben, und die Seele wartet auf einen anderen Erlöser. Auch hier klingt noch das natürliche Schaudergefühl vor dem Toten nach. Besteht aber der Mensch die Probe, so daß die Seele erlöst wird, dann erhält er zum Danke den Schatz, und oft beschenkt ihn die schöne Jungfrau, die in die Schlange verwandelt war, auch mit ihrer Hand. Diese Sagen, in denen die Erlösungssehnsucht einer Seele so scharf ausgeprägt ist, verraten deutlich christlichen Ursprung, gehen aber wohl in die Zeit zurück, wo die Lehre vom Erlöser den heidnischen Deutschen zuerst bekannt wurde. Von einem zweiten Teile der Schatzsagen, der im Traumleben seine Erklärung findet, wird später die Rede sein.

Dieselbe Rolle wie die Schlange spielt auch wegen ihres Aufenthaltes in der Erde die Kröte. Noch vor hundert Jahren wurde ein Knabe, als er eine solche Kröte erschlagen wollte, mit den Worten zurückgehalten: Du kannst nicht wissen, ob es nicht deine Großmutter ist. Zu Silvester haben die armen Seelen Erlaubnis, zur Erde zu kommen, man darf dann keine Kröten und Frösche töten, weil es »verwunschene« Seelen sind.

Die Hauskröte, Unke, auch Muhme genannt, wohnt im Hauskeller und hält die hier verwahrten Lebensmittel in gutem Zustande. Dadurch kommt Wohlstand ins Haus, sie heißt daher auch Schatzkröte und wird darum als schützender Hausgeist mit Milch gefüttert.

In einer hessischen Sage ist die Gestalt der ausfahrenden Seele ein weißes Wiesel; in einer niedersächsischen schwebt die Seele als schattenhafte Maus umher. In Thüringen bei Saalfeld auf einem vornehmen Edelsitze zu Wirbach hat sich anfangs des 17. Jahrhunderts folgendes begeben: Das Gesinde schälte Obst in der Stube, einer Magd kam der Schlaf an, sie ging von den anderen weg und legte sich abseits, doch nicht weit davon, auf eine Bank nieder, um zu ruhen. Wie sie eine Weile still gelegen, kroch ihr zum offenen Maule heraus ein rotes Mäuselein. Die Leute sahen es meistenteils und zeigten es sich untereinander. Das Mäuslein lief eilig nach dem gerade geklefften Fenster, schlich hinaus und blieb eine Zeitlang aus. Dadurch wurde eine vorwitzige Zofe neugierig gemacht, so sehr es ihr die anderen verboten, ging hin zu der entseelten Magd, rüttelte und schüttelte an ihr, bewegte sie auch an eine andere Stelle etwas fürder, ging dann wieder davon. Bald danach kam das Mäuselein wieder, lief nach der vorigen bekannten Stelle, da es aus der Magd Maul gekrochen war, lief hin und her, und wie es nicht ankommen konnte, noch sich zurechtfinden, verschwand es. Die Magd aber war tot und blieb »mausetot«. Jene Vorwitzige bereute es vergebens. Im übrigen war auf demselben Hof ein Knecht vorhermals oft von der Trud gedrückt worden und konnte keinen Frieden haben, dies hörte mit dem Tode der Magd auf.

Ein Mädchen, das viel unter dem Alpdruck zu leiden hatte, beschloß, den Gegenstand zu fangen, der sie immer quälte. Sie legte sich daher jede Nacht so hin, daß sie die Hände über dem Kopf zusammen hatte; ihre Mutter hielt im Nebenzimmer Wache. Als sie ihre Tochter ächzen hörte, ging sie mit einem Lichte in ihr Zimmer; das Mädchen, von dem Lichte erschreckt, ließ die Hände niedersinken und griff in der Gegend der Herzgrube ein kleines Tier. Ohne es zu besehen, steckte sie es in einen Strumpf und verschloß diesen. Bald darauf erfuhr sie, daß ihr Bräutigam gestorben wäre. In der Kirche, während der Leichenrede, wo der offene Sarg stand, zog sie zufällig den Strumpf aus der Tasche, den sie aus Versehen eingesteckt hatte, und aus demselben sprang eine weiße Maus; die lief hurtig in den Mund des Toten, und dieser wurde wieder lebendig. – Nach alemannischem Aberglauben muß man, wenn ein Kind mit offenem Munde schläft, ihn schließen, sonst möchte die Seele in Gestalt einer weißen Maus entschlüpfen. Jedem steht der Tod bevor, der von weißen Mäusen träumt; läßt sich eine weiße Maus im Wohnhause blicken, kündet sie hier einen Sterbefall an.

In der Sage vom Binger Mäuseturme sind die Mäuse, die Tag und Nacht über Bischof Hatto laufen und an ihm zehren, die durch den Rhein schwimmen, den Turm erklimmen und den Bischof lebendig auffressen, die Seelen der verbrannten armen Leute. Die Sage ist über die ganze germanische Welt verbreitet, wird zuerst bei THIETMAR VON MERSEBURG (Anfang des 11. Jahrhunderts) erwähnt und ist im 14. Jahrhundert an Bischof Hatto und den Binger Wasserturm geknüpft. Andere Erklärer denken an den uralten Brauch, bei eintretendem öffentlichem Unglück (z. B. Hungersnot durch Mäusefraß) die Götter durch Opferung der Landeshäupter vermittels Hängens zu versöhnen, oder an eine aus dem Orient eingeschleppte Hautkrankheit: die Wunden, die sich bildeten, wurden im Volksmunde als Mäusefraß erklärt, weil sie so aussahen. Der Rattenfänger von Hameln lockt durch sein zauberisches Pfeifen die als Ratten vorgestellten Kinderseelen hinter sich her und verschwindet mit ihnen im nahen Koppenberge. Spätere Zeit hat statt der Seelen in Tiergestalt die Kinder selbst zum zweiten Male eingesetzt und ein neues Motiv, das der Undankbarkeit der Bürger und der Rache des Pfeifers, dazu erfunden. Das Pfeifen des Seelenfängers kann auf den Wind Bezug haben, in dem die Seelen dahinfahren. »Den Mäusen pfeifen« heißt »den Seelen ein Zeichen geben«, um von ihnen abgeholt zu werden. Möglich ist aber auch, daß seit dem 14. Jahrhundert die dramatischen und bildlichen Darstellungen von Totentänzen eingewirkt haben, bei denen der musizierende Tod der ihm verfallenen Menschen voraustanzt. Der geschichtliche Auszug der Bürger von Hameln zu einer unglücklichen Schlacht ist mit dem mythischen Zuge der Seelen zusammengeschmolzen, die ein dämonischer Spielmann in sein Totenreich, den Berg, lockt.

Auch Hexen nehmen daher Mausgestalt an. PEUCER, MELANCHTHONS Schwiegersohn, war durch die allgemeine Anschauungsweise seiner Zeit zu dem Glauben verleitet, er selbst habe bei einer besessenen Weibsperson den Teufel in Gestalt einer Maus unter der Haut hin und her laufen sehen. In der Walpurgisnacht sagt Mephistopheles zu Faust:

> Was lässest du das schöne Mädchen fahren,
> Das dir zum Tanz so lieblich sang?

Faust erwidert:

> Ach! mitten im Gesange sprang
> Ein rotes Mäuschen aus ihrem Munde.

Als Faust stirbt, beklagt sich Mephisto darüber, daß es jetzt so viele Mittel gebe, dem Teufel die Seelen zu entziehen. Früher war es mit der Seele einfacher:

> Sonst mit dem letzten Atem fuhr sie aus,
> Ich paßt ihr auf und, wie die schnellste Maus,
> Schnapps! hielt ich sie in fest verschlossnen Klauen.

War einmal der Gedanke der Verwandlung einer Seele in ein Tier geläufig geworden, so konnte diese Vorstellung bald auf alle Tiere und selbst auf Bäume und Blumen ausgedehnt werden. Da es im Grunde überall dieselbe Vorstellung ist, kann sich die Darstellung auf einige alte und besonders merkwürdige Beispiele beschränken.

In Thüringen und im Vogtlande sind die den Herd bewohnenden Heimchen Kinderseelen; Heimchen ist eine Ableitung von Heim und bedeutet Hausbewohner. Man nimmt an, daß das todweissagende Heimchen als Hainemännchen oder Hainchen für CLAUDIUS den Anstoß gegeben habe, den Namen der Verkleinerungsform zu entkleiden und seinen Freund Hain daraus zu bilden. Lärmen sie im Hause, so stirbt bald jemand; aber sie bringen auch Glück und Reichtum. Die Totengöttin Perchta ist von Heimchen, den Seelen der Gestorbenen, umgeben.

Auch als Katze erscheint die Seele in der Volkssage.

Wegen ihres schnellen Entschwindens wird die Seele geflügelt, als Vogel oder Insekt gedacht. Althochdeutsche Glossen kennen den durch seinen schauerlichen Ruf einen nahen Sterbefall ankündigenden Vogel, der gern auf Friedhöfen weilt, die wilde Holztaube (got. hraiwadubo Leichentaube) und die Eule. Hölzerne Tauben, auf Stangen gesteckt, die, wenn einer in der Fremde gestorben war, nach jener Richtung hin Kopf und Schnabel drehten, wo der Tote begraben lag, errichteten die Langobarden auf ihrem Grabfelde außerhalb der Stadt Pavia. Aschenbrödel pflanzt ein Reis auf der Mutter Grab, netzt es mit ihren Tränen, bis es ein schöner Baum wird, geht alle Tage dahin, weint und betet; und allemal kommt ein weißes Vöglein auf den Baum und wirft herab, was sie gewünscht hat. Nicht der Baum beschenkt, sondern die ihn bewohnende Seele der verstorbenen Mutter; mit dem Vogel läßt sich die Seele der Mutter auf das Bäumchen des Grabes nieder; sie kündet auch dem Königssohn an, wer die rechte Braut ist. »Ein Vogel heißt Caradrius (Brachvogel); mit ihm kann man erfahren, ob ein Kranker sterben oder genesen wird. Wenn er sterben wird, kehrt sich der Caradrius von ihm; wenn er aber genesen wird, kehrt sich der Vogel zu dem Manne und nimmt des Mannes Unkraft an sich« (aus: »Physiologus«). Ahd. holzrûna, holzmuoja, holzfrowe bedeuten weibliche Waldgespenster; holzmuoja (got. mawi = Mädchen), übersetzt aber auch in althochdeutsch Glossen die Eule (holzmowa), die als Unheil und Tod verkündender Vogel auch holzrûna hieß.

Wenn ausdrücklich dabei von ihrer einer alten Frau ähnlichen Stimme die Rede ist, so weist das auf einen volkstümlichen Namen wie »Klagemuhme, Klagemutter« oder bloß »Wehklage« hin. Läßt sich die »Klagemutter« abends sehen, so muß sterben, wer sie angreift. Die »Klage« erscheint als ein den Tod vorhersagendes Gespenst; am Lechrain führen Eule und Käuzchen den Namen Holzweibl. Das bewegte abergläubische Gemüt glaubt bei ihrem Geschrei die Worte zu hören: »Komm mit! geh mit!« Das Käuzchen setzt sich wochenlang vor des Kranken Fenster und ruft klagend »komm mit«, bis dem Sterbenden der letzte Atem ausgegangen ist. In Braunschweig geht das »Klageweib« nächtlicherweile in Sturm und Regen auf den Wiesen um, ist in Linnen gehüllt und hat glûe Augen; schwebt es mit klagender Stimme über ein Bauernhaus weg, so stirbt dort bald ein Insasse. Die Klagemutter, die auch als Eule erscheint, ist also die das Haus beschützende Ahnfrau, darum wird sie im »Münchener Nachtsegen« beschworen: »Klagemutter, gedenke mein zum Guten!« Darum fliegt auch die Eule dem wütenden Heere vorauf; in Schwaben und Thüringen heißt sie Tutosel, Tuturschel, am Harz Ursula, in Tirol Vogel vom Röschner (= Fuhrmann, Roßknecht); ihre Zugehörigkeit zur wilden Jagd ist also augenscheinlich. Im Märchen vom Machandelboom wird das von der Stiefmutter ermordete und verscharrte Kind in einen Vogel verwandelt, und Gretchen singt:

Mein Schwesterlein klein,
Hub auf die Bein,
Da ward ich ein schönes Waldvögelein.

Der Storch hieß ahd. odebëro, mhd. odebar; das Wort wird als der Seelenbringer erklärt (ahd. atum, nhd. Odem) oder als der Glücksbringer (ahd. ôt, Glück, Reichtum). Ein sehr alter Aberglaube, der schon von GERVASIUS VON TILBURY erwähnt wird, ist der, daß die Störche nur bei uns in Vogelgestalt leben, in den fernen Gegenden aber, nach denen sie im Herbste abziehen, Menschen sind, die sich alle Jahre auf einige Zeit verwandeln. Dieser Glaube herrscht noch jetzt in Ostpreußen, Westfalen und in den Niederlanden. Fast allgemeiner Kinderglauben ist, daß der Storch die kleinen Brüder und Schwestern bringt; er holt sie mit seinem langen Schnabel aus dem Wasser, dem Aufenthaltsort der Seelen, und trägt sie den Menschen zu. Auf Rügen muß das Geschäft des Kinderbringens gewöhnlich der Schwan verrichten.

In Tirol sagt man für »Du hast damals noch nicht gelebt«: »Du bist noch mit den Mücken herumgeflogen.« Noch 1479 wurden die Insekten vom Bischof nach Bern vor Gericht geladen, und es wurde ihnen ein Advokat gestellt. Als die Beklagten nicht erschienen, wurden sie dazu verurteilt, bei Strafe der Exkommunikation das Land zu räumen; sie wurden also wie Menschen behandelt. Die älteste Erzählung dieser Art stammt aus dem 8. Jahrhundert.

Außerordentlich weit verbreitet ist der Glaube, daß die Seele, die immer bereit ist, fortzufliegen und in einen anderen Körper zu fahren, sich in einen Schmetterling verwandele. Aber während er uns als holder Frühlingsbote lieb und willkommen ist und als ein Sinnbild der Fortdauer nach dem Tode erscheint, war es alter Volksglaube, daß Hexen und andere seelische Wesen die Gestalt von Schmetterlingen annehmen und in dieser Verhüllung einem ihrer Hauptgeschäfte, dem Verderben der Milch- und Buttervorräte, nachgehen. Schmetterling ist vielleicht abgeleitet von nhd. Schmetten, Milchrahm, weswegen er auch Schmantlecker heißt. Auch seine anderen Namen stehen mit Milch, Butter, Molke in Beziehung. Er heißt Molkentöver (Molkenzauberer), Molkendieb, Milchdieb, Butterlecker; wegen seiner angeblichen Leidenschaft, die Milch aus den Eutern der Kühe zu ziehen oder von der Butter zu naschen, hat er auch den Namen Buttervogel,

Butterfliege, wenn man auch später den Namen besonders auf die gewöhnliche gelbe Art (Zitronenfalter) beziehen mochte. Ein feindliches Wesen dieser Art meint der Züricher Segen gegen Verzauberung des Hausviehes; sobald sein Name genannt ist, wird es wie der Alp unschädlich:

»Wohlan, Wicht, daß du weißt, daß du Wicht heißest; daß du weder weißt noch kannst aussprechen Kuhbezauberung.«

Der Schmetterling heißt auch Ketelböter, Kesselheizer, weil er als nächtliches Wesen das unter dem siedenden Kessel brennende Feuer scheut. Schon im 6. Jahrhundert wird den suevischen Bauern in Asturien verboten, den Motten und Mäusen an einem bestimmten Tage Zeug und Brot auszusetzen, um sie für das ganze Jahr abzuspeisen und sie »wie einen Gott zu verehren«. In Niedersachsen und am Niederrhein wird im Frühjahre das Gehöft dreimal umschritten, mit hölzernen Hämmern an die Pfosten geklopft und der Sommervogel, Süntevügel oder Sullevogel (der an der Schwelle sitzende Vogel), d. i. der Schmetterling unter Hersagen eines altertümlichen, abwehrenden Spruches nebst den Schlangen und Molchen vertrieben. Die Schmetterlinge erscheinen als Verkörperungen der feindlichen Geister, die sich im Winter in Haus und Hof eingenistet haben und nun bei beginnendem Frühjahr in feierlicher Weise verjagt werden. Der Landmann sieht in ihnen verwandelte, milchstehlende Hexen, und unterbliebe der Brauch, so würden sich im Sommer die Molkentöver bei den Milchnäpfen versammeln, und das Haus würde von allem möglichen Ungeziefer geplagt werden.

Auch Pflanzen und Bäume sind der Wohnsitz der dem Menschenleibe entrückten Seelen.

Die Seelen Liebender oder unschuldig Gemordeter wandeln sich in weiße Lilien und andere Blumen, die aus dem Grabe oder aus dem hinströmenden Blute hervorsprießen. Aus dem Munde eines in der Schlacht gefallenen Königs wuchs eine stattliche Eiche hervor. König Marke läßt das treue Liebespaar Tristan und Isolde in zwei Särgen bestatten,

> Doch eine Rose, einen Reben
> Sah man sich aus den Gräbern heben
> Und innig sich verschlingen.

Aus dem Grabe eines Erschlagenen erwuchs ein Rohrstengel; den schnitt ein Schäfer ab und machte eine Flöte. Aber wie er darauf blies, sang sie: O Schäfer fein, o Schäfer fein, du bläst auf meinem Beinelein, und so kam der Mord an den Tag.

Harte Strafen waren den Baumschälern angedroht; denn der Wipfel stellte den Kopf, die deckende Rinde die Haut, der umwickelnde Bast die Eingeweide des Baumes, als eines beseelten, menschenartig empfindenden Wesens dar. Der frevelnde Mensch mußte mit dem entsprechenden Teile seines Körpers gutmachen, was er an jenem gesündigt hatte. Heilige Bäume und andere Pflanzen bluten bei Verletzungen, als wären sie leibhafte Menschen. SCHILLER läßt Walther Tell seinen Vater fragen, ob es wahr sei, daß die Bäume bluten, wenn man einen Streich drauf führt mit der Axt, und daß dem Frevler die Hand zum Grabe herauswachse. Allgemein herrscht der Glaube, daß der Hieb in den Baum und in den Leib des Ruchlosen zugleich gehe; ja, daß die Wunde am Leibe nicht eher heile, als der Hieb am Baum vernarbe. Umgekehrt können Gebrechen des Menschen durch den Baum ausgeglichen werden. Schon im 7. Jahrhundert eifert ELIGIUS (588–659) gegen den Brauch, durch einen hohlen Baum zu kriechen oder Tiere zu treiben. So zieht man noch heute ein krankes Kind durch ein Weidenstämmchen und verbindet den Spalt wieder; sobald er verwächst, wird das Kind gesund. Für den so Geheilten ist es fortan gefahrvoll, wenn der mit ihm in Sympathie gebrachte Baum abgehauen wird; sein Leben geht mit dem des Baumes zugrunde. Stirbt der Mensch zuerst, so geht sein Geist in jenen Baum über, und wird der letztere nach Jahren zum Schiffsbau benutzt, so entsteht aus dem im Holze weilenden Geiste der Klabautermann, d. h. der Kobold oder Schutzgeist des Schiffes und der Schiffsmannschaft. Ist die Seele des Verstorbenen in den Baum übergegangen und hat sie ihn gleichsam mit menschlichem Leben erfüllt, so daß Blut in seinem Geäder umläuft, so läßt sie sich zugleich aber noch außerhalb des Baumes, in dessen Nähe, als Schatten in Tier- oder Menschengestalt sehen. Ihr Anschauen verursacht Krankheiten und Plagen, wie der unverhüllte Anblick von Geistern stets Gefahr bringt. Wird sie durch Vernichtung des Baumes frei, so vereinigt sie sich mit dem Winde und tobt in der wilden Jagd daher. Darum nimmt der Schutzgeist des einzelnen wie der ganzer Geschlechter in einem Baume Wohnung. Dem jungen Paare werden bei der Hochzeit grüne Bäume vorangetragen, und ein grüner Baum prangt auf dem Wagen, der die Aussteuer der Braut in die neue Heimat führt: es ist der Schicksals- oder Lebensbaum der jungen Leute, der, aus dem heimatlichen Boden verpflanzt, künftig auch in dem neuen Wohnsitze grünen, wachsen und Früchte bringen soll. Der Fortreisende verknüpft sein Leben sympathetisch mit einer daheimbleibenden Pflanze.

Im Märchen von den zwei Brüdern stößt der fortziehende sein Messer in den Baum vor der Tür des Vaterhauses: solange es nicht roste, sei das ein Zeichen, daß er selbst gesund sei wie der Baum. Im Märchen von den Goldkindern lassen die beiden Jünglinge, als sie ausziehen, um die Welt zu sehen, ihrem Vater ihre beiden Goldlilien zurück: an ihnen kannst du sehen, wie es uns ergeht; wenn sie frisch sind, befinden wir uns wohl; wenn sie welken, sind wir krank; wenn sie abfallen, sind wir tot.

Wiederholt war die Rede davon, daß die Seele, die den Körper verlassen und Tiergestalt angenommen hat, die Zukunft kennt. Noch heute glaubt man z. B., daß der Hund besonders den Tod wittert, den Leichenzug sieht und durch sein Heulen bevorstehendes Unglück des Hauses anzeigt. Wenn das Pferd die Mähne sträubt und ängstlich tut, sieht es einen Leichenzug. Ein über den Weg laufender Hase oder eine Katze bedeuten Unglück, eine begegnende Schafherde Glück.

Ein alter Zug in den Märchen ist, daß die Tiere, besonders die Vögel, sprechen und die Zukunft vorauswissen. Fast unübersehbar ist die Reihe der hierher gehörenden abergläubischen Vorstellungen. Aber das Volk weiß nicht mehr, daß die Seele des Verstorbenen, die in Tiergestalt erscheint, Glück und Unglück bringen kann, sondern schreibt den Tieren selbst den Einfluß auf den Menschen zu.

Auch im Traum erscheint die Seele, die den Leib verlassen hat, dem Menschen in Tiergestalt und offenbart ihm die Zukunft.

Kriemhild träumt, ehe sie noch von Siegfried etwas vernommen hat, wie ein schöner, starker Falke, den sie gezogen, von zwei Aaren (Gunther und Hagen) ergriffen wurde. Ihre Mutter Ute deutet dieses auf einen edlen Mann, den Kriemhild bald verlieren werde.

In dem ältesten deutschen Romane, dem »Ruodlieb« (um 1030), sieht die Mutter des Helden im Traume zwei Eber und eine große Anzahl von Säuen mit ihren Hauern drohend auf Ruodlieb eindringen, doch er tötet sie alle. Dann sieht sie ihn auf einer hohen, breitwipfligen Linde sitzen, umgeben von den kampfbereiten Seinen. Da kommt eine schneeweiße Taube, d.h. die Seele der ihm bestimmten Königstochter, bringt im Schnabel eine kostbare, edelsteingeschmückte Krone und setzt sie Ruodlieb auf das Haupt. Obwohl die Mutter wußte, daß damit Ehre verkündigt wäre, fürchtete sie doch, da sie aufgewacht war, ehe der Traum zu Ende war, daß sie vor seiner Erfüllung sterben müßte. Die Verkündigung des Geschickes im Traum ist ein beliebtes Motiv der mhd. Dichtung; oft ist es ein Engel, der dem Träumenden Befehle gibt, ihn warnt, an seine Pflicht erinnert und gutes Ende voraussagt. In ganz Deutschland finden sich noch heute auffallend übereinstimmende Traumdeutungen. Läuse und anderes Ungeziefer bedeuten Geld, ein Wagen mit Schimmeln, oder Schimmel überhaupt, weiße Mäuse bringen Tod. Leichen bedeuten eine Hochzeit, eine Hochzeit hingegen Leichen, und zwar sterben die, die man als Brautleute gesehen hat.

Der Glaube, daß sich gewisse Menschen durch natürliche Begabung oder durch magische Künste auf eine Zeitlang in wilde Raubtiere verwandeln können, ist über die ganze Welt verbreitet. Der Werwolf, das uralte Geschöpf westarischer Phantasie, lebt bis auf den heutigen Tag im europäischen Volksglauben fort. Es ist dieselbe Vorstellung, die wir bei den Naturvölkern Asiens und Afrikas vorfinden, nur daß hier statt des Wolfes das Raubtier ihrer Heimat, meist der Tiger oder die Hyäne eingesetzt ist. Mit dem Glauben, daß eine Seele nur vorübergehend den Menschen verläßt, um in der Zwischenzeit in einem Tiere ihren Sitz zu nehmen, und mit der Meinung, daß die Menschen nicht eingestaltig sind, sondern in Tiere verwandelt werden können, scheint eine Art Geisteskrankheit, die Lykanthropie, zusammenzuhängen. Der von dieser wahnsinnigen Täuschung Ergriffene wähnt sich zum Wolf verwandelt, ahmt tierische Bewegungen und Laute nach und fällt mordsüchtig lebende Wesen an.

Ahd. weriwolf, in Passauer Urkunden des 9. Jahrhunderts ags. werewulf, engl. werewolf bedeutet Mannwolf: der Werwolf ist ein in Wolfsgestalt gespenstisch umgehender Mann. BONIFATIUS verbietet, an Hexen und Wölfe zu glauben, die nur in der Einbildung leben. Bei BURCHARD, Bischof von Worms (gestorben 1025), heißt es von den Schicksalsgöttinnen, daß man glaube, sie könnten einen Menschen zu dem bestimmen, was sie wollten, daß nämlich ein solcher sich nach Belieben in einen Wolf verwandeln könne, was die Torheit der Menge Werwolf nennt, oder in irgendeine andere Gestalt. Ein oberdeutscher Beleg des 13. Jahrhunderts findet sich bei BERTHOLD VON REGENSBURG, der unter den Vergehen wider das fünfte Gebot auch die Taten des Werwolfes aufzählt. GERVASIUS VON TILBURY sagt: Wir haben oft Menschen sich in Wölfe verwandeln sehen, welche Menschen die Gallier »gerulfi« nennen, die Angeln aber »werewolf«; denn were bedeutet auf englisch einen Mann, ulf den Wolf; er gibt also bereits eine Erklärung des Namens, und diese älteste Deutung wird auch die richtige sein. In den Gesetzen König KNUTS (11. Jahrhundert) wird den Priestern befohlen, die Herde vor dem Werwolf (gemeint ist der Teufel) zu hüten.

Ein Mann, der aus seinem Erbe vertrieben war, irrte in den Wäldern umher und wurde aus Verzweiflung zum Wolf, verschlang Kinder und beschädigte auch Alte. Endlich wurde ihm einmal von einem Zimmermann ein Fuß abgehackt, und sofort bekam er seine menschliche Gestalt wieder. Er versichert darauf öffentlich, daß ihm der Verlust des Fußes vom größten Heile sei, da ihn derselbe vom irdischen Elend und den jenseitigen Folgen seiner Tierverwandlung befreit habe. Im Jahre 1589 gestand ein Mann aus der Nähe von Köln, zwanzig Jahre lang eine teuflische Buhle gehabt zu haben, diese habe ihm einen Gürtel geschenkt, durch den er zum Wolf geworden sei; in dieser Gestalt habe er fünfzehn Knaben, zwei Weiber und einen Mann gewürgt, jedoch nur das Gehirn von ihnen gegessen. Ein Schäfer wurde von einem Wolfe angefallen und hieb ihm mit dem Beil in die Hüften. Darauf fand er im nächsten Busch ein Weib aus dem Dorfe, das ihm spinnefeind war, wie sie mit den Fetzen ihres Rockes eine stark blutende Wunde stillen wollte. Die Hexe wurde verbrannt.

Noch in unseren Tagen sind Sagen vom Werwolf, besonders im Norden und Nordosten Deutschlands, lebendig. Der Gestaltenwechsel ist in naiv sinnlicher Art gedacht als das Hineinschlüpfen in eine andere Hülle, oder die Menschen legen einen Gürtel aus Wolfsfell an und werden zu diesen Tieren mit deren wilden Eigenschaften. Die Verwandlung dauert gewöhnlich neun Tage, die mythische alte Zeitfrist. Wirft man am zehnten Tage Eisen oder Stahl über einen Werwolf, so wird er in seine nackte Menschennatur zurückgewandelt. Er wird auch wieder zum nackten Menschen, wenn man ihn dreimal bei seinem Namen ruft. Diesen Glauben berührt auch GOETHES Zigeunerlied in der Bühnenbearbeitung des »Götz von Berlichingen«.

Man erkennt einen Menschen, der ein Werwolf ist, daran, daß er Fasern zwischen den Zähnen hat (diese rühren von den zerrissenen Kleidern her) oder an den zusammengewachsenen Augenbrauen, oder er hat am Kreuz ein Wolfsschwänzchen oder auf dem Kopfe zwei Wirbel. Die Werwölfe hausen in den Zwölften; man darf in dieser Zeit den Wolf nicht mit seinem Namen nennen, sondern nur »das Gewürm oder Ungeziefer«, sonst wird man von Werwölfen zerrissen. Ein Bauer soll einmal sogar seinen Pfarrer, der Wolf hieß, in dieser Zeit »Herr Ungeziefer« angeredet haben.

Eine Abart des Werwolfes ist der Böxenwolf; das ist ein Mensch, der mit dem Teufel im Bunde steht und durch Umschnallen eines Gürtels ein riesenstarker Wolf wird, um andere Leute zu quälen. Besonders liebt er es, wie die Mare oder der Alp, dem Menschen auf den Rücken zu springen und sich eine Strecke weit tragen zu lassen. In Westfalen, Hessen und im Schaumburgischen gibt es kein Dorf, wo sich nicht jemand fände, dem dies schon begegnet sein soll. Der Name scheint auf das plattdeutsche böxen – Hosen – zurückzuführen und einen Wolf zu bezeichnen, der Hosen trägt, also einen männlichen Werwolf.

Nicht immer ist der Werwolf ein verwandelter lebender Mensch, sondern ein dem Grabe in Wolfsgestalt entstiegener Leichnam. Der Werwolf hat im Grabe keine Ruhe und erwacht wenige Tage nach der Bestattung. Dann wühlt er sich, nachdem er das Fleisch von den eigenen Händen und Füßen abgefressen hat, um Mitternacht aus dem Grabe hervor, fällt in die Herden und raubt das Vieh oder steigt in die Häuser, legt sich zu den Schlafenden und saugt ihnen das warme Herzblut aus; nur eine kleine Bißwunde auf der linken Seite der Brust zeigt die Ursache ihres Todes an. In diesen Sagen ist deutlich die Vorstellung von der Verwandlungsfähigkeit der Seele mit dem unheimlichen Glauben an den blutsaugenden Alp verbunden.

3. Die Seele in Menschengestalt

Die ursprüngliche Vorstellung, daß eine entkörperte Seele mit dem Schlafenden in Verkehr tritt, mußte zu der Überzeugung führen, daß der Verstorbene in Menschengestalt wieder erscheinen könnte, um zu ermuntern oder zu quälen, zu warnen oder zu benachrichtigen, oder um die Erfüllung seiner eigenen Wünsche zu fordern. Diesen Zusammenhang von Seelenglauben und Traumleben bestätigt die Sprache selbst. Ahd. troc, as. gidrog = dämonisches Wesen, wurde ursprünglich nur von Toten gebraucht, die im Traume erschienen; das Wort Traum hatte anfangs nur die Bedeutung Totentraum. Zugrunde liegt die indogermanische Wurzel *dhreugh »schädigen«; der Draug (urgerm. draugaz) ist also das unheilstiftende Wesen. Der Zustand aber, in dem die Seele von den Unholden heimgesucht wurde, hieß urgerm. draugwmos »Traum«. Später überwiegt mhd. gespenste (ahd. gispanst) »Verlockung, teuflisches Trugbild«, ein Verbalabstraktum zu spanan »locken« (lit. spéndžiu »Fallstricke legen«). Die ursprüngliche Konstruktion des Verbums »träumen« zeigt noch deutlich den Glauben an die Wirklichkeit der Traumwelt: Die Person, von der nach unserer Anschauungsweise geträumt wird, galt im Altertum als die erzeugende Ursache des Traumes; man sagte nicht bloß unpersönlich »mich träumte«, sondern »der Mann hat mich geträumt«:

offenbar wird das Traumbild noch als ruhestörende, beängstigende Erscheinung gedacht. Schon im Althochdeutschen wurde die Passivität des Traumzustandes minder lebhaft empfunden: es hieß »mir troumte«; und als endlich das aufgeklärte Bewußtsein die völlige Subjektivität der Traumerscheinungen erkannte, sagte man stolz: Ich habe geträumt.

Im allgemeinen gilt das Wiedererscheinen als ein Unglück oder eine Strafe, nicht nur unheimlich und störend für die Lebenden, sondern auch als Qual für die Toten. Die Wiedergänger erscheinen in menschlicher Gestalt, grau, schattenhaft schwebend, meist im Leichengewande. Selbstmörder haben im Grabe keine Ruhe; Meineidige, Scheidengänger (Grenzsteinverrücker), Geizige, Wucherer, Hartherzige, Ungetreue und die, die mit einer nicht gesühnten und nicht selbstbekannten Sünde gestorben sind, müssen als Spukgeister erscheinen. Ein vergrabener Schatz läßt dem Toten keine Ruhe, bis er gehoben ist. Eine unvollendete Arbeit, ein nicht erfülltes Versprechen treibt ihn auf die Oberwelt zurück.

Dem milden, versöhnenden Glauben, daß die Liebe auch die Pforten des Todes und der Hölle überwindet, steht die finstere, grausige Anschauung gegenüber, daß die Tränen der Braut, die über das Ableben des Geliebten in den Volksliedern meist unaufgeklärt ist, den Verstorbenen aus dem Grabe locken: er holt die Braut auf seinem Rosse und führt sie im gespenstischen Ritte in sein Totenreich. Das ist der volkstümliche Hintergrund von BÜRGERS »Lenore«.

Wie die althochdeutschen Glossen »necromantia = helirûna« oder »dohot-(dôt) rûna, d.i. Höllenzauber, Totenzauber« und »mortiferi cantus seu spani, d.i. Lockung« zeigen, kannten die Deutschen Zaubergesänge, die den Toten aus dem Grabe zurückrufen konnten, um die Zukunft zu offenbaren oder durch Zauber Böses zu wirken. Noch heute kann man durch Zauberkunst die Seelen der Toten beschwören und herbeirufen, daß sie sichtbar erscheinen oder hörbar antworten müssen. Der Kundige geht des Nachts auf den Kirchhof, ruft den jüngst beerdigten Toten und legt ihm Fragen vor, meist über geschehene Diebstähle und verborgene Schätze.

Umgekehrt kannte die Vorzeit ein mit Runenzauber verbundenes Totenlied, den »Sisu« (Geflüster), das den Geist des Verstorbenen an der Rückkehr auf die Erde verhindern sollte. Diese leise mit gedämpfter Stimme gesungenen Zauberlieder, die den Geist des Toten bannen sollten, waren mit Tanz und Opfer verbunden und wurden teils bei der Leichenwache, teils bei der Bestattung selbst angewandt. Der »Indiculus«, eine Instruktion für Königsboten und Missionare von ca. 800, verbietet diese Totenlieder, dâdsisas, und Abt REGINO VON PRÜM (gestorben 915) schilt sie »Teufelsgesänge«. Noch heute glaubt man, die plagenden Spukgeister bemeistern und in wüste Örter tragen und bannen zu können. Schon im 13. Jahrhundert zieht, wie noch heute, der Beschwörende einen Kreis auf dem Boden, steht selbst mitten im Kreise und zwingt die armen Seelen zum Erscheinen, um sie dann auf einen sumpfigen Ort zu bringen (»Münchener Nachtsegen«). Das Ziehen des Kreises war ursprünglich eine rechtssymbolische Handlung. Der Schläfer denkt den Kreis um sich und sein Haus gezogen, zum Schutze vor dem nächtlichen, quälenden Gesindel.

4. Der Aufenthaltsort der Seelen

Nachdem die Seele oder der Geist beim Tode den Körper verlassen hat, hält er sich in der Nähe des Grabes auf, wandelt auf der Erde oder fliegt in der Luft umher oder zieht in das eigentliche Geisterreich. Unter den Boden, unter die Schwelle grub man den Toten ein, um dem Hause einen Schutzgeist zu sichern. Der beliebteste Sammelplatz der Seelen ist der Altar des Hauses, d.h. der Herd, die uralte Begräbnisstelle. Norddeutsche Bauern erinnern sich noch, daß an den Ufern des sumpfigen Drömling der Eintrittsort in das Land der abgeschiedenen Seelen war. Das Schauspiel der in die Unterwelt versinkenden Sonne rief den Glauben hervor, daß das Seelenheim im fernen Westen gelegen wäre. England, die Gegend des Sonnenunterganges, galt dem germanischen Altertum als das Land der Toten. PROCOP, der Geschichtsschreiber des gotischen Krieges, hat im 6. Jahrhundert einen ausführlichen Bericht aufgezeichnet: An der Küste, die Britannien gegenüberliegt, befindet sich eine große Anzahl von Dörfern, deren Bewohner von Fischfang, Ackerbau und Schiffahrt nach Britannien leben. Sie sind den Franken untertan, zahlen aber keinen Tribut, da sie von alters her die beschwerliche Pflicht haben, abwechselnd die Seelen der Verstorbenen überzusetzen. Vor Mitternacht merken sie, wie es an ihre Türen klopft, und hören die Stimme eines Unsichtbaren, der sie an die Arbeit ruft. Sogleich stehen sie auf, ohne sich zu besinnen, und begeben sich an den Strand, durch eine unbekannte Gewalt angetrieben. Dort finden sie Kähne vor, zur Abfahrt bereit, aber ganz menschenleer. Es sind das nicht ihre eigenen, sondern fremde Fahrzeuge. Sie steigen hinein und greifen zu den Rudern. Dann fühlen sie, wie die Schiffe durch die Menge der Mitfahrenden so schwer belastet werden, daß sie bis an die Deckbalken und die Rudereinschnitte im Wasser liegen und kaum einen Finger breit daraus hervorragen; aber zu sehen ist niemand. In einer Stunde schon sind sie am anderen Ufer, während ihre eigenen Boote die Überfahrt nicht unter einer Nacht und einem Tage machen. Am jenseitigen Strande entleert sich das Schiff und wird so leicht, daß nur noch der Kiel die Wellen berührt. Sie sehen niemand auf der Reise, niemand bei der Landung, aber hören eine Stimme, die von jedem neu Ankommenden Namen, Stand und Herkunft ausruft; bei Frauen wird der Name dessen ausgerufen, dem sie im Leben angehörten. – Bis ins 13. Jahrhundert war die Erinnerung an ein britannisches Totenreich in Deutschland lebendig.

Deutsche Sagen wiederholen noch heute das Thema, wie die Mare aus England über das Meer herüberkomme; da hört die von Heimweh Erfüllte von England her die Glocken klingen, noch einmal will sie ihre Mutter sehen, sie schmeichelt dem Manne den Urlaub ab und verschwindet, oft mit dem Rufe: »Wie klingen die Glocken in Engeland!« Da aber die Seelen des heidnischen Volksglaubens in christlicher Zeit häufig in Engel übergingen, ist es nicht ausgeschlossen, daß das himmlische Totenreich als Engelland bezeichnet wurde.

Eine besonders von den Seelen heimgesuchte Stelle sind, wie bei den Indern, Griechen und Römern, auch die Kreuzwege, vermutlich alte verlassene Begräbnisplätze. Sie sind daher der Sitz des mannigfachsten Zaubers. Schon ELIGIUS verbietet das Lichtanzünden an Kreuzwegen.

Floh der Lebenshauch aus dem erstarrten Körper, so schwebte er in die Luft empor, und die Seele flog mit dem wütenden Heere einher. War der Sturm als die Vereinigung von Seelen gedacht, so mußte den Geistern, während der Wind ruhte, ein bestimmter Ruheort zugeschrieben werden. Aus den Bergen bricht der Wind hervor, im Berge verweilte der Windgott Wodan, so wurden die Berge zum Seelenheim. Der »Indiculus« verbietet die Opfer auf Steinen, Felsen und Bergen; denn in Bergen und Höhlen hausten die Seelen der Verstorbenen und kamen zu bestimmten Zeiten daraus hervor. Der Rattenfänger von Hameln lockt die Seelen der Kinder zu den Unterirdischen in den Koppenberg. In den Venus- und Hollenbergen verschwindet die wilde Jagd, und oft hört man das Heulen und Wimmern der Seelen aus dem Berge. Bei Worms wurde einst einige Tage hindurch eine große bewaffnete Menge von Rittern gesehen, die aus einem Berge herauszog und wieder dorthin zurückkehrte. Endlich näherte sich einer von den Bewohnern ängstlich dem Heere und redete einen daraus an. Da ward ihm die Antwort: »Wir sind nicht, wie ihr glaubt, bloße Einbildungen, noch eine Schar Soldaten, sondern die Geister der verstorbenen Ritter.« Auch ein Graf, der vor wenigen Jahren getötet war (1117), wurde in dem gespenstischen Zuge wahrgenommen. Im »Münchener Nachtsegen« werden allerlei biblische Stellen zitiert, um die Schwarzen und Weißen, die die Guten heißen, d.h. die alten Hausgeister abzuwehren; denn auch sie können schaden, wenn sie erzürnt sind. Zwar sind sie nach dem Blocksberg ausgewandert und haben dort ihren ständigen Sitz; aber sie sind beleidigt und gekränkt dem Christentum gewichen, d.h. nach der Anschauung des Volkes in den Berg entrückt; und wenn sie des Nachts zum Hause zurückkehren, muß der im Bette liegende Schläfer ihren Zorn fürchten und versuchen, ihren feindlichen Einfluß abzuwehren.

In den Bergen ist auch der Wohnsitz der Lieblinge der deutschen Volksdichtung. KARL DER GROSSE ruht im Desemberge bei Paderborn oder im Unterberge bei Salzburg, HEINRICH DER ERSTE im Sudemerberge bei Goslar. Der im elsässischen Bergschlosse Geroldseck (richtiger: in dem Wasserschlosse Geroldseck an der Saar) hausende Siegfried ist von dem Dichter MOSCHEROSCH (gestorben 1669) erfunden, ebenso das Fortleben des ARIOVIST, HERMANN und WIDUKIND im Hügel Babilonie in Westfalen. Nach dieser Vorlage hat dann unser Jahrhundert weiter gearbeitet; im Fichtelgebirge weilt Erzherzog KARL VON ÖSTERREICH, in der Sarner Scharte oder im Iffinger lebt ANDREAS HOFER fort und wird einst wieder erscheinen, nicht zu vergessen FRIEDRICH I., Kaiser BARBAROSSA im Kyffhäuser (Harz).

Obwohl die Darstellung auf das wütende Heer bei Wodan zurückkommen wird, sei doch schon bemerkt, daß es noch im 13. Jahrhundert, im »Münchener Nachtsegen«, Wûtanes her genannt wird. Wütendes Heer ist also entstellt aus Wutensheer = Heer des Wuotan. Der Nacht- und Windgott ist in ältester Zeit bereits mit den im Sturme einherfahrenden Seelen in Verbindung gebracht und das Totenheer nach dem

Führer benannt. Der nächtliche Schrecken des wilden Heeres wird noch durch die Begleitung anderer entfesselter Naturgewalten gesteigert, durch den aus schwarzen Gewitterwolken hervorleuchtenden Blitz. Glôzan und Lodevan, Wûtan und Wûtanes her werden im »Münchener Nachtsegen« abgewehrt: Ihr sollt von hinnen gehn! Glô-zan, Feuerzahn (mhd. gelohe = Flamme, ahd. zan = Zahn) soll der Blitz sein; Lodevan (mhd. lode = Zotte, ahd. ludo = zottige Decke) soll Zottelfahne bedeuten, und unter der zottigen Fahne sei die Wolke zu verstehen; wahrscheinlich aber sind Gloczan und Lodowan slawische Namen. In demselben Segen werden Herbrot und Herebrant aufgefordert, in ein anderes Land auszufahren. Auch diese beiden Namen, wovon Herbracht in einer oberdeutschen Beschwörung als ein den Augen feindlicher Krankheitsdämon und Heribrand in westfälischem Aberglauben als Feuerdrache, in Mecklenburg als Herddämon wiederkehrt, den ein geweihter Kesselhaken vertreibt, scheinen mit dem wilden Heere zusammenzuhängen. So sind kaum die bekannten Heroennamen Hildebrand und Hadubrand auf mythische Geister übertragen. Herbrot ist der im Gebälk des Hauses wohnende und auf Plünderung ausziehende Hausgeist und vergleicht sich dem bekannteren Ausdruck Heerwisch. Wird von einem Baume, der »Feuer in sich birgt«, d.h. den der Blitz versehrt hat, ein Balken zum Bau verwendet, so brennt das Haus ab. Wenn der Herbrand in ein Haus fällt, so brennt dieses nach sieben Jahren ab.

5. Der Seelenkult

Verschiedene Gebräuche der Seelenabwehr sind über den ganzen Erdkreis verbreitet. Zu gleichen Zwecken hat der Mensch überall Vorkehrungen getroffen, um die spukende Seele zu vertreiben oder unschädlich zu machen. Die Geister und Gespenster scheuen den nackten Menschen. Wer von bösen Träumen heimgesucht wird, kann sich dagegen wehren, wenn er beim Schlafengehen sich in der Mitte der Stube ganz entkleidet und rückwärts zu Bette geht. Nach einem Todesfalle werden sogleich die Fenster geöffnet, damit die Seele nicht länger im Hause bleibt. Die Töpfe werden umgekehrt, damit die Seele nicht irgendwo unterschlüpfen kann. Hinter dem Sarge her wird die Stube ausgekehrt, um das Wiederkommen zu verhüten, oder man gießt, wie schon zur Zeit BURCHARDS VON WORMS, schweigend unter die Totenbahre, so heute, der Leiche einen Eimer Wasser nach, dann kann sie nicht umgehen. Auf großen Umwegen wird die Leiche nach dem Kirchhofe gefahren, damit der Tote den Weg nicht zurückfindet. Der Wunsch, die Rückkehr des Verstorbenen zu verhindern und zugleich seine Reise ins Jenseits für ihn selbst bequemer und sicherer zu machen, hat zu dem weitverbreiteten Brauche geführt, dem Toten Schuhe mit ins Grab zu geben. Rind und Roß dem Toten ins Jenseits mitzugeben war altgerm. Brauch: sie sollen nicht nur dem Verstorbenen im Jenseits dienen, sondern sie sollen ihm, wie die Schuhe, Wagen und Schiffe, helfen, daß er bequem und ungefährdet ins Totenreich gelange. Pommersche Leidtragende lassen, wenn sie vom Kirchhofe zurückkehren, Hirsestroh hinter sich zurück, damit die wandernde Seele darauf ruhen und nicht nach Hause zurückkehren möge. Wie Stroh einst das wesentlichste am Lager war, so knüpfen gerade hieran noch alte Bräuche. Das Revestroh (got. hraiws, ahd. hrêo, mhd. rê = Leichnam, ursprünglich der blutige, getötete Leib, caro, cruor) wird im Hause verbrannt oder auf das Feld geworfen, damit es schnell verwese; denn von seiner Vernichtung hängt die Wiederkehr des Toten ab. Nimmt man es mit nach Hause, so kommt der Geist des Nachts immer wieder auf die Hofstätte zurück, um sein ihm entzogenes Eigentum zu suchen. Sogleich nach dem Tode legt man den Verstorbenen auf das Rehbrett, d.i. Leichenbrett, um dem häuslichen Gebrauche nichts anderes entziehen zu müssen, da auch diese Unterlage dem Toten gehört: der tote Siegfried wird gewaschen und »ûf den rê« gelegt.

Diese Leichenbretter entsprechen den Bauta- und Runensteinen des Nordens, sie deckten den Toten unmittelbar, legten ihn fest und verhinderten seine gefürchtete Wiederkehr. Besonders in Oberbayern und im Bayerischen Walde sieht man lange Schmalbretter im Erdreich aufgepflanzt, gruppenweise oder vereinzelt: oft mitten im Walde, wo die Fußsteige vorübergehen, an Waldbäumen oder auch an Feldwegen, bisweilen am Acker, den der Tote einst bestellte. Auf dem Rehbrett bleibt der Tote bis zum Begräbnisse liegen; der Maler streicht es dann blau an und setzt den Namen, Geburts- und Todestag des Verstorbenen darauf, eine Bitte um ein Vaterunser und wohl auch einen Spruch, der die Vergänglichkeit alles Irdischen lehrt. Niemals aber findet man Totenbretter an geweihter Stätte, und heilige Scheu umgibt sie; niemand vergreift sich an den ungeschützt im Freien stehenden Denkmälern, bis sie morsch verwittern. Wahrscheinlich kommt das Totenbrett auch den Alemannen und Franken zu. Ein »lignum insuper positum« erwähnen die »leges Bajuvariorum«, das salische Gesetz spricht von einem »Haristado h.e. stapplus super mortuum missus«, d.h. von einer Heersäule oder einem Stappel (= Stütze, Säule, Pfosten), der über dem Toten ins Grab gelegt wird, und von einem »nach altem Brauche aufs Grab gelegten Steg«: alle drei Zeugnisse scheinen doch von Totenbrettern zu sprechen.

Um die Rückkehr des Toten abzuwehren, beseitigt man also alles, woran sich die Seele besonders gern zu heften pflegte: man vernichtete entweder die Gegenstände oder legte sie dem Toten mit ins Grab. Der toten Mutter gibt man Kamm, Schere, Fingerhut, Zwirn und Nadel und ein Stückchen Leinwand, Bettchen, Häubchen und Windeln des Kindes, und wenn ihr dieses selbst in den Sarg folgt, diesem Puppen und Spielzeug mit, damit die Mutter nur ja nichts zu holen habe. Aber neben diesen negativ vorbeugenden Mitteln gab es auch positiv abwehrende. Man erschwerte dem Toten nicht nur den Weg oder die Zurechtfindung, sondern man übte noch besondere Gebräuche und Vorsichtsmaßregeln, um den geisterhaften Angriff abzuwehren. Da die Zeit der schwärmenden Geister besonders die Nacht ist, zündete man Feuer an, um die feindlichen Gespenster abzuhalten. Brennende Lichter schützen gegen Gespenster, gegen den Alp und gegen die Hexen; bei Kranken und neugeborenen Kindern müssen Kerzen brennen. Ebenso vertrieb man die Geister durch Lärm, wie z. B. noch heute in China bei Seuchen und Landplagen. Schießen und anderes starkes Lärmen, wie Knallen mit den Peitschen, auch Glockengeläute ist allgemein ein Mittel gegen böse Geister, besonders gegen Hexen. Durch Schießen am Pfingsttage vertreibt man die Unholde von den Feldern. Am Polterabend begann ein fürchterliches Lärmen in dem Hause, das die Brautleute beziehen sollten. Alle Fensterläden wurden geschlossen, jede Öffnung zugekeilt, nur die Haustüre weit offen gelassen. Dann wurde oben unterm Dache mit schrecklichem Lärmen und Poltern begonnen, vom Speicher pflanzte es sich durch alle Räume bis in den Keller fort, dann die Kellertreppe hinauf, zur Haustüre hinaus. Der »Polterabend« bezweckte also eine Reinigung des neu zu beziehenden Hauses von bösen Geistern und lehrt aufs deutlichste, mit welchen sinnlichen Mitteln man gegen diese vorgehen mußte. Noch heute werden auf den Weihnachtsmärkten »Brummtöpfe« und »Waldteufel« feilgeboten, die kein Mensch mehr zu etwas Nützlichem zu verwenden weiß. Aber zweifellos hat man mit diesen einmal die Geister von den Häusern fortgescheucht, und das Ding, mit dem man den Teufel wieder in den Wald trieb, hieß darum auch der »Waldteufel«. Ihm entspricht genau das Schwirrholz, mit dem manche wilden Völker noch heute lästigen Geisterbesuch fernzuhalten suchen. Und was soll die Rute, die heute zur Weihnachtszeit eine so große Rolle spielt? Schwerlich würden Kinder sie sich gewünscht haben, wenn diese zu ihrer Züchtigung gedient hätte. Früher erhielt das Kind grüne Zweige und Reiser mit den Martins- und Nikolausgeschenken, erst das 16. Jahrhundert legte der Rute pädagogischen Sinn unter, und noch heute droht man, höchst unpädagogisch, den Kindern zur Zeit der heiligsten Freude mit der Rute Knecht Ruprechts. Es ist ein idg. Glaube, daß die Berührung mit einer Rute unter gewissen Feierlichkeiten Krankheiten des Viehs vertreibt und die feindlichen Geister von Haus und Herd, Feld und Flur verscheucht. Aber die Rute, die ursprünglich nur abwehrt, wird später in der Hand des Hirten zur Lebensrute, die feindlichen Zauber abwendet und Wachstum hervorbringt, und auf dem Acker sogar ein Symbol der Fruchtbarkeit. Der »Indiculus« handelt auch von Instrumenten, Hörnern und Muscheln, mit denen man Lärm machte, um Unwetter zu vertreiben. Offenbar sind unsere Wetterhörner und Wettermuscheln gemeint. Beim Blasen der Wettermuschel soll sich noch heute im Kinzigtale das Wetter »sichtlich« verteilen, und das »Wetterläuten« ist allgemein bekannt. KARL DER GROSSE verbot 789, gegen Wettergefahr Glocken zu taufen und mit Zauberformeln versehene Zettel an Stangen aufzuhängen.

Es ist merkwürdig, welche Scheu vor dem Wasser die Naturvölker den Geistern zuschreiben; man glaubt diese überall wiederkehrende Auffassung in eine Zeit zurückverlegen zu müssen, wo der Mensch dem Wasser noch wehr- und machtlos gegenüberstand und es als feindliches, hinderndes Element betrachtete. Darum wird bei vielen Völkern das Totenreich jenseit eines Flusses gedacht, weil kein Wesen ihn zu überschreiten vermag. Noch heute gießt man des Nachts Wasser vor die Tür: dann bleibt der Tote wehklagend stehen und kann nicht hinüber.

Während wir unserer Toten nur noch gedenken können, waren unsere Vorfahren von ihrem Weiterleben und ihrer Gegenwart überzeugt. Aber sie suchten die Toten nicht nur fernzuhalten, sondern sahen sie gern um sich, im eigenen Hause, reichten ihnen den Becher, rüsteten ihnen Tisch und Mahl und tranken mit ihnen Minne. Die Totenpflege unserer Ahnen entrollt uns ein Bild kindlich traulicher Innigkeit, das auch unseren Blick noch mit rührender Teilnahme zu längerem, liebevollem Verweilen zwingt. Was dem Verstorbenen auf Erden lieb und wert gewesen war, das gab man ihm mit ins Grab, damit er sich nicht von seinen Lieblingsdingen zu trennen brauchte. Die Gräberfunde gehören zu den ältesten Zeugnissen für mythische Vorstellungen; Waffen und Schmuckgegenstände, Geld und Gut, Handwerkszeug und Trinkhörner, Pferde-, Hunde- und Sklavenskelette sowie Steinamulette sind aus dem Schoße der Erde wieder ans Tageslicht gefördert. Schon TACITUS bezeugt ausdrücklich, daß jedem Manne seine Waffen mitgegeben wurden.

Noch 1781 wurde zu Trier ein Kavallerie-General nach altem heiligem Brauche bestattet: bei dem Leichenzuge wurde sein Pferd mitgeführt, und nachdem der Sarg in das Grab gesenkt war, getötet und in die Gruft geworfen.

Dem Toten gebührte von Rechts wegen ein Drittel des eigenen Nachlasses als Ausstattung für das Leben im Jenseits. Dieser Totenteil bestand nicht nur aus Geld und Gut, sondern aus der Fahrnis überhaupt, die mit ihm verbrannt und begraben wurde. Er wurde in christlicher Zeit zum Seelgerät, Seelschatz, und der Tote erhielt seinen Anteil am eigenen Nachlasse dadurch, daß dieser zu kirchlichen oder wohltätigen Zwecken verwendet wurde; denn die Sorge für das Heil des Verstorbenen im Jenseits war jetzt Sache der Kirche.

Der grausame Brauch, daß die Witwe dem Gatten als sein Eigentum in den Tod folgte, gleich seinem Pferde und seinen Knechten, scheint schon zur Zeit des TACITUS verschwunden zu sein, denn er hätte ihn sonst sicher erwähnt; aber bei den Herulern und Nordgermanen lebte er fort.

Wenn ein Heruler gestorben ist, muß seine Gattin, wenn sie etwas auf ihren Ruf gibt und ihr an einem freundlichen Gedenken nach dem Tode gelegen ist, sich am Grabhügel ihres Gemahls bald nach seinem Begräbnis erdrosseln. Wenn sie es nicht tut, so wird sie ehrlos, und die Verwandten ihres Mannes fühlen sich durch sie beleidigt.

Die ostdeutschen Leichenfelder zwischen Elbe und Weichsel haben nicht nur beträchtliche Massen gerösteten Weizens ergeben, sondern auch kugelförmige, aus gestoßenem Korn und aus Tonerde zusammengeknetete Opferbrote. Angelsächsische Bußordnungen von 700 und BURCHARD eifern dagegen, Körner in einem Hause zu verbrennen, wo ein Toter liegt. Weitere Funde zeigen, daß man ausgehöhlte Steine auf die Gräber legte und in diese Spenden goß, zur Nahrung für den Toten. Papst GREGOR III. verbot im Jahre 739 in einem Schreiben an die alemannischen Bischöfe die heidnischen Totenopfer. 742, auf dem ersten deutschen National-Konzil wird jedem Bischof aufgetragen, alljährlich bei der Synode Umfrage zu halten, ob jemand an Losdeuten, Wahrsagen, Amulette, Beobachtung des Vogelfluges und Hexereien glaube, zur Nachtzeit über einen Toten singe, esse oder trinke und sich gleichsam über seinen Tod freue. Zahlreiche Zeugnisse aus dem 8. Jahrhundert bekunden, wie schwer der Kirche die Bekämpfung der Kulthandlungen an den Gräbern gemacht wurde. KARL DER GROSSE erließ 785 zu Paderborn bei Todesstrafe den Befehl, daß die Sachsen auf den Gräbern ihrer Vorfahren nicht mehr tanzen, singen und schmausen sollten. Die erste Nummer des »Indiculus« verbietet den Sachsen das Totenopfer, und BURCHARD VON WORMS eifert noch um das Jahr 1000 gegen die Spenden, die in gewissen Gegenden an den Gräbern der Verstorbenen gebracht werden.

In welchem Ansehen die Totenpflege stand und wie sehr

mit ihr der Ahnenkult zusammenhängt, zeigt wiederum der »Indiculus«. Er verbietet, beliebige Tote zu Heiligen zu machen. Diese Gefahr lag für den Deutschen bei solchen Männern nahe, die schon bei Lebzeiten besondere Macht über ihre Mitmenschen und deren Geschicke besessen hatten; ihnen mußte ja nach dem Tode übermenschliches Können und Wissen zugeschrieben werden. In gleicher Weise verbietet das angelsächsische Gesetz König EADGARS nebeneinander Totenbeschwörung und Menschenverehrung.

Die Schatzsagen zeigen, daß die Ruhe des Toten heilig war und daß kein Frevler wagen durfte, nach den ihm mitgegebenen Schätzen zu trachten. Die Beraubung eines Toten (Walraub) war durch strenge Gesetze bestraft. Der Walraub war nach dem Edikt des Langobardenkönigs HROTHARI Blutraub (plôdraub) oder Reraub (hrairaub). Blutraub beging man an einem Menschen, den man selbst getötet hatte, mochte der Totschlag um des Raubes willen verübt sein oder nicht. Dem Getöteten durfte man nach angelsächsischem Gesetz nichts nehmen, sondern man sollte den Leichnam auf den Schild legen, das Haupt nach Westen, die Füße nach Osten gerichtet. Selbst der, der beim Wegschießen der Aasvögel die Leiche mit dem Pfeile verwundete, mußte nach bayerischem Volksrechte zwölf Schilling Strafe zahlen. Reraub war die Beraubung eines Leichnams ohne Konkurrenz mit erlaubter oder unerlaubter Tötung. Die strafrechtliche Behandlung der Missetat gestaltete sich verschieden, je nachdem sie am unbestatteten oder am bestatteten Leichname verübt war. Bei den Franken machte die Beraubung eines bestatteten Leichnams friedlos. Auch auf Herauswerfen der Leichen aus dem Grabe (crapworf) waren strenge Strafen gesetzt.

Was den Menschen ergötzte, mußte auch den Abgeschiedenen erfreuen. Auch er mußte sich an Schmaus und Trank, froher Scherzrede und dem Ruhme seiner Taten laben.

Darum erklangen feierliche Totenklagen während des Totenzuges und bei der Bestattung.

Schon TACITUS kennt die Totenklage: »Wehklagen und Weinen geben sie schnell, Schmerz und Trauer langsam auf; Frauen ziemt Trauerklage, Männern Erinnerung.«

Ergreifend ist die Schilderung, die das ags. Epos von der Leichenfeier Beowulfs entwirft. Die Recken bereiteten einen Scheiterhaufen auf der Erde, einen festgefügten, mit Helmen behangen, mit Heerkampfsschilden, mit blinkenden Brünnen, wie er gebeten hatte. Mitten darauf legten den herrlichen Herrscher die Helden wehklagend, den geliebten Gefolgsherrn. Dann begannen sie auf dem Berge der Brandfeuer größtes zu erwecken, die Helden; der Holzrauch stieg empor schwarz von dem Scheiterhaufen, prasselnde Lohe, mit Klagelauten untermischt, wenn das Sturmgewühl ruhte, bis das Beinhaus gebrochen war heiß in der Brust. Darauf errichteten sie einen Hügel, der war hoch und breit und den Wogenbefahrern weithin sichtbar, und erbauten in zehn Tagen des Helden Denkmal; für die Asche stellten sie eine Grabkammer her und taten in den Hügel Ringe und kostbare Kleinodien. Dann ritten die Recken um den Hügel, sie wollten ihren Kummer klagen, den König betrauern, Hochgesang erheben und den Helden preisen; sie rühmten seine Ritterlichkeit und seine kühnen Taten, wie es billig ist, daß man seinen Herrn mit Worten feiert und in Liebe sein gedenkt, wenn er das Leben hat verlassen müssen. So betrauerten sie ihres Gefolgsherrn Fall, die Herdgenossen, sie sagten, daß der große König gewesen wäre unter den Männern der freigebigste und leutseligste, unter den Menschen der mildeste und stolz auf das Lob der Seinen.

Auch solange der Tote vor seiner Beerdigung sich noch im Hause befand, fanden mancherlei heilige Gebräuche statt. Die Kirche eiferte gegen den Unfug, der bei den Leichenwachen getrieben wurde, und verbot das Absingen teuflischer

Lieder, das Scherzen und Springen über den Toten, Gelage und Mummereien. Selbst christlichen Priestern mußte nach REGINO VON PRÜM verboten werden, mit den Heiden sich am Jahrestage oder am 30., am 7. und 3. Tage nach dem Sterbefalle zum Totengedächtnis zu berauschen, der Seele des Verstorbenen zuzutrinken, Klatsch- und Lachgeschichten zu erzählen oder zu singen und sich schimpfliche Scherze mit einem Bären und mit Tänzerinnen und Talamascae (geisterhafte Mummereien) vorführen zu lassen. Bei BURCHARD VON WORMS heißt es: »Hast du der Leichenfeier des Verstorbenen beigewohnt, das ist: hast du der Wache bei den Leichnamen der Verstorbenen beigewohnt, wo die Leiber der Christen nach Sitte der Heiden bewacht wurden? Hast du dort die Teufelslieder gesungen und an den Tänzen teilgenommen, die die Heiden nach Anweisung des Teufels erfunden haben?« Drei Tage und drei Nächte wacht Kriemhild bei dem toten Siegfried. Die Leichenwache ist nichts anderes als eine Belustigung der Seele, solange sie noch im Hause weilt. Der Leichenschmaus aber wird der Seele zu Ehren gegeben, und sie nimmt selbst daran teil. Da man einst den Toten im Hause begrub – König Alboin wurde noch unter der Treppe seines Palastes bestattet –, fand das Mahl im Hause statt, später auf dem Grabhügel. Beim Leichenschmaus lustig zu sein und viel zu genießen ehrt den Toten, denn er wünscht nach der kindlichen Vorstellung des Naturmenschen Erheiterung. Noch heute heißt es in der Oberpfalz: je mehr dabei getrunken wird, um so besser; es kommt dem Toten zugut, und das Abhalten des Leichenmahles wird dort das »Eindaichteln« des Toten genannt (got. dauhts, das Mahl).

Aber auch Klagerufe und Schmerzausbrüche erschallten bei der Leichenwache. Aus den Verschanzungen der Goten drangen im Jahre 537 des Nachts laute Wehklagen in das römische Lager hinüber.

Nach hannöverschem Aberglauben beträgt die Frist, die

der Seele auf Erden gegönnt ist, fünf Stunden; in dieser Zeit muß sie die Strafpredigt anhören, die die Gattin ihr hält. Nach dem »Sachsenspiegel« bleibt die Witwe bis zum dreißigsten Tage im Besitze des ungeteilten Hausgutes, als wäre ihr Mann noch unter den Lebenden. Am 30. wird auch heute noch in vielen Gegenden das kirchliche Leichenamt wiederholt: dann sind die Pflichten gegen den Toten erfüllt. Die alte mythische Dreizahl kehrt in dem Glauben wieder, daß der Tote am dritten oder neunten Tage noch einmal in sein Haus zurückkommt und daß der Leichenwagen drei oder neun Tage rasten muß, d.h. zu keiner anderen Arbeit gebraucht werden darf.

Solange der Germane noch unstet als Nomade von Trift zu Trift zog, war an eine Wiederholung der Totenfeste nicht zu denken. In der späteren Zeit waren die Totengedächtnisfeiern mit der Verehrung der mächtigen Götter verbunden. Ein öffentliches Totenfest, das sich an das Frühlingsfest der erwachenden Natur anschloß, verbietet der »Indiculus«. WIDUKIND, Abt des Benediktinerklosters Corvey an der Weser, berichtet, daß die Sieges- und Totenfeier der Sachsen nach der Schlacht bei Scheidungen im Herbste des Jahres 531 drei Tage lang, vom 1. Oktober an, gewährt habe.

6. Zauberei und Hexerei

Die alten Deutschen kannten Zauber mit Tat und Wort; beide verbietet der »Indiculus«. Das Wort Zauber (ahd. zoubar) selbst bedeutet eigentlich »Mennig«, die rote Farbe, mit der die Runen in die Lostäfelchen eingetragen wurden. Das Zauberlied ist die älteste nachweisbare Dichtungsart der Germanen wie der Indogermanen überhaupt, und die Sprache lehrt, daß Zauberei mit dem Wort und der Dichtkunst eng zusammengehört. »Lied« ist ursprünglich das Zauberlied, ebenso hat ahd. galdar oder as. galstar von Hause aus die Bedeutung »Zaubergesang«, »Zauberlied«: es wurde in halbsingendem Tone langsam und feierlich gesprochen; auch »schwören« bedeutet ursprünglich »mit lauter, halb singender Stimme etwas äußern«. Neben dem Liede geht das Wort her, neben der gesungenen Zauberweise die gesprochene Segensformel. Dahin gehört engl. spell »Zauberspruch, Zauber«, verglichen mit ags. spell »Erzählung, Geschichte« von einer Wurzel »sprechen, singen«. Als die Langobarden viele ihrer Sklaven zu Freien machten, um die Zahl ihrer Streiter zu vergrößern, bekräftigten sie ihnen vermittelst eines Pfeiles die Weihe und murmelten dabei noch einige Worte in ihrer Sprache, um der Sache Festigkeit zu verleihen; gemeint ist ein Zauberspruch, der die ungewöhnliche Handlung zum Heile wenden sollte.

Das deutsche Heidentum kannte eine erlaubte und eine verbotene Zauberei, eine weiße und eine schwarze Magie, nach mittelalterlichem Ausdrucke Gotteswerk und Teufelskunst.

Da der Tod das Werk schadenfroher, feindlicher Geister ist, muß der Priester zugleich Arzt, Medizinmann sein und einmal den Verkehr mit diesen Mächten vermitteln, dann auch eben dadurch über Leben und Gesundheit der Stammesgenossen wachen. Wenn eine Seuche das Land verheert, der gewohnte Regen oder Sonnenschein ausbleibt, ein Verwandter oder ein Tier plötzlich krank wird, ist der böse Geist die Veranlassung, und nur der Zauberer vermag den Schaden abzuwehren. Er kann umgekehrt die bösen Geister beschwören und bannen, die Zukunft voraussagen und Verstorbene heraufrufen, kurz das Leben und den Besitz durch Wundertaten schützen und sichern. Seine Tätigkeit besteht also in dem Abwehren des Schädlichen und in dem Zuwenden des Heilsamen, für sich wie für seine Umgebung. Männer und Frauen können den Zauber ausführen, doch überwiegen die männlichen Priester.

Die Seele ist nicht unabänderlich an den Körper gebunden;

in dem Augenblicke, wo sie den Leib verlassen hat, kann ein feindseliger Geist in den Körper fahren und den betreffenden Menschen zum Werkzeuge seiner Bosheit machen. Er ist dann mit übernatürlichen Kräften ausgestattet und imstande, Besitz, Gesundheit und Leben anderer Menschen zu schädigen, Enthüllungen über die Zukunft zu geben und staunenerregende Taten auszuführen, aber gewissermaßen auf unrechtmäßige Weise. Der Zauberer sieht in ihm natürlich einen Nebenbuhler, und seine Bekämpfung wird ihm um so leichter, als die Tätigkeit des Gegners vorwiegend vernichtend, schädigend ist. So entbrennt der Kampf zwischen weißer und schwarzer Kunst. Derartige Zustände bezeichnete das deutsche Heidentum als »Ausfahren mit der Nachtfrau«. Darum heißt im »Münchener Nachtsegen« »du sollst mich nicht entführen« soviel wie »du sollst meinen Geist nicht hinwegführen«. Bedenkt man, daß die Wesen, die Feld und Flur, Menschen und Vieh schädigen, überwiegend Weiber sind und daß sie ihre Gestalt tauschen und besonders zur Nachtzeit ausfahren können, so hat man die Grundlage des deutschen Hexenglaubens. Der Hexenglaube zeigt deutlich noch die ganze ungebrochene Kraft des Seelenglaubens und darf als ein allgemein menschlicher Wahn angesehen werden.

In heidnischer Zeit bestand also bereits ein scharfer Unterschied zwischen Zauberei und Hexerei, der sich noch bis in die Anfänge des Christentums verfolgen läßt. Aber die einzelnen Merkmale sind auch schon zuweilen ineinander übergegangen. Seitdem Könige und Häuptlinge selbst den Kult der allmächtigen Götter versehen, dauert die Macht der alten Zauberpriester nur im geheimen fort. Niemals wird ihre Tätigkeit vom Staate beansprucht. Nur der einzelne, der sich nicht über den engen Kreis des Gespensterglaubens zu erheben vermag, wendet sich an sie und hofft von ihnen Rat und Hilfe in Fällen, die das helle Sonnenlicht scheuen. So wird die Zauberei bereits im Heidentume zur Hexerei.

Zauber und Götterkult verhalten sich zueinander etwa wie Aberglaube und Glaube. Denn Aberglaube ist nicht nur nach einem Worte FRIEDRICHS DES GROSSEN »ein Kind der Furcht, der Schwachheit und der Unwissenheit«, sondern etymologisch »nachgebliebener Glaube« und dann eine verächtliche Bezeichnung für Reste einer überwundenen Weltanschauung, die aber noch weiter auf das Handeln und Denken der Menschen einwirkt und dementsprechend Gebräuche hervorruft. Aus der Beseelung der Natur folgt, daß das höhere Wissen des Zauberers die schädliche Einwirkung der Seelen verhindern, ihren freundlichen Einfluß zu sich oder andern hinleiten kann. Wie noch heute die Naturvölker glaubten auch die alten Deutschen, ein Seelenwesen an einen bestimmten Platz oder Gegenstand bannen zu können, von dem dann die heilsame Wirkung ausging. Großer Segen war dem beschieden, der einen solchen zauberkräftigen Schatz immer bei sich trug. Schmuck, Steine, Kräuter und Knochen gelten noch heute als Amulett, als der Sitz eines schützenden Geistes- oder Seelenwesens.

Der Zauberer vermag auch auf die Seelen einzuwirken, indem er ihnen symbolisch an einer bildlichen Handlung zeigt, was er von ihnen begehrt. Wenn man des Morgens das heilige Feuer entflammte, so förderte dieser Zauber den Aufgang der Sonne. In diesem Parallelismus zweier Ereignisse haben noch heute viele Gebräuche ihren Ursprung. Die Sympathie lehrt solchen Zauber mittels des Abbildes: man kann eine Wirkung durch eine Handlung erzielen, die dem Vorgange selbst ähnlich ist. Man legt einen Teil eines Tieres oder ein Kraut auf die kranke Stelle und hängt es dann in den Herdrauch oder vergräbt es; wie es verdorrt, so nimmt auch die Krankheit ab. Was in der Landwirtschaft wachsen und gedeihen soll, muß bei zunehmendem Monde, was schwinden und vergehen soll, bei abnehmendem Monde vorgenommen werden. Alte Weiber im Saalfeldischen schneiden den Rasen aus, den ihr Feind betreten hat, und hängen ihn in den Schornstein oder legen ihn hinter den Herd, damit auch der Mensch sich abzehrt; schon BURCHARD VON WORMS kennt diesen Wahn.

Der höhere Kult ist reich an solchen Gebräuchen, die ursprünglich zauberhafte Bedeutung haben und das gewünschte Ereignis herbeiführen, indem dabei ein Bild dieses Ereignisses dargestellt wird. Der Regen- und Sonnenzauber ist erst später zu den heiligen Riten bei der Verehrung der mächtigen Götter hinzugetreten. BURCHARD VON WORMS meldet, daß die Mädchen in Hessen und am Rheine die kleinste aus ihrer Mitte entkleideten, mit Laub umhüllten und an die Stelle führten, wo Binsen wuchsen, ihr diese an die rechte Fußzehe banden und sie mit Laubzweigen in den Händen an den nächsten Bach geleiteten, mit ihren Büscheln Wasser über sie sprengten und schließlich im Krebsgange heimzogen: alsbald ergoß sich Regen. Indische, griechische, römische, slawische und deutsche Bräuche stimmen darin überein, daß man bei Dürre Wasser ausgoß, um für das nächste Jahr hinreichenden Regen herabzulocken. Gleichfalls uralt ist die Sitte, einen in Laub gekleideten Mann oder eine nackte Jungfrau mit Wasser zu begießen, um durch das Begießen das himmlische Naß herabzuzaubern. Wie man sich die Wolken als Tiere vorstellte, so faßte man auch das ganze Himmelsgewölbe als ein Fell auf. Im Indischen schoß man bei der Sonnenwendfeier Pfeile auf ein Kuhfell: die Schüsse sollten den Verschluß des Himmels öffnen und dem ersehnten Regen durch die entstandenen Öffnungen Durchgang verschaffen. Im Hochsommer bei anhaltender Dürre zogen die magnesischen Jünglinge, in Schafsfelle gekleidet, auf den Pelion zu Zeus; in Athen diente das Fell eines bei den Diasien geopferten Widders zu Sühnezeremonien. Die Langobarden verehren einen Baum, der nicht weit von den Mauern von Benevent stand, als heilig; sie hängten ein Fell daran auf, ritten dann alle zusammen um die Wette, so daß die Pferde von den Sporen bluteten, hinweg, warfen mitten im Laufe mit Wurfspießen rückwärts nach dem Fell und erhielten dann jeder einen kleinen Teil davon zum Verzehren. Dieser Ort hieß noch im 9. Jahrhundert Votum. – Die wichtigsten Formen des Sonnenzaubers sind das Scheibenschlagen oder Radwälzen, der Fackellauf zur Befruchtung der Felder und Obstgärten, und das Hindurchspringen und Hindurchtreiben von Menschen und Tieren durch das Feuer, um Gesundheit zu erlangen. Das Feuer wurde durch Drehung eines die Sonne darstellenden Rades oder einer Scheibe erzeugt: der Sonnenzauber soll der Vegetation Licht und Wärme sichern.

Eine besondere magische Kraft wohnt dem Wort inne; Gebet und Zauber gehören naturgemäß zusammen. Manche Zauberformeln reichen in ihrer Anlage in die indogermanische Urzeit zurück; der »Merseburger Spruch« gegen Verrenkung findet sich z. T. wörtlich im Indischen wieder. Der höhere Kult hat sich ihrer bemächtigt, sie auf die großen Götter übertragen, vertieft und dichterisch ausgestattet. Die Kraft des Zaubers wird erhöht, wenn die zu erreichende Wirkung mit Vorgängen aus der Götterwelt verglichen wird: die zauberische Macht, die den Göttern den erwünschten Erfolg brachte, wird in jedem ähnlichen Falle von neuem sich betätigen. Zaubersprüche gegen Krankheiten sind in England um 670 bezeugt; sie sind gewiß vom Festlande mit hinüber genommen. Im 7. oder 8. Jahrhundert werden in den nördlichen Teilen des fränkischen Reiches Zauberlieder erwähnt gegen Schlangenbiß, Krampf, allerlei Geschwüre, Durchfall, Bienenstich, Bandwurm und andere Eingeweidewürmer, Kopfweh, Hühneraugen, Rose, Stich des Skorpions, Nasenbluten, gegen Räude des Viehes, gegen Ungeziefer im Garten und Feld und gegen Behexung. Ein altsächsischer Spruch gegen Lähme des Pferdes lautet: »Ein Fisch schwamm das Wasser entlang, da wurden seine Federn (Flossen) verletzt, da heilte ihn unser Herr. Derselbe Herr, der den Fisch heilte, heile das

Roß von dem Hinken.« Sächsisch und hochdeutsch ist ein Zauberspruch »gegen die Wurmsucht«; stechende Schmerzen schrieb man bohrenden Würmern zu. Die Krankheit soll in einen Pfeil gebannt werden, und wenn der Wurm in ihn hineingekrochen ist, wird der Pfeil in den Wald geschossen:

Geh aus, Wurm, mit neun Würmlein;
Heraus von dem Mark in die Adern,
Von den Adern in das Fleisch,
Von dem Fleische in die Haut,
Von der Haut in diesen Pfeil.

In dem »Münchener Nachtsegen« zitiert der von den Geistern des wilden Heeres und des Alptraumes heimgesuchte Schläfer verschiedene Bibelstellen, die ihn vor den »klingenden Zaubergesängen« der Unholde schützen sollen (vor den klingenden golden). Also auch feindlichen, Unheil bringenden Zauber kannten unsere Vorfahren und schrieben ihn tückischen Menschen und Mächten zu. Hier ist, wie schon bemerkt, eine Wurzel des heidnischen Hexenwahns zu suchen. Mit der Auffassung der Hexe als eines Geistes oder einer Mare sind Vorstellungen von irdischen, feindlichen Zauber treibenden Frauen vermischt.

Schon bei Bischof BURCHARD VON WORMS heißt es: »Wer wird nicht in Träumen und nächtlichen Gesichten aus sich selbst herausgeführt, und wer sieht nicht vieles im Schlafe? Wer wäre aber so töricht und stumpfsinnig zu glauben, daß das alles, was bloß im Geiste geschieht, auch mit dem Leibe vorgehe?« – »Hast du getan, was gewisse Weiber zu tun pflegen und fest glauben, ich meine, daß, wenn ein Nachbar an Milch und Bienen Überfluß hat, sie den ganzen Überfluß an Milch und Honig sich und ihren Tieren oder wem sie wollen, mit Hilfe des Teufels, durch ihre Blendwerke und Zaubereien zuzuwenden glauben?« Die Kirche hat keineswegs von Anfang an den Hexenwahn genährt, sondern den ganzen Glauben an Unholde und Hexen auf die Dummheit des Volkes zurückgeführt. »Hast du geglaubt«, heißt es weiter bei BURCHARD, »daß es ein Weib gebe, das zu tun vermag, was einige, vom Teufel getäuscht, tun zu müssen versichern: nämlich, daß sie mit einer Schar Teufel, die in die Gestalt von Weibern verwandelt sind, die die Dummheit des Volkes Unholden nennt, in gewissen Nächten auf Tieren reiten müssen und zu deren Gesellschaft gezählt werden?« BURCHARD bedroht geradezu den Glauben an die Wirklichkeit der Hexerei mit Kirchenstrafen: »Hast du je geglaubt oder Teil gehabt an jenen, die sagen, sie könnten durch Verzauberung Wetter machen oder die Gesinnung der Menschen bewegen. Hast du geglaubt oder teilgehabt an jenem Wahn, daß ein Weib sei, das mittels gewisser Zaubereien und Beschwörungen die Gesinnungen der Menschen, so Haß in Liebe oder Liebe in Haß zu verwandeln oder die Güter der Menschen durch ihre Blendwerke zu rauben vermöge? Wenn du dies geglaubt oder daran teilgenommen hast, hast du ein Jahr Buße zu tun.«

In diesen Zeugnissen des 11. Jahrhunderts sind die drei charakteristischen Hexenmerkmale enthalten: sie fahren zur Nachtzeit aus und reiten durch die Lüfte, in verwandelter Gestalt, sie schädigen den Menschen und seine Habe, Feld und Flur, sie machen das Wetter. Der Hexenausritt, die Nachtfahrt der Unholden, verrät deutlich seinen Ursprung aus dem Seelenglauben. Schon die Kirchenversammlung von Ancyra (um 900) erwähnt den Glauben an Hexenritte: »Verbrecherische Weiber glauben durch Verblendung des Teufels, daß sie nächtlicherweile mit Diana oder Herodias und vielen Frauen auf Tieren reitend über weite Länder flögen und in gewissen Nächten zum Dienste jener heidnischen Dämonen berufen würden.« Im »Münchener Nachtsegen« heißen die Hexen darum »die nahtvarn«, »die zûnriten« d.i. die auf dem Zaune Reitenden, und »die wegeschriten«, d.i. die einen Weg Schreitenden, die Umherschweifenden, oder die plötzlich auf den Weg schreitenden oder schrittlings auf dem Wege stehenden Gespenster. Die beiden ersten Namen müssen sehr alt sein, da sie auch im Nordischen begegnen (kveldriđur, túnriđur). Sie heißen auch Taustreicherinnen, weil sie in der Johannisnacht den Tau von den Wiesen sammeln. Die Hexe weicht vor dem Besen – denn vor dem fegenden Besen verläßt die Seele das Haus; aber die Hexe reitet auch auf dem Besen, denn die Seele hat hinter dem Herde ihren Wohnsitz, wo der Besen aufbewahrt wird. Als Seelen fahren die Hexen mit dem wilden Heere; ihre Schar, wie schwarze Wolken erscheinend, verdunkelt die Luft. Ein Jäger schoß hinein, und sogleich stürzte ein nacktes Weib tot herunter: das war die Hexe, die immer im Wetter ist. Nach Hexenakten des 16. und 17. Jahrhunderts versammeln sich die Hexen an Wasserbächen und Seen und schlagen solange hinein, bis Nebel aufsteigen, die sich allmählich in finstere Wolken verdichten: auf diesen Wolken fahren sie dann in die Höhe. Als seelisches Wesen verwandelt sich die Hexe in allerlei Tiere, die oft als dreibeinig bezeichnet werden. Unsichtbar schleicht sie als Alp durch ein Astloch aus und ein, drückt und quält den Schläfer, d.h. sie reitet auf ihm oder saugt ihm das Blut aus. Eine Bürgermeisterin zu Magdeburg litt 1592 an dem Alpdrücken: die Zauberin, die ihr den Alp angehext, wurde entdeckt und verbrannt.

Zu einem Knechte kam die Hausfrau in die Kammer, einen Zaum und eine Peitsche in der Hand, und warf ihm diesen über die Ohren. Da ward er plötzlich in einen schwarzen Hengst verwandelt, auf dem sie nach dem Blocksberge ritt. Schlag zwölf kamen von allen Seiten die Hexen, auf Besenstielen, Ofengabeln, Feuerzangen, Dreschflegeln, Ziegen und Böcken reitend. Sie aßen und tranken und sangen. Beim ersten Hahnenschrei brach alles auf, die Hausfrau des Knechtes bestieg wieder ihr Pferd. An einem Wasser unterwegs hielten die Hexen an, um ihr Vieh zu tränken. Da warf der Hengst seine Reiterin in das Wasser, stand wieder als Mensch vor ihr, warf nun selbst den Zaum über den Kopf der Hexe, wodurch sie in eine schwarze Stute verwandelt wurde, und ritt weiter. Dabei kam ihm der Gedanke, sein Pferd beschlagen zu lassen; vier tüchtige Eisen wurden auf ihre Hufe genagelt, wobei sie sich gar jämmerlich anstellte. Am andern Morgen lag die Hausfrau krank zu Bette, und man fand an ihren Händen und Füßen vier blanke Hufeisen.

Lähmung und Geschwulst bei Mensch und Tier, Gelenkrheumatismus und Tobsucht schrieb man der Tätigkeit der Hexen zu. Das älteste Beispiel für den letzten Fall steht schon bei DIO CASSIUS: Alemannen erzählten, Zaubermittel angewendet zu haben, um den Kaiser CARACALLA wahnsinnig zu machen. Hexenschuß, Alpschuß oder Margschoß (Mahrschuß) heißen noch heute solche rheumatische Schmerzen, die man sich durch eine Erkältung während des Schlafes zuzieht; der Name zeigt, daß sie der Volksglaube demselben Wesen zuschreibt, das im Alptraum erscheint.

Aus dem Alptraume stammt auch der Glaube, daß die Hexen Menschen aufzehren. Nach der »Lex Salica« (etwa 500) steht Geldstrafe darauf, wenn eine Hexe einen Menschen aufgegessen hat: »Wenn eine Hexe einen Menschen aufißt, und es ihr bewiesen wird, so ist sie für schuldig zu erkennen, 8000 Pfennige oder 200 Schillinge zu zahlen.« Die Hexen bei den Franken im 6. Jahrhundert hantierten schon mit Hexenküche und Hexenkessel und kochten Menschenfleisch. Bei den heidnischen Sachsen war die übliche Strafe der Hexen der Feuertod. »Wenn jemand«, heißt es in einem Kapitular KARLS DES GROSSEN, »vom Teufel verblendet, nach Art der Heiden glaubt, daß ein Mann oder eine Frau eine Hexe sei und Menschen verzehre, und wenn er deshalb sie verbrennt oder ihr Fleisch zum Aufessen hingibt oder es aufißt, so soll er mit dem Tode bestraft werden.« Zauberer und Wahrsager aber sollen nur an die Kirchen und Priester ausgeliefert werden. Der »Indiculus« verbietet, nach Heidenart zu glauben, daß Frauen, weil sie dem Monde befehlen, die Herzen der Menschen aus deren Körper herausnehmen könnten, um sie zu essen. BURCHARD VON WORMS eifert gegen den Glauben, daß man bei verschlossenen Türen auszugehen vermöge, die Menschen töten, ihre gekochten Herzen verzehren, an Stelle des Herzens einen Strohwisch oder ein Stück Holz einsetzen und sie wieder lebendig machen könne. Mit ihm fast gleichzeitig weiß auch NOTKER, daß hierzulande die Hexen wie die Menschenfresser tun sollen, und der »Münchener Nachtsegen« nennt neben den auf dem Zaune reitenden Hexen (zûnrite) die manezzen, die Menschenfresser. »Pfî«, ruft BERTHOLD VON REGENSBURG, »geloubestû, daz dû einem man sîn herze ûz sînem lîbe nemest und im ein strô hin wider stôzest?« Deutlich erhellt aus alledem der altgermanische Hexenwahn, seine Bekämpfung durch das Christentum und die Unterscheidung zwischen Zauberern und Hexen.

Nach allgemeinem Volksglauben kann den Hexen nichts Entsetzlicheres nachgesagt werden, als daß sie auf Bergeshöhen in der Frühlingsnacht Menschen schlachten und ihr Fleisch, namentlich die Herzen, verzehren. Den Hexenwahn auf dem Standpunkte, wo man annimmt, daß die Seele eines Menschen aus dem Leibe wandern und andere Seelen aus gesunden Körpern in ihrem Blute verzehren könne, erwähnt noch LUTHER in den Tischreden: »Es schrieb ein Pfarrherr Georg Röser zu Wittenberg, wie ein Weib auf einem Dorfe gestorben wäre und nun, wie sie begraben wäre, fresse sie sich selbst im Grabe; darum wären schier alle Menschen im selben Dorfe gestorben.« Denn der erste, der an einer herrschenden Seuche stirbt, ist ein Nachzehrer; er sitzt im Grabe aufrecht und zehrt an seinem Laken, und das Sterben dauert so lange, bis er damit fertig ist, wenn man ihn nicht vorher ausgräbt und ihm mit dem Spaten den Hals absticht. Schon im

11. Jahrhundert erwähnt BURCHARD VON WORMS, daß man die Leiche einer Frau im Grabe mit einem Pfahle durchstach, ohne Zweifel, weil man sie für eine Nachzehrerin hielt.

Etliche Hexen, heißt es bei VINTLER, fahren »mit der Var« auf Kälbern und auf Böcken durch Stein und durch Stöcken:

Etliche sind so behend,
Daß sie fahren hundert Meilen,
In einer kleinen Weilen;
Sie brechen den Leuten ab
Die Beine, wie ich gehöret hab'.

Auch der »Münchener Nachtsegen« erwähnt, daß die Hexen den Fuß abschneiden, die Sinne rauben, Fieber bringen und durch ihren unsichtbaren Tritt schmerzenden Krampf verursachen, wie der Hexenschuß die Wirkung eines unsichtbaren Geschosses ist. Ob der Glaube an die Buhlschaft der Hexe mit dem Teufel im deutschen Heidentume wurzelt, ist noch nicht entschieden. Dafür spricht, daß auch der Alp sich mit Menschen verbindet. Die gotische Sage vom Ursprunge der Hunnen schreibt den Zauberweibern oder Hexen Verkehr mit Geistern zu: FILIMER, der König der Goten, erfuhr von dem Aufenthalte gewisser Zauberweiber in seinem Volke, die er selbst in seiner Muttersprache Haliurunnen nannte. Da er sie für verdächtig hielt, vertrieb er sie und nötigte sie, fern von seinem Heere in Einöden umherzuirren. Dort wurden sie von unreinen Geistern, den Waldleuten, als sie in der Wüste umherschweiften, erblickt; diese begatteten sich mit ihnen, und so entstand das wilde Volk der Hunnen. (Got. haljarûna = ags. helrûn ist die mit höllischer Kunst begabte Zauberin, eigentlich die Totenbeschwörerin.) So sagt auch VINTLER in seiner Aufzählung der Bestandteile des Hexenwahns: »Etliche glauben, der Alp minne die Leute.« – Die Hexen wechseln des Nachts die Kinder aus, sehen sie mit ihrem bösen Blick an, bewirken Verkrüppelungen und Verstümmelungen und schaden auch den Tieren. Sie stehlen der Kuh die Milch aus der Wammen oder das Schmalz aus dem Kübel, derweil man es rührt.

Wie Menschen und Tiere vom Alpdrucke gequält werden, so verfilzt die Hexe dem Pferde die Mähne, flicht unentwirrbare Zöpfe daraus und treibt es in Schweiß, so daß es morgens matt und abgeschlagen dasteht, wie wenn es die ganze Nacht abgehetzt wäre. Weil die Hexen den kalbenden und milchenden Kühen nachstellen, heißen sie auch Molkentöwersche, Molkenzauberinnen, die untreuen Molkenstehlerinnen: sie färben die Milch rot oder vertreiben sie völlig. Als Taustreicherin streift die Hexe in der Mainacht den Tau von der Wiese, um der Herde den ersten Weidegang zu verderben. Sie bringt Scharen von Ungeziefer über ein Gehöft oder über eine ganze Gegend, verbreitet Seuchen unter Menschen und Vieh und schädigt die Ernte. Wenn nächtlicher Frost die Blüten des Weines und des Obstes versengt, ein Hagelwetter die Ernte niederwirft, so hat die Hexe das Unheil angerichtet. Nach bayerischem Volksrechte wird die aranscarti, Erntescharte, das sind niedergelegte Streifen im Getreidefeld, durch Hexerei verursacht und mit zwölf Solidi bestraft. Außerdem hat der Urheber für jeden Schaden zu haften, der Haus, Gut oder Vieh des Eigentümers binnen Jahresfrist trifft. Eine Buße von vierzig Schillingen wird dem angedroht, der gestohlenes Gut, besonders Pferde und Vieh, durch Zauberkünste außer Landes entführt oder verbirgt. Die Hexen kochen Hagel, sagt man noch heute in der Schweiz. Zauberer, Wettermacher und Feldbehexer stehen in den Verordnungen der Kirche nebeneinander. Nach westgotischem Rechte werden Wettermacher zu Haut und Haar bestraft und entweder vom Richter durch Einkerkerung oder nach dem Ermessen des Königs unschädlich gemacht. Die bayerische Synode von Reisbach (799) bestimmt: Der Presbyter hat gegen solche, die wahrsagen, zaubern und Wetter machen, vorzugehen und soll sehen, sie durch sorgfältigste Untersuchung zu einem Bekenntnis zu zwingen. Bei VINTLER heißt es: »Viele sagen, die Hexen können Ungewitter machen, auch wohl Regen hin und her wenden.« Um Regen hervorzurufen, bedient sich die Hexe eines Zweiges oder Stabes.

Daß man sich die Hexen in der Urzeit nackt vorstellte und daß die Nacktheit bei dem Wetterzauber erforderlich war, geht daraus hervor, daß die Hexen splitternackt aus den Wolken herunterstürzen, wenn der von ihnen erregte Zauber zerstört wird. Wiederholt begegnet die Neunzahl bei der Ausübung der Hexerei. Die Hexen brauchen neun Kräuter zu ihren Zaubermitteln, neun Steine zur Beschwörung des Unwetters. Wenn man in der Christnacht auf einem Schemel von neunerlei Holze kniet, kann man die Weiber erkennen, die Truden oder Hexen sind. Die Katzen verwandeln sich in Hexen, wenn sie neun Jahre alt sind. Ein altes Weib, das ein junges Mädchen zur Hexerei verführen wollte, bestellte dieses in die neunte Nacht.

Wie die Seelen und Maren erkennt man die Hexen an zusammengewachsenen Augenbrauen, roten, triefenden Augen, dem watschelnden Gange, denn sie haben Plattfüße, Drudenfüße, und daran, daß sie einem nicht ins Gesicht sehen und über keinen Besen hinwegschreiten können. Sie können nicht weinen, ihre Gesichtsfarbe ist fahl, ihr Haar verwirrt und struppig, ihr ganzer Leib mager, doch gibt es auch junge und schöne Hexen. Die Hexe im Märchen von Schneewittchen nimmt die Gestalt eines alten Weibes an und bereitet den Giftkamm.

Auf abgebrochenen, starr emporragenden Felsen halten die Hexen ihre Zusammenkunft mit Tanz und Schmaus. Ein solches abgebrochenes Felsstück hieß urgerm. bruklaz, daher sind die Brockelsberge = Blocksberge die Versammlungsorte der Hexen. Der Brocken im Harz ist schon 1438 Hexentanzplatz. Andere Blocksberge sind in Mecklenburg, Preußen und

Holstein. In Thüringen versammeln sich die Hexen auf dem Hörselberg und auf dem Inselsberg, in Hessen auf dem Bechelberg, in Franken auf dem Staffelstein; an den Jaberg und den Fuchsberg bei Hilden am Rhein heftet sich noch jetzt der Hexenglaube. Sicher waren die alten Blocksberge auch ehemalige Kultstätten, wo den seelischen Geistern geopfert wurde. Schon die Hauptzeiten der Hexenversammlungen: die Nacht vom letzten April zum 1. Mai, die Walpurgisnacht, die zwölf Nächte und die Johannisnacht zeigen, daß wir es mit alten Opferfesten zu tun haben. Überhaupt bewahrt die Beschreibung des Hexensabbats deutlich die Erinnerung an heidnische Opferfeiern, die auf Bergeshöhen gehalten werden, besonders an die Opferfeste der Weiber. Wenn die Hexen den nackten Körper gesalbt haben, fahren sie in Weibsgestalt oder in Tiere verwandelt durch die Luft nach dem bestimmten Festplatze, einem Berge oder auch einer Wiese. Dort schlingen sie den Reigen, den Hexentanz, und führen wilde Tänze auf, schlachten das Opfer und schmausen in toller Gier; namentlich ist es ein Pferde- und ein Menschenopfer, und die Herzen gelten als besonderer Leckerbissen. Schon die »Lex Salica« deutet auf ein gemeinsames Kochen der Hexen. Strafen werden über den verhängt, der einen Mann Hexenkesselträger, einen, der sich dazu hergibt, den Hexen ihr Gerät zu tragen, schimpft. Die volkstümlichen Schilderungen haben den zum Opferfest gehörenden Reigen und die Opfermahlzeit bis heute festgehalten.

Die Germanen kannten männliche und weibliche unheimliche Geister. Der »Münchener Nachtsegen« begreift unter den nahtvarn auch die um Wûtan und den Alp gescharten Gespenster, kennt also wohl auch das Masculinum »der nahtvare« neben dem Femininum »diu nahtvare«. Die Gesamtheit der das Gebild von Menschenhand hassenden Wesen nannte man »Unhold«, das Bösgesinnte, Feindliche. Aber schon bei den Goten muß der Glaube an weibliche Wesen überwogen haben; denn WULFILA übersetzt das griechische Wort mit dem Fem. unholþô, seltener gebraucht er das Masc. unhulþa. Ein anderes Kollectivum zur Bezeichnung der unheimlichen Mächte scheint mhd.: daz getwâs gewesen zu sein (Betörung, das Betörung Wirkende): der Zustand ist in ein mythologisches Wesen verwandelt, das diesen Zustand herbeiführt. »Der Münchener Segen« bezeichnet das gesamte Hexengesindel als »unreiniz getwâz«. Aus einem Gedicht des 14. Jahrhunderts »Irregang und Girregar« geht der Zusammenhang des Hexenwahnes mit dem Alptraume hervor. Als ein Vater tobt, daß ein Fremder bei seiner Tochter gewesen sei, beruhigt ihn seine Frau damit, daß ein böser Traum ihn gequält habe:

Dich hât geriten der mar,
Ein elbischez âs.
Du solt daz übele getwâs
Mit dem kriuze vertrîben.

Der Mann meint freilich: Die Weiber sagten immer, wenn den Männern etwas begegne, ein Alp betrüge sie, aber endlich glaubt er doch, daß er von übeln Ungeheuern genarrt sei. Der heute fast ausschließlich noch bekannte Name Hexe heißt ahd. hagzissa, hagazussa, hagzus, ags. haegtesse, mndl. haghetisse, mhd. hecse oder ahd. hâzus, hâzissa. Das Wort wird meist als ein Kompositum aufgefaßt, aber seine Bedeutung ist noch nicht völlig aufgeklärt. Man hat an das Adjectivum haga gedacht: das kluge, verschmitzte Weib, oder an hac = Wald, Hain: Hage Dise = Waldweib, oder bei dem zweiten Teile an altengl. tesu = Schade, Frevel, tesvian – verderben = Waldfrevlerin, Feldschade. Neuerdings geht man umgekehrt von der kürzeren Form aus: hazusa ist eine alte Partizipialbildung zu ahd. hazzên, got. hatan, d.i. hassen; haga–hazusa ist also die Hassende im Hag, im Walde = die hassende, feindselige Waldfrau. Aber ein Zusammenhang der Hexen mit dem Walde ist nur schwach bezeugt.

Im Märchen von Hänsel und Gretel haust die böse Hexe im wilden Walde und lauert den Kindern auf, tötet sie, kocht sie und ißt sie auf. Selbst wenn man für Hag die ursprüngliche Bedeutung annimmt, »umhegte Flur«, die Hexe also als die Feld und Flur Anfeindende, Schädigende erklärt, bleibt immer ein grammatisches Bedenken: der Stammvokal von hâzus ist lang, wie sich schon aus dem Fehlen des Umlautes ergibt. Daran scheitert auch die Deutung: hagazessa = Schlagwetter, Unwetter, die Personifikation des aufziehenden Sturmes und Wetters (hag gehört zu einem verschollenen Verbum = schlagen; ahd. zëssa, mhd. zësse = Sturm). GEILER VON KAISERSBERG nennt die Hexe eine »Zessenmacherin« = Sturmerregerin; aber dies Wort hat mit der althochdeutschen Form nichts zu tun. Somit bleibt für den ersten Teil des Kompositums nur das Adjectivum haga übrig = schattenhaft, gespensterhaft und für den zweiten Teil die indogermanische Wurzel *des = anfeinden (skr. dásyus, ags. tesu = Schaden), die Hexe ist also die gespenstische Schädigerin. Diese Erklärung ist außerordentlich ansprechend, aber leider ist diese Bedeutung nur erschlossen, nicht tatsächlich bewiesen. Neuerdings unterscheidet man zwischen der Hexe der heidnischen Zeit, die wirklich ein dämonisches Wesen war, ein »spottendes, höhnendes« Gespenst, die »Gauklerin« (hagat = schmähe, skr. kákkati lacht) und zwischen der Hexe der jüngeren Zeit, die ein Zauberei treibender Mensch war: die meisten Bestandteile von dem, was wir volkstümlichen Hexenglauben nennen, scheinen romanischen oder durch die romanische Welt vermittelten orientalischen Ursprunges zu sein.

Die Bezeichnung Truden für Hexen ist bis heute in Oberdeutschland üblich. In Österreich sagt man: »Es hat mi die Trud druckt.« Sie kann ungeheure Größe annehmen, aber sich auch ganz klein machen, kommt des Nachts in die Häuser und drückt die Leute oder quält das Vieh im Stalle. In Tirol, an einem Bergabhange des Matscher Tales, am »Trudenfuß«, ist die Stapfe eines rechten Fußes einer Steinplatte eingedrückt, und an der jenseitigen Talwand befindet sich ein linker Fußtritt. Diese Spuren rühren von der »großen Trude« her, die hier saß, aufstand und übers Tal wegschritt. Der Drudenfuß, d. h. der Abdruck der ineinander geschränkten Füße einer Drude, gilt noch heute als Abwehrmittel gegen böse Geister, besonders gegen den Alp. Er wird an der Wiege und an der Tischplatte angebracht, auch an der Schwelle, und hat die Gestalt des sogenannten Pentagramma.

Der Drudenfuß auf Faustens Schwelle verwehrt Mephistopheles das Entweichen. Die »große Trude« kennt vielleicht auch der »Münchener Nachtsegen«, wo sie als Trutan (trutan, Stammutter der Truden) neben Wûtan erscheint, wenn der Name nicht slawisch ist. Truden sind also Hexen, bei denen die Tätigkeit des Alps besonders hervortritt. In Oberdeutschland ist dann der Name auf den Alp übergegangen.

Neben der Hexe erscheint in Beichtbüchern des 14. und 15. Jahrhunderts der Bilwis; der, wie es scheint, slawische Name ist auf ein deutsches männliches Seelenwesen übertragen. In ganz Süddeutschland gilt der Bilwisschneider noch heute für einen Hexenmann. Unter denen, die keinen Zutritt zum Abendmahl haben, werden auch die genannt, »die da sagen, daß sie mit der Perchta, den Bilbissen oder Truden auf den Blocksberg fahren«; der Bilwis befindet sich also in der Gesellschaft nächtlich ausfahrender Hexen. Wie man die langen Streifen, die sich der Hase im hohen Getreide durchbeißt, noch heutzutage für Hexenwerk ansieht und mit dem Namen Hexenstiege belegt, so holt sich der Bilwis seinen Zehnten von Korn und Roggen und schneidet lange Streifen durchs Getreide, den sogenannten Bilmesschnitt. Wie von der Hexe, so weiß man in Thüringen von dem tödlichen Blicke des Bilmesschnitters: Will ihm einer aufpassen, so muß er sterben, wenn der Schnitter ihn früher, als er jenen, erblickt; so mörderisch ist sein Blick, daß man ihn selbst damit töten kann, indem man einen Spiegel vor die Brust nimmt: erblickt sich der andere darin, so verliert er sein Leben; bei WOLFRAM VON ESCHENBACH schießt er wie ein elfischer Geist, wie eine Hexe durch die Knie und lähmt Fliehende. Er entzieht gleichfalls den Kühen die Milch, hat seinen Sitz im Baume, besorgt im Stalle die Pferde und flicht ihnen die Mähnen, verfilzt sie aber auch. Wo der gespenstische Schnitter durch die Felder geht, werden die Halme braun und die Ähren ohne Körner. Wenn er mit ausgebreiteten Armen durch die Äcker wandert, steigt Rauch hinter ihm auf, und alle Ähren, die er berührt, tragen statt Mehl Asche. Er reitet wie die Hexe auf einem Geisbocke mit drei Füßen und legt breite verwüstete Streifen durch das Getreide, oder er schwebt über den Äckern, die Schnittsichel am Geißfuße, und wo der Fuß das Korn berührt, verschwinden die Ähren und der gestutzte Halm wird schwarz; von einem solchen Feld sagt man, es sei verhext. Alle Körner fliegen beim Dreschen durch die Luft in die Scheuer des Zauberers, oder in die des Bauern, dem er als Hausgeist dient. »Für dy Pilbis« soll man den Kindern Zettel um den Hals binden mit der Aufschrift: »von dannen weicht, ihr Träume, ihr schädlichen Gespenster«. Der Zusammenhang mit dem Seelen- und Alpglauben ist offenbar. Darum kann man auch Menschen erkennen, die diesen unheilvollen Zauber treiben: sie haben vorne auf dem Kopfe keine Haare und eine hohe, spitze Stirn. Wenn man einen Keil von geweihtem Wacholderholz in die Tenne einschlägt, so muß der Bilwisschnitter kommen: es ist gewöhnlich ein Nachbar. Ruft man ihn beim Erkennen mit Namen an, so muß er wie alle Nachtgeister sterben. Aber durch Opfer kann man ihn günstig stimmen. Man wirft beim Dreschen Wacholder nach links und ruft: »nimm, was dein ist«, sonst laufen die Körner dem Bilwis zu. Wenn man in der Christnacht das Getreide drischt, so trifft jeder Schlag des Flegels den Bilwisschnitter auf den Kopf.

Auch hier ist der Glaube an die zauberische Kraft mancher Menschen und an ihre Fähigkeit, die Gestalt zu tauschen, sowie die Überzeugung vom Fortwirken der Seele wie beim Hexenwahn die Grundlage. Der Bilwis ist, wenn man den Namen aus dem Deutschen herleiten darf, der, »der das Wissen liebt, der dem Wissen Holde« (ahd. bili = lieb), eine passende Bezeichnung eines mit bevorzugten Geisteskräften Ausgestatteten, eines Zauberers; bei einseitiger Hervorhebung des zum Schaden der Menschen angewandten Wissens ergab sich die Bedeutung eines feindlichen Wesens von selbst. Noch im Mittelalter wird der Bilwis den Zauberern und Schwarzkünstlern gleichgestellt.

7. Der Maren- oder Alpglaube

Mit dem Seelenglauben hängt der Marenglaube aufs engste zusammen. Die Erscheinungen des Traumlebens werden durch den Alpdruck zu wahrhaft erschreckender Lebhaftigkeit gesteigert. Die Seele des Verstorbenen lebt nicht nur fort und tut sich dem Lebenden im Schlafe kund als luftiges Gebilde oder als körperliches Wesen in Tier- oder Menschengestalt, sondern es gibt auch Menschen, deren Seele plagen und drücken geht, während der Leib zu Hause bleibt, und diese Irrfahrt kommt dem Menschen beim Erwachen wie ein Traum vor. Oder die Trude läßt ihren Körper draußen vor dem Hause stehen, und wenn man ihn anredet oder anrührt, so fällt er zusammen, und die Trudenseele in dem Hause stößt einen furchtbaren Schrei aus. War der Tote einem Lebenden feindlich gesinnt, so mußte er auch über das Grab hinaus ihn zu schädigen suchen. Diesen Angriffen stand der Mensch im Schlafe wehrlos gegenüber; er fühlte im Traume, wie eine grauenvolle Macht, gegen die er sich nicht schützen konnte, ihm die Kraft der Glieder verrenkte, sich auf ihn stürzte und ihn quälte und drückte, so daß er matt und blutlos dahinsiechte. Dieses Wesen hatte wie die Seele des Toten die Fähigkeit, verschiedene Gestalten anzunehmen; oft genug trug die nächtliche Erscheinung die Gesichtszüge und die Gestalt von Bekannten, um desto sicherer das wehr- und arglose Opfer zu überfallen; oder ein wildes Ungeheuer, ein Bär, ein Igel, eine Katze, eine Schlange hockte auf der Brust des Träumenden und sog gierig seinen Atem ein. Man sah, fühlte und hörte, daß diese Erscheinung wirklich und persönlich da war, daß es ein fremdes, meist feindliches, zuweilen buhlerisches Wesen war, und so entstand neben dem Seelenglauben die Vorstellung einer quälenden, würgenden, tötenden oder minnenden, kosenden Macht; denn Männer werden von Frauen und Frauen von Männern gedrückt. Im Traumleben wurzelt also dieser Glaube, aber nicht in dem gewöhnlichen, sondern in dem bei weitem lebhafteren Alptraum.

Noch heute wie vor Jahrtausenden stellt jeder Alptraum den Grausen und Lust bringenden Unhold mit gleicher greifbarer Deutlichkeit und leibhaftiger Nähe den Sinnen dar. Von dem tatsächlichen Vorhandensein dieser Gestalt der Traumphantasie war der Mensch ebenso überzeugt wie von der Wirklichkeit seines eigenen Leibes, er sah, fühlte und hielt den Alp in seinen Händen, er kannte sein Gebaren wie das der Nebenmenschen aus der Anschauung, er erzählte von dem nächtlichen Erlebnis unter Verschweigen des natürlichen Hintergrundes, und dieser Bericht vom Alptraum war ein Mythos. Er suchte sich gegen den unheimlichen Gast zu wehren und traf Maßregeln zu seiner Vertreibung, er setzte seinen Glauben in Handeln um, und so entstand ein Kult, dessen Zweck und Ziel naturgemäß die Abwehr war. Er verglich seine Erzählung mit der Wiedergabe anderer und fand, daß sie im wesentlichen übereinstimmten; so bildeten sich typische Formen der Alpsage. Es lag nahe, besonders hervorzuheben, daß sich den Männern weibliche, den Frauen männliche Geister zugesellten. Wurde dieser Umstand betont und von der Phantasie weiter ausgeschmückt, so war ein unerschöpflicher Reichtum an Mythen gegeben, der zur poetischen Gestaltung locken mußte und das Bewußtsein der Traumsituation allmählich verdrängte. Bei den zahlreichen Abstufungen und mannigfachen Verschiedenheiten der Berichte wie der Traumvorgänge mußte sich eine gewisse Kunst bilden, und wie im Götterglauben Mythos und Dichtung zusammengehören, so war in der Alpsage gegen die sprunghaften, anekdotenartigen Erzählungen aus dem Seelenglauben ein unleugbarer Fortschritt gegeben.

Folgende Typen lassen sich als die wichtigsten aufstellen:

Wer jemals auf der Schulbank gesessen hat, dem ist auch die nächtliche Szene wohl bekannt, daß er wieder vor seinen gestrengen Lehrern steht und Fragen vorgelegt erhält, die er trotz aller gewaltsamen Anstrengung nicht beantworten kann; er ringt nach Worten, die Angst ist ins Unermeßliche gesteigert, eine dumpfe Beklemmung läßt die Pulse aussetzen oder wild schlagen. Endlich findet er die ersehnte Antwort, ein unartikulierter Schrei entringt sich seinen Lippen, er erwacht, in Schweiß gebadet, am ganzen Leibe zitternd, und die Angsterscheinung ist entflohen. Es ist derselbe Vorgang, den die griechische Sage von Ödipus und der »Würgerin« Sphinx erzählt. Mit treuestem Anschluß an die Wirklichkeit erfand die mythische Dichtung den Sagentypus von der gefährlichen Begegnung mit dem Fragedämon.

Ein Bauernmädchen lag im Grase und schlief. Ihr Bräutigam saß bei ihr, allein sein Herz war anderwärts und sann, wie er sich ihrer entledigen könnte. Da kam das Mittagsgespenst einhergeschritten und fing an, dem Burschen Fragen vorzulegen, aber soviel er auch antwortete, immer warf es neue Fragen auf, und als die Glocke eins schlug, da stand sein Herz still: das Gespenst hatte ihn zu Tode gefragt. – Ein junger

Mensch wird auf dem Felde von einem Dämon angehalten, der ihm sagt: sieh hin, diese Gründe und Herden und Schlösser sollen dein sein, wenn du mir auf meine Rätselfragen richtig antwortest; wo nicht, so fresse ich dich. Die Rätselwette geht in der Nacht vor sich; der Drache verliert, weil seine Fragen richtig beantwortet werden, und zieht fluchend davon, der Jüngling ist aber Herr der Schätze.

Das Ende des peinlichen Verhöres wird durch den Aufgang der Sonne oder den Schrei des Hahnes herbeigeführt, der Morgen, der die Schläfer weckt, verscheucht eben dadurch die Alpgespenster. Darum sagt BURCHARD VON WORMS: Man solle nicht vor dem Hahnenkrat das Haus verlassen, weil die unreinen Geister vor diesem Rufe mehr Macht zu schaden hätten als nachher und weil der Hahn mit seinem Schrei jene besser zu vertreiben und zu bändigen vermöge als selbst das Kreuzeszeichen. Dieselbe Wirkung hat das Abschütteln des Zungenbannes und der Klang der eigenen Stimme oder der Zuruf einer wachen Person. Mythisch wird das so ausgedrückt: Wenn der Heimgesuchte die auf ihm hockende Tiergestalt mit dem Namen der Person anspricht, die in solcher Tierverwandlung den Alpdruck ausübt, so steht diese in ihrer eigenen Gestalt vor ihm und kann nicht mehr schaden. Wenn man beim Kommen der Trude sogleich einen heiligen Namen ausspricht, muß sie fliehen. Vermutet man ungefähr, wer es sei, den man auf sich liegen fühlt, so muß man ihn beim Namen rufen, und die Mahre entweicht. Gut ist es aber auch, sich gar nicht auf den geistigen Ringkampf einzulassen. Jemand hörte in der Nacht seinen Namen rufen, er antwortete »Ja«, und sogleich begann ihn die Mahre zu drücken; wäre er still gewesen, so hätte sie ihn nicht gefunden.

Zur nächtlichen Stunde als Nachtalp, in der Sonnenglut als Tagalp überfällt der Unhold die Leute, die während der größten Hitze im Freien arbeiten oder wandern. Die mittelalterlichen Legenden kennen wie die Kirchenschriftsteller des

6. Jahrhunderts den Mittagsteufel als Krankheitsdämon, gewissermaßen als den personifizierten Sonnenstich. Seinetwegen wurden die Kirchen, die sonst den ganzen Tag bis zum Abendläuten offen stehen sollen, in der Mittagsstunde zugeschlossen.

»Im Kloster zu Heisterbach hat man gar wohl gewußt, daß der daemon meridianus Buhlgeist und Todesdämon zugleich ist. Als eines Mittags im Sommer sich die Laienbrüder schlafen gelegt hatten, kam der Teufel in Gestalt einer Nonne und ging an den Betten hin, hier verweilend, dort vorübergehend. Über einen Schläfer beugte er sich, faßte ihn in die Arme, küßte ihn und verschwand. Ein Frater, der mit Entsetzen Zeuge des Vorgangs gewesen war, fand den Mönch mit verschobenen Kleidern daliegend. Als es Zeit zum Aufstehen war, konnte der Arme sich nicht erheben, ward auf die Krankenstube gebracht und starb nach dreien Tagen.«

Der Alp nimmt auch Tiergestalt an, und das Tier wieder, meist eine Schlange, verwandelt sich in einen Menschen. Zahlreiche Erlösungs- und Schatzsagen gehören zu diesem Typus; sie verlaufen genau so wie die, die im Seelenglauben ihre Erklärung finden. Aber der Boden, auf dem sie entstanden sind, ist der Schlafzustand. Sträubt sich der Mensch gegen den ihn umfangenden Traum, so sinkt er aus der Traumwelt in die wache Wirklichkeit zurück; überläßt er sich ihm weiter, so nimmt der Traum wohl holdseligere Formen an, aus der Schreckensgestalt wird eine schöne Jungfrau, und die Pracht und Herrlichkeit am Schlusse ist nichts anderes als das poetisch ausgeschmückte, behagliche Nachgefühl des lieblich endenden Traumes. Die Sagen, in denen der Alp nach Loslösung seines natürlichen Wesens trachtet und unglücklich über seinen mörderischen Beruf ist, setzen ein bei weitem feiner entwickeltes Gefühl voraus und verdanken jüngerer Zeit ihre Entstehung. Im übrigen steht der Ringkampf, der entweder zugunsten des Menschen oder des Alps endet, völlig dem geistigen Ringen der Rätselwette und der peinlichen Frage parallel.

Die Vorstellung von der Vielgestaltigkeit des Alps ist in der Natur des Alptraumes begründet. Je nach der äußeren Beschaffenheit des Gegenstandes, der die Atemnot des Schläfers verursacht, bildet die Traumphantasie das Bild eines zottigen oder glatten Tieres, unter dessen Druck man leide. Im Aargau ist der Alp, oder wie man dort sagt, das Schrätteli, wie ein Blutegel, bald zusammengezogen wie ein Knäuel, bald ausgedehnt wie ein Riese; zusammengeballt in scheußlich borstiger Igelgestalt, hockt es zentnerschwer auf dem Schläfer. LUTHER übersetzt den behaarten Waldgeist mit »Feldgeist«.

Seit der Völkerwanderung, wo die Hauskatze zu uns kam, fühlt und sieht der Mensch den Traumgast auch als Katze. Als ein Knecht, der viel von den Mahren zu leiden hatte, im Heuschuppen schlief, kam ein anderer hinzu und sah vier bunte Katzen bei dem Schlafenden sitzen; er sprang weg, um einen Stock zu holen, aber bis er wiederkam, waren sie verschwunden. – Zu dem Jungen, der auszog, das Fürchten zu lernen, kommen gegen Mitternacht aus allen Ecken und Enden des Schlosses schwarze Katzen und Hunde. Aber er packt sie beim Kragen, hebt sie auf die Schnitzbank und schraubt ihnen die Pfoten fest. – Der Volksglaube sieht darin natürlich wirkliche Katzen; darum soll man nicht mit Katzen zusammen schlafen: sie legen sich auf die Brust, trinken den Atem oder schnüren mit ihren Krallen die Kehle des Menschen zu. – Auch Schmetterlingsgestalt nimmt der Alp wie die Seele und Hexe an. In der Schweiz heißt nicht nur der Alp, sondern auch der Nachtschmetterling Toggeli, d. i. Drückerlein. Noch im 17. Jahrhundert wurde der rötliche Saft, den die Schmetterlinge an die Bäume ansetzen, für das Blut der vom Teufel verfolgten und verwundeten Schretlein gehalten, und noch heute gilt ein Mensch als Alp gekennzeichnet, dessen

Augenbrauen zusammenwachsen, als ob seine Seele wie ein Schmetterling entschwebe, um in irgendeinen andern Körper einzugehen. Solche Leute können andern, wenn sie Zorn oder Haß auf sie haben, den Alp mit bloßen Gedanken zuschicken. Er kommt dann aus den Augenbrauen, sieht aus wie ein kleiner, weißer Schmetterling und setzt sich auf die Brust des Schlafenden. Oder die Mahre verwandelt den Schläfer in ein Roß, muß aber dann selbst Pferdegestalt annehmen und liegt am andern Morgen mit Hufeisen an Händen und Füßen im Bette.

Wenn die Mahre keinem Menschen beikommen kann, muß sie allerhand anderes, Tiere, Steine, Bäume, reiten.

Der Alp, den die Sage im Wasser hausen läßt, zeigt natürlich eine andere Erscheinung und andere Gewohnheiten als der im Walde oder Hause wohnende; unwillkürlich stattet ihn die Dichtung mit Zügen aus, die mit der Alpnatur als solcher nichts zu tun haben, und die so entstandenen Gestalten glichen sich von selbst den Naturgeistern an, die dieselben Elemente verkörpern, nach denen sich der Alp umgewandelt hatte. Eine Sonderung der aus dem Seelenglauben und Alptraum oder aus der Naturvergötterung stammenden Züge ist um so schwieriger, als die Sprache selbst beide Gattungen mit einem Namen bezeichnet. Das zahllose vielnamige Heer der Elbe, der in der Luft, im Wasser, in Haus und Feld, Berg und Wald, Heide und Ackerland, auf und unter der Erde hausenden Dämonen wird unter derselben Bezeichnung zusammengefaßt, von der das Alpdrücken seinen Namen hat. Doch scheint erst gegen Ende des Mittelalters die Bezeichnung Alp als Verkörperung des Alptraumes auf die Naturdämonen übergegangen zu sein. Die englische »Legende des Erzengels Michael«, die eine eingehende Darstellung vom Wesen und von der Wirksamkeit der bösen Geister bietet, stellt den Alp oder Nachtmahr, der zur Nacht die Menschen reitet, unmittelbar neben die Elfen, die bei Tag im Walde, des Nachts auf hohen Hügeln hausen und die man oft auf geheimnisvollen Wegen in großer Zahl tanzen und springen sieht. Die Zwerge, die Verkörperungen der still webenden Kräfte der Natur, sind vielleicht nach dem nächtlichen Drücken genannt, von mhd. zwergen »drücken«, die Drücker, oder sie gehören zu der Wurzel, von der die Draugen gebildet sind, und sind die schädigenden Unholde, oder die Trugbilder, oder sie gehören zu griech. »Insekt«, ir. dergnat »Floh«. Die in der deutschen Sage so häufige Helkappe der Zwerge, die man ihnen abschlagen muß, damit sie sichtbar werden, tragen als unsichtbar machendes grünes Mützchen die steierischen Truden: gelingt es einem, solch ein Käppchen zu erhaschen, so kann er die Trud sehen. Im Elsaß sagt man von einem, den der Alp drückt, das Letzekäppel sitze ihm auf der Brust; der Unhold hat sein Käppchen immer verkehrt (»letz«) auf, und wer den Mut hat, es ihm abzunehmen und recht aufzusetzen, der ist von ihm befreit. In der Schweiz bezeichnet Doggeli, d.i. Drückerlein, nicht bloß den Alp, sondern auch die Elbe oder Zwerge.

Die Traumphantasie führte zu der Vorstellung, daß der Alp seine Gestalt beliebig wechseln könne. Die kindliche Logik der Sage meinte, auch noch eine Bestätigung aus der gemeinen Wirklichkeit bringen zu können: das Haar, das einer der Mahrte ausgerissen, erweist sich beim Erwachen als eine Handvoll Stroh, das Weib, das er im Arme hielt, als Bettdecke oder Kopfkissen. Gehören die Tiere dem Traumbild an, so gehören Halm und Feder dem Erwachen an. So entstand die Vorschrift: halt den Alp fest trotz aller Verwandlungen, schließlich nimmt er Menschengestalt an. Denn die Mahrte will sich nicht fangen lassen, sie entschlüpft alsbald, wenn das Hindernis ihrer Flucht beseitigt wird, wenn sie ihr Tuch oder ihr Gewand wiedererlangt.

Der Alp kann sich nur auf demselben Wege entfernen, auf dem er gekommen ist; verstopft man daher das Loch, durch das er geschlüpft ist, so ist er gefangen. Eine dem Wesen, in das sich der Alp verwandelt hat, widerfahrene Verstümmelung geschieht der den Alpdruck ausübenden Person selbst. Brennt man z.B. den Strohhalm am Lichte an, so hat diese verbrannte Finger, prügelt man ihn, so bekommt die Hexe Schläge, zerhackt man ihn, so ist sie am Morgen tot, sperrt man ihn in eine Kiste, so findet man entweder darin ein nacktes Frauenzimmer, oder sie ist erstickt; macht man aber die Kiste bald wieder auf, so fliegt der Strohhalm oder die Feder wieder in den Mund der Person, von der sie ausgegangen sind. Vielleicht stammt daher der Aberglaube, daß man Besuch bekommt, wenn sich ein Strohhalm in der Stube findet.

Das Aufhocken, Drücken und Treten des Alps wird auch als ein Reiten aufgefaßt. Auf Rügen reitet der Mahr den Menschen; er kommt von den Füßen langsam herauf und legt sich auf die Brust des Schlafenden, daß dieser stöhnt und ächzt und von Schweiß so naß wird, wie wenn er aus dem Wasser gezogen wäre. In Mecklenburg heißt das Alpdrücken »Marriden«. Wenn »dei Mor« einen reiten will, kommt er durch ein Astloch in der Wand und setzt sich rittlings auf den Schlafenden; als aber einmal ein Pfropfen in das Wandloch geschlagen wurde, konnte der Mahr nicht wieder wegkommen und ist ein hübsches Frauenzimmer gewesen. Im Althochdeutschen heißt das Fieber rito; rito gehört zu ritan, reiten; das Fieber wurde wie ein Alp betrachtet, der den Menschen reitet, rüttelt und schüttelt und in Schweiß bringt. Im Oldenburgischen nennt man den Alp auch die Walrîderske, die Pferdemahr, Ridimoir, Rittmeije, in Westfalen Walriesken, in Ostfriesland Walrîders. Die Walrîderske bedient sich bei ihrem nächtlichen Ausritte bestimmter Pferde in fremden Ställen, die sie so gut füttert, daß die übrigen dagegen dürr und mager bleiben; zuweilen stehen sie aber auch morgens erschöpft und schweißbedeckt im Stalle. Man erklärt die Walrîderske als die Totenreiterin, die Mahrte, die den Menschen zu Tode reitet (an. valr = die Leichen, Toten). Die friesischen Ridimoirs reiten wie die Hexen und Zaunreiterinnen auf einem Besenstock. Da altfries. walu – wale – (ags. walu) Stock bedeutet, kann die Walrîderske die Stockreiterin sein; oder sie entspricht genau der Zaunreiterin, da in den niederdeutschen Küstengegenden der das Feld umgebende Wall dieselbe Rolle spielt wie anderswo der Zaun. Der »Münchener Nachtsegen« zählt eine ganze Reihe von Schandtaten auf, die der Unhold ausübt. Der Schläfer wehrt sich dagegen, daß ihn die Mahre drücke oder beschreite oder reite, daß die Trude ihn zupfe, daß der Alp mit seiner krummen Nase ihn anblase. Der haarige Alp soll nicht über seinen bloßen Leib kriechen und ihn nicht anhauchen; die Wichtelein sollen ihr Tasten nach ihm sein lassen. Die Gespenster des Alptraums sollen ihn nicht berühren, verwirren, der Sinne berauben, den Fuß abschneiden und das Herz aussaugen. Er will natürlich lieber Herr des Alps sein, als sich von ihm quälen lassen: es ist besser, dich zu treten, als dich zu tragen.

Besonders gefürchtet ist der Besuch des Alps in der Wochenstube. Aus dem Alptraume der jungen Mutter ist die Wechselbalgsage entstanden. Solange das Kind noch nicht die heilige Wassertaufe erhalten hat, gilt es als Seele und ist den räuberischen Angriffen des Alps ausgesetzt. Auch die Mutter, die krank im Bette liegt, ist den nächtlichen Unholden gegenüber schutzloser als sonst, und schwere Träume quälen und plagen sie. Die Sage faßt den Traum der Muttersorge als Wirklichkeit auf; aus der Furcht der Wöchnerin, ihr blühendes Menschenkind zu verlieren, entspringt die Vorstellung, daß ein fremdes Wesen an Stelle des eigenen Kindes untergeschoben, eingewechselt werde. Diese Wechselbälge kennt schon NOTKER als wihselinga. Besonders die Zwerge, die Unterirdischen trachten danach, ihre eigenen Kinder, die natürlich klein und unansehnlich sind und ganz »verzwergelt« bleiben, den nährenden menschlichen Müttern unterzulegen und dafür die schönsten Erdenkinder zu rauben. Diese kielkröpfigen, verkrüppelten, verbutteten Kinder bleiben fast immer im Wachstume zurück, auch wenn sie sich am Leben halten. Kielkröpfe heißen sie in Nieder- und Mitteldeutschland, nicht weil sie aus dem Wasser gebracht sind und wieder ins Wasser geworfen werden (md. quil = Quelle), sondern wegen ihres Kropfes, der auf der Kehle kugelrund aufsitzt (Kiel = Kehle).

Gewöhnlich merkt die Mutter daran, daß ein Kind nicht sprechen lernt, daß es ein vertauschtes ist und das rechte der Alp fortgenommen hat. Sie setzt alsdann einen Kessel voll Wasser ans Feuer, läßt das Wasser sieden und stellt sich an, als wolle sie das Kind hineinwerfen. Sofort erscheint der Alp, bringt das gestohlene Kind und nimmt sein eigenes hinweg. Man verfährt also mit dem als Kind verkappten Alpwesen wie mit dem in einen Apfel, eine Feder, einen Strohhalm verwandelten Alp, den man nötigen will, seine rechte Gestalt zu zeigen. BURCHARD VON WORMS spricht von Frauen, die ihre Kinder in den Ofen stecken »zur Fieberkur« oder »zu irgendeiner andern Kur« und erwähnt den Fall, daß ein Weib ihr Kind ans Feuer legte, über das ein Helfer den Wasserkessel hängte, und daß das Kind an den Folgen des Verbrühens starb. Das Fieber war völlig als ein Alp gedacht. Wenn ein krankes Kind in den Ofen oder in heißes Wasser gesteckt wird, so kann dabei die Absicht sein, den im Kinde hausenden Krankheitsdämon zu sengen und zu brühen, vielleicht auch die Vorstellung mit unterlaufen, es müsse so ans Licht kommen, ob das kranke Kind nicht etwa ein Wechselbalg sei. Feuer, Wasser und Fegen sind beliebte Mittel, um die Seelenwesen abzuwehren. Man läßt bei ungetauften Kindern über Nacht die Lampe brennen, sonst würden die »Unnerärdschen oder Kobolde« das Kind stehlen, und man würde am andern Morgen einen Kobold in der Wiege haben.

Der Alptraum nimmt auch wollüstigen, geschlechtlichen Charakter an; Männer und Frauen werden in gleicher Weise vom Alp berückt. Das Mittelalter hielt diesen Glauben durchaus nicht für eine zwar häßliche, aber harmlose Vorstellung, sondern faßte sie als Teufelsbuhlschaft auf. Man unterschied Incubus und Succubus, von denen der erstere die Frauen, der letztere die Männer heimsuchte. Die Bulle des Papstes INNOCENZ VIII. vom 5. Dezember 1484 »Summis desiderantes« machte den nächtlichen Verkehr mit den Incubi und Succubi zu einer Hauptanklage gegen »viele Leute beiderlei Geschlechtes, die ihres Seelenheils vergessend, vom katholischen Glauben abgefallen sind«. Zahlreiche Scheiterhaufen loderten jetzt in Deutschland auf, und dieselbe Kirche, die früher die heidnischen Hexen geschützt hatte, begann die fürchterlichsten Hexenverfolgungen, denen gegenüber die Barbarei des Heidentums als unverständige Kinderei erscheint. Der »Hexenhammer« (Malleus maleficarum, 1489), die bluttriefende Dogmatik der Dominikaner HEINRICH KRÄMER und JAKOB SPRENGER und des JOHANN GREMPER VON KONSTANZ, wurde von der Kölner theologischen Fakultät approbiert und galt den Gerichten und Richtern des 16. Jahrhunderts als das Gesetzbuch über Hexenglauben. Und doch verdanken gerade so herrliche Sagen und Dichtungen wie Zeus und Semele, Lohengrin und Elsa, Raimund und Melusine, Faust und Helena, die Braut von Korinth u.a. in ihrem letzten Grunde der Mahrtenehe ihre Entstehung!

Entsprechend den sinnlichen Träumen wurde der Besuch des nächtlichen Geistes als Buhlschaft aufgefaßt, die um so kürzer währte, je eher der Mensch erwachte. Sucht der Mensch das liebliche Traumbild festzuhalten, so entstehen die Sagen von der Haft und Ehe des Alps, aus der er sich mit Gewalt zu lösen sucht. Das natürliche Bestreben des Alps ist auf das Drücken gerichtet; hat der Mensch ihn zum Bleiben gezwungen, die gefangene Mahrte wie ein sterbliches Weib zur Ehe gezwungen, so sucht sie die Fesseln abzustreifen und in die Freiheit zurückzukehren.

Der Mensch wird Herr des drückenden Alptraums, sobald

er beim Erwachen einen Schrei ausstößt: der Alp muß fliehen, wenn man ihn bei Namen anruft oder einen heiligen Namen nennt. Aus diesem Verbote konnte leicht die Umdichtung werden, die Erkundigung danach und nach Heimat und Herkommen sei verboten gewesen:

Nie sollst du mich befragen
Noch Wissens Sorge tragen,
Woher ich kam der Fahrt,
Noch wie mein Nam' und Art.

Der Alp entweicht bei Nennung seines Namens. Ähnliches geschieht im Märchen vom Rumpelstilzchen. Die unermüdliche Sage, die dem Alp auch Haus und Feld zum Aufenthalt anwies, dichtet weiter: wenn der verhängnisvolle Name mittels einer Botschaft ins Haus gebracht wird, müssen die Geister gleichfalls verschwinden. Die Ursache der Flucht mußte in dieser Botschaft enthalten sein; welche Motivierung war aber schlichter und natürlicher als plötzlicher Todesfall? Und diese Todesnachricht konnte leicht zu einer für das ganze Elbenvolk bedeutsamen gesteigert werden. Von Zwergen, Kobolden und Waldgeistern wird diese Sage erzählt; oft ist es der Tod ihres Königs oder ihrer Königin, dessen Meldung den Abzug des Geistes bewirkt.

Ein letzter Typus der Alpsagen, der zugleich zeigt, wie man sich außer dem Namensrufe, dem Beschwören, der Anwendung von Feuer, Wasser und Fegen des Unholdes erwehren kann, ist der folgende: Kam es ursprünglich darauf an, dem durch Fragen quälenden Alp richtige Antworten zu geben, so trat die Verschiebung ein, daß die richtige, rettende Antwort zugleich eine falsche, erlogene sein müsse. Auch diese Sagengruppe findet sich bei allen elfischen Geistern (vgl. Odysseus-Niemand und Polyphem).

Verschiedene Beschwörungsformeln zur Vertreibung des Alps sind erhalten, die alle auf eine Grundform zurückgehen.

Um nicht vom Quälgeiste heimgesucht zu werden, wird dem Alp aufgegeben, auf alle Berge zu steigen, alle Wasser zu durchwaten, die Bäume abzublatten, die Ähren zu zählen (oder zu knicken) und die Sterne zu zählen. Bis er dieses vollbracht, wird der Hahn krähen und der Tag erscheinen. Dann hat das Nachtgespenst keine Macht mehr. Auf hohes Alter hat der »Züricher Spruch« gegen Steifheit Anspruch. »Mahr, entflieh! nirgends, wo Schutz war, war ein Mahr. Woher kamst du da? fahr in deine Gebirge, in deine Seen! dies dir zur Abwehr.«

Drudenkopf,
Ich verbiete dir Haus und Hof,
Ich verbiete dir meinen Roß- und Kuhstall,
Auch verbiete ich dir meine Bettstatt,
Daß du nicht über mich trittst!
Tritt in ein ander Haus!
Bis du über alle Berge und Wasser steigest,
Über alle Zaunstecken eilest,
Über alle Wasser reitest –
So kommt der liebe Tag wieder in mein Haus!

Ein anderer Spruch verbietet der Trude und allen bösen Geistern Hab und Gut, Fleisch und Blut und alle Nagellöcher in Haus und Hof (zum Hineinschlüpfen):

Bis ihr alle Berglein erklettert,
Alle Wässerlein durchwatet,
Alle Läublein an den Bäumen zählet,
Und alle Sternlein am Himmel zählet,
Kommt der liebe Tag.

Dem Alp, »der geboren ist wie ein Kalb«, wird der Weg über Berge und Gründe und Wasser gewiesen, er soll alle Winkel durchstreichen, alle Kirchen meiden, die Grashalme einknikken, inzwischen wird's wohl Tag. Der »Münchener Nachtsegen« beschwört den Alp bei Wasser und Feuer, er soll nicht länger hier bleiben, sondern über die Zäune entweichen und zum First hinausfahren über das Meer.

Derselbe Segen kennt eine vollständige Sippe der Alpgespenster, Alb und Elbelîn, Albes Schwester und Vater, Albes Mutter, Truden und Mahren, Albes Kinder, die Wihtelîn, und Trut-ane, die Stammutter der Truden. Alp, Trude und Mahre bezeichnen dasselbe Wesen wie Lur, Schrat und Walriderske. In Mitteldeutschland überwiegt der Name Alp, der »Truggeist« oder der »Greifer«, ja, er scheint bis zu LUTHERS Zeit dieser Gegend allein angehört zu haben; in Norddeutschland herrscht Mahr, Mar, Mart, Mahrte vor, in Friesland Walrîderske, in Bayern und Österreich Trude, »die Treterin«, in der Schweiz und im Elsaß Doggele, im Schwäbischen Schrat, Schrettel, Schretzlein (der »Schreier«? oder überhaupt der »Lärmgeist«?). Die Bezeichnung Mare ist gemein germanisch, ahd., an. mara, mhd. mare, engl. (night-) mare; frz. cauchemar = Alpdrücken ist aus fränk. mara und lat. calcare = treten, pressen gebildet. Die Mare ist die »Presserin« (got. marzjan = ärgern, ahd. marren = hindern), oder »der, die Tote« (lat. mori), dann wäre sprachlich wie sachlich der Zusammenhang von Seelen-, Totenwesen und Traum bewiesen, oder das jedem Menschen »beigegebene« andere Ich, seine Psyche.

8. Schicksalsgeister

Auf einfachem Grunde erhebt sich das düster erhabene Bild der Schicksalsfrauen. Um den Alp zu besänftigen, der den Schläfer drückte und sein Blut aussaugte, stellte man Speise und Trank auf den Tisch. Fand der Alp die angerichtete Mahlzeit vor, so verschonte er den Menschen mit seiner Verfolgung. Daraus entstand der Glaube, daß des Hauses Glück und Unglück an der Bereitung des Mahles hänge. Da mit besonderer Vorsicht die kleinen Kinder vor den Angriffen des Alps geschützt wurden, erweiterte sich der Glaube an die Macht des Alps über Glück und Unglück zu der Vorstellung, das den Glücksgeistern gerüstete Mahl sei von Bedeutung für das Schicksal des Neugeborenen wie für das ganze Leben des Kindes. So wurde die Mahr zur Verwalterin von Glück und Unglück. Sie besaß die Gewalt, die Seelen ihrer Bestimmung, Mensch zu werden, zu entfremden und in der Gemeinschaft der Seelen- und Alpwesen zurückzuhalten. Daß in diesem Glauben die Vorstellung von den Schicksalsweibern ihre tiefste Wurzel hat, lehrt das Zeugnis BURCHARDS VON WORMS. »Hast du geglaubt«, lautet eine Beichtfrage, »was einige zu glauben pflegen, daß jene, die im Volksglauben Parcae heißen, wirklich bestehen und bei der Geburt eines Menschen ihn zu dem bestimmen können, was sie wollen, nämlich daß ein solcher sich, wenn er will, in einen Wolf verwandeln kann, was die Torheit der Menge Werwolf nennt, oder in irgendeine andere Gestalt?« Und eine andere Frage lautet: »Hast du getan, was einige Frauen zu gewissen Zeiten des Jahres zu tun pflegen, nämlich in deinem Hause einen Tisch angerichtet und Speise und Trank mit drei kleinen Messern auf den Tisch gelegt, damit, wenn jene drei Schwestern kommen, die des Altertums Verkehrtheit und Torheit Parcae nannte, sie dort sich labten, in dem Glauben, daß diese drei Schwestern dir dann oder in Zukunft nützen könnten?«

Die älteste Tätigkeit der Schicksalsfrauen bestand also darin, dem Menschen bei seiner Geburt zu verleihen, daß er sich nach Belieben in einen Werwolf oder in eine andere Gestalt verwandeln könne, d.h. den Neugeborenen nicht zu einem richtigen Menschen werden zu lassen. Der Kult, bestehend in Speiseopfern, bezweckte, die Schicksalsfrauen vom Kinde abzulenken.

Dasselbe Wesen, das dem Kinde gefährlich wird, bedroht auch die Wöchnerin. Doch stimmen Opfer und Gaben den Alp milde, daß er die Frau nicht quält; so wird er zur Geburtshelferin, zum Beistande in schwerer Stunde. In einer Höhle bei Reichenhall wohnten drei Frauen; die eine war halb und halb schwarz, die andern beiden weiß. Wurde in den nächst umliegenden Dörfern ein Kind geboren, so kamen die Frauen ins Haus und sangen, solchen Kindern prophezeite man Glück. Bei Hochzeiten wurde ihr Gesang gehört, wenn die Braut aus dem Hause der Eltern schritt.

Der deutsche Glaube kannte drei übermenschliche Frauen, die begabend oder Unheil spendend bei der Geburt und bei dem Tode des Menschen erschienen; gute und böse Tage hingen von ihrer Macht ab, Glück und Fluch brachte ihr Kommen bei der Hochzeit wie bei allen großen Ereignissen, selbst am Kampfe nahmen sie teil. Aus ihrer dreifachen Tätigkeit erklärt sich somit ihre Dreizahl, mag diese auch nicht ursprünglich sein; aber niemals tritt eine allein auf. Bei der Ausübung ihrer Tätigkeit spinnen sie und stimmen Zauberlieder an. Bei BURCHARD VON WORMS findet sich die Beichtfrage an Frauen, ob sie beim Weben Zauberlieder gebrauchten, um Unheil anzurichten. Die Redensart »das ist ihm nicht an der Wiege gesungen« mag hierher gehören. Ihr Gespinst ist Wöchnerinnen hilfreich, bringt aber auch den Tod. Das tötende Seil führt besonders die eine unter ihnen; sie gilt als die böse, als die grimme und trägt den Namen Held (Umhüllung, Umnachtung). Ihr Aussehen ist schwarz, das der anderen hell und weiß. So sind auch die Tage des menschlichen Lebens bald licht, bald dunkel. Zwölf weise Frauen erscheinen bei Dornröschens Geburt, jeder wird ein goldener Teller vorgesetzt. Sie beschenken das Kind mit ihren Wundergaben, Tugend, Schönheit und Reichtum, als die dreizehnte, die nicht geladen ist, zürnend hereintritt und den Fluch ausspricht, sie solle sich in ihrem fünfzehnten Jahre an einer Spindel zu Tode stechen. Die zwölfte mildert den Tod in einen hundertjährigen Schlaf.

Durch das von den Schicksalsfrauen gesponnene Seil wurde

eine Grenze gesetzt, innerhalb der das Leben, das Glück, der Besitz des Menschen sich zu bewegen habe, über die er nicht hinauskönne. Der Körper war ein bloßes Gewand der Seele. Die Verbindung zwischen Geist und Körper wurde erst durch ein goldenes Seil, eine goldene Kette, einen goldenen Ring, kurz, durch ein Band gefestigt, das dem neugebornen Menschen die Schicksalsfrauen spannen. Diese bestimmten, ob das Kind zur vollen Körperlichkeit durchdringen oder die Fähigkeit der Seele behalten sollte, den Körper nach Gefallen zu verlassen und zu wandeln. In dieses Schicksalsseil, das sie um den Neugeborenen schlangen, wurden Glücksgüter und Eigenschaften für den von nun an sich bildenden Charakter des jungen Erdenbürgers eingewunden. Darum war es noch lange Sitte, an Geburtstagen jemanden mit einem Bande zu binden oder ihm ein Geschenk an den Körper zu binden. Das Patengeschenk heißt auch Eingebinde, allgemeiner ist die jüngere Bezeichnung Angebinde.

Von denselben Reichenhaller Jungfrauen, die bei der Geburt eines Kindes ins Haus traten und sangen, erzählt die Sage: Oft war vor ihrer Höhle weiße Wäsche aufgehängt; dann sagten die Leute, die Frauen haben ihre Wäsche aufgehängt; jetzt wird es schönes Wetter. – Die drei verwunschenen Fräulein auf dem Hargenstein spannten ein Seil bis nach dem Ehrenberg. Auf dem Seil hängten sie weiße Tücher auf. Wenn das die Leute bemerkten, sagten sie, es wird gut Wetter, die Fräulein hängen die Wäsche auf. – Zwei weiße und eine halb schwarze Jungfrau wohnten auf dem Rochelberg. Bei der Nacht sahen die Leute daselbst oft die von ihnen in der Laube auf Seilen aufgehängte Wäsche. – Die schneeweißen Gewänder, die wie weiße Wölkchen schweben oder an den Sonnenstrahlen aufgehängt sind, die sich durch dichtes Waldlaub oder Felsenklausen stehlen und die gutes Wetter verkünden, sind durchleuchtete Nebelstreifen oder lichtumsäumte Wölkchen, worin man das Werk der drei Jungfrauen zu erkennen meinte.

Damit ist eine Anschauung aus der Naturverehrung in die Vorstellung von den drei Schicksalsfrauen gedrungen, die ihnen ursprünglich nicht eigen war. Wie die altgermanische Frau Spindel und Spule, Webschiff und Weife in den Händen hält, so weben, knüpfen und spinnen die drei übermenschlichen Frauen die Fäden für das menschliche Schicksal, sie schlingend und ordnend. Aus solcher Vergleichung mag das Bild der Schicksalspinnerinnen hervorgegangen sein, und daher mag das Seil rühren, das die Verbindung zwischen Körper und Seele herstellt. Aber die irdische Tätigkeit fand ihr Widerspiel in himmlischen Erscheinungen. Statt der aufgehängten Wäsche, dem Gespinste der drei Jungfrauen, tritt häufig ein Seil ein, das die Schwestern von einem Felsen zum andern spinnen. Die Vorstellung eines Wolkenzuges oder eines Nebelbandes liegt zugrunde, das zwischen zwei Bergkuppen zu hängen scheint. Aber an dieses Ausspannen des Seiles ist das Geschick des Menschenlebens nicht geknüpft, so wenig wie wir in deutschen Sagen die griechische Vorstellung vom Spinnen und Abschneiden des Lebensfadens finden. Die Schicksalsgeister gehen in die göttlichen Wolkenfrauen über. Als deren Gespinst gilt der Altweibersommer, die flatternden weißen Fäden, die im Frühling und beim Beginne des Herbstes meist an nebeligen Morgen auf Stoppeln und Wiesen, Sträuchern und Zäunen hängen und schweben, das Gewebe kleiner Spinnen. Das Volk nennt sie Metten, Mettjes, Sommermettjes, Mädchensommer, Altweibersommer. In Dithmarschen sagt man, wenn Felder und Büsche oft ganz voll davon hängen: die Metten haben gesponnen. Mette ist nicht Frühmesse, Frühe überhaupt, so daß der Volksausdruck meint »die Frühe hat das Gespinst hervorgebracht«, sondern die »Abmessende« (ahd. mezan, as. metan; as., an. metod »der abmessende Schöpfer«; ags. þâ gramen mettena = die grausamen Parzen). Das umherfliegende Gewebe wurde also als Arbeit der kunstreich spinnenden, das Schicksal abmessenden

Jungfrauen angesehen, und darum bringt es auch Glück, wenn ein solcher Faden an den Kleidern hängenbleibt. Auf dieselbe Vorstellung weist der Ausdruck Mädchensommer, Altweibersommer. Im Englischen heißt das Gespinst gossamer, d.i. gods samar »Gottes Schleppkleid«. Sommer ist also nicht die Jahreszeit, sondern geht auf samar, Schleppkleid, zurück. Das Bild einer aus der Ferne gesehenen Wolke liegt zugrunde, die wie ein Schleppkleid schwer auf die Erde sich senkt. Die alten Weiber des Altweibersommers sind also Wolkenfrauen, die mit den Schicksalsfrauen verschmolzen sind. Volksetymologische Umdeutung nannte ihr Gespinst, das zumeist beim Scheiden der freundlichen Witterung und Jahreszeit umherschwebt, fliegender Sommer, etwa gleichbedeutend mit fliehender Sommer, auch Sommerflug, Sommerseide.

Die Dreizahl der Schicksalsfrauen ist über ganz Deutschland verbreitet. Neben den angelsächsischen grimmen Messerinnen stehen die drei Weirdsisters in Shakespeares Macbeth, die englischem Volksglauben entstammen; im Friesischen, in Norddeutschland, in Tirol, der Oberpfalz, Franken, Elsaß und der Schweiz die drei Weiber, drei Schwestern, drei Jungfrauen, in Bayern die drei Heilrätinnen, in Hessen die drei Muhmen. Seltener ist die Zahl zwei, sieben, zwölf oder dreizehn. Aus der Schar der Schicksalsgeister tritt als Führerin besonders Wurd hervor (as. wurd, ahd. wurt, ags. wyrd, an. urđr). Wurd gehört vielleicht zu dem indogermanischen Stamme vert (vertere) = drehen, wenden, die »Spinnerin« oder ist abstrakt das »Geschick«, dann die »Schicksalswalterin«. Im Angelsächsischen heißt es: mir wob das Wurd. Alte sächsische Formeln schildern, wie die Schicksalsweberin Wurd kampfgrimm in die Schlacht schreitet, dicht an den Helden herantritt, hart und haßgrimm ihn täuscht, verführt und in den Tod reißt. Der alte Hildebrand aber ruft, als sein Sohn ihn zum Kampfe reizt: »Wohlan, waltender Gott, Wehwurt geschieht!«

Unter ihrem alten Namen sind die drei Schicksalsfrauen

von der Kirche in Süddeutschland aufgenommen, Ainbet, Warbet, Wilbet. Ainbet (Aginbete) ist die Gebieterin des Schreckens (ahd. agi, mhd. ege = Schreck; mhd. bite – heißen, befehlen), oder die ausgezeichnete Gebieterin, die Hauptgebieterin; Warbet ist die Gebieterin der Verwirrung, der Zwietracht, Wilbet die Gebieterin des Gewollten, Gewünschten.

Die drei süddeutschen Frauen führen wie die Eumeniden einen euphemistischen Namen, die Heilrätinnen (auch an. heilráđr), d.h. sie beraten, beherrschen das Glück des Menschen. Sie wurden in christlicher Zeit als Pestpatroninnen verehrt.

In althochdeutschen Glossen wird parca mit sceffara, scepentha, – parcae, fata mit scefentun, schepfentun wiedergegeben.

Die Schicksalsfrauen sind nicht als Schöffinnen aufzufassen, die das Urteil sprechen, das einem jeden zukommt, sondern gaskapjan wird zur Festsetzung des Lebensschicksals gebraucht und zur Namengebung, da diese nach altgermanischem Glauben ein Stück Schicksalsfügung darstellte.

Vom Kult der Schicksalsfrauen ist wenig bekannt. Bei ihrem Erscheinen wurden sie bewirtet. In Süddeutschland opferte man ihnen bei der Ernte drei Ähren oder drei schwarze Pfennige. Sie wurden besonders in Höhlen, auf Bergen und an Brunnen verehrt. Die Nägel der Menschen waren ihnen geweiht, vermutlich weil die Schicksalsfrauen in der Schlacht oder an das Bett des Menschen herantreten und mit grausamer Hand ihr Opfer ergreifen. Der Nagel, das Symbol der tötenden Schicksalsfrauen, wurde ein ihnen geheiligtes Glied. Alter, weitverbreiteter Aberglaube findet so seine Erklärung. Weiße Punkte auf den Nägeln der rechten Hand, »Blühen der Nägel« bedeuten Glück, man bekommt Geld oder neue Kleider; auf der linken Hand bedeuten sie Unglück, oder sie zeigen, daß der Mensch lügt, oder sie bedeuten auf den einzelnen Fingern vom Daumen an: Glück, Unglück, Ehe, Liebe, Freundschaft; oder an der rechten Hand: beschenkt, gekränkt, geehrt, geliebt, gehaßt; dunkle Flecken bedeuten Unglück.

9. Der Mütter- und Matronenkult

Wie jeder einzelne seinen Schutzgeist hatte, wie das Haus und die Flur unter dem Walten besonderer Mächte stand, so ward auch das Dorf, die ganze Heimat der Obhut schützender Geister empfohlen. Mütterlichen Schutzgottheiten war bei den Angelsachsen die Zeit der Zwölften geweiht, die von Weihnachten bis Dreikönig fällt; »Nacht der Mütter« (modra niht) hieß man sie und glaubte, daß die Seelen verstorbener einflußreicher, weiser Frauen dann segnend durch die Lande zogen. Gewiß war damit auch die Vorstellung gewaltiger Schicksalsfrauen verbunden. Aber erst durch fremden, gallischen Einfluß wurden diese Gestalten des Seelenglaubens im westlichen Deutschland in den Rang von Gottheiten erhoben, ohne die eigentlichen Landesgötter zu verdrängen.

Der germanische Söldner, den das rauhe Kriegshandwerk fern von der Heimat umhertrieb, dachte mit Sehnsucht an seine Heimat zurück, und inmitten der Wirren des Krieges war es ihm ein Trost, das Vaterland unter dem mütterlichen Schutze hilfreicher Mächte zu wissen. Auf keltischem Boden ist der Kult der Mütter weit verbreitet, die gallisch-römische Kultur verpflanzte ihn auch auf das germanische Rheinufer. Aber nicht alle Germanen nahmen die fremde Vorstellung an. Gerade das Land der Bataver, für das inschriftlich die deutschen Hauptgötter Titus, Donar und Nehalennia bezeugt sind, gewährte ihr trotz seiner nahen Beziehungen zu Rom keinen Einlaß. Unsere Kunde von den germanischen Müttern verdanken wir lediglich den Denkmälern, und es ist bezeichnend, daß sich die meisten im linksrheinischen, früh verwelschten Lande der Ubier gefunden haben, die auf Veranlassung des AUGUSTUS durch AGRIPPA vom rechten Ufer auf das linke versetzt wurden. Die Inschriften lehren, daß zur Verbreitung dieses Kultes besonders die Soldaten beitrugen, und zwar Mitglieder der kaiserlichen Garde, die sich hauptsächlich aus den germanischen Provinzen rekrutierte. Aber weder Bataver noch andere, rein germanische Stämme, noch vornehmere Stände sind unter den Verehrern der Matres oder Matronae vertreten. Auch hat kein Truppenteil als solcher den Müttern einen Weihstein errichtet, ins Innere Deutschlands ist dieser Kult überhaupt nie gedrungen, nur einzelne germanische Söldner ahmten fremden Brauch nach, der durchaus innerhalb der niederen Kreise geblieben zu sein scheint. In Britannien, Frankreich, im linksrheinischen Germanien, in Oberitalien, selbst in Rom weihte der deutsche Legionär dem Schutze der Mütter sein fernes Vaterland, aber er dachte dabei nicht an die Stammgötter, denen er in feierlichem Umzuge Opfer und Gebet dargebracht hatte, nicht an die jungfräulichen Schicksalslenkerinnen, sondern er machte nach, was er im römischen Heer an Kameraden fremder Nationalität beobachtet hatte.

II DIE NATURVEREHRUNG

Auf dem Untergrunde des Seelenglaubens und des Zauberwesens erhebt sich die Welt der Naturgeister und der Götter, der in den großen Naturerscheinungen waltenden Mächte, und des reineren, feierlicheren Kultes. Der Versuch, sich das Unverständliche, Geheimnisvolle zu erklären, fand in den dürftigen, ärmlichen Vorstellungen des Seelenglaubens seine Schranken. Aus dem Menschen selbst, nicht aus der ihn umgebenden Natur sind die mythischen Anschauungen des Seelenglaubens hervorgegangen; die Natur kommt nur insoweit in Betracht, wie sie der Aufenthaltsort des abgeschiedenen Ahnherrn des Hauses ist. Für Nomaden, vor allem aber für Ackerbau treibende Völker, deren ganzes wirtschaftliches Leben vom Stande der himmlischen Gestirne abhängt, mußte die Verehrung der großen Naturkräfte hinzutreten. Vom einfachen Beobachten der Witterungserscheinungen verklärte sich diese Betrachtung immer mehr zu einer idealen Auffassung. Die Verehrung der himmlischen Erscheinungen und ihre dichterische Verwertung setzt eine schon fortgeschrittene Gesittung voraus. Aber auch diese Vorstellungen waren noch beschränkt, solange das Leben eines Volkes sich mehr in einzelnen landschaftlichen Kreisen vollzog. Erst mit dem Eintreten des Volkes in die Geschichte erhält der Götterglaube seine ideale Ausprägung, entsteht eine nationale Mythologie. Darum sind die Gestalten des Seelenglaubens über die ganze Erde verbreitet, die Naturgeister zeigen die charakteristischen

Züge des Volkes und finden ihre Erklärung in der Gegend, wo sie entstanden sind; die Götter spiegeln die Eigenart des Volkes im allgemeinen, und die Stamm- und Hauptgötter die des Stammes im besonderen wider.

Der Mensch sucht sich die Naturerscheinungen zu erklären. Wenn der Donner rollt, vernimmt er Toben und Krachen über sich in der Luft; Geschrei und Lärm kennt er selbst aus seinen eigenen Kämpfen; der Schluß liegt für ihn nahe: auch da droben wird gekämpft, der Donner ist der Lärm, den unsichtbare Gewalten machen. Er dichtet eine Schlacht, und aus dem Kreise des ihm Bekannten und von ihm Verstandenen dichtet er diesen Kampf weiter: es ist ein Streit um ein wertvolles Gerät, eine nützliche Waffe, um gestohlene Rinderherden, um geraubte Frauen. So wird das Gewitter mythisch erklärt. In dem Eindrucke, den Sonnenaufgang und -untergang auf den Menschen ausüben, den die Wiederkehr des Tages und der Nacht, der Kampf zwischen Licht und Finsternis, das ganze Sonnendrama mit allen seinen Einzelheiten hervorrufen, das jeden Tag, jeden Monat, jedes Jahr, im Himmel und auf Erden abgespielt wird, liegt der dunkle Same eines Glaubens an ein übermenschliches Wesen. Eine von Geschlecht zu Geschlecht aufsteigende und sich mehrende Naturbetrachtung entdeckt immer mehr Ordnung und Regelmäßigkeit in der Natur und wird sich bewußt, wie sehr der Mensch unter ihrem Einflusse steht, ohne selbst auch nur im geringsten auf sie einwirken zu können. Die Naturkräfte werden personifiziert, es tritt eine Vermenschlichung der gesamten Natur durch Personifikation ein; der Mensch faßt z. B. die wandelnde Sonne als wandelndes, menschenähnliches Wesen auf. Aber dieses Wesen wandelt da oben, wo hinauf kein Mensch zu steigen vermag, es leuchtet und erwärmt, es strahlt und funkelt; eine andere Naturperson stürmt, blitzt und donnert, kurz, sie besitzt Eigenschaften, die dem Menschen versagt sind; das Firmament, an dem die Wolken dahinschweben, vom Winde getrieben, ist sinnlich wahrnehmbar, es scheint vom hohen Berge aus so nahe zu sein und ist doch unerreichbar: überkräftig, übermenschlich muß also das Wesen sein, das diese Naturbegebenheiten vollbringt. Diese gewaltigen Naturkräfte sind von unermeßlicher Macht, sie trotzen der Begierde des Menschen, sie können schaden und nützen, darum sucht man sie durch Gebet, Hymnen und Anrufungen gnädig zu stimmen. Der Mythos beschreibt, was das höhere Wesen getan hat, der Ritus soll es bewegen, die gleiche Tat für seine Verehrer zu wiederholen. Darum lobt und preist man es nicht nur, sondern speist, tränkt und erfreut es durch Spiele. Einige Gebräuche suchen den himmlischen Vorgang nachzuahmen, umgekehrt wird der himmlische Vorgang nach irdischem Muster ausgemalt. Der Dichtkunst kommt also ein hoher Anteil an der Ausbildung des Mythos zu, und diese religiös-poetischen oder poetisch-religiösen Anschauungen von der umgebenden Natur und den in ihr wirkenden Kräften riefen die vornehmste Gattung der alten Poesie ins Leben, die hymnischen Lieder, und diese wurden bei den Indogermanen von der versammelten Menge im Chore zum feierlichen Opferreigen gesungen.

Zwischen Seelenglaube und Naturverehrung befindet sich also ein gewaltiger Abstand. Nicht mehr der Mensch ist Gott, sondern die Natur ist das Göttliche. Die Naturerscheinungen sind nicht mehr Äußerungen des Wohlwollens oder des Zornes der Abgeschiedenen, sondern alles Sein ist einer an Gesetze gebundenen Naturnotwendigkeit unterworfen. Der Naturmythos ist an ein Volk mit Ackerbau und Viehzucht geknüpft. Himmel und Erde, Tag und Nacht, Gewitter, Sturm, Wolkenzug und Nebelflor, Luft im Laub und Wind im Rohr, das Zwielicht und das Feuer, des Menschen freundlicher Hausgenosse, werden zu überirdischen Wesen. Wohnungs- und Klimawechsel, besonders der Wandel der geistigen Kultur und Lebensweise, die Entstehung eines Staates, die

Bildung fester Stände sowie die geschichtlichen Schicksale geben dem Mythos ein eigenartiges, von andern Völkern unterscheidendes Gepräge. Alle Völker der Erde haben den Seelenkult geübt, gerade hier müssen die Überlieferungen aller Indogermanen wie aller Germanen, südlich oder nördlich der Ostsee, am genauesten übereinstimmen. Bei fast allen Völkern sind Ansätze zur Naturvergötterung vorhanden, aber nur bei den Indogermanen ist diese Naturverehrung zur vollen Blüte gekommen. Bei den Griechen und den Germanen erlangt der Naturmythos seine höchste Weihe und durchdringt Poesie und Kunst, häusliches und staatliches Leben.

Die den Menschen umgebende Natur rief die Vorstellung von Wesen hervor, die mächtiger waren als er selbst, aber sie schwankten noch zwischen übertierischen und übermenschlichen Wesen. Auch mit unbelebten Gegenständen konnte sie verglichen werden, wie die Sonne mit einem Rade, ihre Strahlen mit einem Schwerte, der Blitz mit einer Waffe, einer Keule oder einem Hammer, Wolkengebilde mit einem Baume, einem Berg, mit Burgen, Türmen, Wällen und Mauern. Über ganz Deutschland verbreitet ist die Vorstellung von einer im Wasser versunkenen Stadt, Burg oder einem Kloster. Noch jetzt nennt man eine sich auftürmende Wolkenburg einen weißen Turm oder Grummelturm. Wind und Sturm werden in der volkstümlichen Auffassung alter und neuerer Zeiten vielfach als Musik dargestellt.

Die Wolke wird gern als Schuh aufgefaßt, und weil das Gewölk schnell dahinjagt, sind es Zauberschuhe, Siebenmeilenstiefel. Meistens erscheinen sie mit anderen Gegenständen zusammen, sogenannten Wunschdingen. In dem Märchen »Der König vom goldenen Berg« erwirbt der Held von drei Riesen einen Degen, der bei den Worten »Köpf alle runter, nur meiner nicht« alles köpft, einen unsichtbar machenden Mantel und ein Paar Stiefel; wenn man die angezogen hatte und sich wohin wünschte, so war man im Augenblick da. In dem Märchen »Der Rabe« sind die drei von Riesen gefundenen Wunschdinge ein Stock, vor dem jede Tür aufspringt, ein unsichtbar machender Mantel und ein Roß, auf dem man überallhin reiten kann, auch auf den gläsernen Berg. Die Hexe, die den entflohenen Kindern nachsetzt, benutzt, wie der Menschenfresser im Däumlingsmärchen, Meilenstiefel. Diese Wunschdinge sind ursprünglich Wolken- und Gewittersymbole. Der Mantel bezeichnet die allverhüllende, die Schuhe die eilig dahinschwebende Wolke. Der unerschöpfliche Beutel und das Tischlein-deck-dich sind das Symbol der Segen und Reichtum spendenden Wolke. Der Degen, der alles köpft, der Stock, vor dem jede Tür aufspringt, weisen auf den Blitz. Die Wunschdinge erscheinen fast stets zusammen, weil sie zusammen den Gewittervorgang versinnbildlichen.

An die Stelle des unsichtbar machenden Mantels tritt häufig eine Tarn- oder Nebelkappe mit derselben Eigenschaft (ahd. tarni = heimlich, mittelniederl. dâren = sich verbergen).

Das Märchen »Sechse kommen durch die ganze Welt« erzählt von einem Manne, der durch Schief- und Geradesetzen seines Hutes das Wetter lenken kann, ein anderes von einem Hut, aus dem unwiderstehliches Geschütz donnert, wenn er gedreht wird. Wodan trägt den Wolkenhut tief in die Stirn gedrückt; den Muet mit dem Breithut nennt ihn der Kinderspruch. Vom Kyffhäuser wie vom Pilatus sagt man: »hat er einen Hut, so wird das Wetter gut«. Es wird regnen, sagt man im Harz, denn der Brocken hat eine Nebelkappe. Wie der an Bergen und auf Fluren lagernde Nebel vor dem Winde und den Sonnenstrahlen weichen muß, so kann man den Besitzer einer Tarnkappe ergreifen, wenn man ihm seine Kopfbedeckung entreißt. Einem Bäcker fehlten immer einige seiner Brote, doch gelang es nicht, den Dieb zu entdecken. Da kam er auf den Verdacht, die Zwerge könnten an seinem Unheile schuld sein. Er schlug also mit einem Geflechte von schwankenden Reisern so lange um sich her, bis er die Nebelkappen einiger Zwerge traf, die sich nun nicht länger verbergen konnten. Auf dieselbe Weise werden Zwergen, die des Nachts die Feldfrüchte raubten, die unsichtbar machenden Nebelkappen abgeschlagen. Zwergkönig Laurin zieht ein Tarnkäpplein hervor, bedeckt sich damit und verschwindet vor Dietrichs Augen; so unsichtbar geworden, schlägt er dem Berner manche tiefe Wunde, daß ihm das Blut durch die Panzerringe rinnt. Hagen weiß, daß Siegfried an einem Berge dem Alberich die Tarnkappe abgewonnen hat und dadurch Herr des Hortes geworden ist. Die Nibelungen selbst sind Nebel- und Dunkelgeister, denen die Tarnkappe von vornherein zukommt.

Wir nennen noch heute die lichtweißen oder rötlichgelben Federhaufwolken des Morgen- und Abendhimmels Schäfchen oder Lämmergewölk; »der Herrgott hütet seine Schafe«, »der Schäfer treibt seine Schafe aus«. Für Wolken, die sich nicht bewegen, sagt man, »die Küh' steh'n still«, ganz dunkle Wolken heißen Ochsen oder Bullkater: der in dunkler Wolkennacht aufzuckende Blitz erinnert an das im Dunkeln leuchtende Auge eines Katers, und bull kommt von bullern oder bollern her und bezeichnet das bollernde Rollen des Donners. Wir sind uns dabei wohl bewußt, daß wir nur eine poetische Metapher gebrauchen. Der Naturmensch aber ist von der Wirklichkeit dieses Naturbildes überzeugt wie noch heute gläubige Kindergemüter, er schreibt diesen Wesen übernatürliche Eigenschaften zu und verknüpft mit ihnen abergläubische Vorstellungen: das Bild wird zum Mythos. Ein und dasselbe Bild wird zum Ausdrucke verschiedener Naturerscheinungen verwandt. Der Eber ist ein erdaufwühlendes Tier; auch der Wind, namentlich der grollende Wirbelwind, wühlt plötzlich Staub und Erde auf; folglich war der Eber (so schloß man) das den Wind verursachende Tier, das im Winde dahinfuhr. Oder man verglich den blendend weißen Blitz mit einem Zahne, dem Hauer eines grunzenden Ebers, oder der Eber ist das mythische Bild der Sonnengottheit, bei der Verhüllung der Sonne in dunklen Wolken. Der schnelle Lauf des Wirbelwindes ließ an ein Pferd denken, das Heulen und Bellen des Windes an einen Hund, der sich an zugiger Stelle, wie dem offenen Herde, aschezehrend niederläßt; seine springende Bewegung und sein meckernder Laut an eine Ziege.

Die wetterleuchtende, feuerschnaubende, wassergießende Wolke ist ein Drache; das Erscheinen des Drachen kündet in den Alpen schweres Gewitter an. Wie die Wetterwolke Schwüle, Sturm, Hagel und fruchtbaren Regen bringt, so schadet oder nützt der Drache Menschen, Vieh und Feld; er vergiftet die Luft und das Wasser, bringt Seuchen, Feuersbrunst und Wolkenbruch und verwüstet hagelnd die Flur. Als Wasserdrache bildet sich der Wolkendämon fort zum Geiste des Gießbaches, der aus dem Wolkenbruch entsteht. Das Alpenvolk in der Schweiz hat noch viele Sagen bewahrt von Drachen und Würmern, die vor alter Zeit auf dem Gebirge hausten und oftmals verheerend in die Täler herabkamen. Noch jetzt, wenn ein ungestümer Waldstrom von den Bergen stürzt, Bäume und Felsen mit sich reißt, pflegt es in einem Sprichwort zu sagen: »Es ist ein Drache ausgefahren.« Als Feuerdrache tritt der Dämon in Blitzmythen auf und verschmilzt mit dem schätzeschleppenden Kobold; er kleidet sich in das Feuerkleid der Sternschnuppen und in den bescheidenen Kittel des Herdrauches. Aber neben der bloßen Feuergestalt und bloßen Wassergestalt hat sich auch das Ursprüngliche forterhalten, die Wolken- und Nebelgestalt. Der aus seinem Gewässer auftauchende Drache ist der daraus aufsteigende Nebel. In einem See des Zezninatales hauste ein Drache, der mit Gebrüll aus dem Wasser tauchte: warf man Steine hinein, so bildete sich ein dichter Nebel, aus dem sich dann starke Regenschauer entluden. Einen Pestdrachen kennt eine Sage in Unterfranken. In einem See hielt sich ein Lindwurm auf, der Menschen und Tiere vergiftete. Da aber der See abgelassen und der Graben ausgetrocknet wurde, so konnte sich das Tier nicht mehr aufhalten, und seit dieser Zeit war Ruhe: die schädliche Wirksamkeit des Lindwurms ist die vergiftende Ausdünstung des Sumpfes. Auch mit Fieber kann der Drache des Bergstroms den Menschen schlagen. Als im Juli 1566 die Reuß hochging, stieg eine Schlange aus dem Strome und verschlang die am Ufer weidenden Rinder. Mit Mühe rettete sich ein Mann vor ihr, mußte sich aber zu Bette legen und war von nun an mit Fieber geplagt. – Aufgabe der Helden ist es, das Land von der Plage des Lindwurms zu befreien.

In Ortnits Reich treiben zwei wilde Lindwürmer ihr Wesen und fressen Menschen und Vieh. Da macht sich der König selbst zu dem kühnen Wagnis auf. Wenn er nicht wiederkomme, sagte er beim Abschiede zu seiner Gemahlin, so solle sie nur den als den Sieger begrüßen, der die Köpfe der Ungeheuer mit den Jungen brächte. Aus dem Märchen »Die zwei Brüder« ist dieser Zug bekannt. Unter einem grünen Baume legt sich Ortnit nach scharfem Ritte durch das Gebirge zur Ruhe nieder. Da bricht der Wurm durch das Dickicht, die Bäume drückt er nieder; er reißt seinen Rachen auf, noch weiter als eine große Tür, und verschlingt den Ritter bis an die beiden Sporen. Dann trägt er ihn zu seinen Jungen in eine Höhle des Berges; die konnten ihn nicht erreichen und sogen ihn durch den Panzer. Als Wolfdietrich Ortnits Tod und die Bedrängung seiner Witwe erfährt, reitet er die Etsch entlang zu Berge auf steilen Wegen; ein junges Weib, dem der Lindwurm den Gatten ermordet, weist ihm die Straße. An derselben Stelle, wo Ortnit das Leben verloren hat, legt sich auch Wolfdietrich nieder. Aber sein treues Roß treibt mit seinen Hufschlägen den wilden Wurm in den Tann zurück. Am harten Rückgrat des Tieres zersplittert Wolfdietrichs Schwert, und der Drache wirft ihn seinen Jungen zum Fraße vor. Da sie aber den gerüsteten Mann nirgends anzubeißen vermögen, zerren sie ihn hin und her, bis ihm Atem und Besinnung vergeht. Der Held findet in der Höhle Ortnits Schwert und Rüstung, erlegt die kleinen Unholde und nach hartem Kampf auch den alten Drachen, schneidet den erschlagenen Lindwürmern die Zungen aus, legt Ortnits Rüstung an, entlarvt durch Vorzeigen der Wurmzungen einen Grafen, der sich als Retter des Landes ausgibt, und erhält von Ortnits Witwe Hand und Krone. Ein Drache aber ist entronnen, und ihn tötet später Dietrich von Bern. – Die Virginalepen, deren Dichter die siedenden und donnernden Waldbäche der Alpen kennt, sind reich an Drachenkämpfen. Dietrich und Hildebrand werden im Walde von Drachen angefallen. Hildebrand schlägt auf ein Geniste voll wilder Würmer in einem hohlen Berge los, da kommt der alte Drache seinen Kindern zu Hilfe. Aus seinem Munde ertönt die erbärmlich wimmernde Stimme eines Menschen, der um Hilfe ruft. Auf Hildebrands Angriff läßt der Drache den Mann fallen und greift Hildebrand an, wird aber von ihm getötet. Der wunde Ritter erzählt, daß ihn der Wurm im Walde schlafend gefunden und bis an die Arme verschluckt habe; sein Roß hat die Drachenbrut aufgezehrt. Inzwischen hat auch Dietrich mit einem gewaltigen Drachen gerungen, sein Schwert ist ihm zerbrochen, da stößt er dem Tiere den Schild in den Rachen, der von Hildebrand befreite Ritter reicht ihm eine neue Waffe, und so wird die Jungfrau befreit, die dem Ungetüm ausgeliefert werden soll.

Dietrichs und seiner Gesellen Drachenkämpfe, deren Zahl fast unübersehbar ist, bewegen sich im wilden Lande Tirol, im finstern Walde, darin man den hellen Tag nicht spürt, wo nur enge Pfade durch tiefe Tobel, Täler und Klingen führen, zu hochragenden Burgfesten, deren Grundfels in den Lüften zu hängen scheint; wo der Verirrte ein verlorener Mann ist, der einsam Reitende sich selbst den Tod gibt. Dort, wo ein Bach vom hohen Fels herbricht, da sprengt der grimmige Drache, Schaum vor dem Rachen, fort und fort auf den Gegner los und sucht ihn zu verschlingen; wieder bei »eines Brunnen Flusse« vor dem Gebirge, das sich hoch in die Lüfte zieht, schießen große Würmer her und trachten, die Helden zu verbrennen; bei der Herankunft eines solchen, der Roß und Mann zu verschlingen droht, wird ein Schall gehört, recht wie ein Donnerschlag, davon das ganze Gebirge ertost. Leicht erkennbar sind diese Ungetüme gleichbedeutend mit den siedenden, donnernden Wasserstürzen selbst.

Es ließe sich eine vollständige mythische Tierwelt zusammenstellen, doch es genügt, auf die wichtigsten tierischen Wesen hinzuweisen. Sichere Beispiele einer Verbildlichung der Sonne in Tiergestalt sind das Sonnenroß, der Sonnenwidder, der Sonnenhirsch, der goldborstige Eber. Wie der Wind, der Nebel und die Wolke als Pferd aufgefaßt werden, so ist das Roß auch die Personifikation der Wogen fließender Gewässer. Ein schwarzes Pferd oder auch ein Grauschimmel steigt aus einem See in Mecklenburg empor. Ein Bauer spannt es vor die Egge, da stürzt sich das Pferd mit der Egge ins Wasser. Auch aus den Alpenseen kommt der Dämon in Roßgestalt. Neben der Wolke als Kuh werden auch Wasserwellen als Rinder vorgestellt.

Der Nebel wird als Wolf aufgefaßt; der Schäfer sieht zu Lichtmeß lieber den Wolf in den Stall kommen als die liebe Sonne; oder als Fuchs; im Niederdeutschen heißt der auf dem Lande liegende Nebel Fuchsbad, und am Rhein darf man nicht eher die Trauben pflücken, als bis der Fuchs sie geleckt hat. Der Nebelwolf zeigt sich an der schroffen Gebirgskante, am wilden Bergsee, springend, ringend, sich sonnend, zieht auch wohl im Kampfe mit der Sonne fieberschauernd durch die Luft oder lagert schnaubend auf dem winterlichen Felde und dringt pustend in den Schafstall ein. Der Nebelfuchs dagegen kauert im tiefen Walde versteckt, schleicht im breiten Dampfe von Bach und Wiese verborgen oder rüstet sich ein Bad, das die ganze Ebene bedeckt oder nur das Ufergelände des abgelegenen Waldweihers überflutet. Das Roß des Schimmelreiters, das Sturm und schlecht Wetter ankündigt, ein schneeweißer, rotgerupfter Schimmel mit gelbem Gebiß, ist gleichfalls ein Nebelbild.

Bei einigen Vorstellungen läßt sich ungefähr ihr Alter bestimmen. Die Hauskatze ist z. B. um die Zeit der Völkerwanderung zu uns gekommen, der Haushahn ist um 500 v. Chr. in Deutschland eingeführt; der Name des Drachen kommt vom lat. draco her, und auch seine Flügelgestalt stammt aus der Fremde, aber er hat die heimischen Bezeichnungen Wurm, Lindwurm nur zum Teil zurückgedrängt. Die Nebelsagen sind Spätlinge der Mythenbildung, während die Sonnenmythen aus der Urheimat mitgebracht sein können, aber beim Einrücken der Deutschen in ihre heutigen Wohnsitze noch verstanden wurden. Solange der Germane in der uralisch-karpathischen Niederung saß, konnte er keine Nebelsagen erzählen, die auf den Hörnern des Hochgebirges spielen, weil er sie nicht erlebt hatte. Erst als unsere Ahnen, ins Bergland einrückend, die mannigfachen Gestalten des Nebels kennenlernten, können die Nebelmythen entstanden sein. Aber Sagenzüge aus der indogermanischen Urzeit sind vielfach in sie übergegangen, als dieser Nachschößling der Mythenbildung hervorbrach.

Obwohl bereits die indogermanischen Hauptgötter in menschlicher Gestalt aufgefaßt wurden, ragt doch noch in germanischer Zeit das Tierreich in zahlreichen Resten und Spuren in die Götterwelt hinein. Die Schlange z. B. ist das Symbol der chthonischen Mächte, und wenn die Langobarden eine goldene Schlange als göttliches Bild verehren, so kann sie nur ein Zeichen des Gottes sein, dem sie Sieg und Namen verdankten, des Herrn der Unterwelt, der Nacht und des Todes, Wodans. Die Götter können sich wieder in Tiere verwandeln, oder die Tiere erscheinen als im Besitze der Götter befindlich und ihnen dienend.

Wie für die Weltanschauung der Naturvölker die Grenze zwischen Menschen und Tier verschwimmt, so haben auch die personifizierten Naturmächte noch nicht menschliches Ebenmaß, sondern bleiben hinter ihm zurück, wie die elfischen Geister, oder überragen es weit, wie die Riesen. Die Elbe verkörpern mehr die geheimnisvollen, in der Stille wirkenden Kräfte der Natur, und da Strom und Wald, Ebene und Gebirge von freundlichen oder feindlichen Geistern beseelt sind, sind sie eng mit dem Seelenglauben verknüpft. Die Riesen sind die Vertreter der ungezügelten Naturgewalten, der Elemente, die das Gebild von Menschenhand hassen; sie sind vom Seelenglauben völlig losgelöst. Und wie Riesenkämpfe mit Drachenkämpfen wechseln, so sind auch die Elbe und Riesen nicht immer streng auseinandergehalten: sie sind nur dem Maße, nicht der Art nach verschieden.

Alle diese Wesen zusammen nennen wir Dämonen oder Naturgeister in Menschengestalt. Die Volksdichtung hat sie zu ihren Lieblingen erwählt, das Märchen schildert sie mit innigem Behagen, und seit WIELANDS Übersetzung von SHAKESPEARES »Sommernachtstraum« (1764) und HERDERS Volksliedern (1774) sind sie auch wieder in die deutsche Dichtung eingezogen. Sie sind von der Naturerscheinung getrennt, aus der sie entsprossen sind, die Lust des Volkes am Fabulieren wird nicht müde, diese Gestalten auszuschmücken und ihr Verhältnis zum Menschengeschlechte dichterisch darzustellen, und mit dem Seelen- und Mahrenglauben bildet der Dämonenglaube den eigentlichen Volksglauben, die niedere Mythologie.

Die elfischen Geister

1. Elfen und Wichte

Name und Begriff der Elbe und Wichte geht in urgermanische Zeit zurück. Ahd. mhd. alp (Plural Elbe oder Elber, vgl. Elberfeld), schwed. elf, dän. elv (ellerkonge = elverkonge, Elfenkönig, irrtümlich bei HERDER und GOETHE »Erlkönig«) ist der listige, geschickte Truggeist oder der Lichtgeist (skr. rbhu, germ. albh = glänzend, strahlend). Die hochdeutsche Form Elb ist durch das englische Elf verdrängt. Albruna ist die mit der Zauberkraft der Elbe Begabte, Albing ist der von den Elben Stammende, Alfred der ihres Rates Teilhaftige, Alberich (romanisch Auberic, Auberi, Oberon) der Elfenkönig; außerdem begegnen ahd. Alptrûd, Alpagêdis (Pipins Frau), langob. Albisinda, Alphari; Albwin, Alboin ist der Elfenfreund.

Wicht (ahd. und mhd. der und das wiht, got. und an. vaihts, vaettr) gehört zu wegen, bewegen und bedeutet »kleines Ding«, »Ding« überhaupt: die Wichte der germ. Mythologie sind nichts wie »Dinger«, winzige Elbe.

Im Heliand sind die wihtî unholde, böse Geister. Als der Heiland in der Wüste nichts genoß, fühlten die finsteren, gewaltigen Geister nicht Mut, ihm zu nahen. Böser Geister Tücke hat die Tochter des kannäischen Weibes mit Krankheit geschlagen. Leidige Geister verleiten den Menschen zur Begierde nach fremdem Gute. Zornige, wilde, arge Geister, leidige Unholde reden nach der Anklage der Juden aus dem Erlöser. In Sodomaburg haben die Menge der Feinde, der bösen Wichte, die Leute zu Wehtaten verleitet. Wie der altsächsische Dichter an Stelle der überlieferten Kuppelei das seinen Sachsen verständlichere Verbrechen des Mordes setzt, so stellt er als die Verführer zu diesen Freveln die elbischen Geister hin, die im Dunkel der Nacht Unheil säen und Böses stiften.

Ahd. wihtelin sind »penates«, mhd. wichtir »sirenae«, wichtelîn oder elbe »lemures« (Gespenster) oder »nächtliche Dämonen«. Die Wichtelmänner, Wichtelmännchen und Wichtelweibchen der Sagen und Märchen gleichen völlig den Zwergen, in Schwaben werden sie genauer bezeichnet als Erdwichtele, in Niederdeutschland als Erdwichter; auch die Zwerge heißen Unterirdische, in Westfalen Trudenmännchen. In Luft, Sonnen- und Mondenschein und im wallenden Nebel wirken und wohnen die Elbe im engern Sinne, die Lichtelfen. Besondere Arten der elfischen Geister sind die Erdelfen: die Zwerge, die Hauselfen: die Kobolde, die Wasserelfen: die Nixe, die Wald- und Flurelfen: die Holz- und Moosfräulein, die wilden Leute, die Feldgeister.

Die Elbe sind licht und schön; »glänzend wie ein Elb« ist ein beliebtes Beiwort im Angelsächsischen. Der gefangene Zwerg im »Ruodlieb« will dem Helden sein Weib als Geisel geben. Er ruft sie aus der Höhle heraus, und sie erscheint sogleich: sie war klein, aber sehr schön, goldgeschmückt und reich gekleidet. Die Schönheit der Zwergkönigin Heriburg, die Ruodlieb sich gewinnen soll, wird ausdrücklich hervorgehoben. HEINRICH VON MORUNGEN singt in seinem »Liebeszauber« (Anfang des 13. Jahrhunderts):

Von der Elbin wird bezaubert mancher Mann,
So ist mir's durch Liebesmacht geschehn
Von der Besten, die je einer lieb gewann.

Die Nixen sitzen gern an der Sonne und kämmen ihr langes Haar; sie sind sehr schön, haben langes, goldenes (auch grünliches) Haar und lange, grünliche Schleppkleider, deren Saum aber immer naß ist. Auf grüner Heide neben einem kühlen Brunnen und unter einer Linde, in deren Zweigen die Vögel in lautem Wettstreite singen, schläft Alberich. Er ist nicht größer als ein Kind von vier Jahren und doch schon fünfhundert Jahre alt. Er trägt an seinem Leibe ein wunderschön Gewand, das mit Gold und Edelsteinen geziert ist. Als Ortnit ihn in Kindes Weise aufheben will, schlägt der Kleine nach ihm mit seinen Fäusten, und obwohl er die Stärke von zwölf Männern hat, bezwingt er ihn nur mit Mühe. Im »Nibelungenlied« ist Alberich ein kühner, wilder, starker Zwerg mit einem greisen Barte; seine Hand schwingt eine schwere Geißel von Gold und zersplittert Siegfrieds Schild.

Wenn im Mondenscheine die Nixe am Wasser sitzt, den Nebelschleier vor dem Gesichte, dann schlieft der Zwerg aus den Felsklüften und bläst auf der Silberschwegel über Tal und Hügel sein Klagelied, das erst verstummt, wenn der Mond versinkt und die Sterne erblassen; wehmutbleich lehnt dann unten die Nixe, und von ihren schweren Tränen ist der Wasen weich. Mit einer wundervollen Musik ziehen die Zwerge um Stolberg scharenweise über die Stadt weg in der Luft. Die Nixen lieben Tanz, Gesang und Musik und singen schön, hinreißend erschallt ihr Geigenspiel. In Laurins Berg, in Frau Venus' Berg rauscht fröhliche, verführerische Musik, Tänze werden darin getreten. Der unwiderstehliche Hang der Elbe zur Musik muß uralt sein; das bezeugt der Name Albleich »elbische Leich, Elbenwiese« und mhd. albleich im Sinne der seelenberückenden, süßesten Melodie, die ein Geiger hervorbringen konnte. »Seiten spil und des wihtels schal« heißt es im Mittelhochdeutschen ganz gleichbedeutend. Oberons (Alberichs) Horn zwingt die Füße, sich wirbelnd im Tanze zu drehen. Durch den Albleich bezauberte ursprünglich der vielbesungene Frauenräuber seine Opfer, der als Ulinger, Blaubart in weitverbreiteten Balladen auftritt; in den Niederlanden heißt er Halewyn »Elfenfreund« und in England Elfknight »Elfenritter«. Der Tanz der Berggeister auf den Matten zeigt ein gesegnetes Jahr an.

Nachts im Mondenscheine sieht man die Elbe auf den Wiesen ihre Reigen führen und erkennt morgens ihre Spuren im Tau. Sie sind bald dadurch sichtbar, daß das Gras niedergedrückt ist, bald dadurch, daß es üppiger wächst. In Thüringen tritt die Elbin im Nebelkleide auf. Zur herbstlichen Zeit, wenn die Haselnüsse reif sind, tanzt um die Büsche eine Jungfer, weiß und wie ein Rauch verschwindend, wenn man sich nähert. Die Saligen Fräulein, die in Eisgrotten und Fernern wohnen, breiten weißes Linnen aus und tanzen »umschleiert mit goldenem Duft«. Aber ein Spielmann verwandelt durch den Klang seiner goldenen Zaubergeige die Tänzerinnen in Stein: Sonnenlicht und Wind lassen an Stelle des unruhigen Nebels plötzlich den leblosen Stein zum Vorscheine kommen. Ein Jüngling sieht den Tanz der Elfen im Mondschein, und seine Augen sind wie festgebannt an den verführerischen Kreis. Sie singen so schön, daß die ganze Natur lauscht, die Tiere des Waldes, die Vögel auf den Bäumen und die Fische im Wasser. Sie bieten ihm Schätze aller Art an, wenn er der Ihre werden wolle, aber er flieht, oder erhält, sich weigernd, einen Stoß aufs Herz, der ihn binnen drei Tagen in den Sarg wirft.

Die Elbe verführen und entführen Männer und Frauen und Kinder. Säugende Frauen ziehen die Zwerge in ihre Höhle, um ihre schwachen Abkömmlinge zu stärken. Hebammen werden in die Berge oder in das Wasserreich geholt, um den Elbinnen beizustehen. Sie rauben die Säuglinge der Menschen und legen dafür einen Wechselbalg in die Wiege.

Die Zeit, die der Mensch im Elfenreiche zubringt, erscheint ihm sehr kurz, hat aber in Wahrheit viele Jahre gedauert; nach seiner Rückkehr siecht er meistens bald dahin. Frau Venus, hinter der ein deutsches Elfenweib steckt, lockt Tannhäuser in den Berg. Die Burgunderkönige in der Nibelungensage sind an die Stelle eines mythischen Nibelungengeschlechtes getreten: den Dämonen verfällt nach dem »Beowulf« Siegmund (gemeint ist Siegfried), und die althochdeutschen Glossen »nebulo scrato«, »nebulonis scinlaecean« beweisen, daß die Nibelungen mythischen Ursprungs sind, »zauberhafte

Wesen, Unholde, Gespenster«. – Griemhild (die Verlarvte, die Verhüllte) und Hagen (das Gespenst) sind rein mythische, dämonische Wesen; sie gehören zur Gruppe der nordischen Huldern (der Verhüllten, Unsichtbaren), und der Vergessenheitstrank, den die dämonisch schöne Jungfrau dem Helden reicht und durch den er Hort, Geliebte und Leben an die Nibelungen, die »Nebelkinder« oder die »Verstorbenen«, verliert, drückt sein Verfallen an die dämonischen, dunklen Todesmächte aus. Das ist mit Sicherheit neben Siegfrieds Drachenkampf altes mythisches Hauptmotiv der Nibelungensage.

Wie die Elbe des Rates und Beistandes der Menschen bedürfen, so erweisen sie ihnen wieder Dienste durch Schmieden, Weben und Backen.

Alberich im Nibelungenliede bewacht treu das Land seines Herrn während Siegfrieds Abwesenheit und muß seine Treue fast mit dem Leben büßen. Der Zwerg Eugel führt Siegfried auf den Drachenstein, belehrt ihn über seine Abkunft, teilt ihm mit, daß Kriemhild vom Drachen gefangengehalten werde, und schützt ihn durch seine Tarnkappe vor Kuperan.

Als Schicksalsgeister treten Elbe in englischer Dichtung auf:

Als Artus zur Welt kam, empfingen ihn Elbe. Sie sangen über ihn mit starkem Zauber. Sie gaben ihm Gewalt, der beste aller Ritter zu sein; sie gaben ihm ein Zweites: ein mächtiger König zu werden; sie gaben ihm das Dritte: ein langes Leben zu führen; sie gaben dem Königskinde gar treffliche Tugenden, so daß er freigebig war vor allen anderen lebenden Männern. Dies gaben ihm die Elbe, und so gedieh das Kind. Als später König Artus sich zum Kampfe rüstet, fertigt ihm ein elbischer Schmied mit seiner köstlichen Kunst eine Brünne an; er hieß Wygar, der kluge Werkmann.

So wird auch die Beschwörung eines Wichtleins verständlich, die im 16. Jahrhundert aufgezeichnet ist: »Ich bitte dich, lieber Herr Jesus Christ, daß du mir wolltest senden das allerbeste Wichtelein, das zwischen Himmel und Erde mag sein. Ich lade dich, Wichtelein, daß du zu mir kommest in dieser Stund in der Gestalt eines Menschen, eines vernünftigen und mutigen Jünglings, und tuest alles, das ich von dir begehre. ... Ich gebiete dir, Wichtelein, daß du wieder hinfahrest in deiner Majestät, von wo du gekommen bist, bis ich dich wieder lade, und daß du keiner Kreatur schadest, die Gott geschaffen hat. Im Namen ...«

Dennoch wird den Elben wiederholt der Vorwurf der Untreue gemacht.

Aber sosehr sich die Elbe gegen den Vorwurf der Hinterlist sträuben, etwas Wahres ist doch daran. Die Elbe sind nicht nur licht und schön, dienstfertig und treu, sondern auch häßlich, diebisch, boshaft und untreu. Ihre Lust am Spotten und Necken ist allerdings harmlos und wird von der Sage humorvoll wiedergegeben.

Sie stehlen nicht nur für andere, sondern auch für sich selbst und begnügen sich nicht nur mit Feldfrüchten, Brot und Erbsen. Elbegast, »aller Diebe Meister« holt den Kaiser Karl in Ingelheim zum nächtlichen Stehlen ab und stiebitzt die Eier aus den Nestern, ohne daß die brütenden Vögel es merken.

So berückend schön ihr Wuchs und Antlitz ist, so verderblich ist ihr Blick: Wie der bloße Blick der Elbe bezaubernde Kraft hat, so bringt ihr Anhauch Tod und Krankheit, Lähmung, Beulen und Geschwüre. Blaserle ist der Name eines Hausgeistes. Wem der Elb ins Auge speit, der muß erblinden. Uralter Glaube war es, daß von den Elben gefährliche Pfeile aus der Luft herabgeschossen würden. Wie der Alp bringen auch die Elbe Fieber. »Wider Elbe« ist ein Segen des 15. Jahrhunderts gerichtet: der Kranke soll vollständig nackt sein; schmeckt sein Schweiß salzig, »so sint es dy elbe«, ein anderes Zeichen ist, daß ihm seine Augen zwinkern und seine Adern zittern. Also soll man beschwören: »Im Namen ... beschwöre ich euch, Alp und Elbynnen, mit allen euern Nachkommen, ihr seid weiß oder rot, braun, schwarz, gelb, oder wie ihr auch seid, daß ihr alle müßt sein tot am dritten Tage, das gebietet euch Gott und der liebe Herr St. Hiob. Weiter gebiete ich euch, daß ihr sollt übergehen auf eine Weide, die sollt ihr schütteln und reiten, solange wie der Mensch nach euch verlangt (d.h. immer); dann dürft ihr wiederkommen, wenn ihr das Kreuz des Herrn in euern Händen bringt (d.h. niemals, denn das können die Geister nicht) ... Entweicht also, ihr Elbe und Elbynnen, mit allen euern Nachkommen! Amen!« Ein angelsächsisches Beschwörungslied gegen Hexenschuß und Rheumatismus zeigt die Elbe als streithafte Walküren, die sausende, selbstgeschmiedete Speere auf die Menschen senden; mit dem Schilde schützte sich der Mann gegen ihre gellenden Gere, Zaubersalbe und Zauberspruch wird die Eisen wieder heraustreiben (s.u. Walküren). »Fliegende Elbe« heißen Krankheiten an Händen und Füßen, die hartnäckig und schwer zu heilen sind, ags. aelf- oder lystâdl »Elfen-« oder »Luftkrankheit«. Struppige, nestartige Gewächse heißen Alpruten, die daraus fallenden Tropfen ziehen dem darunter Vorübergehenden Alpdrücken oder schlimmen Kopf zu, die verwirrten Haare der Menschen und Pferde nennt man Alpzopf, Wichtelzopf, engl. elflock. Auch den Geist verwirren die Elbe. Elbentrötsch bezeichnet einen, dem die Elbe es angetan haben, aber auch den Elb oder Kobold selbst. Wem es gelingt, der Haft der Elbe zu entkommen, stirbt bald, oder er kehrt blödsinnig und wahnsinnig, »elbisch« zurück. Elbisches âs, elbisches getwâs, elbisches ungehiure sind daher alte Schimpfnamen.

2. Zwerge

Die Zugehörigkeit der Zwerge zu den Elben geht aus dem Namen Alberich hervor, der als Zwergkönig erscheint. Wie die Lichtelben im Freien wohnen und sich des Sonnen- und Mondenscheins freuen, so ist die Wohnung der Zwerge in den

Tiefen der dunkeln Berge gelegen, sie sterben, wenn die Sonne sie bestrahlt. Von ihren aufgehenden Strahlen werden sie zu Stein verwandelt: es sind die zur Nachtzeit an den Berggipfeln haftenden, mit Sonnenaufgang schwindenden und dann die Felsenspitzen erscheinen lassenden Wolken- und Nebelgebilde.

Die Sage erzählt, daß die kleinen Bergzwerge die Felsen bewohnten und in der Zwergenhöhle still ihr Wesen trieben. Als sie einst eine Hochzeit feiern wollten und nach ihrer Kirche auszogen, verwandelte sie ein gewaltiger Geisterbanner in Stein oder vielmehr, da sie unvertilgbare Geister waren, bannte er sie hinein. Noch jetzt sieht man sie in verschiedenen Gestalten auf den Bergspitzen stehen, und in der Mitte zeigt man das Bild eines Zwerges, der während der Flucht der übrigen zu lange im Gemache verweilte und in Stein verwandelt wurde, als er aus dem Fenster nach Hilfe umherblickte. Sie sind besonders des Nachts tätig, die Sonne geht ihnen um Mitternacht auf. Auf Rügen wohnen die Zwerge in den neun Bergen unter der Erde, die durchsichtig von Anfang bis Ende sind und eigentlich rings mit Glas bewachsen. Jeder Zwerg wohnt wieder in einem gläsernen Häuschen, und erleuchtet wird die ganze Wohnung durch einen an der Decke hängenden großen Kristall. Die Zwerge im Märchen »Schneewittchen« gehen am Tage in die Berge, hacken nach Erz und graben, nachts lassen sie ihre Arbeit liegen und kommen in ihr Häuschen, wo das gedeckte Tischlein mit Stühlchen, Tellerchen, Löffelchen, Messerchen, Gäbelchen und Becherchen steht. Ihre unterirdischen Höhlen sind voll kostbarer Edelsteine, Gold und Silber; wunderbares Licht strahlt von der Wölbung der Decke und aus den Seitenwänden.

Weil die Zwerge in den Bergen und unter der Erde wohnen, heißen sie in Norddeutschland Unterirdische, in Oldenburg Erdleute, in Thüringen Bergmännlein und Erdmännchen, in Süddeutschland Erdschmiedlein; wegen ihrer friedlichen, stillen Tätigkeit heißen sie das stille Volk. Reich an Zwergsagen sind die Alpenländer, Norddeutschland und England.

Aus der Erde dampft der Nebel empor, Nebel lagert über Höhlen und Bergen, daher werden die Zwerge zu Nebelwesen. An nebligen Abenden steigen die Zwerge aus dem Boden hervor, um Hochzeit zu feiern oder beerdigen unter großem Wehklagen eine Leiche. Ein Zwergkönig, der ungastliche Aufnahme gefunden hat, wächst zu riesiger Größe an und schwebt in Nebel aufgelöst am Absturze des Schneeberges hinan zum Zwergenstein. Der aus dem Erdloch aufsteigende Nebelrauch rührt vom Herdfeuer der Zwerge her; wenn sie kochen und backen, steigt aus dem Loche der Berge der Dampf hervor: dann glaubt man, es will regnen. Im tirolischen Hochgebirge hausen die Eismännlein, die Fernerzwergl, vom weißen Nebelmantel umwallt, und herrschen über die Eis- und Schneewelt; im Schnee sieht man ihre Füße abgedrückt. Zwerghaft und greis von Ansehen entlehnen sie die graugrüne oder gelbgrüne Farbe ihres Gewandes vom Baummoos des Bergwaldes und von der grünen Gletschernacht, den schattenden Wetterhut von den Nebelhauben ihres Hochgebirges. Gern sitzen sie auf den Felsvorsprüngen und schauen ernsten Antlitzes auf die sie umgebende unendliche Welt emporstarrender Eisnadeln und Eispyramiden, lassen sich von Nebelgestalten umtanzen, formen Wolken zu festen Ballen, verdichten sie, zerreißen sie, zerblasen sie zu Flocken, weben sie zu Schleiern und Nebeldecken, schicken sie als Höhrauch über alle Fernen hin, brauen Wetter, schleudern Hagel, senden Lawinen in die Gründe nieder, den Hut tief im Gesicht und Wölkchen aus ihren Pfeiflein in die Luft entsendend.

Der Mantel, Hut und die Fähigkeit, sich unsichtbar zu machen, weist gleichfalls auf den Nebel hin.

Die Größe der Zwerge wird verschieden angegeben.

Bald erreichen sie das Wachstum eines vierjährigen Kindes, bald erscheinen sie weit kleiner, nach Spannen oder Daumen gemessen. Laurin ist drei Spannen lang, die Erdgeister, die bei »Hermann von Rosenberg« Hochzeit feiern, sind kaum zwei Spannen lang, andere dreiviertel Elle hoch. Ihrer neun können in einem Backofen dreschen. Die Zwerge sind meistens alt, haben einen eisgrauen Bart, der bis aufs Knie reicht, und ein verrunzeltes Gesicht; Zwergkönig Gibich ist rauh von Haaren wie ein Bär. Ein Höcker oder ein dicker Kopf entstellt oft die kleine Gestalt, fahl und grau, schwarz und eisgrau ist ihre Farbe. Sie haben Gänsefüße, und dann trippeln sie leise wie Vögel daher und tragen lange Mäntel, sie zu bedecken, oder Geißfüße, dann trappeln sie ziemlich laut. Das Laufen der Zwerge über eine Brücke gleicht dem einer Schafherde.

Es ist wohl möglich, daß manche Sagen von Zwergen und Riesen mit wirklichen eingeborenen oder feindlichen Stämmen in Zusammenhang stehen. Die Tatsache, daß die Riesen (Hünen) historische Namen wie Hunnen tragen, ist sehr bedeutsam, auch wenn ein germanisches Wort hunaz (stark, kräftig) sich frühzeitig mit dem Namen des wilden Reitervolkes vermischt haben sollte. Die Volkssage hat die Erinnerung an die Riesen als ein uraltes, längst vergangenes Geschlecht bewahrt: vor tausend und mehr Jahren war das Land rings um den Harz von Riesen bewohnt, im Elsaß auf der Burg Nideck waren die Ritter vor Zeiten große Riesen. Die Riesen erscheinen als Heiden aus dem Steinzeitalter, die sich scheu vor den erobernden Menschen zurückziehen und ihren Ackerbau und die Klänge ihrer Kirchenglocken verwünschen. Die Furcht des rohen Eingeborenen vor dem zivilisierten Eindringlinge wird vortrefflich in der Sage von der Riesentochter geschildert, die den Bauern mit Ochsen und Pflug als Spielzeug in ihrer Schürze nach Hause trägt; aber die Mutter befiehlt ihr, die Sachen wieder hinzutragen; »denn«, sagte sie, »es ist ein Volk, das den Hunnen viel Schaden tun kann«.

In den Zwergsagen der Kelten und Germanen lebt die Erinnerung fort an ein kleines Geschlecht, die sogenannten Pfahlbauern, das ältere Rechte hatte als die Eindringenden, aber arm, dürftig, des Brotbackens unkundig, in Sümpfe und Höhlen scheu zurückwich und feige und hinterlistig nur des Nachts sich aus dem Verstecke hervorwagte. In einer Reihe von Sagen sucht der Schwache den Mächtigen zu überwinden, der Kleine den Großen, und da er ihm an Körperkraft unterlegen ist, so greift er zu List und Betrug. Auch das Motiv der Raubehe – am klarsten in der Laurinsage erhalten – enthält verblaßte Erinnerungen an Kämpfe, die von Stämmen kleineren Körperschlages gegen solche von größerem dereinst zur Urzeit in Europa geführt wurden. Alle Zwerge der Heldensage sind Wesen von Fleisch und Blut, ganz wie die Menschen; ihre körperliche Existenz wird nirgends in Frage gestellt, und keinem Dichter fällt es ein, in ihnen auch nur im geringsten eigentlich geisterhafte Wesen zu sehen. Die Kobolde, Nixen, Unterirdischen gehören zweifellos zu den Geistern und Naturdämonen, aber die in den Bergen wohnenden Zwerge des mittleren und südlichen Deutschland besitzen ein weit mehr körperhaftes Wesen und nähern sich so den Zwergen der Heldensage.

Wie die gefangene Mahrte die Frau des Hauses wird oder als Magd und Haushälterin Dienste leistet, bis sie den Weg durchs Schlüsselloch wieder frei findet und entflieht, so stellt sich um Mitternacht ein Schwarm Zwerge ein und macht sich eifrig an die unvollendet gebliebene Arbeit. Kommt man aber plötzlich mit Licht oder streut Asche, um ihre Spur zu entdecken, so ziehen sie ab und kehren nimmer wieder. Sie verschwinden auch mit herzzerreißendem Weinen und Wehklagen, wenn man ihnen statt der alten abgetragenen Kleider neue hinlegt. In norddeutschen Sagen pflegen die Zwerge beim Abzug zu klagen: Ausgelohnt! Selten nur singen sie tanzend und hüpfend:

Sind wir nicht Knaben glatt und fein,
Was sollen wir länger Schuster sein?

Nicht weil er ausgelohnt wird, sondern weil er sich entdeckt weiß, zieht der Zwerg und Hausgeist ab: in den Alpsagen kehrt dasselbe Motiv unzählige Male wieder.

In der Volkssage haben die Zwerge ein vollkommenes Familienleben und geordneten Hausstand. Sie haben Frauen und Kinder, aber sie müssen auch sterben.

3. Hausgeister

Da die elbischen Wesen sich überall in der Natur aufhalten und den Verkehr mit den Menschen lieben, dringen die Luft-, Feld- und Erdelbe auch in das Innere des Hauses ein und lassen sich am Herde, in der Holzkammer, auf dem Boden, im Gebälk, in Küche und Keller, in Stall und Scheune nieder. Sie wirken segensreich auf das Gedeihen des Hausstandes ein und helfen den Menschen bei der Arbeit, erschrecken aber auch durch ihr nächtliches Poltern und Pochen die Bewohner. Daher gehen sie leicht in die Schutzgeister des Hauses über, in die Seelen des Ahnherrn und der Ahnfrau des Geschlechtes, die nach dem Tode hilfreich im Hause weilen, und es wird in den Sagen geradezu ausgesprochen, daß die Kobolde Seelen der im Hause Verstorbenen sind. Daher rührt auch die Verwandlungsfähigkeit des Koboldes; er nimmt die Gestalt einer Feder, eines Marders, einer Schlange und eines Eichhörnchens an. Auf der anderen Seite aber begegnen uns Züge, die den reinen Elfenglauben zeigen. Unverkennbar ist die Ähnlichkeit mit den Zwergen. In der Eifel sind die Heinzelmänner soviel wie Erdwichter, Erdgeister. Im Heinzemannskopf bei Viermünden (Hessen) wohnen die Wichtelmännchen oder Heinzemännchen, kommen auch in die Häuser und halten ihre Tänze. Der Kobold trägt ein graues Käppchen, hat graues Haar und ein verschrumpftes erdfarbenes Gesicht, zuweilen sind sein Rock und seine Mütze rot. Er ist wie der Zwerg geschäftig, neckisch, gutmütig, aber auch bösartig. Zuweilen trägt der Hausgeist auch grünes Gewand, hat ein grünes Gesicht und grüne Hände, sein Antlitz ist verschrumpelt wie die Rinde eines Baumes, und in der Mark heißt er darum der grüne Junge: er gleicht also ganz einem Baum- oder Waldgeist und hat auch seine Wohnung bald im Hause, bald im Baume. Die hölzernen Nußknacker und die aus Holundermark geschnitzten Stehaufmännchen sind volkstümliche Nachbildungen des Koboldes. Mit den Luftelben teilt er die Liebe zur Musik.

Der Kobold ist der »Hauswalter« (Koben, Kofen = Stall, urspr. Hütte, und walten) oder der »Hausholde«. Neben der allgemeinen Bezeichnung trägt der Hausgeist besondere Namen. Die Wolterken sind verstümmelte Kobolderchen, kleine Kobwalte und haben nichts mit dem menschlichen Eigennamen Walther zu tun. Chimke (Joachimchen), Heinz, Hinze, Heinzelmann sind Kosenamen. Hödeke, Hütchen, Stiefel heißt er nach seiner Tracht; auch der gestiefelte Kater im Märchen spielt ganz die Rolle eines gutartigen, hilfreichen Kobolds. Andere Benennungen sind vom Geräusche hergenommen, das der Hausgeist verursacht; man hört ihn leise springen, an den Wänden klopfen, auf Treppen und Boden poltern oder rumpeln: Rumpelstilz, Poltergeist, Klopfer. Der Butzemann ist der plötzlich daherfahrende und durch sein jähes Erscheinen erschreckende Geist; auch Puk gehört zu derselben Wurzel.

Gervasius von Tilbury berichtet von Hauskobolden, die bei Nacht ans Feuer kommen, Frösche aus dem Gewande hervorziehen, auf den Kohlen braten und essen; sie sind von greisenhaftem Aussehen und runzlichtem Gesichte, von der Gestalt eines Zwerges, nicht einmal einen halben Daumen hoch; wenn es in dem Hause etwas zu tragen gibt oder eine schwere Arbeit auszuführen, so übernehmen sie es und bringen es schneller als Menschen zustande.

Dasselbe Bild entwerfen die deutschen Volkssagen. Fast

jeder Bauer, Weib, Söhne und Töchter, hat einen Kobold, der allerlei Hausarbeit verrichtet, in der Küche Wasser trägt, Holz haut, Bier holt, kocht, im Stalle die Pferde striegelt, den Stall mistet und dergleichen. Wo er ist, nimmt das Vieh zu, und alles gedeiht und gelingt. Noch heute sagt man sprüchwörtlich von einer Magd, der die Arbeit recht rasch von der Hand geht: »sie hat den Kobold«. Wer ihn aber erzürnt, mag sich vorsehen. In dem Klostermärchen von WILHELM HERTZ »Bruder Rausch« und in SHAKESPEARES »Sommernachtstraum« ist das Treiben der Kobolde und Elfen unübertrefflich geschildert.

Für seine Dienstfertigkeit will der Kobold seinen Lohn haben, der meist in Milch oder Butter besteht (d.h. ursprünglich ein Opfer). Er begleitet die Knechte und Mägde, wenn sie des Morgens gemolken haben, ins Haus und liest sorgfältig die Tropfen Milch von der Erde auf, die verschüttet sind. Selbst Brot und Bier verschmäht er nicht. Wer aber sein Essen anrührt, wird von ihm in der Nacht heimgesucht, aus seinem Bette gerissen und auf den Dielen umhergeschleift. Dem Guardian eines Franziskanerklosters in Mecklenburg verdingte sich Puck gegen einen Rock von allerhand Farben und voll Glocken. Er holt das Bier für das Kloster aus der fernen Stadt, weckt die Brüder bei Nachtzeit zur Mette, verrichtet das Amt einer Wäscherin in der Küche, wäscht das Gerät und die Schüsseln und säubert die Töpfe. Als das Kloster abbrennt, fällt er in einer Nacht soviel Holz, wie zum Neubau nötig ist, schleppt es durch die Luft daher und dient so treu dreißig Jahre. Dann fordert er ungestüm seinen versprochenen Lohn und schwingt sich mit dem bunten Rocke davon.

Der Kobold führt gern lustige Streiche aus, und wenn es ihm gelungen ist, möchte er sich krumm lachen vor Freude. Schon im Mittelalter heißt es »lachen wie ein Kobold«. Aber auch wenn er schmollt und einem übel will, erschallt ein spöttisches Gelächter aus vollem Halse. Seine Stimme ist zart und fein, heiser und ein wenig undeutlich. Die berühmtesten Kobolde der Volkssage sind Hütchen und Hinzelmann. Merkwürdig ist, daß der Kobold ausschließlich männlich ist; weibliche kommen gar nicht vor, darum fehlt auch ganz das bewegende Element der Liebe bei ihnen. Von Hinzelmann heißt es nur, daß er zwei Mädchen, die er selbst gern hat, alle Freier verscheucht.

Der Kobold des Schiffes ist der Klabautermann. Wenn auch sein Ursprung im Seelenglauben zu suchen sein mag, so entspricht doch sein Charakter und seine Tätigkeit im Schiffe genau der des Hausgeistes. An den Klabautermann glauben die Schiffer allgemein. Ehe sie an Bord gehen, horchen sie aufmerksam, ob sie sein Klopfen nicht vernehmen. Ist er im Schiffe, dann geht es nicht unter; hören sie aber kein Klopfen, so gehen sie nur mit Sorge und ungern an Bord. Er läßt sich nicht leicht sehen, doch soll es ein kleiner Mann mit einem großen Kopfe, hellen Augen und ganz feinen Händen sein. Wenn das Schiff in Not kommen soll, macht er großen Lärm; wenn eine Seitenplanke während der Fahrt losreißt, hält er sie fest, daß das Wasser nicht ins Schiff läuft; wenn bei Sturm der Mastbaum unten abbricht, hält er ihn auf der ganzen Fahrt. Man setzt ihm Milch als Nahrung hin; aber Röckchen und Schuhe darf man ihm nicht geben, das verscheucht ihn wie den Alp. Ist er bei guter Laune, so verrichtet er während der Nacht manche Arbeit für die Matrosen; in böser Laune aber macht er Lärm, wirft mit Brennholz, Rundholz und Schiffsgerät umher, klopft an die Schiffswände, zerstört Gegenstände, hindert Arbeiten, erteilt wohl auch, ohne selbst sichtbar zu sein, Ohrfeigen. Nur einmal erschien er dem Schiffszimmermann. Dieser, ein beherzter Mann, ergriff sogleich ein Stück Holz und warf es nach dem Kobold, der ganz die Gestalt eines kleinen, dicken Männchens hatte. Er traf ihn so heftig, daß das eine Bein des Klabautermanns zerbrach. Tags darauf aber brach der Zimmermann durch eine ihm unsichtbar gestellte Falle ebenfalls ein Bein, und ein Hohnlachen, das in demselben Augenblicke aus dem Schiffsraume heraufschallte, zeigte, daß der Kleine Rache geübt habe. Lärmt dieses Männchen gar zu gewaltig, oder wird es nachts in den Masten und Segeln auf den Spitzen der Raaen sitzend sichtbar, so fürchten die Schiffer, daß es mit ihrem Schiffe bald zu Ende geht. Kurz vor dem Untergang erscheint das Klabautermännchen dem Kapitän, nimmt Abschied von ihm und fliegt vor seinen Augen davon.

4. Wassergeister

Der alte Name des Wassergeistes ist Nix. Der Nix oder die Nixe (nich-us, nic-or, nich-esa) ist eigentlich ein am Baden sich ergötzender Seegeist; die Nixe (nichesa) ist die Wäscherin, das Plätschern des fließenden Wassers rief die Vorstellung des Waschens bei den geisterhaften Weibern hervor. Die althochdeutsche Glosse »crocodilus nichus« beweist, daß man sich den Wassergeist auch in Tiergestalt dachte. Er hat nicht nur Roßgestalt – denn das springende und sich bäumende Roß ist das Bild der hoch aufrauschenden Woge –, sondern auch der Fisch ist eins der Tierbilder für den Wassergeist. Sagen und Märchen kennen den Wassermann oder Nix als Fisch.

Bei Magdeburg sitzt der Nickerkater im Wasser. Halb Fisch, halb Mensch ist der Nickelmann, der rohe Fische frißt, gleich dem Fischotter. Daher erscheinen auch die Nixen entweder in ganz menschlicher Gestalt oder von oben Weib, unten vom Nabel ab geschuppter Fisch mit Schwanzflossen. Melusine, ursprünglich eine Luftelbin (ahd. Melusind = Staubfahrerin) ist von einem Grafen im Bade überrascht und dann geheiratet. Jede Woche schließt sie sich einmal in ihre Kammer ein. Ihr Gemahl kann der Neugier nicht widerstehen, aber als er sieht, daß der Leib der badenden Frau in einem Fischschwanz endigt, stößt er einen lauten Schrei aus, und Melusine verschwindet wie der Alp, hinter dessen Geheimnis man gekommen ist. Aus der tierischen Gestalt, dann aus der gemischten Bildung, halb Fisch, halb Mensch, ist die Nixe in volle Mädchengestalt übergegangen.

Dem ahd. nicchessa (Nixe) entspricht mhd. merwîp, merkint, merwunder, mermeit. Der männliche Wassergeist heißt auch Wassermann, Hakemann, weil er die Kinder ins Wasser zieht, Seemensch, Nicker, Nickel, Nickelmann. Die weiblichen Wassergeister heißen in Schlesien Lissen oder Wasserlissen, eigentlich Lixen, Seejungfer, Seeweiber, auch Muhme, Wassermuhme. Eine Merminne, die in einem Berge die Zwerge beherrscht, wird »liebe muome« angeredet; das Meerweib Sigelind, dem Hagen das Schwanenhemd geraubt hat, sagt von seiner Gefährtin Hadburg: »Meine Muhme hat dich der Kleider wegen belogen«; einige von Nixen bewohnte Seen heißen Mummelsee. Auch mehrere Eigennamen entstammen dem Glauben an Wasserelbe, doch berühren sie sich wie die Meerweiber des N. L. mit den Wolken- und Schwanjungfrauen: Triuloug ist die im Walde badende, auch die rauhe Else, Wolfdietrichs Geliebte, das Waldweib, badet sich in einem Jungbrunnen, legt ihr rauhes Gewand ab und wird die reizende Sigeminne, die schönste über alle Lande, und trägt jetzt den Namen einer Schlachtenjungfrau. Wâchild ist das Wogenmädchen, Seoburg, Meridrûd, Meriburg bedeutet dasselbe. Welthrûd, Wieldrûd mag die Quelljungfrau bezeichnen. An den sandigen Ufern der Flüsse und Bäche bekommt man sie zu sehen: Sandhilt, oder auf feuchtem Boden: Wasahilt, auch auf Wiesen: Wisagund. So beweisen auch die Namen die Verwandtschaft der Wassergeister mit den andern elfischen Wesen. Auch der Name Ilse ist die Bezeichnung eines weiblichen Wassergeistes. Von einem solchen stammt das von HEINE besungene Flüßchen im Harz und auch der Mädchenname Ilse, der sich als Else mit der Abkürzung des hebräischen Elisabeth vermischte.

Der Wassermann wird gewöhnlich schon ältlich und langbärtig vorgestellt, als ein kleines, graues Männchen. Seine Haare sind lang und grün, er trägt einen grünen Rock und Hut, und wenn er den Mund bleckt, sieht man seine grünen Zähne. Zuweilen hat er geschlitzte Ohren, seine Füße läßt er nicht gern sehen. Die Nixen aber sind an Gestalt völlig den Menschen gleich. Lange goldene Haare hüllen wie ein Schleier den weißen Leib ein. Sie kleiden sich wie die Menschen, aber der nasse Zipfel der Schürze oder der nasse Saum des Gewandes oder ihre göttlichen Augen verraten ihre Herkunft, oder sie erscheinen nackt, mit Schilf und Moos behangen. Sie lieben wie alle elbische Wesen Gesang und Tanz. Auf den Wellen sieht man die Nixen tanzen, oder sie finden sich auf den Tanzplätzen der Dörfer ein und knüpfen Liebschaften mit den Burschen an. Mancher hat an den Ufern der Bäche ihren Reigen belauscht und ist in heißer Liebe zu den schönen Tänzerinnen entbrannt. Selten endet die Liebe eines Menschen zu den Wassergeistern glücklich.

Wenn der Bursche seine Tänzerin heimgeleiten will und er sie plötzlich im Wasser verschwinden sieht, erschrickt er so, daß er in drei Tagen stirbt. Öfter aber zieht ihn die Nixe mit hinab in das Wasserhaus, und er muß nun immer bei ihr bleiben oder kommt erst nach Jahren zu den Seinen zurück. Meistens erzählt die Sage von der grausamen Strafe, die der Nix an der Ungehorsamen nimmt. Denn er ist menschenfeindlich und will nicht leiden, daß die Wasserfrauen sich mit den Menschen verbinden. Darum achtet er streng darauf, daß die Stunde innegehalten wird, die der Nixe zum Besuch der Oberwelt gestattet ist. Wenn sie sich von dem Tanze und dem Geliebten nicht trennen kann und die Zeit der Rückkehr überschreitet, dann ahnt sie selbst ihr trauriges Ende und jammert, daß ihr Leben verwirkt sei. Wenn Milch aus dem Wasser aufspringt, ist es ihr geschenkt, springt dagegen Blut, so ist das ein Zeichen ihres Todes. Gewöhnlich aber sieht der

Bursche, der die Nixe bis an das Wasser geleitet, einen Blutstrahl aufsteigen und erfährt damit den Tod der Geliebten.

Die Wasserfrau ist im allgemeinen freundlicher gesinnt als der Wassermann. Sie bedarf menschlicher Hilfe bei der Geburt, belohnt aber den Beistand mit reichlichen Schätzen. Ihre Gegenwart bei der Hochzeit bringt der Braut Segen.

In LUTHERS Tischreden heißt es, daß die Frau Doktorin einmal erzählt habe, wie eine Wehmutter zu einer Frau geführt sei, die in einem Loche im Wasser an der Mulde gewohnt habe; aber das Wasser habe ihr gar nichts geschadet, sondern sie wäre in dem Loche gesessen wie in einer schönen Stube. – Dietrich von Bern verfolgt den Helden Wittich, nur eines Rosses Länge trennt ihn noch von dem Fliehenden, und Wittich selbst bangt um Leib und Leben; denn vor ihm breitet sich das unendliche Meer aus. Da taucht aus den Fluten Wittichs Ahnfrau, Wâchilt, hervor, führt den starken Recken samt seinem guten Rosse mit sich hinab auf des Meeres Grund und rettet ihn so vor dem Berner. Bis an den Sattelbogen schlugen Dietrich bereits die Wogen, vergebens schleuderte er seinen Speer hinterdrein, der Gegner, den er so grimmig haßte, war auf ewig verschwunden.

Aber die alte wilde Natur der Wasserfrauen, die aus der unheimlichen, oft verderblichen Gewalt der Wasser entspringt, zeigt sich darin, daß Mädchen, die von ihnen ins Wasser gezogen sind, in Nixen verwandelt werden und Nixen bleiben müssen, wenn sie nicht ein Glied ihres Leibes lösen. Für Blut und Fleisch gibt die Nixe Gold, aber sie sucht es wieder zu gewinnen. Berührt Wasser das Gold, so kehrt dieses zur Nixe zurück. Auch Kinder rauben die Nixen und legen dafür Wechselbälge hin; sie tun dem vertauschten Kinde alles an, was man ihren eigenen erweist.

Der Wassermann ist hart, wild, blutdürstig und grausam. Er duldet nicht, daß der Mensch in seine Wohnung eindringt oder ihm sein freies Element versperrt.

Der Kampf mit den Wasserunholden galt daher als eine besondere Heldentat.

Die Kimbern sprangen bei hereinbrechender Flut mit voller Rüstung in das empörte Element, um gegen die Dämonen des Meeres den väterlichen Grund und Boden zu verteidigen, aber zuletzt mußten sie doch hoffnungslos der Götterstärke weichen und griffen schließlich zum Wanderstabe.

Als die Langobarden nach Süden zogen, wollten ihnen walkürenartige Meerfrauen den Übergang über einen Fluß verwehren. Da wurde ausgemacht, daß ein auserwählter Held der Langobarden mit einer der Frauen in dem Flusse schwimmend fechten sollte: würde ihr Kämpfer besiegt, so sollte das Heer zurückweichen, unterläge die Meermaid dem Helden, so sollte ihnen der Übergang gestattet sein. Diesen Kampf bestand der tapfere Lamissio und erwarb sich durch seinen Sieg großen Ruhm, seinen Landsleuten aber freien Zug durch den Strom.

Weil der Nix mit einem Haken die Menschen ins Wasser zieht, heißt er Hakemann.

In der Mark und in Niedersachsen zieht der Wassergeist mit einem Netze die Menschen in sein kühles Wogenreich.

In Österreich spannt der Wassermann ein unsichtbares Netz über den Fluß, es ist so fein, daß man es mit freiem Auge gar nicht sehen kann; wer hineinkommt, ist auf ewig verloren. Aus altem Volksglauben stammt das Netz, das in des STRICKERS Artusroman »Daniel vom blühenden Tal« erwähnt wird.

Durch seinen Ruhm angezogen, besucht eines Tages ein Meerweib, das Königin ist über alle Meerwunder, den Herrn vom blühenden Tal. Beim Abschiede läßt sie ihm drei wunderbare Gaben zurück, die der Dichter unmittelbar der volkstümlichen Überlieferung entnommen hat. Die erste Gabe ist eine wunderbare Haut, die er an seinem Leibe tragen soll; darunter ist er so gut behütet, daß ihn keine Waffe verwunden kann. Sie war einer Meerfrau aus dem Leibe geschnitten und im Blute eines Drachen gebeizt. Die zweite Gabe ist ein unsichtbares Netz, in dem sich der stärkste Mensch und das wildeste Tier verwickelt und verfängt. Die dritte Gabe, eine Salbe, verleiht den Augen eine wunderbare Kraft, vermöge deren sie auch das Netz erkennen. Dieses Netz wird später am Eingange des Landes aufgestellt, und der Ort, den es versperrt, wird noch durch Wasser geschlossen. Es soll dazu dienen, die fahrenden Ritter gefangenzunehmen. Denn ein Unhold, der das Land beherrscht, leidet an einem Siechtum und kann nur geheilt werden, wenn er ein Jahr lang jede Woche ein Bad von Männerblut nimmt. Auf sein Geheiß kommen alt und jung, Sieche und Gesunde scharenweise herbei, um sich gebrauchen zu lassen. Nur noch dreißig Männer sind übrig; um die Zahl der Opfer zu vermehren, wird das unsichtbare Netz aufgestellt.

Mit dem herrlichen, lockenden oder klagenden Gesange, mit dem die Wasserfrauen den Menschen in den Teich ziehen, ist oft die Gabe der Weissagung verbunden.

Badende Meerweiber verkünden Hagen das Geschick der Burgunden in Etzels Lande. Meistens ist aber in der Volkssage die prophetische Gabe der Wasserfrauen dahin abgeschwächt, daß ihr Erscheinen anderes Wetter, meist Sturm, verkünden soll. Das Steigen, Fallen oder Versiegen einzelner Quellen und Teiche zeigt fruchtbare oder unfruchtbare Zeiten an.

Nur selten erscheint der Wassergeist als heilkundig:

Die Verehrung der Wassergeister bei langer Dürre bringt den ersehnten Regen. Noch im 6. Jahrhundert warfen die Bauern Wolle, Käse, Honig und Brot in den See, schlachteten Tiere und schmausten drei Tage. Am vierten Tage entlud sich infolge der dem Geiste des Sees dargebrachten Opfer ein furchtbares Gewitter. Wer aber das heilige Gebiet der Wassergeister verletzt, ruft Sturm und Unwetter hervor. Wirft man in den Mummelsee Steine, so trübt sich der heiterste Himmel, und ein Ungewitter mit Schloßen und Sturmwinden entsteht. Aber man bedient sich auch der Steine als Opfergabe für die Elbenwelt. Jeder, der beim Hinuntergehen in den Brunnen auf dem Tomberg bei Köln nicht fallen will, muß einen Stein hineinwerfen. In Tirol warf man, um ein krankes Kind zu beruhigen, eine Puppe in die Ziller und rief: »Nachtwuone, da hast du dein Kind!« Aus den Wirbeln der Flüsse weissagten die Germanen. Die Alemannen verehrten die Stromschnellen und gefährlichen Wirbel und brachten Opfer dar, die Franken und Sachsen hielten besonders die Quellen heilig.

Auch die Verbote der Kirche, an Quellen heidnische Gebräuche zu begehen und Lichter anzuzünden, lassen eine Beziehung auf die Wassergeister zu. Das Konzil von Arles 452, MARTIN VON BRACARA und ELIGIUS verbieten das Lichterbrennen an Felsen, Bäumen, Kreuzwegen und heiligen Quellen sowie das Hineinwerfen von Brot; Papst GREGOR III. verbietet 731 in seinem Erlaß an die Fürsten und an das Volk der germanischen Provinz die Quellenweissagungen, KARL DER GROSSE in seinem »Kapitulare« von 789, Bäume und Quellen zu beleuchten, der »Indiculus« die Quellopfer. BURCHARD VON WORMS fragt, ob jemand Lichter oder Fackeln an den Quellen, Steinen, Bäumen oder Kreuzwegen angezündet, Brot oder sonst eine Spende dort dargebracht oder geschmaust habe. BONIFATIUS duldete nicht einmal Kreuze an Brunnen und auf den Feldern.

5. Waldgeister

Da alles Leben in der Natur beseelt gedacht wurde, schrieb man auch den im Erdinnern wirkenden Geistern das Wachstum und die Entwicklung der Vegetation zu. Der Wind rauscht in den gewaltigen Waldriesen und streicht über die weiten Grasflächen dahin. Die elbischen Wesen, die im Winde, in der Luft und in den Wolken hausen, müssen auch in den Bäumen des Waldes, in dem grünen Weidelande und in den wogenden Saatfeldern ihren Wohnsitz haben. Sind schon an und für sich die Übergänge zwischen den einzelnen elfischen Geistern kaum bemerkbar, so sind die Wald- und Feldgeister oft gar nicht voneinander zu unterscheiden. Wie die Hausgeister, helfen die Holzfräulein in Thüringen und Franken, die wilden Leute in Baden, die Saligen in Tirol zur Erntezeit den Arbeitern, treten in den Dienst des Menschen, besorgen das Vieh im Stalle und segnen Vieh- und Vorratskammer. Der Schrat ist Kobold und Waldgeist. Wie alle Elbe streben die Waldfrauen nach der Verbindung mit sterblichen Männern, den Waldmann verlangt nach schönen, christlichen Frauen. Die Waldgeister rauben kleine Kinder oder ziehen sie an sich und töten sie; oft sieht man die Geraubten grüngekleidet in ihrer Gesellschaft. Der den Wald erfüllende Nebel oder weiße, an den Bergen hängende Wölkchen gelten als die Wäsche der Waldfrauen. Wenn im Frühlinge und Herbste zerrissenes Nebelgewölk vom Gebirge aufsteigt, wenn »der Wald raucht«, dann kocht das Buschweibchen: Die Nebelstreifen sind der Rauch von seinem Herde. In der norddeutschen Tiefebene vertreten die Unnerêrdschen und weißen Weiber die Waldgeister des deutschen Südens. Sie wohnen unter der Erde oder unter schönen Bäumen und krausen Büschen, auf freiem Felde oder in kleinen Erdhügeln, aber auch in Waldlichtungen oder unter den Wurzeln alter Bäume. Die Holz- und Moosfräulein wohnen als Waldgeister in hohlen Bäumen oder Mooshütten, betten ihre Kinder auf Moos oder in Wiegen von Baumrinde, schenken grünes Laub, das sich in Gold verwandelt, und spinnen das zarte Miesmoos, das oft viele Schuhe lang von einem Baume zum andern gleich einem Seile hängt. Aber man warf ihnen als Feldgeistern auch beim Leinsäen einige Körner in die Büsche des nahen Waldes, ließ bei der Ernte drei Hände voll Flachs für sie auf dem Felde liegen oder ließ bei der Heu- und Kornernte einige reife Ähren, einen Büschel stehen, als dem Holzfräulein, dem Waldfräulein zugehörig. Das Holzfräulein sitzt zur Erntezeit, in Flachshalme eingewickelt, auf einem Baumstumpfe im Walde. Den saligen Fräulein wurden nach dem ältesten Zeugnisse, das auch ausdrücklich ihre Namen nennt, des Abends Speisen auf den Tisch der Wohnstube bei offenen Fenstern gestellt.

Die wilden Männer sind einmal die Geister der wilden Natur des Waldes und des Gebirges, die der Kultur trotzt, dann aber sind sie auch die Geister des grünenden Lebens, des Wachstums. Die ersteren werden als wilde Wesen gejagt und getötet, die letzteren werden beim Nahen des Frühlings im Walde gesucht, und die gefundenen werden freudig begrüßt, im Triumph in das Dorf eingeführt und auf dem Anger mit Wasser begossen; denn das Pflanzenleben bedarf der befruchtenden Kraft des Wassers. Darum wird auf Münzen und Wappenbildern des 16. Jahrhunderts der wilde Mann nackt oder behaart mit Schilf- oder Laubkrone auf dem Kopfe und Laubumhüllung um die Lenden abgebildet, in der Hand einen entwurzelten, aber noch grünen Baumstamm tragend. An die braunschweigisch-lüneburgischen Wildemannsmünzen und an die Schildhalter des preußischen Wappens, »eine Wildschnur um die Lenden, eine Kiefer in der Faust«, sei erinnert.

Am Fastnachtstage zu Nürnberg, in dem das Frühlingsfest feiernden Aufzuge der Metzger, dem sogenannten Schönbart-(Masken-)Laufen der Metzger treten seit 1521 unter andern Mummereien auch ein wilder Mann und ein wildes Weib auf. In Thüringen wird zu Pfingsten der wilde Mann aus dem Busch gejagt. Ein Bursche hat sich in Laub und Moos gehüllt und versteckt, die übrigen ziehen aus, ihn zu suchen, finden ihn, führen ihn als Gefangenen aus dem Walde und schießen mit blindgeladenen Gewehren nach ihm. Dann fällt er wie tot zu Boden, wird aber wieder ins Leben gebracht, festgebunden und ins Dorf gefahren. Anderswo verbirgt sich ein in Laub und Blumen verkleidetes Paar, der Maigraf, Maikönig, und seine Braut oder Frau im Walde und hält wie die große Erdgöttin Nerthus seinen feierlichen Einzug in das Dorf. Dabei werden andere, in Moos gehüllte Personen, die letzten Nachzügler des Winters, verfolgt und von der grünenden Flur vertrieben. Auch in dem dramatischen Wettkampfe, den Sommer und Winter aufführen, erscheint der Winter in Moos und Stroh vermummt, der Sommer in Efeu und weiße Gewänder gehüllt. Diese winterlichen Personen könnte man als die dritte Art der wilden Männer bezeichnen.

Die Wildleute, wie sie heute das Volk noch nennt, hießen früher Scrato, got. Skohs (an. skógr Wald), ags. Wuduaelf oder Wudewase, Elsleute und in noch älterer Zeit die Ellen oder Ellusier. Am Schluß seiner »Germania« erwähnt TACITUS zwei fabelhafte Völker, die Etionen und Hellusii. Die Etiones sind die gefräßigen Riesen, die Menschenfresser. Mit ihnen sind die Ellusii oder Illeviones durch den Stabreim verbunden. Die Schilderung, die TACITUS von beiden entwirft – tierische Leiber mit Menschengesichtern – stimmt völlig zu dem Bilde der rauhen Else, die wie ein Bär auf allen vieren dem Wolfdietrich naht; auch die Waldfrauen in Tirol sind von ungeheurer Größe, und ihr Name Stutzemutze (Stutzkatze) läßt auf ihre Tiergestalt schließen. In Dänemark heißt der Waldgeist Els. Die Wurzel el drückt das Wilde, Stürmische der Waldgeister aus, auch der Name des ungestümen Bergbaches Ilse im Harze ist von ihr gebildet. Im »Waltharilied« vergleicht Eckefried höhnisch den stattlichen, aber in langer Waldwanderung an Aussehen verwilderten Walther mit einem Waldschrat. Wie der Alp ist der Schrat sowohl zwerghaft, als von riesischer Gestalt gedacht. Die Waldgeister heißen in Mitteldeutschland, Franken und Bayern Holz- und Moosleute, Waldmännlein, Moosmännlein; im Riesengebirge Rüttelweiber, im Böhmerwald und in der Oberpfalz Holzfräulein, Waldfräulein, Waldweiblein, im Orlagau und Harz Moosweiblein, Holzweibel, um Halle Lohjungfern (lôh = lucus Gebüsch), in Westfalen

Buschweibchen, die wilden Leute in der Eifel, Hessen (»Wilde Weiber« schon im 11. Jahrhundert) und Tirol, die Waldfrauen und Waldmänner in Böhmen, Fanggen, Fänken, selige Fräulein in Tirol. Ihre Gestalt ist bald riesig groß, bald zwerghaft klein.

Die hessischen Wildmänner gehen entweder baumgroß über die Berge und rütteln an den Wipfeln des Waldes, oder sie wandeln, sich klein machend, zwischen den Schachtelhalmen einher. Ihre Frauen steigen oft in Mondnächten in die Lüfte. Ihre Kleidung ist grün und rauh, moosbewachsen, gleichsam zottig, ihr Haar lang und aufgelöst, ihr Rücken hohl wie ein morscher Baumstamm oder ein Backtrog, die Brüste können sie über die Schulter werfen. Man sieht, daß die Volksphantasie zu ihrer Ausstattung bei den Bäumen eine Anleihe machte. Oder sie sind fast ganz unbekleidet, wie Tiere am ganzen Körper behaart. Wie die Fangga sich in Wildkatzenfelle kleidet und Stutzkatze heißt, so sitzen die Holzfräulein als Eulen auf den Bäumen, und die Tiroler Seligen Fräulein beschützen in Geiergestalt die Gemsen und sind den Jägern feind, den Hirten freund. Auch Gänsefüße tragen die vom wilden Jäger gejagten, ganz in Moos gekleideten Moosweibchen. Die Tiroler Wildfrauen sind ungeheuere Gestalten, am ganzen Körper behaart, ihr schwarzes Haupthaar hängt voll Baumbart; ihr Wams besteht aus Baumrinde, und ihre Schürze bildet ein Wildkatzenfell. Sie sind an den Wald gebunden und gehen mit dem einzelnen Baume zugrunde; sie führen daher Namen wie Hochrinde, Rauhrinde, Stutzföhre. Ihre Männer sind riesenhaft und fahren, einen entwurzelten Baumstamm in der Hand tragend, im Sturme durch die Lüfte. Wie die hessische Waldfrau und das Schneefräulein in Tirol zu Tode kitzelt, reibt die Fangga, kommen kleine Kinder in ihre Gewalt, diese an alten dürren Bäumen, bis sie zu Staub geraspelt sind. Ein Pfarrer ging bei Köln durch den Wald. Da faßte ihn plötzlich eine nie empfundene Angst. Er erblickte einen langen Mann von überaus häßlichem Aussehen, der an einen

Baum gelehnt war. Je länger der Pfarrer den Mann ansah, desto riesiger wuchs dessen Gestalt empor, bis sie die höchsten Bäume überragte. Zugleich erhob sich ein schrecklicher Wirbelwind, und dieser verfolgte den Pfarrer, so sehr er auch lief, bis in sein Dorf.

Durch das wogende Korn, über den rauschenden Wald fährt der Wind dahin: im Feld wie im Forst treiben die Geister ihr Wesen. Es zittert die Ähre, es schwankt der Halm, es bebt das Laub unter dem brausenden Sturmwinde, aber keines vermag seiner Gewalt zu entgehen. In Wirbelwind und Sturm streben die Wald und Wiesen bewohnenden Geister dahin, gejagt und verfolgt von den Sturmdämonen.

Dietrich von Bern hört im Walde eine klägliche Stimme, und ein wildes Fräulein kommt auf ihn zugerannt und bittet ihn, sie vor Vasolt zu bergen, der sie mit zwei Jagdhunden in wilder Fahrt jagt. Zwei Knaben hüteten eines Abends in Mecklenburg Pferde und sahen zwei weißgekleidete Frauen vorübergehen, während vom Berge her der Wald hörbar war. Der Lärm der wilden Jagd brauste heran, und auf großem, kohlschwarzem Pferde, von großen und kleinen Hunden umgeben, stand der wilde Jäger plötzlich vor ihnen. Er fragte die Knaben, ob sie nicht zwei weiße Frauen gesehen hätten. Diese bestätigten es und fügten hinzu, die eine hätte gesagt, »laß ihn nur jagen, er hat sich noch nicht gewaschen«. Darauf befahl er, ihm einen Topf mit Wasser zu bringen, und wusch sich darin. Bald kam die wilde Jagd zurück; quer über dem Hengste hingen, mit den Haaren zusammengebunden, die beiden Frauen.

In Tirol jagt der wilde Jäger die Salgfräulein. Er heißt hier aber der wilde Mann, gleicht von weitem einer ganz mit Moos überkleideten Fichte und trägt bei schönem Wetter einen Mantel. Wenn er auf dem Wege eines Stockes bedarf, so reißt er einen Baumstamm aus, und der Wurzelstock dient als Staggel unten dran. So ficht auch Vasolt, der das wilde Fräulein hetzt, mit Baumästen; er bricht sich einen Ast vom Baume und greift dann nach einem andern, er gebärdet sich so, wie wenn er den Wald laublos machen will, und eine halbe Meile weit hört man das Krachen. Wer dem wilden Mann, wenn er wie die Windsbraut daherstürmt, zuruft: »halt und fang! mir die Halba und dir die Halba!«, dem braust bald der Wind mit fürchterlichem Toben um seine Hütte, er vernimmt ein herzzerreißendes Wehgeheul in den Lüften, und die erbetene Hälfte eines seligen Fräuleins hängt ihm am Türpfosten. Nur wenn sie sich auf einen im Fallen des Stammes schnell durch zwölf Axtschläge mit drei Kreuzen bezeichneten Baumstrunk setzen können, finden die Seligen vor dem wilden Manne Schutz.

Die Holzfräulein, die Seligen, die Fanggen gehen eheliche Vereinigungen mit den Menschen ein. Der Gesang und die schöne Gestalt der Seligen und wilden Weiber lockt Jünglinge und junge Männer an ihre Seite. Die von den Goten vertriebenen Zauberweiber verbanden sich mit den Waldleuten und brachten das wilde Geschlecht der Hunnen zur Welt. Bei BURCHARD VON WORMS heißt es: »Hast du geglaubt, daß die Waldfrauen sich nach Belieben ihren Liebhabern zeigen, sich mit ihnen ergötzen und nach Belieben sich verbergen und verschwinden können?«

Die Waldgeister kennen naturgemäß die Kräuter des Waldes gut und verstehen Krankheiten zu heilen. Wate hat von einem »wilden wîbe« die Heilkunst gelernt und heilt mit guten Wurzeln die Wunden auf der Walstatt. Auch im »Eckenlied« gräbt das von Vasolt gejagte »wilde vrouwelîn« eine Wurzel, zerreibt sie in der Hand und bestreicht damit den wunden Dietrich und sein Roß, davon das Weh verschwand und alle Müdigkeit wich. Die Waldfrauen wissen, wozu die wilden weißen Heiden und die wilden weißen Selben (Salbei) gut sind, und wenn die Bauern das wüßten, würden sie mit silbernen Karsten hacken.

Als ein Bauer in Tirol das Wichteli, das ihm beim Streurechen und bei andern Arbeiten zu helfen pflegte, fing und band, warf es ihm seine Undankbarkeit vor: »ich würde dir Kräuter für Menschen und Vieh heilsam gezeigt haben, und du wärest ein großer Arzt geworden.« Zur Zeit der Pest kamen die Holzfräulein aus dem Walde und riefen: »eßt Bimellen und Baldrian, so geht euch die Pest nicht an.« Als in Graubünden die Pest unzählige Opfer forderte, starben keine wilden Weiblein und Männlein, und man kam zu dem Schlusse, daß sie ein Geheimnis besitzen müßten. Da man es von ihnen nicht erfahren konnte, suchte man sie zur Mitteilung ihres Mittels gegen die Pest durch List zu bewegen, indem man sie berauschte. Ein Bauer füllte die Höhlung des Steines, aus dem das Fänkenmännlein zu trinken pflegte, mit Wein. Es kam, kostete nach längerer Zeit neugierig und vorsichtig. Endlich lustig geworden, ward es von dem aus dem Verstecke Hervorspringenden überrascht und nach dem Heilmittel befragt. »Ich weiß es wohl«, sagte es, »Bibernell und Eberwurz, aber das sage ich dir noch lange nicht.«

Auch dieser Sagentypus ist weitverbreitet, und wenn von einem Fenggaweibchen und einem schlauen Bauern, der sich listiger Weise Selb nennt, die gleiche Geschichte erzählt wird, die HOMER an den Kyklopen Polyphem und Odysseus knüpft, so müssen die Sagen von der Todankündigung, von der Gefangennahme im Weinrausche und von der Überlistung des Geschädigten durch den Namen Selb (Niemand) in die Urzeit zurückreichen.

Neben der Gabe der Heilkraft besitzen die Waldgeister die Gabe der Weissagung.

Die Volkssage kennt die Berg- und Waldfrauen, die weißen oder seligen Fräulein als wilde, schöne Geister des Waldes und Gebirges, die über und unter der Erde segnend wirken, hilfreich den Menschen, schützend die Tiere. Die Tiroler seligen Fräulein hat man mit Recht die lieblichsten Schöpfungen unseres Heidentums genannt. Deutlich zeigt sich bei ihnen der Einfluß, den die Natur des Landes auf die Ausprägung mythischer Gebilde ausübt.

Sie wohnen in den innersten Tälern und Berggegenden, ihre Behausung sind schimmernde Eis- und Kristallgrotten, die sich im Schoße der Berge zu prachtvollen Räumen erweitern und oftmals von grünen Wiesen umgeben sind. Hier hegen sie als ihr Hausgetier die Gemsen, schützen sie vor den Jägern und bestrafen deren Verfolgung. Wo sie weilen und schaffen, stellt sich Segen und Überfluß ein. Aber sie verschwinden wie der Alp und mit ihnen Gedeihen und Reichtum, sobald man in ihrer Gegenwart flucht, nach ihnen schlägt, ihnen Speisen vorsetzt oder ihren Namen nennt; oder sie werden durch Ansagen eines Todesfalles unter den Ihrigen abberufen.

Kämpfe zwischen Rittern und wilden Männern müssen ein beliebter Spielmannsstoff gewesen sein. Im Jahre 1515 fand während der Zwölfnächte zu Greenwich vor HEINRICH VIII. eine Schaustellung statt: aus einer Walddekoration sprangen acht wilde Männer heraus, alle in grünes Moos gehüllt, aber mit seidenen Ärmeln; sie hatten fürchterliche Masken und fochten mit häßlichen Waffen gegen acht Ritter, Mann gegen Mann. Nach langem Kampfe trieben die Ritter die wilden Männer aus der Halle heraus. Dann folgte das feine Gegenstück: ein Zelt öffnete sich, und sechs reichgekleidete Herren erschienen mit ebensoviel Ladies und tanzten eine lange Zeit. Auch Abbildungen des wilden Mannes sind nicht selten. Ein von einem abendländischen Künstler in der Alhambra ausgeführtes Gemälde (Mitte des 14. Jahrhunderts) zeigt einen wilden Mann mit Ausnahme von Händen und Füßen völlig behaart, mit fliegendem Haar, den die Lanze eines christlichen Ritters in die Brust trifft. Ein Wandteppich des 13. Jahrhunderts auf der Wartburg schildert die Berennung und Verteidigung einer wildmännischen Königsburg durch feindliche Wildmänner. Aber die Pfeile tragen statt der Eisenspitze Rosen und Lilien, und die in Felle gekleideten wilden Männer sowie die Königin haben menschliche Gesichter, Hände und Füße. Ein anderer aus bunter Wolle gewebter Wandteppich aus dem Anfange des 16. Jahrhunderts, im germanischen Nationalmuseum zu Nürnberg, stellt den Raub einer wilden Frau durch einen in einen Fischschwanz endigenden Ritter dar. Wehklagende, angreifende und flüchtige wilde Leute sind rings um ihn herum, der gerade im Begriffe ist, mit seiner Beute in einem Flusse zu verschwinden. Die Szene spielt vor und in einem von einem geflochtenen Zaune umgebenen Obstgarten, der den Mittelgrund einnimmt; den Hintergrund bildet eine Landschaft mit Städten und Ausblick auf das Meer. Die wilden Männer und Weiber gleichen ganz der rauhen Else.

Im Laufe des 15. Jahrhunderts ging der wilde Mann in den Gebrauch der Heraldik als Wappenhalter über, vermutlich als Darstellung der durch Geist und Herrscherwillen des Menschen gebändigten und unterworfenen rohen Natur. In der Gegend von Saalfeld und im Harz bilden Drechsler noch heute die Holz- und Moosfräulein sowie die wilden Männer als Püppchen und Tabakspfeifen; zu Weihnachten stellt man in Reichenbach noch kleine Moosmänner auf den Tisch. Auch in den Mummereien zur Fastnacht fehlten die Wildmännleinsmasken nicht. Beim letzten Schembartlaufen in Nürnberg 1539 trat ein Zug Holzmännlein und Holzfräulein auf. Auch ein Fastnachtspiel »von den Holzmennern« hat den Streit zweier »Holzmenner« um ein »Holzweip« zum Gegenstand. Selbst noch 1897 ward in Oberstdorf im bayrischen Allgäu an einer Reihe von Sonntagnachmittagen der Wildemännlestanz aufgeführt.

6. Feldgeister

Wie im Walde, so treiben auch in Feld und Flur die elbischen Geister ihr Wesen. Erst mit dem Beginn des regen Ackerbaues, als der Germane seine Abhängigkeit von Saat und

Ernte tief empfand, konnten sich die Korngeister entwickeln. Die Feldgeister sind Windelbe; der Wind ist der Beförderer oder Vermittler der Befruchtung. Ins Wiesengras oder in das Kornfeld sah man Wind und Wolke sich schadend oder befruchtend niederlassen. Daher stellte man sich vor, daß die in Wetter und Wolken waltenden Mächte auch in Feld und Acker hausten. Wallt der Wind im Korne, so sagt man, »die Windkatzen laufen im Getreide, die Wetterkatzen sind drin«; man warnt die Kinder, Kornblumen zu suchen, damit sie der Bullkater nicht hasche. Ebenso redet man von Hasen, Bären, Wölfen, Hunden, Windsauen, Böcken, die im Getreide gehen, wenn es in Wellen wogt oder, in der Sprache des Landmannes, wolkt. Die Volksphantasie sieht diese tiergestaltigen Wesen auch sonst im Getreide liegen, und der Bauer mahnt davon ab, ihnen zu nahen. Man spricht von einem einzelnen Wesen dieser Art oder von einer ganzen Schar; »der Wolf geht im Korn«, oder »die Wölfe jagen sich im Korn«. Beim Schneiden oder Mähen des Getreides flieht der Korndämon von Ackerstück zu Ackerstück. Wer während der Erntearbeit krank wird, der ist unversehens auf ihn gestoßen, den hat der Roggenwolf untergekriegt, den hat der Erntebock gestoßen. Wird die letzte Garbe gebunden, so hat sich der Kornstier, der Roggenwolf, die Roggensau, der Getreidehahn in sie geflüchtet. In Anhalt rufen die Schnitter: »der Hase kommt bald«, »paßt auf, wie der Hase herausspringt«! Das Abschneiden des Getreides und Wiesengrases ist zugleich der Tod des Korndämons. Diese Tötung wurde später dramatisch dargestellt, löste sich von der Ernte Schritt für Schritt los und wurde als »Hahnschlagen« eine selbständige Volksbelustigung zu verschiedenen Zeiten des Jahres. Nach anderer Auffassung aber ist die Tötung des Korngeistes ein Frevel, der mit dem Tode des Täters gebüßt werden muß. Daher stammt der Aberglaube, daß der Schnitter des letzten Kornes sterben müsse. Nach der gewöhnlichen Annahme findet der Korngeist jedoch keineswegs durch die Sense des Schnitters den Untergang. Er lebt, so lange es noch irgendwo unausgekörntes Getreide gibt. Mit der letzten Garbe, in die er sich flüchtet, wird er ergriffen, auf dem letzten Erntefuder thronend heimgebracht und lebt auch unter Dach und Fach fort und verbreitet seine Segnungen. Jubelnd wird die den Korngeist darstellende Puppe vom Felde hereingeholt und mit schönem Spruche dem Gutsherrn überreicht, der das Erntebier spenden muß. Sie erhält ihren Platz auf der Vordiele des Herrenhauses, wird zur Seite der Haustür, an dem Hausgiebel oder auf dem Dache befestigt und bleibt hier, bis im nächsten Jahre eine neue Erntepuppe die alte ersetzt. Zuweilen glaubt man, daß der auf dem Gehöfte des Bauern überwinternde Korngeist im nächsten Jahre mit dem Keimen der Pflanzen seine Verrichtungen im Leben der Natur wieder antritt.

Wie man die Kinder warnt, in die Erbsenbeete zu gehen, denn da sitze oder liege der Roggenbock, Haferbock, Erbsenbock, Bohnenbock, so warnt man sie auch, das Kornfeld zu betreten, um die blauen Kornblumen zu pflücken.

Neben den tiergestaltigen Korngeistern gibt es auch menschengestaltige. Wenn der Wind im Korne Wellen schlägt, zieht die Kornmutter über das Getreide oder laufen die Kornweiber durch das Getreide. Andere Namen sind Weizen-, Gersten-, Korn-, Flachsmutter, Kornfrau, Kornweib, Roggenweib, Korn-, Roggen-, Erbsen-, Weizen-, Hafermuhme, Großmutter, alte Mutter, die Alte. Vor dem Kornmann im Getreide warnt man die Kinder an vielen Orten, auch vor dem wilden Mann im Saatfeld, der mit eisernem Knüttel werfe, vor den zwerghaft gedachten Getreidemännchen. Aber auch Grummetkerl, Kleemännchen, Grasteufel, der Alte ist der Dämon geheißen. Die Kornmutter hat feurige Finger, teergefüllte oder mit glühenden Eisenspitzen versehene Brüste, sie sind so lang, daß sie wie die wilden Weiber diese über die Achseln schlagen kann: ein sinnlich symbolischer Ausdruck der

Vegetationsfülle. Mit ihren Doggen jagt sie über den Acker hin oder sitzt selbst in Wolfsgestalt im Korne, von kleinen Hündchen begleitet, die die verlaufenen Kinder in ihre eiserne Umarmung führen. In Westfalen haust der Hafermann im Felde, mit großem schwarzem Hute und einem gewaltigen Stocke; er führt die Begegnenden durch die Luft hinweg, umwandelt die Kornhaufen, verlockt und neckt den Wanderer. Hat der Wind das Getreide an einer Stelle nach allen vier Seiten gelagert, so hat der Alte dort gesessen. Wie man die letzten Getreidebüschel als Talisman stehen läßt, weil sich der tiergestaltige Korndämon in sie zurückgezogen hat, so ließ man in Anhalt an der letzten Ecke des zuletzt geschnittenen Feldes einige Halme übrig: »die mag die Kornmuhme verzehren«. Über ganz Deutschland verbreitet, aber erst seit dem 13. Jahrhundert bezeugt, ist ein Brauch, der sich an den Namen des Alten knüpft. Wer das letzte Korn schneidet oder bindet, dem ruft man zu: »Du hast den Alten und mußt ihn behalten« (d.h. den Winter über ernähren). Aus der letzten Garbe wird eine Puppe in Mannesgestalt gefertigt und bekleidet: die Mäher und Binderinnen strömen herbei, rufen jubelnd seinen Namen und kieen nieder, küssen auch wohl die Kornfigur. Vom Felde wird dann der Alte feierlich heimgetragen oder hereingefahren. Zu Hause wälzen die Arbeiter die Puppe dreimal um die Scheune, setzen sie auf dem Hofe nieder, bilden einen Ring um sie, umtanzen sie dreimal, nehmen sie mit an das Erntemahl, setzen ihr Speise und Trank vor und laden sie zum Essen ein. Die letzte Binderin eröffnet mit dem Strohmann den ersten Tanz auf der Dreschdiele. Später wird er in der Scheune oder im Herrenhause aufgehängt. Der Hofherr soll ihn da wohl in acht nehmen, heißt es in der gereimten Ansprache an jenen, er werde ihn behüten Tag und Nacht.

1. Name und Art der Riesen

Eine uralte germanische Bezeichnung der Riesen hat bereits TACITUS überliefert. Jenseits der Finnen im hohen Nordosten beginnt die Fabelwelt: die Ellusier und Etionen haben Gesichter und Antlitze von Menschen, Leiber und Gliedmaßen wilder Tiere. Êtja, Etio, an. iǫtunn, ags. eoton, as. etan (as. Etanasfeld, thür. Etenesleba) gehört zu etan »essen« und bedeutet »gefräßig«. Noch im 11. Jahrhundert wird, wie in der nordischen Mythologie durchgängig, das Heim aller Unholde und Riesen in den Nordosten verlegt. Diese merkwürdige Übereinstimmung läßt sich nur dadurch erklären, daß seit unvordenklichen Zeiten die germanische Weltansicht sich die Riesen im Nordosten hausen dachte. An der Grenze der Welt lebt nach der Dichtung des Mittelalters ein ungeheueres, nur zu Fuß und mit Stahlkolben kämpfendes Geschlecht, das mit dem grünen Horne der Drachen bedeckt und mit ihrer Schnelligkeit begabt ist, und ein besonderes Riesenreich begegnet auch sonst in der Sage. Eine andere urgerm. Bezeichnung war *þurisaz, stark, kraftvoll (ahd. turs; vgl. den Ortsnamen Tursinriut = Tirschenreut; Turislôon = Riesenwalden, jetzt Dorla bei Fritzlar, und die Eigennamen Thurismund, Thurisind; mhd. türse, schweiz. türsch, dürst, ags. đyrs, an. þurs).

Nur in Deutschland findet sich der Name Riese, der Kräftige, Männliche, Starke (skr. vršan, ahd. risi, riso, as. wrisil, mhd. rise). Auch urgerm. hûnaz ist der Kräftige, Starke (mhd. hiune, hûne = Hüne; vgl. an. hunn = Bär, skr. cûra = der Held, und die Ortsnamen: Hauna, Hünfeld, Personennamen: Hûnila, Hûnirîx, Hûnimund, Humbert, Hûnbolt = Humbold). Da aber für Hüne die Bedeutung »Riese« nicht vor dem 13. Jahrhundert belegt werden kann, ist es einfacher, die Hünen aus dem Namen der Hunnen abzuleiten. Ein anderer alter Ausdruck liegt noch vor in ags. ent, bayer.-österr. Enz, enterisch, enzerisch = ungeheuer groß, seltsam: Enzenberg (Inselberg) = Riesenberg.

Alle diese Namen bezeichnen das Gewaltige, Ungeheuere. Von der Gefräßigkeit der Riesen ist der allgemeine Name Etionen wie der besondere Eigenname Wolfesmâge entlehnt. Selbst von rohem Fleisch oder gar von Menschenfleisch nähren sie sich: so entstand der Menschenfresser unserer Märchen. Soweit an leiblicher Größe und Stärke der Mensch den Zwergen überlegen ist, bleibt er hinter den Riesen zurück.

Für das Pferd eines Riesen muß ein besonderer Stall gebaut werden, es ist mehr denn zehn Ellen hoch und liegt an einer gewaltig dicken Kette, die ihm statt des Halfters dient; die Königstochter muß auf einer Leiter hinaufsteigen und drückt dem Rappen die ellenlangen Sporen in die Seite, als er vom Hexentanzplatz über die brausende Bode setzt; vier Fuß tief schlägt das Roß seinen Huf in das harte Gestein, das noch heute die Roßtrappe heißt.

In fast allen gebirgigen Gegenden ist die Sage vom Riesenspielzeug bekannt. Das Riesenfräulein von der Burg Niedeck streicht mit einer Hand Bauern, Pferde und Pflug in ihre Schürze, erreicht mit einem Schritte den jähen Berg, wo die väterliche Burg ragt, und stellt das Spielzeug auf den Tisch. In Steine, mit denen sich die Riesen geworfen oder auf denen sie gestanden haben, findet man die Male von ihren Händen und Füßen eingedrückt. Der kleine Sohn der Riesenkönigin Frau Hütt knickt sich eine Tanne als Steckenpferd ab. Der junge Riese zerbricht eine eiserne Stange, die kaum vier Pferde fortschaffen können, reißt zwei der größten Bäume aus und schleppt sie mit dem Wagen und den Pferden nach Hause; Mühlsteine, die auf ihn geworfen werden, hält er für Sandkörner und trägt einen Mühlstein als Halsband.

Die Fußtritte der Riesen bilden Täler in die weiche Erde, sie machen meilenweite Sprünge, von den Tränen eines Riesenweibes rühren die Flüsse her, und die Berge sind nur Helme der Riesen, die tief in der Erde stecken. Die Kraft und Wildheit der Riesen übt sich am liebsten in mächtigen Steinwürfen, Bergversetzungen und ungeheuern Bauten.

Seit alter Zeit waren Sagen vom Streite berühmter Helden gegen die Riesen bekannt, vor allem Beowulfs Sieg über Grendel und seine Mutter. In der Vorrede zum Heldenbuche heißt es: »Gott schuf zuerst die kleinen Zwerge, damit sie das wüste Land bauten und das Gebirge mit seinen Schätzen ergründeten. Darauf ließ er die Riesen werden, damit sie die wilden Tiere und die großen Würmer erschlügen, auf daß die Zwerge sicherer wären und das Land besser bebaut werden könnte. Die Riesen wurden jedoch böse und untreu und taten den Gezwergen Leid an. Da schuf Gott die starken Helden, zwischen Zwergen und Riesen in der Mitte, die die Zwerge vor den Riesen schützten und die wilden Tiere und Würmer bekämpften. Er gab deshalb den Helden die Natur, auf Mannheit und Ehre, auf Streiten und Jagen Mut und Sinn zu stellen.«

Das Altertum kannte zwar auch die Riesen als wild und gefährlich, stellte sie sich aber auch leiblich schön, erfahren, gutmütig, wenn auch plump vor. Die schönste geistige Blüte der Riesenwelt ist der urweise Herrscher der Binnengewässer Mîmiaz. Noch in vielen Sagen lagert der kindliche Frohsinn friedlich heiterer Verhältnisse über ihnen, und daraus entspringt ihre Treue und Redlichkeit. Hoher, strebender Sinn ist ihnen eigen, wie der Name Hôhermuot zeigt. Als sie aber vertrieben wurden, ward ihr gutmütiger, heiterer Sinn bitter und finster, dumpf und stumpf: so erklären sich die Namen Bitterbûch, Bitterkrût und Tumbo. Gewissermaßen die Mitte zwischen den guten und bösen Seiten der Riesen nehmen in der as. Genesis die Nachkommen Kains ein. Der Dichter folgt zwar der Bibel, nimmt aber die lebhaftesten und eindrucksvollsten Farben aus dem heimischen Glauben. Von Kain stammen kräftige Leute, hartgemute Helden, herben

Gemütes, wilden Willens, sie wollten des Waltenden Befehle nicht erfüllen, erhoben schlimme Fehde, erwuchsen zu Riesen. Der Riese auf Niedeck duldet nicht, daß sich seine Tochter an den Menschen vergreift. Rübezahl, der schlesische Wetterherr, erweist armen Leuten Wohltaten, wenn sie es verdienen. Die riesischen wilden Frauen der Tiroler Sage treten als Mägde bei Bauern in den Dienst. Namentlich in Tirol kennt die Sage noch alte gute Eigenschaften der ungeheuern Gesellen. Weichherzig weinen sie über verunglückte Tiere, schützen die Waldvögel und das Alpenvieh, sagen das Wetter voraus und lehren die Bauern manches Nützliche, denn sie sahen den Urwald schon neunmal fällen und wachsen und erfuhren deshalb so mancherlei. Der und jener Wilde sperrt sich auch ein seliges Fräulein in den Singkäfig, statt es zu zerreißen, wie ihre Sitte sonst ist. Auch suchen sich einige den Menschen zu nähern. Mancher Riese kehrte über den Winter in Bauernhöfen ein und erwies sich im Sommer darauf für die Herberge dankbar, indem er den Hof vor wilden Wassern und Bergfällen schirmte. Riesentöchter spannen Liebschaften mit starken Bauern an, und wenn diese nicht beim ersten Kuß an gebrochenen Rippen verschieden, heirateten sie sich und wurden die Stammeltern der Unholde und der »Starken«, die an vielen Orten bis in die jüngste Zeit fortlebten. So zeigten die Riesen neben der plumpen Kraft eine gewisse treuherzige Gutmütigkeit. Aber wir verstehen auch, daß in den Bergen und Tälern der wilden Gebirgslandschaft, in der Wildnis des Tiroler Hochgebirges wie im Norden an der Küste des Meeres besonders das Furchtbare der Riesenerscheinung ausgebildet wurde, und können die Vorliebe nachempfinden, mit der mhd. Dichter altes mythisches Volksgut ihrer Heimat bearbeiteten. Dietrichs Kämpfe mit Riesen sind noch voll des frischen Naturlebens, von dem sie den Ausgang nahmen; und die Rolle, die Dietrich als gewaltiger Streiter im Kampfe mit den Riesen und Drachen spielt, ist durchaus mythisch, wenn auch gerade erst die jüngsten Dichtungen davon berichten. Dietrich ist zwar nicht in die Stelle eines alten Donner- oder Sonnengottes gerückt, er ist zwar kein verkappter Donar noch auch dessen Hypostase – wohl aber enthalten die auf seine Person übertragenen Sagen Reste alter Sturm- und Gewittermythen. Im »Eckenlied« tritt deutlich der alte Sturmriesenmythos zutage, da rauscht noch immer der unbändige Sturmgeist, zum Schrecken der Vöglein und alles Getieres, durch die krachenden Bergwälder. Selbst in dem späten Dichtwerke »Virginal« waltet noch immer ein reger Sinn für die großartige Gebirgswelt, deren gewaltsame Erscheinungen als Riesenvolk und Drachenbrut dargestellt sind. Donnerartig wie ein niederstürzender Bergbach ertönt das gräßliche Schreien der Riesen. Als Dietrich mit tödlichem Steinwurf einen jungen Riesen getroffen hat, stößt dieser einen so grimmen Schrei aus, als bräche der Himmel entzwei, und seine Genossen erheben eine Wehklage, die man vier Meilen weit über Berg und Tann vernimmt; die stärksten Tiere fliehen aus der Wildnis, es ist, als wären die Lüfte erzürnt, der Grimm Gottes im Kommen, der Teufel herausgelassen, die Welt verloren, der jüngste Tag herangebrochen. Ein starker Riese Felsenstoß läßt seine Stimme gleich einer Orgel erdröhnen, man hört sie über Berg und Tal, überall erschrekken die Leute, und selbst der sonst unersättliche Kämpe Wolfhart meint, die Berge seien entzwei, die Hölle aufgeweckt, alle Recken sollen flüchtig werden. Die Riesen hausen wie die Drachen am betäubenden Lärm eines Bergwassers, bei einer Mühle und zunächst einer tiefen Höhle. Der Zusammenhang dieser riesischen Gestalten mit ihrer landschaftlichen Umgebung hat sich frisch und lebendig erhalten.

In der Volkssage hat sich die Eigenart der Riesennatur am echtesten fortgepflanzt. Aber einige altertümliche Züge finden sich auch in der höfischen Ritterdichtung des Mittelalters.

Selbst in den Artusromanen gehören ungeschlachte Riesen,

»ungefüge Knaben« zur notwendigen Ausstattung. Im Roman des STRICKERS »Daniel« sind sie unverwundbar wie auch sonst. Ihr Vater hat sie so hart gemacht, daß sie nur durch ein ganz besonderes Zauberschwert verwundet werden können. Dieses Schwert erwirbt Daniel vom Zwerge Juran und tötet sie. Ebenso muß Dietrich erst vom Zwerge Alberich Nagelring das gute Schwert erhalten, um das Riesenpaar zu bezwingen.

Auch das komische Element fehlt nicht, das den Riesen anhaftet.

Der Seneschall Keie schilt die Tafelbrüder, weil sie vor einem Riesen fliehen, und reitet mutig auf ihn los. Der aber packt ihn wie die andern und schwenkt ihn wie eine Waffe in der Luft. Zufälligerweise hat er nur die Rüstung gefaßt. Von dem Schwingen saust Keie aus Halsberg und Waffenrock heraus; vom tödlichen Fall wird er aber durch eine nahe Linde gerettet, die ihn mit ihrer Krone auffängt, so daß er von Ast zu Aste sachte niederfällt.

Steine und Felsen sind des Riesengeschlechtes Waffen.

Mit Felsen und Bäumen bekämpfen sie einander und schleudern ungeheure Blöcke wider die verhaßten Kirchen. Von großen Steinen, die einsam in weiter Ebene liegen, sagt das Volk, daß Riesen oder Hünen sie geworfen hätten. Auch Steinhämmer und Äxte werfen sie sich zu.

Kleine Sandhügel und erratische Granitblöcke schreibt norddeutsche Sage den Hünen zu, die erst vor hundert Jahren ausgestorben seien. Bauten der Vorzeit, die lange Jahrhunderte überdauert haben und die das heutige Geschlecht nicht mehr unternimmt, stammen von den Riesen her.

Das Wort der Bibel (Matth. 5, 4) »Es mag die Stadt, die auf dem Berge liegt, nicht verborgen bleiben«, wird im »Heliand« so wiedergegeben: »Die Burg, die auf Bergen steht, der hochragende Fels, das Werk der Riesen, kann nicht verhohlen bleiben.«

Der Norden und Süden Deutschlands sind reicher an Riesensagen als das mittlere Deutschland; die Hochgebirge (Tirol) und die Küsten der Nordsee reden vorzugsweise von ihnen. Aus der Urzeit stammt der allgemeine Typus, aber Farbe und Gepräge hat ihnen die Gegend gegeben, die sie zu lebensvollen mythischen Persönlichkeiten ausgebildet hat.

2. Luftriesen

In den Luftriesen wird vorzugsweise das Ungestüm der Stürme dargestellt, aber wie das Volk Nebelzwerge kennt, gibt es auch Nebelriesen: Sie können sich nach Belieben groß und klein machen.

Steigt Dunst aus den Schluchten, der dem Lande Regen bringt, so sagt man in Tirol: die Riesen dahinten rauchen ihre Pfeife. Der Mantel, den sie bei gutem Wetter tragen, ist der Nebelmantel der Berge. Dampfen die Berge, so backen und brauen die Riesen wie die Zwerge. Nebel- und Sturmriesen berühren sich nah; der wilde Jäger ist nicht bloß im Sturmwinde zu spüren, sondern auch im Jagen der Wolken, im Flattern der Nebelfahnen zu sehen. Das Aufsteigen des weißen Brodems aus Sümpfen und Gewässern gab den Wasserriesen Nebelgestalt: Grendel, der unheimliche Dämon der Sturmflut und des Sumpffiebers, wohnt im Meere eine Meile tief unter dem Wasser. Unter den Nebelklippen kommt er vom Meere gegangen, schreitet dahin unter Wolken. Die zur Nachtzeit an den Berggipfeln haftenden und mit Sonnenaufgang schwindenden oder durch den Sturm vertriebenen Nebelgebilde riefen die Versteinerungssagen von Riesen und Zwergen hervor: der Steinblock bleibt zurück, während die Nebelgestalten zum Himmel entschweben.

Aus der bewegten Luft, dem brausenden Sturmwinde, der um die Hütte des Hirten heult, die Wolken scheucht, Eichen entwurzelt und selbst Steine mit sich führt, erwuchs das hochgewaltige Geschlecht der Sturmriesen. Sagen, die vom Windgotte Wodan berichten, kehren in charakteristischen Zügen bei den Winddämonen wieder; denn das Element, aus dem beide entstanden sind, ist dasselbe. Über ganz Germanien sind die Sagen vom wilden Jäger verbreitet; einige sind sicherlich jüngeren Ursprunges, andere aber Erinnerungen an alte Wodansmythen. So wenig man alle Sagen dieser Art ohne weiteres als verblaßte Wodansmythen ansehen darf, so schwer ist es in anderen, die Grenze zwischen Dämon und Gottheit zu ziehen.

In denselben naturmythischen Vorstellungskreis führen auch einige andere Namen aus Vasolts Verwandtschaft: Helle, der Töner, Zerre, der Zerreißer, Welderich, der Waldmann, ihre Mutter und Eckes Vaterschwester Runse, die Schneelawine, und Birkhilt, Vasolts Mutter. Sie kommt über Baumstämme springend daher, reißt einen Baum aus und läuft keuchend vor Grimm Dietrich an, so daß er entweichen muß; endlich aber faßt er sein Schwert und schlägt ihr das Haupt ab. Als dieses hinfliegt, schreit es mit so lauter Stimme, daß der Riesin Tochter Vodelgart fern im Gebirge die klägliche Stimme der Mutter vernimmt. Zornerfüllt reißt auch sie einen Baum aus und eilt herbei. Sie gibt damit dem Berner einen solchen Schlag, daß er niederstürzt. Voll Scham und Zorn springt er auf, zerhaut den Baum in ihren Händen und fängt sie an ihren langen Haaren.

Die Riesin Runse, die Dietrich tötet, hat ihre Heimat im Walde, lawinengleich bricht sie eine Burg mit einer Hand und springt über Ronnen und Felsblöcke. Noch die heutige Tiroler Sage kennt eine Runsa, die Schlammlawinen herabsendet. Der Name gehört zu »rutschen« und bedeutet Lawinensturz. Sie ist ein wildes, wüstes Wald- und Alpenweib von schreckhaftem Aussehen; ihre Wirkungen sind die Schlammgüsse, die bei heftigem Regen aus den Hochgebirgen niederstürzen und Erde, Bäume, Hütten und Felsen fortreißend über die

Abhänge und Täler die grausigsten Verwüstungen schütten. Solche Runsen hausen in den Tiroler und Schweizer Alpen leider viele.

Ein Sturmriese ist auch Vasolts Bruder Ecke.

Auf Jochgrimm sitzen drei königliche Jungfrauen, um die drei riesenhafte Brüder werben, Ecke, Vasolt und Ebenrot. Ecke verdrießt, daß der Berner vor allen Helden gerühmt wird, und er gelobt, ihn gütlich oder mit Gewalt, lebend oder tot herbeizubringen. So entlassen ihn die Frauen, und zum Lohne wird ihm die Minne einer von den dreien zugesagt. Ein Roß verschmäht er, weil er so ungefüge sei, daß ihn kein Roß tragen könne, vierzehn Tage und Nächte geht er zu Fuße, ohne Müdigkeit und Hunger zu spüren. Wie eine Glocke klingt sein Helm im Walde, wenn ihn die Äste rühren. Durch Gebirg und Wälder rennend, schreckt er das Wild auf, und die Vögel verstummen. So läuft er bis nach Bern, und als er dort vernimmt, daß Dietrich ins Gebirge geritten, wieder an den Etsch hinauf in einem Tage bis Trient. Kaum sieht er ihn im Walde reiten, so fordert er ihn zum Kampfe. Aber erst am nächsten Morgen willigt der Berner ein, zu streiten. Doch Ecke will nicht warten. Schon ist die Sonne zu Rast, als Dietrich vom Rosse steigt. Sie kämpfen noch in der Nacht; das Feuer, das sie sich aus den Helmen schlagen, leuchtet ihnen. Das Gras wird vertilgt von ihren Tritten, der Wald versengt von ihren Schlägen. Sie schlagen sich tiefe Wunden, sie ringen und reißen sich die Wunden auf. Zuletzt unterliegt Ecke. Sein blutiges Haupt bringt Dietrich den drei Königinnen, die den Jüngling in den Tod gesandt.

Noch heute weiß die Volkssage, daß auf Jochgrimm in Tirol drei uralte Hexen hausen, die Wetter und Hagel machen können. Landschaft und Zahl stimmen so genau, daß die Übernahme dieser Gestalten aus dem Volksglauben unzweifelhaft ist. Eckes Name »der Schrecker«, seine Verwandtschaft mit Vasolt und Runze, seine Entsendung durch die drei weiblichen Wetterdämonen, die auf Jochgrimm über Hagel und Wetter gebieten, zeigen Ecke als einen Sturmriesen, der durch die krachenden Bergwälder fährt.

Die Winde als Baumbrecher und Baumschwinger sind sicherlich eine alte Vorstellung; die weiten Baumbrüche nach heftigem Unwetter nennen wir Windbrüche. Auch Sigenot rauft Bäume aus, und wenn er beim Schlafen atmet, biegen sich die Baumäste; aber er heilt auch Wunden. Windriesen sind ferner in der deutschen Heldensage Fellenwalt, der den Wald Fällende, Rûmenwalt, der den Wald Ausräumende, Schellenwalt, der den Wald laut erschallen läßt, Velsenstôz, Fichtenstôz, Glockebôz und Klingelbolt. Wie Vasolt beschworen wird, das Ungewitter zu entfernen, so wird in einem Segen des 11. Jahrhunderts Mermeut angerufen, der über den Sturm waltet; doch stammt dieser sonst unbekannte Mermeut höchstwahrscheinlich aus der jüdischen Dämonologie und ist der orientalische Hageldämon Mermeoth. Der ahd. Personenname Scrâwunc geht gleichfalls auf einen Wetterriesen zurück, der in der Hagelwolke einherfährt (mhd. schrâ = Hagel, Reif, bayr. schraejen = hageln). Wenn der Sturm nachts im Walde heult und tobt, sagt man bei Luzern: »Der Türst, oder der Dürst jagt.« Der wilde Jäger Watzmann (ahd. waz = Sturm), dessen Winde seine Hunde heißen, ist mit Weib und Kind in einem Unwetter in dem Berge gleichen Namens begraben. Wie ein gewaltiger Steinriese steht der Watzmann da; wenn in den Felsspalten des Berges der Wind pfeift, sagen die Leute, das seien die heulend umherspringenden Hunde des alten Königs. In den Bergen kommt der Wind zur Ruhe; Berge gelten als Gräber der Riesen und namentlich des wilden Jägers. Auch Rübezahl ist nichts weiter als der Wetterherr des Riesengebirges, der die Leute, wenn sie im Sonnenschein ausgegangen, plötzlich in Nebel hüllt oder mit Regen und Sturm überfällt. Als Sturmriese hält er sein Saitenspiel in der Hand und schlägt mit solcher Kraft in die Saiten, daß die Erde davon zittert;

dann erhebt er sich im Fluge über die höchsten Gipfel der Bäume und wirft sein Saitenspiel mit Donnergetöse auf die Erde, bald wieder reißt er im Wirbelwind die Bäume aus und dreht sie im Kreise. Mit dem wilden Jäger berührt er sich auf die mannigfachste Weise. Oben im Gebirge ertönt sein Horn und der Schall der hetzenden Meute; unscheinbare Gaben, die er reicht, verwandeln sich in Gold; auch ein Mantel und ein Zauberpferd sind ihm eigen. Der Name bedeutet Rübenschwanz und ist aus dem 13. und 14. Jahrhundert (ruobezagel) als Beiname urkundlich nachgewiesen. Seit der Mitte des 17. Jahrhunderts sind alle möglichen anderen Sagen von Kobolden, Zwergen usw. auf ihn übertragen. Nicht ausgeschlossen ist allerdings, daß die Deutschen den slawischen Ripzelu, d.h. Berggeist, den Herrn über das Gebirgswasser, die Nebel- und Wolkengebilde, über Wind und Sturm bei sich aufgenommen haben.

3. Berg- und Waldriesen

Die Riesen hausen auf Felsen und Bergen oder im hochragenden Gebirgswalde; sie sind belebte Steinmassen oder versteinerte, früher lebendige Geschöpfe. In den Gedichten der deutschen Heldensage finden Riesenkämpfe gewöhnlich im Walde statt. Dietrich schilt sie Bergrinder, Waldbauern, Waldhunde. Bergriesen sind die zwölf schätzehütenden Riesen Nibelungs und Schilbungs, der den Zugang zu Kriemhild und dem Drachensteine bewachende Kuperan und der Riese Wikram, der Dietrich auf dem Wege nach Virginals Märchenpalast tückisch mit seiner Keule bedroht. Zahlreich sind die Sagen von frevelhaft lästernden oder unschuldige Mädchen verfolgenden Jägern und Riesen, die im Gewitter versteinern. Der Riese Zottelbock, bei dessen Nahen das Wasser wie vom Winde aufgehetzt emporsteigt, fällt bei der Verfolgung der See-Else zu Boden und erfüllt den See mit seinem Blute. Die Zwerge türmen sein Grab über ihm und leiten den Bach darüber, der rauchend auf der Wiese rinnt, weil er durch des Riesen heißes Herz läuft. Sie vertragen wie die Zwerge das Tageslicht nicht und werden beim ersten Sonnenstrahle zu Stein. Die deutsche Sage gibt einen allgemein sittlichen Grund solcher Versteinerungen an, großen Übermut oder gottlose Grausamkeit.

Allbekannt im bayerischen Hochlande ist der Watzmann. Er war ein Riesenkönig, der für seine blutige Wildheit mit Weib und Kind zu dem vielzackigen gewaltigen Bergstock verwünscht ward. Auf gleiche Weise ist die Riesenkönigin Frau Hütt bei Innsbruck verzaubert. Im Silltale in Tirol ist der Riese Serles wegen seines Wütens mit dem gleichgesinnten Weibe und dem getreuen Rate zu den drei Felszacken versteinert, die über der Brennerstraße aufsteigen; wie beim Watzmann hört man noch immer in Sturmnächten das Kläffen seiner Hunde, und bei Gewitter sieht man oft Blitze auf die versteinerten Riesen niederfahren.

In einem nicht recht klaren Blutsegen des 11. Jahrhunderts wird ein stummer, gefühlloser Steinriese, Tumbo, angerufen, der die Wunde gefühllos, schmerzlos machen soll:

> Tumbo (der Stumme) saß im Berge,
> mit stummem Kind im Arm.
> Stumm hieß der Berg, stumm hieß das Kind:
> Der heilige Stumme segne diese Wunde.

Der in Stein erstarrte Riese Tumbo (got. dumbs, ags. dumb, ahd., mhd. tump = stumm) hält auf hohem Bergrücken sein gleichfalls versteinertes Kind im Arme: in irgendeiner seltsam geformten Felsengruppe mochte die kindliche Phantasie diese Gestalten zu sehen glauben. Wie an dem gefühllosen Bergriesen kein Leben, keine Bewegung mehr wahrzunehmen ist, so soll auch das rinnende Blut erstarren. Man vermißt freilich die bei solchen Zaubersprüchen unentbehrliche symbolische Handlung.

Einen starken Waldriesen Baldemar, der die Plage des ganzen Landes ist, erschlägt Wolfdietrich. Der Riese Widolt (Holzwalter) oder Widolf (Waldwolf) ist so wild, daß er weder Menschen noch Tiere schont; er rauscht, daß die Erde bebt, und sein Halsberg klingt, wenn er über die Sträucher springt. Man schlug ihm Eisenringe um Hals, Arme und Schienbeine und hielt ihn an einer langen Eisenkette. Ward er zornig, so brach er alle seine Bande und schlug mit einer mächtigen Eisenstange alles Lebendige, das ihm in den Weg kam, bis man ihn wieder fesselte. Dieser »Waldwolf« ist ein lebendiges Bild des entfesselt losbrechenden, durch die Waldungen rasenden Sturmes. In Oberbayern tritt auch der Getreidewolf mit einer Kette an die Wand des Hauses gefesselt auf. Als Runses Sohn wird Welderich genannt, und eine noch lebende Tiroler Sage erzählt von einem Riesen Walder, der ob Gnadenwald in tiefer Höhle neben einer steilen Felswand haust. Auch die Schar der wilden Männer, Waldleute und Holzleute trägt oft riesisches Gepräge. Der Riese Hidde wird von KARL DEM GROSSEN zum Vogt seiner Wälder und Bäume gemacht.

4. Wasserriesen

Der urgermanische Wasserriese Mîmiô galt als ein Wesen voll der außerordentlichsten, tiefsten Weisheit und Kenntnis. Er haust in einem Brunnen, in dem alles Naß auf Erden und unter dem Himmel zusammenfließt, und ist der Herr der Bäche, Ströme, Seen und Meere; sein Wissen ist so unergründlich und unendlich wie sein Element. Die Meinung, daß dem Wasser Weisheit, Wissen und Voraussicht innewohne, beruhte nicht nur auf den Eigenschaften der Helle, Durchsichtigkeit und Beweglichkeit des Elements, das in die Tiefen dringt und Tiefen ausfüllt, sondern auch auf dem Glauben an einen dasselbe durchdringenden Geist, den weisen Mimi. Die einzelnen Quellen und Gewässer oder ihre Wellen sind seine Kinder. Das Flüßchen Mimling im Odenwalde entspringt aus einem wasserreichen Brunnen, dessen Abfluß sogleich zum lebendigen Bache wird, und Memborn bei Anhausen nahe Neuwied hieß wie Memleben an der Unstrut und im Harz Mimilêba ehedem Mimibrunno. Der alte Name für Münster war Mimigerdaford (= Furt), für Minden Mimidun. Die Gedichte unseres Mittelalters erzählen noch von einem kunstreichen, im Walde hausenden, vor anderen erfahrenen und gepriesenen Waffenschmiede Mime, der mit seinem Gesellen Hertrich unter anderen zwölf ausgezeichnete Schwerter schmiedete, zu denen Wieland ein dreizehntes, den berühmten Miming, fertigte. Während dieser Mime in dem Gedichte von Biterolf nach Toledo versetzt wird, kennt ihn die aus niederdeutscher Überlieferung schöpfende Thidrekssaga auf deutschem Boden und macht ihn zum Lehrmeister Wielands und Erzieher Siegfrieds. Mimio ist schwerlich der »Denker« (lat. memor), sondern die Wurzel mîm bedeutet »messen« (ags. mámrian = grübeln, nd. mîmeren, nl. mymeren, norw. meima = abmessen); Mimi wäre etwa der die Entscheidung bestimmende, weise Wassergeist.

Als die Engländer noch auf den Inseln und an den Küsten der Nordsee saßen, kannten sie bereits einen Mythos von dem Kampfe eines Helden mit einem riesischen Dämonen der Schrecknisse der uneingedeichten Marsch, der zerstörenden Sturmfluten und der fieberbringenden Sümpfe. Mit der Übersiedelung nach England traten die Gefahren der Sturmfluten für die Angelsachsen in den Hintergrund, und Grendel, den sein Name »Schlange« schon als Personifikation des brausenden Wassers kennzeichnet, sank mehr und mehr zu einem Sumpfgeist herab, der die in der Nähe schlafenden Menschen nachts überfällt:

Grendel war der grimme Geist geheißen, der in den Mooren hauste, im Sumpfe und im Moraste. Allnächtlich drang er in die Halle des Königs Hrodgar, raubte von dem Ruhbette die Helden und suchte mit der blutigen Beute seinen Bau auf, die

Nebelmoore. Da hörte Beowulf von Grendels grausen Taten; ihm ward kund, daß schon manche Helden den Kampf mit dem Ungeheuer hätten wagen wollen, aber daß mit ihrem Blute die Bankdielen begossen gewesen wären, sobald der Tag erglänzte, und daß der Unhold sein fürchterliches Treiben ungestraft fortsetzte. In der Methalle erwartete Beowulf den Feind. In finsterer Nacht kam der Schattengänger geschritten, während die Hüter schliefen; er nahte vom Moor unter Nebelklippen, in Wolken gehüllt, von den Augen schoß ihm ein Licht, der Lohe vergleichbar. Sein Herz lachte, als die Tür vor seiner Faust zerbrach, und er die schlafenden Männer gewahrte. Aber die Hand des Helden faßte ihn fest; der Riese suchte zu fliehen, der Recke ließ nicht los, mit Verlust seines Armes mußte Grendel totwund entweichen in seine wonnelose Wohnung. Am nächsten Morgen wallte die Brandung im Blut, die springenden Wogen waren mit Eiter durchmengt; auf dem Grunde des Meeres war Grendel seiner Wunde erlegen. Aber ein Rächer entstand ihm in seiner Mutter, dem Unholdsweibe. Während die Helden in der Halle des Königs ahnungslos schliefen, stieg Grendels Mutter empor, ihren Sohn zu rächen, packte einen der Edelinge und verschwand in ihrem dunklen Reiche. Nicht geheuer war die Stätte, die sie mit ihrem Sohne bewohnte; in Wolfshalden, windigen Klippen, nahe am Meere herrschten sie, wo die Ströme des Waldes nebeldampfend niederstürzen; rauschende Bäume hangen über dem Moorsumpf, und kein Mensch kennt die Tiefe des Moorgrundes. Selbst wenn der von Hunden gehetzte Waldgänger, der hornstarke Hirsch sich hierin verirrt – lieber läßt er am Ufer das Leben, als daß er sich in den Moorgrund stürzte. Über Grendels Wohnung wallen die Wogen schwarz bis zu den Wolken empor, der Wind stört furchtbare Gewitter auf, die Luft erdröhnt, und die Himmel weinen. Beowulf ging den Spuren nach, über steile Steingehänge und schmale Steige, über niederstürzende Klippen und Nixenbehausungen. Seedrachen tummelten sich im Sumpfe, mit Nägeln wie Stahl und Krallen statt der Hände; am Abhange der Klippen kauerten die Nixen, die oft den Schiffern Unheil bringen. Beowulf tauchte in den brandenden Wellen unter; es währte die Frist eines Tages, bis er die Fläche des Grundes fand. Mit ihren grausen Krallen ergriff ihn die wütende gefräßige Meerwölfin, aber das Ringkleid rettete ihn. Düsteres Feuer sah er auf dem Langherde der waffengeschmückten Halle lodern. Die Schneide seines Schwertes versagte am Leibe des mächtigen Meerweibes. Da erblickte er ein altes Riesenschwert, und mit ihm durchbohrte er die Wölfin des Grundes. Traurig starrten inzwischen seine Gefährten auf die blutig gefärbte Brandung, sie glaubten nicht, daß sie ihren geliebten Fürsten wiedersehen würden. Aber heil und unversehrt, Grendels Haupt und Schwertgriff schwingend, der Seebeute froh, schwamm Beowulf aus der Tiefe des Meeres an das Gestade.

Bei denselben seeanwohnenden Deutschen, bei denen der Mythos von Grendel ausgebildet war, ist auch der Wasserriese Wado entstanden (mhd. Wate, »der Water«).

Dunkle englische Sagen erzählen von einem Boote Vades, in dem er wunderbare Fahrten unternahm und viele erstaunenswerte Taten verrichtete. Wado ist ein alter Meerriese, der wohl die steigende, schwellende Flut verbildlicht haben mag.

Von einem Kampfe Dietleibs mit einem riesenhaften Meerweibe, dem merwunder, berichten mhd. Zeugnisse. Er focht mit dem Meerungeheuer den langen Tag bis an die Nacht; nur seine große Schnelligkeit rettete ihn vor dem stählernen, scharfen Spieße der Riesin; zur Erinnerung daran trug Dietleib seitdem als Schildzeichen »daz merwunder«. Die Sage setzt eine Meerlandschaft voraus, und zwar dieselbe Küstengegend, aus der auch die Sage von Beowulfs Kampf mit Grendel und dessen Mutter, gleichfalls einem »Meerwunder«, sowie die langobardische Sage von dem Kampf des Lamissio mit den streitbaren Wasserfrauen stammt. Sie ist also ingwäonisches Eigentum und ist an der Nordsee entstanden, wo das Meer jahraus, jahrein mit Sturmfluten verheerend gegen das Land braust.

Eine mythische Darstellung der Sturmflut (der Manntränke) oder einer verheerenden Seuche ist auch der Unhold in dem Artusroman von STRICKERS »Daniel vom blühenden Tal«.

Ein Unhold von häßlichem Aussehen, rot und kahl von Angesicht, der ein mörderisches Haupt mit sich führt, steigt aus dem Meere unangemeldet und unvermutet auf das Land, während man gerade Feste feiert, und verursacht ein großes Sterben der Bevölkerung. Er bereitet sich aus dem Blute der Männer ein Bad für seinen siechen Körper, und zuletzt sind im ganzen Lande kaum noch dreißig Männer vorhanden. Im Augenblicke der höchsten Not wird die Gefahr von Daniel beseitigt und der Unhold getötet.

Verwandt ist die Erzählung von Theodelind und dem Meerwunder; aber es ist hier der Sohn des Meerunholdes, der die Übeltaten begeht, und Frauen sind es, die von ihm zu leiden haben.

Das Meerwunder überrascht wie ein lüsterner Alp die Königin am Strande und zeugt mit ihr einen ungestalten Sohn, schwarz und rotäugig. Das Kind wuchs auf und war bös und tückisch, riß anderen die Augen aus oder zerbrach ihnen Arm und Beine. Als es älter wurde, stellte es allen Frauen und Jungfrauen nach, tötete die Männer und schlug selbst den König. Um weitere Greuel zu verhüten, griff der König zum Schwerte, das Blut rann im Saale, die Mutter nahm selbst Pfeil und Bogen und half mitfechten, bis daß der Unhold tot zu Boden sank. Dann versteckte sich der König am Strande im Gesträuche, das Meerwunder sprang aus den Wellen und lief auf ihn zu; die Königin stach mit dem Schwerte durch den Leib des Untieres, und das Land hatte wieder Frieden und Ruhe.

Ein Meer- und Eisriese ist der graugewandige Meister Ise in dem mhd. Spielmannsgedicht »Orendel«. Er ist zugleich ein Wintersturmriese, der die Meereswogen oder die Wolken, die als apfelgraue Rosse gedacht sind, am Strande jagt und fängt. Er ist ein Greis von langer Gestalt, zwischen seinen Brauen zwei Spannen weit, von furchtbarem Gange und ein gewaltiger Krieger. Er bewohnt eine große, herrliche Burg mit sieben Türmen – ein Bild aufgetürmter Eismassen. Schon sein Name kennzeichnet ihn als Eisriesen.

III DER GÖTTERGLAUBE

Wie bei den Dämonen ist bei den Naturgöttern der Zusammenhang mit den zugrunde liegenden Naturerscheinungen gelockert, ja oft aufgelöst; der Glaube, daß es die großen Naturmächte sind, von denen Wohl und Wehe des menschlichen Daseins abhängt, ist mehr und mehr zurückgetreten. Die Götter sind zu wunderbarer Größe und Herrlichkeit gesteigerte Menschen, Idealbilder von Königen und Fürsten, von erstaunlicher Kraft und Weisheit. Wie Zeus, Hera, Apollo idealisierte Hellenen sind, so sind Wodan, Frija, Donar ideale Germanen. Eine bestimmte Rangordnung unter den Göttern gab es ursprünglich nicht; jeder war in gewissen Lebenslagen der Höchste, der Donnerer, wenn das Gewitter tobte, der Windgott, wenn es stürmte. Solch ein »Augenblicksgott« ist ferner die Gottheit, die eine einzelne bestimmte Ernte schützt oder eine einzelne bestimmte Waffe zum Siege lenkt und eben in der Garbe, in der Lanze selbst wohnt. Sie entwickelt sich zu einer »Sondergottheit«, die nunmehr ein für allemal der Ernte, dem Kriege vorsteht, und wird schließlich zu einem »persönlichen Gott«, der immer reicher und idealer ausgestattet wird und alle zusammen gehörenden »Sondergötter« in sich vereinigt. Darum haften auch ethische Elemente den Göttern anfangs nur locker und äußerlich an; der Gewittergott ist wohl ein gewaltiger, kriegerischer Held und nur wenig von dem Geschlechte der Riesen unterschieden, aber leuchtende Reinheit und Erhabenheit einer höchsten sittlichen Kraft hat er ursprünglich nicht. Darum konnte Civilis noch zu den Batavern sagen: die Götter stünden bei den Mutigsten, und die Usipeter und Tencterer 125 Jahre früher: den Sueben kämen nicht einmal die unsterblichen Götter gleich. Solche Auffassungen können nur zu einer Zeit und bei Stämmen geherrscht haben, wo die Götter noch nicht zu allmächtigen Wesen aufgestiegen waren. Die spätere Zeit lehrt, daß mit dem Fortschreiten der Kultur die Götter als ihre Träger und Bringer gelten, daß es Wesen von höchster Sittlichkeit und Macht waren, daß ihnen die Vergangenheit und Zukunft kund war, daß sie, die Unbesiegbaren, das Geschick des Menschen daheim und im Felde entschieden und, durch das Los befragt, ihren Willen verkündeten: sie sind der Urquell des Rechtes, das sie geschaffen haben, das sie durch ihre Priester zu erkennen geben und im Gottesurteile zur Geltung bringen; sie haben die ewigen, unvergänglichen Gesetze in der Gemeinde- und Familienordnung gestiftet, und wie sie den Vorsitz im Gericht führen, geleiten sie den Helden in den Kampf, geben Sieg, Verstand und Dichtkunst, Wissen und Weisheit; der Tod in der Schlacht ist ihr Werk, und er ist das höchste auf Erden zu erstrebende Ziel des Mannes; sie sind die Ahnherrn des germanischen Volkes und seiner Königsgeschlechter, kurz, sie sind die Spender alles Guten und Schönen, und sie triumphieren als die geistigen Wesen über die rohe Kraft. Darum greift auch der Götterkultus überall in das Leben ein, in das häusliche wie in das öffentliche, in das Heer- und Kriegswesen wie in Recht und Verfassung. Darum schikken die Stämme ihnen zu Ehren zu gemeinsamer Opferfeier Abgesandte, übertragen die Leitung einem Priester, der mit allen erforderlichen Gebräuchen vertraut ist, und bringen ihm das Höchste dar, was der Mensch zu geben vermag, ein menschliches Leben. Veredelnd dringt der Götterglaube auch in die Dichtkunst, die Schwester der Religion, die wie diese in den tiefsten Tiefen der menschlichen Natur wurzelt.

Die Gestalt und das Aussehen der Götter wird zum Idealbild menschlicher Schönheit. In der Urzeit wurden sie nackt gedacht; die deutschen Wolken- und Wassermädchen haben, wie die Wassergeister, die Maren und Elbe, unverhüllte Körper, sind aber oft von berückender Schönheit. Das Heldenzeitalter der deutschen Stämme denkt sich seine Götter als Helden ohnegleichen, von kraftvoller, männlicher Gestalt, die Göttinnen als hehre Königinnen, als Muster häuslicher Tugenden, oft auch als riesige Jungfrauen. Eine Brünne umschließt die edeln Glieder, ein Helm bedeckt das Haupt, die Hand führt Lanze und Schwert, sie tummeln das mutige Roß oder fahren auf einem dröhnenden Wagen. Ein Offizier des TIBERIUS, VELLEIUS PATERCULUS, erzählt, daß ein deutscher Greis den waffengeschmückten römischen Imperator für einen Gott gehalten habe. Auf einem Einbaume war er über den Strom an das römische Lager herangerudert, betrachtete lange schweigend den Kaiser und rief dann aus: »Heute habe ich, o Cäsar, die Götter gesehen, von denen ich früher nur gehört hatte.« Unverwandten Blickes auf ihn zurückschauend, fuhr er über den Strom zu den Seinen zurück.

Man darf nicht hinter jedem Attribute eines Gottes einen besonderen Naturgrund suchen, den Gott gleichsam als Allegorie auffassen. Wenn der Donner in den Lüften grollte, sagte man in alter Zeit: »Nun fährt der Alte wieder da oben und haut mit seiner Axt an die Räder«; die Ähnlichkeit des rollenden Donners mit dem Getöse eines rollenden Wagens führte von selbst dazu, dem Donnergotte einen Wagen zu geben. Der Blitz spaltete die Bäume und Felsen; das konnte der Gewitterherr nur mit einer Waffe tun, die dem Menschen selbst bekannt war; man gab ihm also die rohe Baumkeule oder den steinernen Hammer, beides Waffen, die auf den ältesten Kulturzustand zurückgehen. So gibt Tracht und Ausstattung der Götter einen Anhalt, das Alter gewisser Vorstellungen zu bestimmen.

Als Gebieter über die verschiedenen Elemente führten die Götter verschiedene Beinamen: als flammender Sonnengott hieß Tius zum Beispiel Istwio, als die wandelnde hieß die Sonne Sinthgunt, als Göttin der Fülle und des Reichtums Fulla. Diese Epitheta, die die charakteristischen Merkmale und die hervorstechendsten Äußerungen der göttlichen Macht wiedergeben, lösten sich von dem höheren Wesen ab, dem sie angehörten, und erwuchsen zu einer selbständigen Persönlichkeit (Hypostase); sie verleugneten die alte Naturgebundenheit, konnten sich lebendiger entwickeln als diese und machten den ethischen Fortschritt zur freieren Beweglichkeit menschlicher Charaktere. Durch die Hypostase geschah erst die eigentliche Bevölkerung des Götterhimmels, hauptsächlich sie führte zum Polytheismus. Durch sie wurden die Mythen mannigfaltiger, sie gaben den reichsten Stoff zur religiösen Dichtung, und da der eine Stamm diese Machtäußerung und diesen Beinamen höher schätzte als der andere – zum Beispiel betonten die Seestämme das geheimnisvolle Erscheinen des Himmelsgottes Tius Ingwio, die Binnenstämme seine furchtbare Gewalt und Erhabenheit unter dem Namen Tius Irmino –, knüpfte sich an diese neuen Göttergestalten der Kultus der Sakralverbände, der Amphiktyonien, an.

Der Grundstock der germanischen Mythen sind Naturmythen, bildlich-poetische Beschreibungen von Naturvorgängen aus der Heidenzeit, die die Götter oder die Dämonen vollbringen und erleiden. Solche Mythen sind ursprünglich nur ganz kurz gehalten, nicht weil die Phantasie des Vorstellens und die Kunst des Erzählens versagte, sondern weil der von der Natur überlieferte Stoff sich eigentlich mit schlichten, kurzen Vergleichen zufriedenstellen mußte, zum Beispiel der Sieg der Sonne, die Gewitterschlacht, das Auftauchen des Zwielichtes. Durch das Verhältnis der Götter und Dämonen untereinander sowie zu den Gestalten des Seelen- und Marenglaubens entsteht eine verschlungenere Mythenbildung.

In ihr ist nicht immer ohne weiteres das Bild eines längeren, verwickelteren Naturvorganges zu sehen, sondern nur die Elemente spiegeln die Natur wider, ihre Verbindung ist oft ein Werk der frei schaffenden Phantasie und Dichtung. Das Bedürfnis nach dichterischer Ausschmückung und Abrundung sucht nach Motiven, nach wirkungsvollem Anfang und Abschluß. Eine Zeit, die höhere Göttergestalten bildete, besaß schon eine Fülle von Geschichten aller Art, Ausgeburten einer fabulierlustigen Phantasie, Märchen und novellistische Ansätze. Sie flogen umher wie Spinnefäden im Herbste, die sich bald an einen Baum, bald an einen Busch, bald an einen Menschen ansetzen, schlossen sich an die Mythen an und wiesen auch den Göttern in ihnen eine Rolle zu.

Einen großen Teil der Motive zum Aufbau der Göttersage haben die Märchen geliefert, und manches Märchen mag aus einem Mythos entstanden sein, aber der Schluß war voreilig, in allen Märchen verblaßte Göttermythen zu sehen. Andererseits kann nicht geleugnet werden, daß die Gestalten des Volksglaubens, die Riesen und Zwerge, die Wichtelmänner und die Nixen, wie auch die Hexen und selbst die alte Volksgöttin Frau Holle in Märchen noch deutlich und klar erkennbar sind. Bekannt ist das Märchen »der junge Riese«: Er ist anfänglich so groß wie ein Daumen, wächst aber später und wird groß und stark nach Art der Riesen. Er zerbricht einen Stab so lang und schwer, daß ihn acht Pferde kaum fortschaffen können, und schlägt das Eisen auf den Amboß, daß er in die Erde sinkt. Als er auf den Grund eines Brunnens heruntersteigt, um ihn zu reinigen, werden Mühlsteine auf ihn hinabgeschleudert, um ihm den Kopf einzuschlagen; aber er ruft: »Jagt die Hühner vom Brunnen weg, die kratzen da oben im Sande und werfen mir die Körner in die Augen.« Beim Heraufsteigen sagt er: »Seht einmal, ich habe doch ein schönes Halsband um«, da war es ein Mühlstein, den er um den Hals trug. Lange Zeit hat dieses Märchen als eine verblaßte Erinnerung an den Siegfriedmythos gegolten, wozu besonders der Umstand beitrug, daß der Held des Märchens wie Siegfried den Amboß in den Grund schlägt. Aber dieser Zug ist erst aus dem Märchen in die Heroensage eingedrungen; das Märchen selbst beruht durchaus auf den Vorstellungen des Dämonenglaubens, wie schon das Heranwachsen des Däumlings zu einem Riesen zeigt. Noch immer sieht übertriebener Eifer in dem Knüppel, der jeden unbarmherzig durchbleut, Wodans sieg- und glückverleihenden Speer oder in dem Tischchen die nährende Mutter Erde, in dem Golde, das der Esel speit, die goldenen Strahlen der Frühlingssonne oder den goldenen Erntesegen, in dem rotbärtigen Schreiner, Müller und Bauern Repräsentanten des alten Donnerers. Die Wiederbelebung und Befreiung der erstorbenen, frostumfangenen Vegetationskraft der Erde durch den Jahres- und Lichtgott scheint allerdings im Märchen von Dornröschen wiederzukehren, die Ähnlichkeit ist zu überraschend groß, als daß sie durch einen aus Griechenland eingeführten Mythos von der »sprossenden« Thalia erklärt werden könnte; das deutsche wie das griechische Märchen beruhen vielmehr auf derselben mythischen Grundlage, dem Zusammenhange von Wärme und Licht mit Blühen und Leben. Die gleiche alte Natursymbolik enthalten die Märchen von Rapunzel und Schneewittchen. Die Frage, ob die Inder die eigentlichen Schöpfer des Märchens seien, das von hier seinen Siegeszug über die ganze Welt angetreten habe, oder ob die Gleichartigkeit der Märchen aus der Gleichartigkeit der Veranlagung des Menschengeschlechtes herrühre, kommt für die Mythologie kaum in Betracht. Jedenfalls steht unser Märchenschatz mit dem heimischen Sagenschatz in inniger Verbindung.

Eine mythische Deutung der Heldensage wird von der Forschung unserer Tage fast allgemein abgelehnt. Während man früher in den Helden »verblaßte Götter« gesehen, dann diese Ansicht dahin eingeschränkt hatte, daß kleine Geschichten mit ursprünglich naturmythischer Grundlage auf menschliche Helden übertragen seien, daß die Heldensage also durch eine Mischung von Mythos und Geschichte entstanden sei, schreibt man jetzt der freischaffenden Phantasie und dichterischen Ausdrucksweise den wesentlichsten Anteil an der Bildung der Heldensage zu: meist nur Namen, kaum der allgemeine Umriß eines großen historischen Ereignisses stammen aus der Geschichte, die Fabel aber, der Inhalt sei rein poetische Schöpfung der Phantasie, eine Wanderfabel ohne mythische Grundlage und von unbestimmbarer Herkunft. Die Heldensage kann also nicht mehr als Quelle deutscher Mythologie verwertet werden.

Altmythische Vorstellungen sind aber in der Volkssage und dem Volksaberglauben des Mittelalters und der Gegenwart erhalten. »Überlebsel« (survivals) nennt man allerhand Vorgänge, Sitten und Anschauungen, die durch Gewohnheit in einen neuen Zustand der Gesellschaft hinübergetragen sind, der von dem verschieden ist, in dem sie ursprünglich ihre Heimat hatten; so bleiben sie als Beweise und Beispiele eines älteren Kulturzustandes, aus dem sich ein neuerer entwickelt hat. Die ethnographisch anthropologische Betrachtung von Sitte und Sage zeigt, daß die unendliche Mannigfaltigkeit vom Rohesten bis zum Idealsten in Glauben, Sitte und Gewohnheit aus derselben Wurzel entsprossen ist, daß hinter den Vorstellungen auch der zivilisiertesten Völker dieselben rohen Entwicklungsstufen auftauchen, die wir noch heute bei den sogenannten wilden Völkern finden, daß die einfachsten Naturerscheinungen der niederen Mythologie die allgemein menschlichen Keime und Grundelemente enthalten, aus denen erst eine, immer mehr ideal-ethisch sich entfaltende nationale Mythologie entsteht. Das Leben der Wilden, das die längst überwundene Periode der Steinzeit bis auf unsere Tage fortsetzt, repräsentiert den ursprünglichsten, uralten geistigen und sittlichen wie materiellen Zustand des Menschengeschlechtes; daher vermag die Religion der Wilden häufig Lehren und Gebräuche eines zivilisierteren

Glaubens zu erklären. Das Studium der Überlebsel zeigt überall eine Entwickelung nach dem Höheren hin und erklärt, warum das, was in der niederen Kultur ein verständlicher religiöser Glaube ist, sich häufig als sinnloser Aberglaube in die höhere Kultur hinein fortsetzt. Der im Volke fortlebende Volksglaube ist also nicht ein entarteter Niederschlag eines alten Götterglaubens, sondern die in ihm auftretenden Götter sind nur als eine Art Naturwesen, noch nicht als reine Götter anzusehen. Der Wode als Schimmelreiter ist in der deutschen Sage ein dämonisches Wesen, der wilde Jäger, die wilde Jagd ein nächtliches Schattenbild, das sich als urgermanisch erweist. Allen Germanen gemeinsam ist die Vorstellung des auf weißem Rosse dahinjagenden Sturmes oder des ewigen Wanderers, der im Gewitterzuge auch zu Fuß dahinschreitet, den Wolkenhut tief in die Stirn gedrückt, aus der im zuckenden Blitzstrahl sein finsteres Auge leuchtet. Aber der Schluß ist verfehlt, daß Wodan nicht bei allen Stämmen, besonders nicht bei den oberdeutschen, als eigentliche Gottheit verehrt sei. Die dämonischen Züge, die er von Anfang an besaß, werden im Glauben des Volkes gewiß stärker hervorgetreten sein als in dem der Adligen und Priester, und sie konnten sich um so leichter erhalten, als die Bekehrer im allgemeinen ihre Angriffe nur gegen die höhere Mythologie richteten.

Wertvolle Quellen der deutschen Mythologie sind außerdem die Personen- und Ortsnamen, Tier-, Pflanzen-, Wochentags- und Monatsnamen, die Runeninschriften, die ahd. Glossen und die Inschriften auf Weihsteinen von deutschen Söldnern im römischen Dienste. In ihnen werden die Gottheiten entweder mit einem heimischen Namen oder Beinamen bezeichnet, oder es wird der Name der römischen Gottheit beigesetzt, mit der die deutsche verglichen wurde. Steht dieser letztere Name allein, so ist für uns die eigentliche Bedeutung meist gar nicht mehr oder kaum noch erkennbar. Durch die Ausbeutung der inschriftlichen Denkmäler zeigt sich der taciteische Götterkreis erweitert; alle Versuche, diese Funde für eine Darstellung der deutschen Mythologie mit den übrigen Nachrichten zu vereinigen, bauen sich auf der etymologischen Deutung der inschriftlichen Namen auf; es sind hauptsächlich Probleme sprachlicher Art. Einige Altäre sind mit Bildern geschmückt wie der des Mars Thingsus und mehrere, die der Nehalennia errichtet sind. Den Gottheiten sind auf ihnen Attribute beigegeben; wenn auch die Ausführung durch römische Künstler erfolgte, so müssen diese Beigaben doch germanischen Glauben widerspiegeln, denn die etwa nach römischer Auffassung eingemeißelten Zeichen hätten für den Germanen keinen Sinn gehabt. Das beweist ein Tius- oder Wodansbild auf einer Jupitersäule, denn Jupiter ist niemals zu Pferde und nie bartlos dargestellt. Dieser Gegensatz zur römischen Darstellung zeigt, daß die Germanen den Gott auch nach ihrer Auffassung abgebildet sehen wollten.

Unter den Berichten des Altertums ist die »Germania« des TACITUS die Hauptquelle. Der erste Römer, der nach eigener Erkundigung von germanischen Göttern berichtet, ist CÄSAR: »Die Germanen rechnen zur Zahl der Götter nur die, die sie sehen, und durch deren Segnungen sie offenbar gefördert werden, Sonne, Vulcan und Mond; von den übrigen haben sie nicht einmal durch den Mythus (fama) vernommen.« Von CÄSAR stammt die interpretatio Romana her, denn er konnte sie von niemand übernehmen, TACITUS fand sie vor und verbesserte sie. Diese Verdolmetschung geschah nicht nach Namensähnlichkeiten oder nach der inneren physikalischen Bedeutung der Gottheiten, sondern nach den Äußerlichkeiten ihres Kultus und der Ähnlichkeit der Gesamtvorstellung, die man von ihnen hatte. Die Angaben CÄSARS und des TACITUS stimmen offenbar nicht zueinander; nicht nur ist TACITUS viel besser über den deutschen Glauben unterrichtet, sondern in einem Punkte wenigstens ist CÄSARS Mitteilung falsch, daß nämlich die Germanen nur Sonne, Mond und Feuer angebetet hätten.

TACITUS erwähnt leibhaftige Götter der Germanen, unter römischen Namen: Mars (Tius), Mercur (Wodan), Hercules (Donar), Castor und Pollux (die Söhne des Tius?), Isis (Nehalennia); unter Beibehaltung der deutschen Namen: Tuisto, dessen Sohn Mannus, sowie die Nerthus. TACITUS redet nachdrücklich von Helden und Abkömmlingen der Götter, von dem Gotte, der den Krieg lenkt, von den Namen der Götter, nach denen die heiligen Haine benannt wurden, von dem Priester, der keine Weissagung beginnt, ohne die Götter anzurufen, und sich für den Diener der Götter hält, von dem allwaltenden Gotte, von den Göttern der Germanen, die auf sie herniederblicken, von den heimischen Göttern, denen zu Ehren die römischen Adler in den Hainen aufgehängt seien, von den heimischen Göttern und von den gemeinsamen Göttern.

CÄSAR sagt, »die Germanen kümmern sich nicht viel um Opfer«, TACITUS weiß um so mehr darüber. Ja, CÄSAR widerspricht sich zwei Bücher vorher selbst. Die drei Zeilen, die er dem religiösen Leben unserer Ahnen widmet, werden also dem germanischen Götterglauben durchaus nicht gerecht. Der geniale Feldherr hatte für das geistige Leben seiner gefürchteten Gegner kein Verständnis, seine Berührungen mit ihnen sind allerdings nur flüchtig gewesen. Wie hätte er sonst die hübsche Jägergeschichte als Wahrheit wiedergeben können, daß die Germanen die Alcen – eine Art Rehe mit stumpfen Hörnern und mit Beinen ohne Gelenkknoten und Gliederung – dadurch erlegen, daß sie die Bäume anhauen: an diese lehnen sich dann die Tiere an, werfen sie um und stürzen mit ihnen nieder! Alle Bemühungen, hinter CÄSARS Sol, Luna, Vulcan, deutsche Götter zu suchen, müssen vergeblich sein. Bei Luna hat man an eine nur inschriftlich bezeugte Göttin Haeva oder Alaiteivia gedacht, bei Vulcan an Donar, bei Sol an Tius. Nur das ist vielleicht außer der Dreizahl, die echt sein wird, der wahre Kern seiner Angabe, daß die Germanen die segnenden Mächte des Himmelslichtes verehrten; die beigefügte Interpretation soll nur verdecken, wie ungenügend er über Einzelheiten des germanischen Götterglaubens unterrichtet war. Noch 150 Jahre nach CÄSAR erkennt man aus der Schilderung des TACITUS deutlich, daß bei den Germanen der Lichtkultus vorherrschte. Als der König der Ansivaren Boiocalus die Römer flehentlich um Land für sein Volk anrief, blickte er zur Sonne und den übrigen Gestirnen empor und fragte sie, wie wenn sie zugegen wären, ob sie Verlangen trügen, den menschenleeren Boden anzuschauen. Aber nichts ist charakteristischer für die göttliche Verehrung, die die Germanen den Mächten des Lichtes erwiesen, als das Aufkommen Wodans. Der nächtliche Sturmgott entthront den Gott des strahlenden Himmels und Tages Tius, aber er bleibt nicht mehr der Gebieter der Nacht und des Todes, sondern ist selbst zum leuchtenden Himmelsgotte geworden, von dem nicht nur die materielle, sondern vor allem die geistige Kultur herrührt, höheres Wissen und Dichtkunst. Das Aufsteigen Wodans mußte eine Umwälzung hervorrufen, die als die größte zu bezeichnen ist, die der deutsche Geist in der Urzeit durchgemacht hat.

TACITUS hat für seine »Germania« ohne Frage die Werke seiner Vorgänger benutzt, CÄSARS Kommentare zuweilen mit wörtlicher Übereinstimmung; er bezeichnet seine Quellen mit »einige sagen« (quidam dicunt). Ob er aber aus eigener Anschauung beschreibt, ist nicht nachweisbar; er selbst beruft sich nie darauf. Daß er als Befehlshaber einer Legion am Niederrhein oder Statthalter der Provinz Belgica seine Kenntnis der germanischen Verhältnisse erworben habe, ist nicht ganz unwahrscheinlich. Die Meinung, TACITUS habe als Reisender in germanischen Hallen Ale getrunken und zugleich Nachrichten gesammelt, nennt GUSTAV FREYTAG selbst eine »fröhliche Vermutung«. Daß trotzdem vieles den

Eindruck des Selbsterlebten macht, beruht auf den Mitteilungen seiner Gewährsmänner, die Augenzeugen gewesen sein müssen. Über die Völker vom Rhein bis zur Elbe wird genau berichtet; was von den Verhältnissen jenseits der Elbe und im Norden handelt, klingt mythenhaft. Gewiß hat er auch die römischen Archive durchgearbeitet, in denen Berichte über Land, Stämme, gesellschaftliche Verhältnisse, Gebräuche und Religion der Germanen aufgehäuft waren. Aus Deutschland zurückkehrende Kaufleute, Offiziere und Beamte, germanische Gefangene und flüchtige Häuptlinge werden die schriftlichen Quellen ergänzt haben. Sobald er sich aber auf seine germanischen Gewährsmänner verließ, wurde das Geschichtliche seiner Beschreibung gefährdet. Denn die Germanen kannten noch nicht wie die Griechen und Römer die scharfe Grenzlinie zwischen wirklicher und mythischer Ethnographie und Geographie. Für sie lag wirklich das Reich der Riesen, der Etiones, im Norden, für sie waren die Gestalten der wilden Jagd, der Elbe, Maren und Wildfrauen leibhaftige Wesen mit Fleisch und Blut – TACITUS aber faßt diese mythischen Namen als Bezeichnungen von Völkern auf und redet von Ellusii, Etiones und Harii. Dem gläubigen Germanen waren diese Phantasieländer und Völker Wirklichkeit, und sollten sie dem wißbegierigen Römer von ihren fernen Ländern und Grenzen erzählen, so mußten sie auch davon berichten. Trotz dieser und anderer Mißverständnisse behält die »Germania« als Quelle für den Glauben und Brauch unserer Vorfahren den Wert, daß sie zuerst in größerem Umfange eine Schilderung des religiösen Lebens gibt vor jener tiefgreifenden Umwälzung, wo die Überlegenheit des alten Kulturvolkes auch auf diese germanischen Verhältnisse einwirkt, und daß bereits bei ihm das Geheimnisvolle und die enge Verknüpfung mit dem Leben des Stammes als besonders charakteristische Merkmale der deutschen Religion hervorgehoben werden.

Wieviel von den religiösen Vorstellungen der Germanen indogermanischer Urbesitz gewesen ist, läßt sich kaum entscheiden. Nur das läßt sich vielleicht sagen, daß sie aus der Urheimat bereits den Lichtkultus, die Verehrung der segnenden Mächte des Himmels, mitgebracht haben. Die höheren Götter der Indogermanen waren als himmlische Wesen gedacht (deivos). Eins dieser Himmelswesen war der »Vater Himmel« selbst, Diēus; der blitzbewehrte, heldenhafte Gewittergott; vielleicht das in der Gestalt göttlicher, in Heldenschönheit prangender Jünglinge verehrte Zwielicht und die Morgenröte. Die wilden Waldleute, Maren, Elbe und Wasserfrauen lassen sich ebenfalls in das indogermanische Altertum zurückverfolgen. Von den Mythen, die die Taten und Erlebnisse dieser Götter erzählen, sind uralt: der Mythos von dem Drachensiege des Himmelsgottes, vom Donnergott und von der Mutter Erde, von den Ehen göttlicher Wesen mit den sterblichen Menschen. Sogar der Kultus des Himmelsgottes reicht in die Urzeit zurück, ebenso besondere Formen des Gottesdienstes, Zaubersprüche, Notfeuer, Menschenopfer und Ansätze zur Bildung eines Priesterstandes. Nicht nur sprachliche Gleichungen wie idg. *diēus, aind. Dyaus, griech. Zeus, lat. Juppiter, Jovis, urgerm. Tiwaz, got. Tius, ahd. Ziu, an. Týr = glänzend, himmlisch, Gott, und idg. *deivos, aind. dēvas, altir. dia, lat. divus, urgerm. tíwôz, an. tívar = die Lichtgötter, inschriftlich Alateivia, sondern auch die ältesten Zeugnisse bestätigen einen Lichtkultus der Germanen.

Unter dem heitern Himmel südlicher Länder war die Vorstellung eines leuchtenden Himmelsgottes und seiner lichten Söhne entstanden; unter dem grauen Himmel Deutschlands mußte diese Gestalt zurücktreten. Der trübe germanische Himmel erzeugte das Bild eines Mannes, der den breiten Hut tief über das Gesicht zieht, den Gott Wodan. Die harte wirtschaftliche Arbeit schuf den freundlichen segensreichen Bauerngott Donar. Der Hauptgott selbst sank zum Kriegsgott herab; aus dem donnerfrohen Götterherrscher Jupiter wird Mars. Aber auch die andern Götter werden schwert- und kriegsfrohe Recken, wie auch die Wolkenfrauen als Wodans Dienerinnen, als Walküren, die Streitrüstung anzogen.

Die Germanen zerfallen, vielleicht auf Grund uralter Scheidung, in Ost- und Westgermanen. Zu den Ostgermanen gehören die Skandinavier (ostnordisch: Schweden, Dänen; westnordisch: Norweger, Isländer) und die vandilisch-gotischen Stämme (West- und Ostgoten; Vandalen: Burgunder, Heruler, Skiren, Rugier, Nahanarvalen). Zu den Westgermanen gehören die Ahnen der Deutschen, Niederländer und Engländer; nach uralter Stammsage ist ihre Einteilung in drei größere Gruppen überliefert, die Istwäonen, Ingwäonen und Herminonen. Die Existenz von diesen vier, resp. fünf Stämmen, wenn man die Skandinavier als besonderen Stamm, als die Nordgermanen, auffaßt, steht durch PLINIUS und TACITUS fest. Die Ingwäonen haben wir in den Eroberern Englands und ihren deutschen Verwandten; sie wohnen dem Ozean am nächsten; die Friesen gehören zu ihnen und höchstwahrscheinlich die Langobarden. Die Istwäonen sind die späteren Franken; die Herminonen, die Bewohner des Binnenlandes, sind teils die Thüringer und Hessen, teils die Schwaben = Alemannen. Die vandilisch-gotischen Stämme haben wir in den Bayern und Österreichern, doch nicht unvermischt.

Als die Römer die Germanen kennenlernten, zerfielen diese in eine Unzahl kleinerer politischer Gemeinwesen. Aber verschiedene Völker, die staatlich getrennt waren, sahen sich dennoch als einen Stamm an. Was hielt sie also zusammen? Die Religion war das einigende Band: sie verehrten eine Stammesgottheit, zu deren Feier sie an großen Festtagen in Scharen herbeieilten. Es waren also Kultverbände, die alljährlich, als eine große Familie und Blutsverwandtschaft sich betrachtend, zu einer gemeinsamen Feier in einem Stammestempel sich vereinigten und ihre Gemeinschaft bei einem blutigen Opfer erneuerten. Von allen vier Stammeskulten haben wir genaue Berichte. Seit der Mitte des 3. Jahrhunderts stellen sich jene religiösen Verbände plötzlich auch als politische Verbände dar, die früheren Priestergeschlechter an den Stammestempeln stehen an der Spitze erobernder Heeresmassen, die alten Amphiktyonien werden organisierte Gemeinwesen: so sucht man die Entstehung der drei Stämme der Franken, Sachsen und Alemannen zu erklären, zu denen sich als vierter die Bayern gesellen.

Die Götter der Westgermanen sind die eigentlich deutschen Götter. Aber eine deutsche Mythologie als Ganzes in der geschichtlichen Zeit gibt es eigentlich nicht; es gibt nur eine Anzahl von Kultkreisen, wenn sich auch die Verehrung einzelner Götter über ganz Germanien erstreckt. In historischer Zeit steht kaum ein Gott in gleichem Ansehen bei allen Stämmen. Das sächsische Taufgelöbnis zum Beispiel »ich entsage dem Thunaer und Wôden und Saxnôt« zeigt, daß bei den Sachsen nicht Wodan und nicht Tius die erste Stelle in der Göttertrias einnehmen, sondern der Gewittergott; die Angabe des TACITUS, »von den Göttern verehren die Germanen am meisten den Wodan«, findet also für die Sachsen keine Anwendung. Die Darstellung müßte also von den Zeugnissen des PYTHEAS, CÄSAR und TACITUS ausgehen, die Inschriften und dann die Nachrichten aus der Völkerwanderung folgen lassen; gesondert wären Glaube und Brauch der rheinanwohnenden Germanen, der Nord- und Ostseevölker und der im Innern Deutschlands seßhaften Stämme sowie der vandilisch-gotischen Völker zu betrachten, und auch hier wäre noch zwischen mittelbaren und unmittelbaren Zeugnissen zu scheiden. Aber eine solche Darstellung würde nimmermehr ein einheitliches Bild ergeben, fortwährende Wiederholungen würden sich lästig machen, und ein Überblick würde doch nicht erreicht. Werden nur die Überlieferungen in der Zeit und an dem Orte festgehalten, wo sie entstanden sind, so kann eine Entstellung und Fälschung des zu entwerfenden Bildes nicht erfolgen.

Die gemeingermanische Bezeichnung Guda-»Gott« hat man zu aind. ghoras = schrecklich, scheueinflößend, ehrfurchtgebietend gestellt und Gott als ein Wesen erklärt, dessen Hilfe der Germane in Ehrfurcht erflehte: so sagt TACITUS »die Germanen bezeichnen mit dem Namen der Götter jenes Geheimnisvolle, das sie allein durch fromme Ehrfurcht schauen«. Eine andere Erklärung bringt die ursprünglich neutrale Wortform Gott (idg. *ghu-tó-m) mit der indogermanischen Wurzel *ghu, skr. hû zusammen = Götter anrufen: das anzurufende Wesen, oder mit skr. hû = opfern: das Wesen, dem geopfert wird (skr. hu-tá), oder mit der Wurzel *ghau: das angerufene Wesen, richtiger, was man beruft, »das Berufene, Besprechung«. Ist die letzte Erklärung richtig, so nannte man das anfänglich Gott, was man durch Zauberkraft und insbesondere durch Zauberwort seinem Willen untertänig machte.

Außer gu-đa, gu-þa »Gott« ist auch die Bezeichnung »Asen« gemeingermanisch. Als die Westgoten im Jahre 378 in Thracien den Römern schlachtbereit gegenüberstanden, priesen sie in wüstem Geschrei die Taten ihrer Ahnen, d.h. der Götter, von denen das Volk und die Könige stammten. Die gotischen ansîz waren also siegspendende Götter, göttliche Wesen, die in das Geschick der Menschen eingreifen. Im Friesischen begegnet dasselbe Wort als ees, und im Altnordischen als áss. Der deutsche Name lautete ahd. ans, as., ags. ôs, wie zahlreiche Eigennamen beweisen: Anshelm, Ansbrant, Ansbert, Anshilt, inschriftlich Asinarius = Ansbald, Ansheri (Gottesheld), Anso, langob. Ansegranus (der mit dem Götterbarte), Ansvald (as. Oswald = der über die Asen waltet), Ansolf, Ansgar as. Oskar (Götterspeer). Uralt ist Asleikr, ahd. Ansleicus, ags. Oslâc = Leich für die Götter. Die Ansivaren, deren Wohnsitze in älterer Zeit nördlich der Sieg lagen, waren die Verehrer des Ans oder Wodan, wie die Ziuwaren die Verehrer des Ziu. Die langobardische Sage von Alboin bei den Gepiden erwähnt ein Asfeld (Götterfeld), wo die Gebeine der Erschlagenen liegen; doch kann der Name auch »Aasfeld« bedeuten. Aber âs und ôs in deutschen Namen ist nicht zusammenzuwerfen: die Osenberge, Ochsenberge, Ossensteine sind nach dem Rindvieh, nicht nach den Göttern benannt, man vergleiche die Schaf-, Reh-, Geißberge. Die Bedeutung des Wortes ist noch unklar. Bei WULFILA bedeutet »ans« einen Balken, dieselbe Bedeutung hat auch an. áss: die Götter wären also die Tragbalken, die Träger und Stützer der Weltordnung. Andere vergleichen skr. ásu = Leben, aind. anhu = Herr: Gönner und Helfer, oder skr. anas = Hauch, griech. Wind, got. anan = hauchen: großer Geist, Weltgeist; noch andere erinnern an das Beiwort des indogermanischen Himmelsgottes Diēus Asura, lat. erus, esus = Herr oder Höchster.

Gemeingermanisch endlich war die Vorstellung der Götter als der Ratenden. Im Altnordischen heißen die Götter regin, got. ragin ist der Ratschluß, ragineis = der Ratgeber, raginôn = regieren. Im »Heliand« ist das Schicksal = Schöpfung der Ratenden (regano giscapu). Dasselbe meint as. metodo giscapu und ags. meotodsceaft, metodsceaft, ags. meotudvang = Schlachtfeld erinnert an Idisiaviso. Altgerm. mētodus, got. mitodus, an. miǫtuđr = das ordnende, messende Wesen gehört zu miton = ermessen, bedenken. Rater und Richter waren also bereits die urgermanischen Götter.

Seit der ältesten Zeit begegnen die himmlischen Wesen in der Dreizahl, das jüngere Bedürfnis nach verstärkten Mitteln hat die 3 x 3 erzeugt.

CÄSAR kennt als die einzigen göttlichen Mächte, an die die Germanen glaubten, die Dreiheit Sol, Luna, Vulcanus. PLINIUS und TACITUS nennen die drei Verbände der Istwäonen, Ingwäonen, Erminonen, die auf die drei Beinamen des Himmelsgottes Istwio, Ingwio Irmino zurückgehen. TACITUS weiß von der Verehrung des Wodan, Tius und Donar. Thuner, Woden und Saxnot mußten die heidnischen Sachsen abschwören, als KARL DER GROSSE sie zur Taufe zwang. Diese deutsche Trias, Mercurius, Hercules, Mars, wird außerdem für die nächsten Jahrhunderte durch Votivsteine aus einer der Kasernen der Gardereiter am Lateran in Rom aus der Zeit von 132–141 und durch andere Votivsteine aus verschiedenen Gegenden des Reiches bezeugt. Zu dreien treten die Schicksalsfrauen auf; in drei Haufen geteilt lassen sich die Idisi des »Merseburger Zauberspruches« auf dem Schlachtfelde nieder.

Gruppen von neun hohen Gottheiten kannten die alten Germanen nicht.

Aber neun Seeungeheuer erlegt Beowulf; gegen »neunerlei Elfen« gibt es eine mecklenburgische Schutzformel. Neun Kräuter gebrauchen die Hexen zu den Zaubermitteln. Gegen die Wichte, gegen die neun Gifte und die neun anfliegenden Krankheiten schützen nach dem altenglischen Neunkräutersegen neun Kräuter. In demselben Zauberspruche heißt es auch von Wodan, daß er mit neun heiligen Zweigen die Natter schlug, daß sie in neun Stücke brach. Neun Jahre halten die gefangenen Schwanjungfrauen bei ihren Männern aus, dann treibt sie die Sehnsucht nach dem göttlichen Leben zur Flucht. Neun Tage dauert die dem Totenkulte gewidmete Frist, die am neunten Tage mit einem Opfer abschließt. Neun Tage währt der Werwolfszauber, am zehnten kommen die Menschen aus der Wolfshaut wieder heraus. Neun Klafter tief wird der wilde Schoß (Elbenschuß) in die Erde beschworen; neun Fuß weit muß bei dem Feuerordal das glühende Eisen getragen werden, oder der Beklagte muß mit bloßen Füßen über neun glühende Pflugscharen schreiten, die je einen Fuß voneinander liegen.

Die semitisch-orientalische Sieben drang als herrschende Zahl in die christliche Kirche ein, und in der christlichen Sieben erwuchs der alten deutschen Neun ein sehr gefährlicher Nebenbuhler; aber sie konnte die Neun wohl beschränken, jedoch nicht vernichten.

Mythenansätze und Mythenkreise

Eine deutsche Mythologie als Ganzes gibt es nicht, sondern nur eine Mythologie der einzelnen Stämme. Diese Mythen sind natürlich um so reicher entwickelt, je kräftiger der Stamm seine religiöse Anlage ausleben konnte, je später er also zum Christentum übertrat. Auch Dichtkunst, Lage des Landes und Geschichte tragen zur schöneren Entfaltung und Gestaltung der Mythen bei. Durch die Lehre der Liebe vom leidenden Erlöser wurden manche im Keime erstickt, manche in ihrer Entwicklung gehemmt, während von andern sich Spuren und Trümmer hier und da zerstreut finden. Viele, und vielleicht die bedeutendsten, waren bereits zur Blüte und Frucht gelangt, sie schließen sich naturgemäß an die Hauptgötter an. Die übrigen sind eben nur Trümmer, Ansätze, zum Teil sind sie mit andern Mythen verschmolzen und haben ihr ursprüngliches Gebiet erweitert.

1. Der Feuergott

Die rohe Verehrung des Barbaren für die wirkliche Flamme, die ihm beweglich, heulend und verzehrend wie ein wildes Tier erscheint, hat nichts zu tun mit der höheren Auffassung, die jedes besondere Feuer als Tätigkeit und Offenbarung eines allgemeinen Elementarwesens, des Feuergottes, betrachtet. Von dem geistervertreibenden Zauberfeuer ist das Feuer zu trennen, das zur Übermittelung von Gaben an die

Götter dient und dem selbst eine Spende gebracht wird. Die Verehrung der Lichtgötter scheint den eigentlichen Feuerkult übernommen zu haben; weil man in dem irdischen Feuer ein Abbild des himmlischen Sonnenfeuers sah, wurde es gewissermaßen ein Symbol des Himmelsgottes. An Stelle der alten Feuergötter traten erhabenere schönere Göttergestalten.

Die älteste germanische Bezeichnung für den steinernen Herd ist das Wort Ofen (got. auhns, ahd. ovan, an. ôn), dessen Grundbedeutung »Schleuderstein, harter Stein, Felsstück« ist. Der Herdstein galt als ein von dem Gotte vom Himmel auf die Erde geschleuderter Stein; der Blitz, der rasselnd wie Steine durch die Wolken fährt, erscheint als Stein verkörpert auf der Erde, und zwar als Donnerstein. Im Blitzfeuer stieg der Gott auf die Erde, um am Herde Wohnung zu nehmen; darum durfte das Feuer niemals erlöschen, das auf dieser heiligen Stätte brannte. Nur einmal im Jahre ließ man es ausgehen und zündete neues an, das nach uraltem Brauche durch Drehung zweier Hölzer hervorgerufen wurde: dann wurde die Gottheit neu geboren. Wenn ein Ehebündnis geschlossen wurde, schlug der Priester über dem Haupte des jungen Paares Feuer an, um mit diesem Symbole anzudeuten, daß von ihnen, ebenso wie von dem Steine die Funken, neues Leben ausgehen sollte. Noch heute wird in Norddeutschland die junge Frau dreimal um den Herd geführt, auf dem ein frisches Feuer brennt, wenn sie ihr neues Heim betritt. Doch galt später auch der Gewittergott als Herdgott und Beschützer des Hauses. In Brandenburg und Westfalen wird die Braut an den Herd geleitet, auf einen Stuhl gesetzt und ihr Zange und Feuerbrand in die Hand gegeben. Der Kärntner Bauer pflegt das Feuer zu füttern, um es freundlich zu stimmen, indem er Speck oder Fett hineinwirft, damit es in seinem Hause nicht brenne. Wenn das Feuer im Ofen braust, wirft man im Fichtelgebirge Mehl und Brosamen hinein. In der Oberpfalz werden zur Stillung des Brandes Katzen in das Feuer geschleudert. Ähnliche Gebräuche finden sich in der Schweiz, im Elsaß, in Bayern, Hessen, Schlesien und England. Angelsächsische Gesetze um 1030 verbieten, heidnische Götter zu verehren, und zählen neben der Sonne ausdrücklich das Feuer auf. Auf die Flamme des Herdes oder des Ofens zu achten verbietet der »Indiculus«, weil man dem Feuer und dem Rauche heilende und weissagende Kraft zuschrieb. Ebenso verbietet die Kirche, Wasser auf den Herd zu schütten, d.h. Trankopfer zu bringen. Vielleicht gehört auch hierher das Beschütten des Holzes auf dem Herde mit Früchten und Wein. Besonders lebendig tritt das Feuer in alten Beschwörungen und Segen auf. Es wird angeredet: »behalt dein Funk und Flammen«, oder: »Feuerglut, du sollst stille stehn«, oder: »Brand, du sollst nicht brennen, Brand, du sollst nicht sengen.«

Nach CÄSARS Zeugnis kannten die Germanen einen Feuergott, den er mit Vulcanus wiedergibt. Die niederdeutsche Wielandsage, die sich aus den verschiedensten mythischen Elementen zusammensetzt, in der Erinnerungen an die Elbe, Zwerge und Schwanjungfrauen enthalten sind, hat auch Züge des deutschen Feuergottes auf Wieland übertragen. In allen germanischen Landen begegnet seit früher Zeit ein Bildner kunstvoller Waffen; berühmte Brünnen und Schwerter sind Wielands Werk. Im Mittelalter werden die Schmiedewerkstätten »Wielands Häuser« genannt, und Verbindungen in Ortsnamen wie Welantes gruoba, Wielantes heim, tanna, stein, Wielandes brunne, Welandes stocc, smiđđe aus WALTER SCOTTS Roman »Kenilworth« bekannt, kommen vor; in einer Urkunde von St. Gallen tritt ein Zeuge Vvielant auf. In Berkshire wohnte nach der Volkssage des 18. Jahrhunderts, die aber, wie der Ortsname Wielands Schmiede zeigt, in die ags. Zeit zurückreicht, ein zauberhafter Schmied Wieland. Wenn das Pferd eines Reisenden ein Hufeisen verloren hatte, brauchte man es nur dorthin zu bringen, ein Stück Geld auf den Stein zu legen, wo der unsichtbare Meister wohnte, und nach kurzer Zeit war das Pferd neu beschlagen. Eine alte Chronik des 12. Jahrhunderts bezeichnet die Stadt Siegen in Westfalen als Wielands Werkstätte, und nach niederdeutscher Überlieferung ist der Berg Ballova, das Städtchen Balve im westfälischen Sauerland, der Schauplatz von Wielands Lehrlingszeit, wo er von den Zwergen unterrichtet wird. In Niedersachsen leben zahlreiche merkwürdige Schmiedesagen fort und zeigen, wie tief die sagenumwobene Gestalt des kunstreichen Schmiedes in der niederdeutschen Anschauung wurzelt. Übereinstimmend mit der Sage, die von Wayland smith in Berkshire ging, berichtet eine niedersächsische Erzählung: In einem Berge bei Münster wohnte ein Schmied, der den Leuten alles verfertigte, was sie brauchten; sie legten das Eisen an einen bestimmten Ort, und am nächsten Morgen war das Gewünschte fertig. In der Nähe der alten Abtei Iburg wird dieselbe Sage von einem Schmiede erzählt und noch der Eingang zu einer Höhle gezeigt, auf den man das Geld legen mußte. Dieser ganz ursprüngliche Schmiedemythos, der im Volke noch heute fortlebt, war von den Deutschen auf Wieland »den in der Anfertigung von Kunstwerken geschickten« (wêlwand) bezogen, noch ehe die Angelsachsen ihre neue Heimat aufsuchten, und da das Feuer die Bedingung des Schmiedens ist, wurden auch Züge des Feuergottes auf ihn übertragen.

In einem angelsächsischen Gedichte, in der auf niederdeutscher Überlieferung beruhenden »Thidrekssage« und einem der ältesten Eddalieder, das gleichfalls deutschen Ursprungs ist, treten als die Hauptpunkte der Sage hervor: Wielands Sehnsucht nach der entflohenen Gattin, der nächtliche Überfall, die Lähmung, die furchtbare Rache und Befreiung; deutlich zeigt sich überall die halb göttliche, halb tückische Natur Wielands. Alt mag auch der Zug der niederdeutschen Sage sein, daß Wieland das erste Schiff erfindet. In frühester Zeit ward ein Nachen dadurch hergestellt, daß ein Baumstamm mit Feuer ausgebrannt wurde, um die Höhlung zu gewinnen. Für seine Silber- und Goldarbeiten bedurfte Wieland der Hilfe des Feuers, ebenso für die Schwerter, die er in seiner Esse schmiedete. Alles das kennzeichnet Wieland als Schöpfer von Kunstgebilden mit Feuers Hilfe, als Dämon oder Gott des Feuers. Auch seine Lähmung und Fesselung mag irgendwie damit zusammenhängen. Andererseits gemahnt in dem Bilde des verschlossenen, scheu gemiedenen, in verhältnismäßiger Unabhängigkeit und außerhalb des Hauses des Herrn arbeitenden, doch an die Scholle gefesselten Schmiedes manches an den älteren, vertriebenen, zwerghaften Urbewohner, besonders seine Bosheit und sein Zaubertrug.

Die Verbindung der Wielandsage mit der vom Raube der Schwanenjungfrau ist vielleicht nicht ursprünglich, war aber sicher bereits im 5. Jahrhundert vollzogen, und Wielands Beziehungen zu ihr wie zu Baduhilt entsprechen dem Wesen des Feuergottes. Aus dem weißen Nebel der irdischen Gewässer stammen die lieblichen Gestalten der Schwanenmädchen; daß dieser Teil der Sage schon vor der Übersiedelung nach England hinzugetreten ist, zeigen das angelsächsische und altnordische Gedicht, und die Ortsnamen Wielandsbrunnen und Wielandstann, denn um Wald und Weiher schweben die holden Göttinnen, und eine von ihnen fängt Wieland im Bache. Der Dampf der Schmiedeesse führt zu dem Nebel des Wassers. Ohne Luft und Wasser ist das Feuer des Schmiedes machtlos. Die verheerende, tückische Natur des Feuers spiegelt Wielands Rache an Nidhads Kindern wider. Sein Aufenthalt endlich im Berge, bei den Zwergen, zeigt ihn gleichfalls als Herrn des irdischen Feuers; denn auch das Erdinnere birgt Feuer, und die schmiedenden Zwerge schaffen an der Bereitung des Erzes, das wir dem Innern der Erde entnehmen.

Der Kirche mußte die Person des tückischen Schmiedes willkommen sein, um an ihr den christlichen Begriff des

Bösen zu veranschaulichen. Schmied und Teufel haben im späteren Volksglauben zahlreiche Züge gemeinsam. Der Teufel ist der »svarze meister« in der rußigen Hölle, treibt unsichtbar seine Arbeit, schmiedet und baut wie Wieland und ist vor allem Hinkebein, ags. hellehinca.

2. Licht und Finsternis. Gestirnmythen

Der Tag wird allnächtlich von der Nacht verschlungen, um zur Zeit der Morgendämmerung wieder freigelassen zu werden. Sagen und Märchen von einem Helden oder einer Jungfrau, die von einem Ungeheuer verschlungen und später wieder befreit werden, haben sich in der Volksmythologie erhalten. Wenn sich das Licht der Sonne oder des Mondes verfinsterte, dann glaubte man, der klaffende Rachen eines Wolfes drohe sie zu verschlingen. Überreste dieses alten Glaubens bekunden sich vornehmlich in dem lärmenden Geschrei, das zur Verteidigung der gefährdeten Gestirne und zum Abschrecken des Verfolgers erhoben wird, auch durch Waffen suchte man den Bedrängten zu Hilfe zu kommen. Die Bekehrer griffen den heidnischen Aberglauben an und verboten, solche Rufe auszustoßen und »siege Mond« (vince luna) zu schreien, um dem Monde in seiner großen Bedrängnis beizustehen, oder Mondfinsternisse durch Kübel- und Kesselschlagen zu vertreiben. »Hast du die Überlieferungen der Heiden beobachtet«, heißt es in BURCHARDS Beichtspiegel, »die sich bis auf den heutigen Tag vom Vater auf den Sohn gleichsam erblich fortpflanzen, das ist, daß du die Elemente verehrst, die Sonne, den Mond, den Neumond oder die Mondfinsternis? daß du durch dein Geschrei oder deinen Beistand ihm das Licht wiedergeben zu können glaubtest, als wenn nämlich von den Elementen dir oder ihnen von dir geholfen werden könnte?« In alten Kalendern war das Bild von der Sonne oder dem Monde im Rachen eines Drachen ein

Symbol zur Bezeichnung von Finsternissen. »Und stracks verschlingt den Tag die fürchterlichste Nacht«, heißt es in WIELANDS »Oberon«.

Auf ursprüngliche Naturmythen weist wahrscheinlich das Märchen von Rotkäppchen zurück. Man ist geneigt, das Märchen von der kleinen süßen Dirne, die alle Leute so lieb haben, die mit ihrem schimmernden roten Samtkäppchen samt der Großmutter von einem Wolfe verschlungen wird, bis der Jäger dem schlafenden Tiere den Bauch aufschneidet und beide wieder gesund und heil herausspringen, als einen volkstümlichen Mythos von dem alten Gegensatze zwischen Licht und Finsternis, Sonnenaufgang und Untergang anzusehen. Nur darf man nicht den Jäger, der den Verschlinger, die Nacht, erlegt, als den Sonnengott auffassen, oder die Flasche Wein, die Rotkäppchen im Korbe trägt, als das helle Naß der Wolke deuten, das erquickend auf die Fluren niedertropft, oder das Schnarchen des Wolfes auf das ferne Rollen des Donners zurückführen. Im 10. Jahrhundert bereits wird von einem kleinen Mädchen erzählt, das eine rotgefärbte Kappe zum Geschenke erhielt und von einem Wolfe im Walde den Jungen zum Fraße vorgeworfen wurde; aber diese spielten mit ihm und streichelten ihm den Kopf. Das Mädchen sagte: »Zerreißt mir ja nicht diese Kappe, ihr Mäuse, denn die hat mir mein Pate geschenkt, als er mich aus der Taufe hob.«

Nahe verwandt ist das Märchen »Der Wolf und die sieben Geislein«. Es erzählt, wie der Wolf die Geislein mit Ausnahme des jüngsten verschlang, das sich in dem Kasten der Wanduhr versteckt hatte. Wie im »Rotkäppchen« der Jäger, schneidet hier die heimkehrende Mutter dem Wolfe den Bauch auf und füllt ihn mit Steinen. Der Erzähler scheint nicht an wirkliche Zicklein und an einen wirklichen Wolf gedacht zu haben, sondern an die Tage der Woche, die von der Nacht verschlungen werden. Wie sollte er sonst auf den Einfall gekommen sein, daß er nur das jüngste nicht habe finden können? Es ist das Heute, dem er nichts anhaben kann. Der Uhrkasten ist natürlich junge Einfügung; er ist erst nach Erfindung der Uhren in das Märchen gekommen.

Bei vielen Völkern, nicht nur bei den Indogermanen, wird das Verhältnis des Himmels zur Erde als ein bräutliches oder eheliches aufgefaßt. Im rauschenden Gewitterregen vollzieht sich ihre Vermählung.

Hatte zunächst der Wechsel von Tag und Nacht die Einbildungskraft des Menschen beschäftigt, so lag es nahe, diese Anschauung zu erweitern und auf Sommer und Winter zu übertragen; so gehen auch in der Sprache die Bezeichnungen für Tag und Sommer ineinander über: germ. dagaz = Tag, preuß. dagas = Sommer. Die feindlichen Dämonen, die in ewigem Kampfe mit dem Tagesgotte liegen, werden die Widersacher des Natur- oder Jahresgottes; sie trachten danach, ihm seine Macht und seine Gattin, die mütterliche Erde, zu entreißen. Die Dürre des Winters, oder seine unaufhörlichen Regengüsse, die starre Herrschaft von Frost und Eis werden je nach dem Klima die räuberischen Freier, die die Geliebte des Jahresgottes zur Zeit seiner Abwesenheit umbuhlen oder den Gott selbst gefangen halten, ursprünglich gewiß auch töten. Wenn aber die ersten Zeichen des Lenzes sich melden, erscheint der Gott wieder, wirft die Fesseln der Knechtschaft und das armselige Gewand der Flucht und Gefangenschaft ab, erschlägt im ersten Frühlingsgewitter die frechen Buhler und vereinigt sich wieder mit der harrenden Gemahlin. Bei der Dürftigkeit der deutschen Überlieferung ist es besser, sich mit diesen allgemeinen Andeutungen zu begnügen, als geistreiche Theorien den Mythen zuliebe zu erdichten und weittragende Schlüsse zu ziehen, die vor dem hellen, kalten Lichte nüchterner Forschung nicht bestehen können.

Ganz unsicher sind die Spuren von Sternbildermythen. Bei den sächsischen Stämmen hieß die Milchstraße Iringsweg, und schon in alter Zeit scheinen die Germanen ein glänzendes

Sternbild nach einem Helden Orendel benannt zu haben. Die frühzeitige weite Verbreitung dieses Namens vom 8.–11. Jahrhundert (ahd. Ôrentil, langobard. Auriwandalus ags. Eárendel, an. Aurvandill, dän. Horvendil); das Vorkommen eines Heiligen Orentil und eines nach ihm benannten Sant Orendels salle in der Grafschaft Hohenlohe; Ortsnamen wie Orendileshûs und Orendelstein; endlich die Bemerkung der Vorrede zum Heldenbuche, »Orendel sei der erste Held, der je geboren wurde«, weisen auf alte mythische Beziehung hin. Bei den Angelsachsen heißt der Morgenstern Eárendel und im Norden ein Stern Aurwandils Zeh. Der Name bedeutet nicht den Flutenwaller, den auf der See hin und her Schweifenden (an. aurr = Feuchtigkeit), sondern den Glanzliebenden, Morgenfrohen oder Glanzwandler (skr. vas, lat. aurora, ags. eár und ven = sich freuen, an. vanr. = gewöhnt); auch sein Vater Oeugel (ahd. ouga = Auge, ougan = vor die Augen bringen, zeigen, weisen) scheint der Zeiger oder Weiser zu sein, der als Gestirn den Weg weist. Ob und wieviel mythische Überlieferung in einem niederrheinischen Spielmannsliede von König Orendel um 1130 bewahrt ist, ob es einen Mythos gegeben hat, nach dem Orendel auf einer Seefahrt ins Riesenland bei Ise in Knechtschaft geriet, sich dort eine Jungfrau erwarb und mit ihr heimkehrte, ist völlig zweifelhaft. Eine deutsche »Odyssee« darf man jedenfalls nicht mehr rekonstruieren; denn es ist erwiesen, daß der Spielmann Motive des hellenistischen Romans, besonders des Apolloniusromans, neben der Legende vom heiligen Rock und allerhand Kreuzzugsanekdoten zusammengeschweißt hat. Vorläufig muß man sich mit der Tatsache bescheiden, daß die Verwendung und Bedeutung des Namens Orendel auf ein Sternbild gehen.

Die Götter

1. Tius

Uralte Lieder, die schon zur Zeit des TACITUS aus ferner Vorzeit stammen, singen von den drei göttlichen Ahnen, nach denen sich die drei westgermanischen Stämme bezeichneten. Die Namen der Ingwäonen, Erminonen und Istwäonen sind durch die Alliteration gebunden; sie sind altgermanischer Poesie entnommen und bildeten, wie die Dreizahl der Stäbe vermuten läßt, einen zweiteiligen Langvers. Was bedeuten die Namen der drei Ahnherrn, die in urgermanischer Form Ingwaz, Ermnaz, Istwaz lauten würden? Sind es Brüder, verschiedene Göttergestalten oder uralte Epitheta einer Gottheit, die ihnen von den drei Stämmen beigelegt wurden?

Daß Tius bei den Erminonen, deren Wohnsitze sich von der Donau bis zur Spree erstreckten, der oberste Gott war, weiß TACITUS zu berichten. Im Lande des ältesten erminonischen Stammes, der Semnonen, zwischen der mittleren Elbe und Oder (Mark Brandenburg) kamen alle Stämme desselben Blutes zusammen. In einem schaurigen Haine begannen die Amphiktyonen die hohe Feier durch das Opfern eines Menschen. Als den allwaltenden Gott, den alles in knechtischem Gehorsam verehrt, als den Urahnen des Volkes (tamquam inde initia gentis), als den größten und höchsten der Götter, nannten sie ihn Tiwaz ermnaz, d.i. den Erhabenen. Die Erminonen betrachteten sich also als Zeussöhne und verehrten den »erhabenen Himmelsgott« (Irmin) als Ahnherrn und Gründer ihres Stammes. Die Semnonen, eine Abteilung Schwaben, verrichteten bei dem gemeinsamen Kultus Priesterdienste, wie die Nahanarvalen bei den Ostgermanen. Wir finden sie am Ende der Völkerwanderung als Juthungi wieder, d.h. die »echten Abkömmlinge« des Himmelsgottes. Noch in einer Glosse des 9. Jahrhunderts werden die Schwaben Cyuwari »Verehrer des Ziu«, ihr Hauptsitz Augsburg, das ehemalige Augusta Vindelicorum Ciuuesburg, »Burg des Ziu« genannt. Noch heute nennen die Schwaben den Dienstag Zistig, Ziestag. Das Volk, das einst zum Hüter des ermin. Stammesheiligtums bestimmt war, bewahrte also am treuesten seinen Glauben und nahm seine Heiligtümer in die neue Heimat mit, als es südwärts über die alte Waldesgrenze auf ehemals ungermanischen Boden zog. Noch im 12. Jahrhundert erblickt der Glossator der Corveier Annalen in der Eresburg ein dem Ares d.i. dem dominator dominantium geweihtes Heiligtum. Östlich von den Semnonen und Schwaben, jenseits des Lech, saßen von den ermin. Stämmen die Markomannen und andere, die den Bajuwarennamen angenommen haben. Auch diese hatten den Tiuskult in die neue Heimat mitgenommen, nur nannten sie den Gott mit einem anderen Beinamen Eraz. Der ihm geweihte Tag heißt bei den Bayern Ertag. Gleichfalls zum Suebenstamme gehörten die Hermunduren. Im Jahre 58 war zwischen ihnen und den Chatten wegen des salzhaltigen Grenzflusses eine heftige Fehde entbrannt. Dieser Krieg schlug für die Hermunduren glücklich, für die Chatten unselig aus. Beide hatten, um sich des Sieges zu versichern, das Heer der Gegner dem Tius und Wodan geweiht. Nach dem Siege ward, dem Gelübde gemäß, Roß und Mann sowie alles, was besiegt war, insgesamt dem Untergange preisgegeben.

Es steht also fest, daß Tiwaz im Binnenlande im 1. Jahrhundert unserer Zeitrechnung als oberster Gott verehrt wurde. Nach dem Beinamen des Himmelsgottes nannten sich die Erminonen; der urgermanische Tiwaz ermnaz bildete als Irmin-Tius den Mittelpunkt ihres Kultes.

Auch die Sachsen, die nordwestlich von den Semnonen wohnten, verehrten ihn unter diesem Namen. Nach ihrem Siege über die Thüringer bei Scheidungen an der Unstrut errichteten sie ihm eine mit dem Symbole des Adlers geschmückte Siegessäule, nach Morgen hin gerichtet. Das

Standbild, das nach Osten blickte, der Adler, der den aufsteigenden, durch die Wolken brechenden Tag bedeutet, wie noch WOLFRAM VON ESCHENBACH singt: »Seine Klauen durch die Wolken schlug er nun. Er steiget auf mit großer Kraft« zeigen Tiwaz als Sonnen- und Himmelsgott. Die Errichtung der Säule (Irminessûl) nach dem Siege kennzeichnet ihn als Kriegsgott. Das »Hildebrandslied« scheint ihn »irmingot« zu nennen, d.h. den an der Spitze des Götterstaates Stehenden, der oben vom Himmel herab die Dinge der Menschen beschaut und regiert.

Bei den Sachsen zerstörte KARL DER GROSSE 772 die Irmensäulen, d.h. die gewaltigen Säulen, nicht die des Irmin, in der Nähe von Eresburg. Wie aus dem Namen der westfälischen Stadt hervorgeht (besser Eresberg als Eresburg), nannten die Sachsen und Angeln den Gott auch Eraz, Er, Ear wie die Bayern. Ob Er mit skr. arya = freundlich, zugetan oder mit ags. eárendel (Morgenstern) oder mit Ares zusammenhängt und aus derselben Wurzel gebildet ist wie Irmin = der Erreger, ist zweifelhaft; germ. Erhaz ließe sich mit ir. »erc = Himmel« zusammenbringen.

Neben Irmin und Er hatten die Sachsen noch ein drittes Beiwort des Himmelsgottes. In dem sächsischen Taufgelöbnisse um das Jahr 790 begegnet hinter Thuner und Wôden als dritter Gott, dem der Täufling entsagen soll, Saxnôt. »Schwertgenosse« oder den »sich des Schwertes freuenden« hießen ihn die Sachsen des Festlandes, und nach dem sahs ihres Sahsnôt nannten sie sich selbst. Bei den Angelsachsen gilt Saxneát für Vodens Sohn, d.h. Tiwaz ist hinter Wodan zurückgetreten; Saxneát steht an der Spitze der Stammtafel der Könige von Essex mit Nachkommen, deren Namen die Tätigkeit des Gottes in den verschiedenen Phasen der Schlacht bezeichnen. Noch Kaiser HEINRICH IV. war gewohnt, alle seine Kämpfe »in heidnischem Aberglauben« am Tage des Mars, am Dienstage, auszuführen.

Drei Epitheta des alten Himmelsgottes haben sich also ergeben, Irmin, Er, Saxnôt; die älteste, höchste und gemeingermanische Bezeichnung war der »Erhabene, Gewaltige«; nach diesem Beiworte benannte sich der vornehmste und älteste der westgermanischen Stämme, die Erminonen, die in der gemeinsamen europäischen Urheimat verblieben waren.

Daß die Friesen den Tiwaz verehrten, wird durch eine Inschrift bezeugt, die im Jahre 1883 zu Housesteads, dem alten Borcovicium, einer der römischen Stationen am Hadrianswall im nördlichen England, aufgefunden wurde. Ein Schäfer stieß auf zwei Altäre mit lateinischen Inschriften und auf einen halbrunden, bogenartigen Aufsatz mit bildlichen Darstellungen. Dieser glückliche Fund ist zugleich eines der ältesten Zeugnisse für bildliche Darstellungen germanischer Götter. Die Inschrift des ersten Altars lautet: »Dem Gotte Mars Thingsus und den beiden Alaesiagen Beda und Fimmilena und der Gottheit des Kaisers haben Tuihanten, germanische Bürger, ihr Gelübde gern und schuldigermaßen eingelöst.«

Die Inschrift des zweiten Altars lautet: »Dem Gotte Mars und den beiden Alaisiagen und der Gottheit des Kaisers haben Tuihanten, germanische Bürger aus der nach Severus Alexander benannten Heeresabteilung der Friesen ihr Gelübde gern und schuldigermaßen eingelöst.«

Das Relief stellt einen mit Helm, Speer und Schild gewaffneten Krieger dar, den die interpretatio Romana Mars nennt, zu dessen Füßen ein Schwan oder eine Gans aufsieht. Zu beiden Seiten sieht man zwei ganz gleichartige schwebende Gestalten, die in der einen Hand ein Schwert oder einen Stab, in der anderen einen Kranz halten.

Beide Altäre sind von Tuihanten errichtet, germanischen Bürgern, die in römischen Diensten standen, und zwar dem friesischen Keil des Kaisers Severus Alexander angehörten (222–225). Die Tuihanten sind die Bewohner der Landschaft Tuianti, des heutigen Twenthe im Osten der Zuidersee.

Unter dem römischen Mars leuchtet ihr Volksgott Tius hervor, der den Beinamen Thingsus führt. Die Friesen verehrten also zu Anfang des 3. Jahrhunderts einen Gott Tiwaz Thingsus und zwei Alaesiagen, Beda und Fimmilena, die nach der Darstellung und den Inschriften in unmittelbarem Zusammenhange mit ihm standen. Unter ihnen sind wahrscheinlich zwei gewaltig einherfahrende Göttinnen zu verstehen, die schreckende Bêd und die stürmende Fimila, die dem Wetter- und Himmelsgotte Tiwaz zukommen, oder auch zwei Göttinnen des Gerichtes.

Der ausgeprägte Rechtssinn der Friesen ist uralt und wohlbekannt. Thinx ist der langobardische Name für »Ding«, »Volksversammlung«, Thinxus (Thingsus) ist also der Beiname des Gottes als des Leiters der Volksversammlungen. Unter freiem Himmel oder unter dem Schutze eines großen heiligen Baumes hielten die germanischen Völker ihre Rechtsversammlungen ab, zu denen sie bewaffnet erschienen, denn ehrhaft und wehrhaft galt als ein Begriff, und nannten nach dem Gotte, der gleichsam als Vorsitzender die Thingverhandlungen leitete, den ihm geweihten Tag »dingestag«. Auf fränkischem (istwäon.), sächsisch-friesischem Boden ist diese Bezeichnung des Tages uralt. Wie die kriegerische Ausrüstung des Gottes auf dem Housesteader Relief zeigt, war der friesische Mars Thingsus zugleich der Kriegsgott; kamen doch auch die freien Männer bewaffnet zur Volksversammlung. An Stelle des Sonnenschwertes trägt der Gott den Speer, wie auch Mars in der ältesten Zeit als Speergott bezeichnet wird.

In derselben Gegend setzten Friesen dem Tius Tingsus einen Stein, und auf einem anderen wird der keltische Kriegsgott Belatucadrus durch Tius Tingsus übersetzt. Bei den Friesen also war Tiwaz der oberste Befehlshaber des in Thing und Heer zu seinem Dienst versammelten Volkes.

Die Gemahlin des Himmelsgottes bei den Ingwäonen war Nerthus, ihre feierliche Umfahrt symbolisierte das Erwachen der Natur im Frühjahr. Die Göttin war unsichtbar, der Gott galt als sichtbar, solange seine Gegenwart andauerte; man wußte nicht, woher er kam und wohin er ging. Von seinem Kommen aber hing Friede, Freude und Fruchtbarkeit ab, darum bezeichnete man den Gott als den »Angekommen«, urgerm. Ingwaz. Das rätselvolle angelsächsische Runenlied sagt: »Ing war zuerst bei den Ostdänen von den Menschen gesehen; später zog er ostwärts über die Flut; sein Wagen rollte ihm nach.« Die Ostdänen wohnten in Schonen, auf Seeland war das Stammesheiligtum der Nerthusvölker, und der Wagen, den der Gott wie die Göttin bei ihrem Umzuge benutzten, das eigentümliche Symbol seines Kultus, drang mit ihm in die Fremde. Ing, der göttliche Ahnherr der Ingwäonen, ist also nur eine andere Bezeichnung für den urgerm. Tiwaz. Ing und Irmin, die mythischen Ahnherren der nach ihnen sich nennenden Völkerschaften, sind also verschiedene Beinamen des altgermanischen Tiwaz.

Die Zeugnisse für die Verehrung des Tiwaz bei den Istwäonen, den späteren Franken, sind dürftig. Der Grund ist klar. Wir können beweisen, daß etwa um den Anfang unserer Zeitrechnung von den Germanen am Rheine die Wodanverehrung immer weiter dringt und der alte Himmelsgott entthront wird. Aber völlig verschwunden ist er auch in später Zeit noch nicht. So findet sich auch bei den Sachsen noch um 800 Saxnot neben Wodan. Im batavischen Aufstand schicken die Tencterer einen Abgeordneten, der in der Versammlung der Agrippinenser die trotzige Erklärung abgibt: »daß ihr zurückgekehrt seid in den Verband und zu dem Namen Germaniens, dafür sagen wir den gemeinsamen Göttern und der Götter Höchstem, Mars, d. i. Tius, Dank«. Aus den Worten geht hervor, daß der Tencterer einen Unterschied macht zwischen den Göttern, die ihnen mit den anderen Germanen gemeinsam sind, und dem obersten Gotte. Der oberste gemeingermanische Gott ist Tiwaz. Mithin müssen die Tencterer eine Erscheinungsform des Gottes besonders verehrt haben, die sie von andern scheidet. Den Kult des Tiwaz bei den Rheinländern bezeugt TACITUS: »den Donar (Hercules) und Tius (Mars) besänftigen sie durch erlaubte Tieropfer«.

Das dritte Zeugnis steht vielleicht in der fränkischen Geschichte des Bischofs GREGORIUS VON TOURS. Als König Chlodovech der erste Sohn geboren war, wollte ihn seine christliche Gemahlin Chrodichilde taufen lassen. Sie drang deshalb unaufhörlich in ihren Gemahl und suchte ihm die Ohmacht seiner Götter klarzulegen: »sie können sich und anderen nichts nützen, dieweil sie ein Gebilde aus Stein, Holz oder Erz sind ... Mars und Mercurius, wie weit reicht ihre Macht? Zauberkünste mochten ihnen zu Gebote stehen, aber die Macht einer Gottheit hatten sie nimmer.«

Wenn auch der gelehrte Bischof an griechische und römische Götter denkt, so ist doch Mars und Mercurius eine wohlbekannte interpretatio für Tius und Wodan. Die Annahme scheint unabweisbar, daß im 6. Jahrhundert noch Tius neben Wodan als fränkischer Gott gilt.

Zu diesen historischen Zeugnissen treten inschriftliche. Auf vierzehn römischen Votivsteinen, die von germ. Gardereitern aus der Rheingegend in der Zeit von 118–141 ihren heimischen Göttern errichtet sind, steht dreizehnmal Tius an erster, Wodan an letzter, Donar achtmal an zweiter, einmal an dritter und einmal an erster Stelle. Ganz deutlich wird also dem Tius der Vorzug erwiesen. Auf einem Votivsteine ist dem Mars eine Victoria beigesellt, die zur Kriegsgöttin gewordene Gattin des Tius, Frîja.

Zu diesen Zeugnissen kommen ebenso gewichtige indirekte. Wenn Ing und Irmin nur Beinamen des höchsten Gottes waren, so muß auch der dritte Name Istw diesem zukommen. Urgerm. Istwaz gehört zur Wurzel idg. = brennen, flammen oder zu îsi = glänzen, leuchten. Tiwaz Istwaz bedeutet also den »Flammenden« – ein Name, der für den leuchtenden Himmels- und Sonnengott gut paßt.

Das germanische Lied also, das nach TACITUS in die graueste Vorzeit zurückreicht, berichtete von der gemeinsamen westgermanischen Verehrung des Himmels- und Jahresgottes Tiwaz. Verschieden waren die Beinamen, die sie ihrem höchsten Gotte beilegten, aber sie kamen alle der einen, der obersten Gottheit zu. Darum fühlten sich die Westgermanen als eng zusammengehörig, wenn sie auch in verschiedene Gruppen gespalten waren; leicht konnte daraus bei fremden Völkern die irrige Vorstellung entstehen, ihre göttlichen Ahnherrn seien Brüder gewesen. Die Bewohner des Binnenlandes nannten Tiwaz »den Großen, Erhabenen, Gewaltigen« Ermnaz. Die an der Nord- und Ostseeküste wohnenden Stämme (Friesen, Langobarden, Sachsen, Angelsachsen) hießen ihn Ingwaz »den Gekommenen« und dachten dabei an sein geheimnisvolles Erscheinen, mit dem der Segen des Lichtes und der Kultur verknüpft war. Istwaz »der Flammende« war er den Rheinländern als der strahlende Himmelsgott. Aber gemeinsam war ihnen allen die Verehrung des Tiwaz als des Schützers in Krieg und Frieden, des Sonnen- und Himmelsgottes, des Spenders des Frühlings und Sommers.

Bei den ostgermanischen Nahanarvalen wird nach TACITUS besonders ein göttliches Zwillingspaar verehrt, die Dioskuren. Mag auch in geschichtlicher Zeit ihr Kult den Mittelpunkt der Vandilier bilden, eine Verehrung der Söhne ohne den Vater ist unmöglich. Ursprünglich muß auch bei ihnen der Himmelsgott den ersten Rang innegehabt haben. Dafür spricht vielleicht noch die Bezeichnung des Stammes nach Tiwaz dem »Wanderer« und der dem Tiwaz Eraz geweihte Ertag bei den Bayern. Daß dies auch für die Goten zutrifft, bezeugt JORDANES. »So berühmt waren die Goten, daß man ehedem erzählte, Mars (Tius), den der Trug der Dichter den Kriegsgott nennt, sei bei ihnen geboren. Diesen Mars verehrten die Goten mit einem grausamen Kultus – denn sein Opfer war der Tod der Kriegsgefangenen – in der Meinung, daß der

Lenker der Schlachten billigerweise durch Menschenblut versöhnt werden müsse. Ihm wurden die Erstlinge der Beute gelobt, ihm wurden an Baumstämmen erbeutete Rüstungen aufgehängt; ihnen war eine ganz besondere Liebe zur Religion angeboren, da es so schien, wie wenn sie die göttliche Verehrung ihrem Stammvater erwiesen.« Also auch den Goten ist Tius Himmelsgott, Herr des Krieges und Gründer des Volkes.

Die hohe Stellung des Tiwaz wird nicht erschüttert, wenn man die Stammesnamen Ingwäonen, Erminonen, Istwäonen nicht von den Beinamen des Tiwaz ableitet, sondern die Götternamen erst als durch Rückschluß aus diesen Stammesnamen gewonnen betrachtet: die Ingwäonen werden neuerdings als »die engen Freunde oder Verwandten« erklärt, die Erminonen als »die Gesamten« = den späteren »Alamannen«, die Istwäonen als »die Echten«.

Bei allen Germanen ist der dritte Wochentag nach dem Himmelsgotte benannt. Der Name des Gottes im Genitiv ist bewahrt in ags. Tîwesdaeg, engl. Tuesday, an. Tyrdagr; ahd. Ziuwestag, kontrahiert Ziestag, mundartlich Ziüstig, kommt schon in alemannischen Urkunden des 11. Jahrhunderts als Ciesdac vor. Der Name Ziustig unterscheidet den schwäbisch-alemannischen Volksstamm vom altbayerischen. Vom Böhmerwalde bis Tirol, vom Lech bis zur Raab wird der Dienstag Ertag (Erchtag) und Jrtag genannt, also nach einem Epitheton des Tiwaz. Nach alemannischer und burgundischer Satzung war der Dienstag der Tag für Dinggerichte. Nach seiner Eigenschaft als Leiter der Volksversammlung Dings, röm. germ. Thingsus wurde der dem Himmelsgotte geheiligte Tag, Tag des þingsaz, Things oder Thîhs, auch auf sächsisch-fränkisch-friesischem Boden Dingsdag genannt, wie noch heute im Holländischen.

In einem Blumennamen endlich lebt Tius als Jahresgott fort. An dem Ergrünen gewisser Bäume oder Zweige, an dem

Erblühen der ersten Waldblume (Veilchen, Primel) nahm man die Wiederkehr des abwesenden Jahresgottes und seine Vermählung mit der Erdgöttin wahr. Zu den frühesten Anzeichen der Vegetation in unseren Wäldern gehört die Blüte von Daphne Mezereum, Zeidelbast, an. Tyviđr, ahd. Zigelinta, Ziolinta, Zîland, noch heute in Österreich neben Zeiland, Zillind, Zwilind. Sicherlich ist in diesem Namen eine Beziehung auf den im Frühling heimkehrenden Sonnen- und Jahresgott Tius, Ziu, zu erkennen. Die Pflanze, die zuerst dem Schoße der Erde entsproß, war seine Verkünderin. Vielleicht legte der Priester beim großen Nerthusfest, das zu Ehren der Vermählung des Himmelsgottes mit der Mutter Erde gefeiert wurde, einen abgehauenen Zweig oder eine abgepflückte Blume auf den Wagen und bedeckte ihn ehrfurchtsvoll: das erste zarte Grün war ja das deutliche Zeichen dafür, daß die Göttin im Heiligtum gegenwärtig war.

Bei den Erminonen scheint der Gott als Heros in die Sage vom Untergange des thüringischen Reiches verflochten zu sein.

Der Thüringer König Irminfried liegt mit den Franken und ihren Bundesgenossen, den Sachsen, in Streit. Sein Ratgeber ist Iring (der wie Gold, Feuer oder Licht Glänzende?), ein kühner Mann, ein tapferer Degen, von kräftigem Geiste und scharfsinnigem Rate, beharrlich in seinen Unternehmungen, geeignet, andern seinen Willen einzureden. Durch diese Eigenschaften hatte er das Herz Irminfrieds an sich gefesselt. In der Schlacht bei Scheidungen an der Unstrut wird Irminfried besiegt. Die Sachsen errichten eine Siegessäule. So groß ist das Blutbad, daß die im Flusse aufgestauten Leichen eine Brücke für die vordringenden Sieger bilden. Irminfried aber, in dessen Person die Krone des Sieges lag, war mit seiner Gemahlin, seinen Söhnen und wenigen Getreuen entkommen.

Als die Gegner von seiner glücklichen Flucht vernommen haben, rufen sie ihn unter trügerischen Versprechungen zurück und überreden Iring, ihn zu ermorden: er soll dafür mit herrlichen Gaben beschenkt und mit großer Macht im Reiche betraut werden. Irminfried kehrt zurück und wirft sich dem feindlichen Könige zu Füßen. Iring aber, der wie ein königlicher Waffenträger mit entblößtem Schwert danebenstand, tötete seinen knienden Herrn. Da rief ihm der König zu: »Du, der durch solchen Frevel allen Menschen ein Abscheu geworden ist, sintemal du deinen Herrn getötet hast, sollst frei von dannen ziehen können, aber an deinem Verbrechen wollen wir weder Schuld noch Anteil haben.« – »Mit Recht«, erwiderte Iring, »bin ich allen Menschen ein Abscheu geworden, weil ich deinen Ränken gedient habe; bevor ich jedoch von dannen gehe, will ich dies mein Verbrechen sühnen und meinen Herrn rächen.« Und wie er mit entblößtem Schwerte dastand, hieb er auch den König nieder, nahm den Leichnam seines Herrn und legte ihn über die Leiche des feindlichen Herrschers, damit der wenigstens im Tod siegte, der im Leben unterlegen; und er ging von dannen, mit dem Schwerte sich den Weg bahnend. »Und wir können nicht umhin«, schließt der Bericht, »uns zu verwundern, daß die Sage solche Bedeutung gewonnen hat, daß mit dem Namen Irings die sogenannte Milchstraße am Himmel noch heutigen Tages bezeichnet wird.«

So verliert sich der letzte historische König der Thüringer, der um 530 durch den fränkischen THEODERICH Leben und Herrschaft einbüßte, zuletzt im Mythos, indem er mit einem gleichnamigen göttlichen Wesen identifiziert wurde, nach dem die Milchstraße bei den sächsischen Stämmen benannt war. Man kann vielleicht an einen Gestirnmythos denken oder an den Lichtgott, der sich mit dem leuchtenden Sonnenschwerte in der Hand durch die dunkle Schar der Feinde den Weg bahnt, und nach dem das Volk seine himmlische Straße benennt. Das scheint auch die altenglische Glosse via secta = Îringes wec zu bezeugen. Doch will diese Tat am nächtlichen

Himmel nicht recht zu dem natürlichen Hintergrunde des Gottes stimmen. Die Erklärung aber, das Volk habe den Helden seiner Dichtung zu den Sternen erhoben, ist bedenklich euphemistisch.

An die Milchstraße, Iringsweg, schließt sich schön der Wagen des Himmelsgottes, der Irminswagen an, der in jeder Nacht den Pol umkreist, und nach dessen Stande man die nächtliche Zeit bestimmte. Die Vorstellung des Wagens ergab sich von selbst aus der Naturanschauung: vier Sterne entsprechen den vier Rädern eines Wagens, drei andere der Deichsel. Dieses Sternbild, das in der nördlichen gemäßigten Zone niemals vom nächtlichen Himmel verschwindet, war der Wagen des Himmelsgottes Irmin Tius. Noch bei LEIBNIZ lebt das Gestirn des großen Bären als Irmines Wagen fort.

Je mehr der Kampf das eigentliche Lebenselement der Germanen wurde, um so mehr mußte diese Seite hervortreten und einseitig weiterentwickelt werden. Der Krieg war dem Germanen nicht bloß Pflicht, der Krieg war seine höchste Lust. Im Kriege lag die ganze Idealität einer germanischen Existenz. Den Krieg verherrlichte ihm die Poesie, der Krieg wandelte ihm sein Haus, in dem die Gattin selbst zur mordenden Waffe griff, der Krieg wandelte ihm seine Religion, indem er den höchsten Gott zum kriegerischsten, den kriegerischsten Gott zum höchsten machte. So wurde das Schwert die Waffe des Himmelsgottes. Nach ihm nannten sich die Sachsen, Heruler, Cherusker, Suardonen. Mit dem Schwerte erkämpfte sich Iring den Weg durch die Schar der Feinde. Bei gezückten Schwertern, die sie wie Götter verehren, schwören die Quaden Eide. Gotisch ist die Sage, daß Attila mit dem Schwerte des Mars (Tius) die Welt erobert:

Als ein Hirte ein Kalb unter seiner Herde hinken sah, ohne den Grund einer so bedeutenden Verwundung finden zu können, folgte er ängstlich den Blutspuren und stieß zuletzt auf ein Schwert, auf das beim Abweiden des Grases das Kalb unvorsichtig getreten war; so findet auch der herangereifte Theseus das unter Felsen verborgene Schwert seines Vaters, mit dem er Wunder tut. Er grub es heraus und trug es alsbald zu Attila. Dieser freute sich über das Geschenk, und kühn, wie er war, meinte er, er sei zum Herrn der Welt bestimmt, und die Übermacht im Kriege sei ihm mit dem Schwerte des Mars verliehen.

Die Volksüberlieferung hat diese uralte Vorstellung bis ins Mittelalter, selbst bis in die Zeit der Reformation bewahrt.

Mit dem Schwur, zu sterben oder zu siegen, verbanden sich die Germanen vor der Schlacht und riefen dabei den Tius an. Mit der Hasel, die dem Gotte des Waffen- und Rechtsstreites, dem Tius Thingsus, heilig war, ward die Thingstätte, wie der Kampfplatz dem uralten Himmelsgotte geweiht, unter dessen Schutze Krieg und Frieden stand. Bei den abgelegten Waffen schwuren die Sachsen und Alemannen; auch die Franken bekräftigten, solange sie den Eid als christliches Sakrament nicht kannten, ihre Aussagen, »auf ihre rechte Hand und ihre Waffen« (»Lex Salica«).

Das in den Boden gesteckte Schwert bezeichnet die Besitzergreifung vom Lande. In Friesland wird bei Hochzeiten der Braut ein Schwert vorangetragen. In der Oberpfalz werden über den Brauttisch zwei Schwerter kreuzweise in die Diele gestoßen. So wird das Sinnbild des Gottes ein Zeichen der Macht und Herrschaft, des Krieges und des Rechtes. Beim Begange der Landesgrenzen und der Grenzen eines Grundstückes, das in die Hände eines neuen Besitzers überging, wurden dem Ziu Opfer gebracht und sein Bild mit um die Grenzen getragen.

Dem Himmelsgotte zu Ehren, der das leuchtende Schwert führt, fand der Schwerttanz statt. »Die Art der germ. Schauspiele ist (im Gegensatze zu der Fülle von Spielen und Vorstellungen aller Art in Rom) nur eine und bei allen Vereinigungen die gleiche. Leicht bekleidete junge Männer, die das ergötzliche Spiel aufführen, tummeln sich in Sprüngen unter Schwertern und drohend auf sie gezückten Spießen. Die Übung hat es zur Gewandtheit, die Gewandtheit zur Anmut gebracht; aber nicht (wie die römischen Histrionen, Pantomimen und Gladiatoren) um des Erwerbes oder Lohnes willen: der Preis des so verwegenen Spiels ist das Ergötzen der Zuschauer«, heißt es in der »Germania« des TACITUS.

Wie überall in der »Germania« ist auch diese Schilderung im Gegensatze zur römischen Sitte entworfen. Die Germanen kannten nur eine Art des Schauspiels. Nicht gedungene Personen niedrigen Standes machten sich ein Gewerbe daraus, sondern junge Männer aus der Mitte des Volkes, von freiem Stande, führten das Spiel zur Kurzweil auf; ohne Oberkleid, mantellos, also nicht vollständig nackt, Schwerter oder Framen in den Händen schwingend, tummelten sie sich, indem sie die Waffen zückten und wie zum Angriffe richteten, darunter in Sprüngen umher. Die altgermanische Bezeichnung für Lied, Melodie und Tanz zusammen ist Leich; Spiel und Tanz wurden nicht voneinander unterschieden. Was TACITUS beschreibt, fällt unter den Begriff des Leichs; Schwertleich und Schaft- oder Gerleich war dafür eine passende Benennung, wenn nicht nur mit Schwertern, sondern auch mit Wurf- und Stoßwaffen getanzt wurde. Der Kampf selbst ward als ein Spiel und Tanz aufgeführt; die ahd. Namen Herileih, Hiltileih lassen auf den feierlichen Hymnus des in die Schlacht ziehenden Heeres schließen. So scheint das Spiel des Schwerttanzes nur ein ideales Abbild des Kampfes oder Gefechtes zu sein. Wenn das Schauspiel bei allen feierlichen Gelegenheiten stattfand, wird es auch an den Festen der Götter nicht gefehlt haben, und keinem andern wird das höchste, kriegerische Spiel gegolten haben wie dem schwerttragenden Himmelsgotte.

In Franken und Hessen fand der Schwerttanz am Maifeste statt, anderswo bei Schützenfesten oder zur Fastzeit, zu

Himmelfahrt, Pfingsten oder bei Hochzeiten. In Lollar bei Marburg, dem alten Wohnsitze der Chatten, wird er noch 1650 von der Dorfjugend aufgeführt: sechzehn bis zwanzig Tänzer mit blanken Schwertern, geschmückten Hüten, in Hemdärmeln, die Knie umschnallt, begannen den Kampf mit einem Liede, wobei der Führer den Spruch tat. ERASMUS findet diesen »Bauerntanz über die Schwerter« lächerlich. Noch 1884 haben ihn die Bergknappen auf dem Dürenberg bei Hallein und in Berchtesgaden getanzt.

Auch in Ebensee, Salzkammergut, wurde am Fastnachtsdienstag 1894 ein Schwerttanz aufgeführt. Etwa 10–12 Männer, mit langen und wilden schwarzen Bärten, bekleidet mit weißer Hose mit roten Streifen, roter Weste, weißer Schärpe und weißem Gürtel, auf dem Kopfe eine rote Kappe, auf der Schulter ein blankes Schwert, kommen unter Vorantritt eines Trommlers und zweier Pfeifer daher marschiert. Ein Hanswurst begleitet sie. Nachdem die Gesellschaft die Anwesenden durch einen besonderen Spruch begrüßt, sich in zwei Reihen gegenübergestellt hat, beginnen sie einen Rundtanz. Dann schweigt die Musik, und der Anführer fordert jedes Mitglied der Reihe nach zum Kampfe heraus; der zuletzt Aufgerufene wird getroffen, fällt der Länge nach hin und stellt sich tot. Um ihn wieder zu beleben, gibt ihm der Narr einen tüchtigen Schlag mit seiner Peitsche.

Darauf beginnt beim Lärm der Musik der Schwerttanz von neuem, indem alle im Gänsemarsche im Kreise umher marschieren und jeder die Schwertspitze des anderen mit einer Hand auf seiner Schulter festhält. Ohne dieselbe loszulassen, ordnen sie sich dann, einer nach dem andern, wieder in zwei Reihen, zwischen sich wie eine Schranke die Waffe, über die die folgenden hinwegsteigen. Dabei wird die Kette der Hände und Degen keinen Augenblick unterbrochen. Wenn alle in zwei Reihen stehen, hüpft der Narr über die Schwerter hinweg. Dieser Tanz wiederholt sich einige Male. Dann umringen plötzlich die Tanzenden den Narren. Ein neuer Tanz beginnt, diesmal abwechselnd mit verschiedenen schwierigen Figuren, indem die Schwerter über den Köpfen balanciert werden etc. Dann kreuzen alle ihre Schwerter, begleiten das Waffengeklirr mit fröhlichen Hochrufen und marschieren dann, wie sie gekommen, mit der Musik an der Spitze, ab.

Das Fest der Vermählung Tius mit Frija läßt sich vielleicht bis in das Jahr 15 zurückverfolgen. Wie GERMANICUS im Jahre 14 die Marser überfiel, als sie nach glücklich eingebrachter Ernte dem Tius und der Tanfana ein Dankfest feierten, so benutzte er im folgenden Jahre gleichfalls die sorglose Zeit des deutschen Festfriedens zu einem Einfalle in das Land der Chatten. Er brach im Frühling auf, als eine ungewöhnliche Dürre herrschte, und verbrannte ihre Hauptstadt Mattium (heute Madem bei Gudensberg). Dieses Frühlingsfest wird dem Tius gegolten haben, dessen Verehrung bei den Chatten feststeht.

Ausführlicher beschreibt TACITUS den Kult des Allerhalters, Allumfassers Tiwaz Ermnaz bei den Semnonen. »Als die ältesten und vornehmsten der Sueben (Erminonen) geben sie die Semnonen an. Die Glaubwürdigkeit des Alters wird durch den religiösen Gebrauch bestätigt. In einer bestimmten Zeit des Jahres kommen alle Völker desselben Blutes, durch Abgesandte vertreten, in einem Walde zusammen, der durch der Väter Weihedienst und altherkömmliche Scheu geheiligt ist: sie opfern von Staats wegen einen Menschen und begehen einen barbarischen Festkult, der aus den schaudervollen Urzeiten der Götterverehrung stammen muß. Aber noch eine andere Ehrfurchtsbezeugung widerfährt dem Haine; niemand darf ihn betreten, außer mit einer Fessel gebunden, im Gefühle der Niedrigkeit und um auch äußerlich die überlegene Macht der Gottheit zu bezeugen. Wer zufällig hingefallen ist, darf sich nicht wieder erheben und aufrichten: sie wälzen sich auf dem Boden liegend heraus. Der ganze religiöse Gebrauch geht darauf hinaus, daß dort gleichsam die Wiege des Stammes gestanden habe und dort der allwaltende Gott wohne, dem das Übrige untertan und dienstbar sei.« Das Heiligtum der Erminonen lag in der Mark Brandenburg, zwischen der mittleren Oder und Elbe; Pfleger des Kults waren die Semnonen. Ihr Name ist ein hieratischer und aus dem Kult zu erklären: got. simnan heißt »sich fesseln, gefesselt sein«, ahd. semno = das Fesselband: die Semnonen sind also die »Gefesselten«, die nur mit gebundenen Händen den heiligen Hain betraten.

Die bestimmte Zeit des Jahres zu ermitteln, in der die Zusammenkunft der erminonischen Völker stattfindet, ist schwierig. Dürfte man die Überlieferung WIDUKINDS von der Sieges- und Totenfeier der Sachsen nach der Schlacht bei Scheidungen heranziehen, so fiele die Zeit des Festes auf den 1. Oktober. Zur Michaeliszeit wurde zugleich das Ernte- und Totenfest begangen. Demnach war Tiwaz nicht nur der Kriegsgott bei den Erminonen, sondern als Jahresgott auch Herr über Leben und Tod. Daher heißt er der »gewaltige« Gott, dem alles in knechtischer Demut untertan ist. Daher wird ihm das sühnende und Unheil abwendende Menschenopfer dargebracht, daher rührt auch jene tiefe Unterwürfigkeit, zu deren Bezeugung man nur gefesselt, wie ein Gefangener, sein Heiligtum betrat.

Die gewöhnlichste Fessel aber war im germanischen Altertum die Wide, ein aus Baumreisern, besonders Weidenreisern, gedrehter Strick. Vor dem Himmelsgott also, der zugleich Kriegsgott war, erschien man mit dieser Fessel. Nun erzählt TACITUS eine eigentümliche Sitte von den Chatten: »Was bei anderen Völkern nur ausnahmsweise vorkam, als ein Beweis des Mutes auf eigene Hand, das war bei den Chatten allgemeine Sitte geworden; jeder junge Mann ließ Bart und Haare so lange wachsen, bis er einen Feind erschlagen hatte; erst dann legte er die Tracht ab, die er dem Heldenmute geweiht und gepfändet hatte. Die Tapfersten aber legten (offenbar um die Verpflichtung noch zu erhöhen, die ihnen schon die allgemeine Sitte auferlegte), außerdem noch einen eisernen Ring an (was als Schmach bei diesem Volke gilt) als eine Fessel, bis sie die Erlegung eines Feindes von ihr befreite. Sehr vielen von den Chatten gefällt sogar diese Tracht für immer; sie tragen das Abzeichen noch, wenn sie schon ergraut sind, und werden dem Fremden wie dem Landsmanne voll Stolz gezeigt. Diese beginnen jede Schlacht, bilden stets das Vordertreffen, ein überraschender Anblick. Auch der Friede gibt ihnen kein milderes Aussehen. Keiner hat Haus oder Feld oder trägt Sorge für irgendwelchen Besitz. Wohin er kommt, findet er Unterhalt, reich lebend von fremdem, verachtend den eigenen Besitz. Erst die Altersschwäche zwingt sie, so rauher Ritterschaft zu entsagen.«

TACITUS sagt offenbar: dadurch, daß der rechte Held weder Haar und Bart noch den Ring ablegte, begab er sich für immer in den Dienst und in die Pflicht des Kriegsgottes. Nur das kann die Bedeutung des Ringes sein, mag man an ein Tragen des Ringes am Arme oder Halse denken. Wide und Ring gehörten also zum Kult des obersten Gottes, sie deuteten symbolisch an, daß sich der einzelne Recke wie der ganze Stamm dem höchsten Gotte unterwarf und verpfändete. Auch bei den Römern war der eiserne Ring ein Zeichen kriegerischer Tapferkeit, vielleicht weil er auch bei ihnen ursprünglich Abzeichen der Knechte des Kriegsgottes war, wie er später noch den Sklaven vom Herrn unterschied. Prometheus legte sich zum Zeichen seiner Unterwürfigkeit unter die Herrschaft des Zeus außer dem Weidenzweig einen Ring an. Wenn wir nun auch in Deutschland Wide und Ring als Kult desselben Gottes wiederfinden, dem Prometheus sich unterwarf, so reicht nicht nur der Name des höchsten deutschen Gottes, Tius, sondern auch sein Kultus in die indogermanische Urzeit zurück. Das hohe Alter des Kults, das

TACITUS so nachdrücklich hervorhebt, wird damit in ungeahnter, wunderbarer Weise bestätigt.

Menschenopfer fallen dem Tius zu Ehren bei den Erminonen wie bei den Hermunduren im Kampfe gegen die Chatten, vielleicht auch ihm, sicher seiner Gemahlin Nerthus, bei den Ingwäonen.

Ebenso weihten die Kimbern nach dem Siege bei Arausio das ganze Heer der Römer den Göttern, henkten alle Gefangenen, ertränkten die Rosse und vernichteten die ganze Beute, Waffen und Kostbarkeiten oder warfen sie in den Fluß. Verbündete istwäonische und erminonische Stämme, die Tencterer, Chatten, Markomannen, Cherusker, Sueben und Sugambrer verbrennen vor Eröffnung des Feldzuges gegen DRUSUS zwanzig Centurionen wie ein Bundesopfer und hoffen dadurch zuversichtlich auf den Sieg: diese göttliche Weihe vor dem Siege kann niemand anders gelten wie dem Lenker der Schlacht Tius. Sicherlich ihm zu Ehren wurden auch nach der Niederlage des VARUS die Tribunen und Centurionen erster Ordnung an den Altären hingeschlachtet, die Köpfe der Geopferten an Baumstämme geheftet; Bruchstücke von Waffen und Gliedmaßen lagen noch umher, als GERMANICUS im Jahre 15 das Schlachtfeld aufsuchte; vielleicht waren auch Pferde geopfert. Als die Franken 539, wo sie schon Christen waren, aber an heidnischen Opfern und Losungen noch festhielten, die letzten Goten treulos überfielen, opferten sie an der Pobrücke die eingefangenen gotischen Kinder und Frauen als Erstlinge des Krieges und warfen ihre Leichname in den Fluß.

Aber auch eine mildere Auffassung findet sich. TACITUS sagt: »den Tius besänftigen sie durch Schlachten von Tieren, die als Opfer zulässig waren«, d.h. deren Fleisch von den Menschen gegessen werden konnte. Bei der Allgemeinheit des Ausdrucks ist es unmöglich, an bestimmte Tiere zu denken, ob Pferde, Rinder, Schweine oder Geflügel gemeint seien. Wie man aus der nordischen Überlieferung schließen darf, waren die heiligen weißen, von keiner irdischen Dienstleistung entweihten Rosse, die in heiligen Wäldern und Hainen aufgezogen wurden, zum Dienste des Himmelsgottes bestimmt; wenn sie an den heiligen Wagen gespannt waren, begleitete sie einerseits der Priester und anderseits bei monarchischen Stämmen der König; wenn der Stamm keinen König hatte, der angesehenste Häuptling. Aus dem Wiehern und Schnauben der weißen Rosse wurde geweissagt. Keine Weissagung sei heiliger, denn die Rosse seien in den Rat der Götter eingeweiht.

Auch Ernteopfer wurden dem Jahresgott Tius dargebracht. Das Kultzeugnis des Frühlingsgottes, der Maibaum, war das Ziel des Wettrennens bei dem großen Frühlingsfest, und ein in Laub gekleideter Mensch wurde ihm, dem Regenspendenden, geopfert.

In der Entwicklung der Tiusverehrung lassen sich etwa folgende Perioden unterscheiden:

In der ältesten Zeit verehrten die Germanen als obersten Gott Tiwaz, den idg. Diêus, ind. Dyâus, griech. Zeus, lat. Jûpiter.

In der zweiten Periode beginnt die Gestalt des Himmelsgottes zu erblassen. Zwar finden sich noch alte Kultverbände, Amphiktyonien, zu seiner Verehrung zusammen, zwar ist des Gottes Name und Art noch in den allgemeinsten Umrissen zu erkennen, aber bereits erscheinen neben ihm Wodan und Donar als gleich mächtig. Bei den Ostgermanen wird nicht mehr ausschließlich dem Himmelsgott selbst, sondern seinen Söhnen, den göttlichen Dioskuren, Verehrung dargebracht.

In einer dritten Epoche haben die Germanen keinen gemeinsamen höchsten Gott mehr. Jeder Stamm erhebt seinen Stammesgott auf die höchste Stelle. Wodan kommt bei den Istwäonen auf, der nächtliche Sturmgott wird Kriegsgott. Der Bauerngott Donar kann erst zu einer Zeit und bei Stämmen in die Höhe gekommen sein, wo friedliche Kultur herrschte.

Durch die enge Berührung der Germanen mit den Galliern und Römern (Zeit des TACITUS) erweitert sich das Machtgebiet Wodans: er wird Kulturgott, Erfinder der Künste und der Zauberei.

Wodan reißt die Herrschaft und die Gattin des Tiwaz an sich. Die Mythen vom Himmels- und Jahresgott gehen auf den Windgott über. Alles, was des Deutschen Herz erhebt, wird ihm übertragen. Mit dieser neuen Kultur kommt er zu den andern Stämmen und wird fast überall der höchste Gott.

Als die Römer mit den Germanen zusammenstießen, war Tius sicherlich nicht mehr der unumschränkte Herrscher des Alls. Schon teilt sich Wodan mit ihm in die religiöse Herrschaft über Deutschland. Nur die Erminonen bewahrten noch zur Zeit des TACITUS am treusten den Gott und seinen Kult, bei allen andern Stämmen war er nur Kriegsgott oder neben andern Eigenschaften besonders Lenker der Schlacht geworden. Darum geben ihn die römischen Schriftsteller mit Mars, die griechischen mit Ares wieder.

2. Foseti

Fern von der Heimat hatten germanische Söldner der friesischen Heeresabteilung ihrem obersten Gotte Tius Thingsus, dem Befehlshaber und Vorsitzenden des in Heer und Thing versammelten Volkes, einen Weihstein gesetzt. Aber noch unter einem anderen Namen, als Foseti, verehrten sie ihn daheim.

Als der heilige WILLIBRORD zwischen 690 und 714 sich auf der Missionsreise befand, kam er an der Grenze zwischen den Dänen und Friesen zu einer Insel, die nach dem Gotte Fosite, den sie verehren, von den Bewohnern Fositesland genannt wurde, weil auf ihr Heiligtümer dieses Gottes erbaut waren. Dieser Ort wurde von den Heiden mit solcher Verehrung betrachtet, daß keiner von ihnen etwas von dem Vieh, das dort weidete, oder von anderen Dingen zu berühren, noch auch aus der Quelle, die dort sprudelte, das Wasser anders denn schweigend zu schöpfen wagte. Dorthin wurde der Mann Gottes durch einen Sturm verschlagen und blieb einige Tage da, bis günstiges Wetter zur Fahrt wiederkehrte, nachdem der Sturm sich gelegt hatte. Er verachtete aber die törichte Scheu vor der Unantastbarkeit jenes Ortes und fürchtete nicht den wilden Sinn des Königs, der jeden Verletzer der Heiligtümer dem grausamsten Tode zu weihen pflegte, sondern taufte drei Menschen in jener Quelle und ließ von dem Vieh, das dort weidete, zu seinem Bedarf schlachten. Als die Heiden das sahen, glaubten sie, daß sie entweder in Wahnsinn verfallen oder durch plötzlichen Tod zugrunde gehen würden. Da sie aber sahen, daß ihnen nichts Übles widerfuhr, ergriff sie Schreck und Staunen; sie berichteten jedoch dem Könige RADBOD, was sie gesehen hatten.

Dieser geriet in große Wut gegen den Priester des lebendigen Gottes und gedachte die Beleidigungen seiner Götter zu rächen. Drei Tage lang warf er immer dreimal nach seiner Gewohnheit das Los; niemals aber konnte, da der wahre Gott die Seinigen verteidigte, das Los der Verdammten auf den Knecht Gottes oder auf einen der Seinigen fallen; nur einer von seinen Gefährten wurde durch das Los bezeichnet und mit dem Martyrium gekrönt. RADBOD fürchtete PIPPIN, den fränkischen König, und entließ den Bekehrer unverletzt.

Was WILLIBRORD unausgeführt gelassen hatte, brachte einige Zeit nachher ein anderer Geistlicher zustande. LIUDGER war bemüht, den Strom der Lehre weiter zu verbreiten und fuhr etwa 785 nach einer kleinen, zwischen den Friesen und Dänen gelegenen Insel, die nach dem Namen ihres falschen Gottes Fosete Fosetesland heißt. Als er ihr schon nahe war und, das Kreuz in der Hand, dem Herrn Bitt- und Dankgebete darbrachte, sahen die, welche in demselben Schiffe waren, einen dichten, schwarzen Nebel von der Insel abziehen, nach dessen Abzuge sich große Heiterkeit über dieselbe verbreitete. Er zerstörte die Tempel des Fosete, die dort erbaut waren, und taufte die Bewohner in der Quelle, die dort sprudelte, in welcher der heilige WILLIBRORD früher drei Menschen getauft hatte und aus der bis dahin kein Einwohner anders denn stillschweigend Wasser zu holen wagte.

Die Insel nahm seitdem den Namen hêlegland = Helgoland an, den sie noch heute fortführt; den Bekehrern war daran gelegen, den auf der Stätte ruhenden Begriff der Heiligkeit für das Christentum zu erhalten. Noch im 11. Jahrhundert geht das Gerede, daß die Seeräuber, wenn sie auch nur die geringste Beute von der Insel geholt hätten, bald nachher durch Schiffbruch umgekommen oder im Kampfe erschlagen seien, noch keiner sei ungestraft vom Raubzuge heimgekehrt. Ja, sie brachten sogar den dort lebenden Eremiten mit großer Ehrfurcht den Zehnten ihrer Beute.

Statt des handschriftlich entstellten Fosete, Fosite ist wahrscheinlich Forsete oder Forsite zu lesen. Die Heiligkeit der Insel wurde auch von den Nordmannen anerkannt; dem alten Gauheiligtum der Nordfriesen, das wie der Tempel der Nerthus von der Meeresflut umspült war, entlehnten sie den höchsten Gott der Amphiktyonie und behielten sogar den unnordischen Namen Forseti. Forsita, ahd. forasizo, ist der Vorsitzende, eine passende Benennung für den Gott, der dem Gerichte vorsitzt und alle Händel beilegt. Aus dem nordenglischen Votivstein wissen wir, daß Tius der Vorsitzende der Gerichtsgemeinde war. Mithin ist Tius Thingsus und Tius Forsita dasselbe: der gewaltige Himmelsgott, unter dessen Schutz und Frieden das Volk tagt. Darum sind seine Tempel, die Quelle, die dort weidenden Herden unverletzlich; darum fallen ihm, als dem höchsten Gotte, Menschenopfer. Darum herrscht noch im 11. Jahrhundert auf Forsitesland heiliger Frieden, den nicht einmal die Seeräuber zu verletzen wagen. Das Eiland erscheint wie das geheiligte Vorbild der Thingstätte, von der See umschlossen und eingehegt, wie jene von den heiligen Fäden, und unter den Bann der Unverletzlichkeit und des Schweigens gegeben, gleich der Mahlstatt.

Nach alter friesischer, westerlauwer Sage hat der oberste Gott einst selbst sein Volk das friesische Recht gelehrt.

KARL DER GROSSE forderte die Friesen auf, zu ihm zu fahren und sich ihr Recht zu küren, das sie halten wollten. Da erwählten sie zwölf Asegen (Rechtsprecher, Schöffen) als ihre »Foerspreken« (Vorsprecher) von den sieben Seelanden. Er befahl ihnen zu verkünden, was friesisches Recht sei. Sie aber begehrten Frist. Des dritten Tages hieß er sie wiederkommen. Sie beriefen sich auf die im friesischen Rechte gangbaren zwei Fristen und drei Nedskinen, d.i. Notscheine, Fälle echter Not, und erklärten auch am sechsten Tage sich außerstande. Da rief der König, sie hätten den Tod verwirkt, stellte ihnen aber die Wahl, ob man sie töten sollte, ob sie leibeigen werden wollten, oder ob man ihnen ein Schiff geben sollte, so fest und stark, daß es eine Ebbe und Flut möchte ausstehen, und das sonder Riemen und Ruder und sonder Tau. Da erkoren sie das Schiff und fuhren aus mit der Ebbe so fern weg, daß sie kein Land mehr sehen konnten. Als ihnen leid zumute war, sprach einer von ihnen, der von Wydekens (Wittekinds) Geschlecht war, des ersten Asega: »Ich habe gehört, daß unser Herr Gott, da er auf Erden war, zwölf Jünger hatte, und er selbst der dreizehnte war, und kam zu ihnen bei verschlossenen Türen, tröstete und lehrte sie; warum bitten wir nicht, daß er uns einen dreizehnten sende, der uns Recht lehre und zu Lande weise?« Sie fielen auf die Knie, beteten, und der dreizehnte, ihnen allen gleich, saß plötzlich im Schiff am Steuer. Er hatte eine Achse (wohl eine Axt) oder ein gekrümmtes Holz auf der Achsel und ruderte das Schiff mit ihm zum Ufer. Da sie zu Land kamen, warf er die Achse auf das Land und warf einen Rasen auf, ein Stück Torf. Da entsprang eine Quelle Wassers, die den Durst aller stillte. Den Weg, den der Gott zu Lande nahm, nannte man Eeswey, die Stätte, wo sie sich niederließen, Axenthove.

Der Dreizehnte lehrte die Zwölfe alles, was Rechtens sei, und war verschwunden, als er sie belehrt hatte. Die Zwölfe traten vor König KARL, der sie von den Wogen des Meeres verschlungen wähnte. KARL bestätigte, was sie als Recht verkündigten. So ist das friesische Recht entstanden.

Wie der Ortsname Eeswey (answeg = Weg des Gottes) zeigt, ist Christus in dieser späteren Auffassung, deren Aufzeichnung nicht über das 14. Jahrhundert hinausgeht, an die Stelle eines german. Ans (fries. ês) getreten. Der Gott, auf dessen Unterweisung die Kunde des Volksrechtes zurückgeführt wird, kann nur der höchste Gott der Friesen sein, Tius Thingsus oder Foseti. Seine Lehre verkünden die Gesetzsprecher, die Asegen, und hüten das gottgegebene Recht; sie sind Diener und Priester des Tius.

Auch der Born, der durch die von ihm geschleuderte Axt entspringt, führt auf den Herrscher des Himmels; seinem Rosse ist die Wunderkraft eigen, durch Aufschlagen des Hufes eine Quelle aus dem Boden zu stampfen. Auch sein Speer besitzt diese Kraft. Darum erfolgt die Unterweisung der Asegen auch an diesem Quell. Aus dem Wasser steigt der Nebel empor, und für das Inselklima ist der Nebel besonders charakteristisch. Die erwähnte Legende aus dem Leben Liudgers gewinnt so ihre volle Bedeutung, wenn wir annehmen, daß eine heidnische Volksvorstellung in christlichem Sinne verwendet sei. Beim Nahen der Priester verließ der Gott das Eiland, und man sah einen dunklen Nebel von der Insel fortziehen, in dessen Verhüllung der Gott vor den Christen verschwindet.

3. Wodan

Als unbestritten höchster Gott der Germanen galt lange Zeit Wodan, und noch heute ist die landläufige Meinung, daß er von Anfang an die führende Stelle unter den deutschen Göttern eingenommen habe. Wenn aber der sächsische Täufling um 790 dem Thunaer, Wôden und Saxnôte abschwören muß, wenn es mit derselben Reihenfolge in einem Gedichte des PAULUS DIACONUS heißt, »Thonar und Waten werden nicht helfen«, so stimmt die Stelle, die Wodan hier einnimmt, gewiß nicht zu der Bedeutung, die TACITUS ihm zuschreibt »von den Göttern verehren sie am meisten den Wodan«. Zwar hat sich Wodan in der Tat zum Hauptgott aufgeschwungen, aber erst nachdem er den alten Himmelsgott Tius von seinem Throne verdrängt hatte. Der düstere, finstere Gott, dem der Mensch scheu aus dem Wege geht, wenn er mit tief in die Stirn gedrücktem Hut im nächtlichen Sturme hoch zu Roß dahinjagt, der Grimme, in dessen Gefolge die Seelen der Toten fahren, der erbarmungslos holden Frauen nachjagt und sie quer über den Sattel seines Rosses bindet, ist so grundverschieden von dem erhabenen Götterkönige, der gleich Helios im leuchtenden Himmelssaal sitzt und mit Frea die Geschicke der Menschen lenkt, daß nur besondere Umstände diese Gegensätze erklären können. Es darf angenommen werden, daß im allgemeinen die Volksüberlieferung das ältere, dunklere Bild bewahrt hat. Eine Entwicklung vom natürlichen zum geistigen Wesen Gottes liegt gewissermaßen bereits in seinem Namen. Wodan, ahd. Wuotan, as. Wôdan, bei den Langobarden durch Vortritt eines G Gwôdan, ags. Vôden, an. Óđinn, Óþenn, nd. Waud, Wod, bayer. Wûtan gehört zur indogermanischen Wurzel *vâ = wehen und ist durch zwei Suffixe gebildet; germ. vôtha = rasend, besessen, wütend ist verwandt mit lat. vates, skr. vâtas = geistig erregt und bezeichnet nicht nur die stürmische Bewegung der Luft, sondern weist bereits auf das innerliche, geistige Wesen hin (ags. vôd = Ruf, Schall, Rede, Gedicht, an. óþr = Geist, Sang, Gedicht). Wodan ist die Fortbildung vermittels des Suffixes-ano, urgerm. Wátanaz, altgerm. Wôdanaz, und auch diese Stammerweiterung ist bezeichnend für die veränderte Stellung, die der »Wüter« oder »Stürmer« im

Laufe der Zeiten errang. Noch im 11. Jahrhundert wird der Name des Gottes als Wut übersetzt.

Anders steht der Nomade, anders der Ackerbauer den Himmelserscheinungen gegenüber. Dem Hirten ist die glühende Sonnenhitze Feind und Widersacher, der nächtliche Himmel Freund und Beschützer. Der Hirte freut sich, wenn die sengende Sonne unterliegt, der Ackerbauer begrüßt jubelnd die erwärmenden Strahlen, die das Wachstum des Feldes fördern, und läßt sie gern über den finstern, nächtlichen Himmel triumphieren. Der Hirt berechnet die Zeit nach Nächten, der Ackerbauer macht die Sonne zum Maßstabe seiner Zeiteinteilung. Die Nachtseite Wodans hat der Volksglaube mit erstaunlicher Zähigkeit bis in die Gegenwart bewahrt.

Über ganz Deutschland ist die Vorstellung des Nachtjägers verbreitet, der mit dem wütenden Heer (Wodans oder Wuotans Heer), der wilden Fahre (der wilden Schar), durch die nächtlichen Lüfte stürmt und eine Frau oder Tiere, wie Eber und Hirsch, verfolgt oder tötet. Er ist auch der Führer der abgeschiedenen, in den Lüften umherziehenden Seelen, der Totengott, der bei Windstille in seinem unterirdischen Reich, dem Innern der Berge, haust. Aber der grimme Gott der Nacht, des Todes und der Unterwelt beschützt das Gedeihen der Pflanzen, der Ernte und der Herden. Der Wind führt den ersehnten Regen herbei und reinigt die Luft, Krankheiten verscheuchend, darum ist Wodan heil- und zauberkundig. Er ist selbst ein unermüdlicher Wanderer und der göttliche Geleiter der Wanderer und Reisenden, der Schirmherr des Verkehres, der Verleiher des Glückes und Reichtums, mächtig geheimer Weisheit und kundig der Dichtkunst. Diese Züge Wodans sind vielleicht altgermanisch. Seine Fortbildung zum Sieges-, Kultur- und Himmelsgotte geht von den Istwäonen aus, die unter dem Zeichen des nächtlichen Sturmgottes siegreich bis an den Rhein vorgedrungen waren und zuerst mit der keltischen Kultur in Berührung kamen.

Als das älteste Zeugnis für die nächtliche Seite Wodans darf vielleicht TACITUS gelten: »Die Harii steigern die innewohnende Wildheit noch durch Kunst und klug berechnete Wahl der Angriffszeit; schwarz sind die Schilde und bemalt die Leiber, für die Schlachten wählen sie dunkle Nächte, und schon durch die schaudererregende und schattenhafte Erscheinung des Totenheeres flößen sie Schrecken ein, so daß kein Feind den schauerlichen und gleichsam höllischen Anblick aushält.« Diese Harier haben niemals als Volksstamm existiert, dessen Wohnsitze an der oberen Oder gelegen seien, es ist unmöglich, daß ihre Feinde sich mit ihnen nur auf nächtliche Kämpfe eingelassen haben sollen; mochten ihre geschwärzten Schilde und Leiber das erstemal Entsetzen einflößen, das nächste Mal werden sie ihre grausige Wirkung verfehlt haben. Der Kern der Schilderung bleibt unangefochten der, daß es im germanischen Glauben eine Vorstellung von gespenstischen Kriegern gab, die des Nachts aus der Unterwelt heraufstiegen und Grauen und Entsetzen verbreiteten. Der germanische Berichterstatter, von dem den Römern die Schilderung der Harier zukam, hatte treuherzig erzählt, daß hinter den hohen Gipfeln und tiefen Wäldern des suebischen Bergrückens sich die Wege zum Geisterreiche öffneten, wo die Ellusii ihr Unwesen trieben, woher die Gespensterheere emporstiegen, die Harii. Und wenn der Gewährsmann diese Ellusii, Etiones, Harii als gleich wirkliche Wesen ansah und ihren Wohnsitz als gleich wirkliche Gegenden schilderte, wie die Stämme und Landstriche vor der Bergscheide, so faßte der römische Forscher diese mythischen Völker als wirkliche Germanenstämme auf und machte ihren höllischen Anblick zu einer Art Tätowierung und ihr nächtliches Auftreten zu einer Kriegslist. Germ. Harjaz, hari ist das Heer, die nächtliche Gespensterschar, die des Nachts ihren Umzug durch die Lüfte hält, das Wutensheer, Heer des Gottes Wuotan, entstellt zu »wütendes Heer«, schwäbisch »s Muotes her« (alem. m = w). Im

»Münchener Nachtsegen« stehen Wûtan und Wûtanes hier nebeneinander, und die Begleiter, mit denen er erscheint, kennzeichnen ihn deutlich als nächtlichen Stürmer.

Die finstere Seite des Gottes bezeichnen in Norddeutschland die Namen Helljäger, Nachtjäger, der wilde Jäger, in Süddeutschland ist der wilde Jäger Führer der wilden Jagd. In Mecklenburg wie im Allgäu braust der Schimmelreiter unter wildem Toben durch die Luft, daß die Bäume unruhig werden, wie wenn der stärkste Sturmwind ginge, und man glaubt ihn über das Dach der Hütte dahindonnern zu hören. In einem Felsen sieht man ihn mit seinem Pferde verschwinden, denn aus den Bergen bricht der Wind hervor, in die Berge kehrt er zurück. Der Jägerhansl im Allgäu hat einen großen breitkrempigen Hut auf, der ihm bis zu den Achseln herabhängt, und reitet gewöhnlich auf einem Schimmel. Wenn er der Jagd obliegt, so rauscht und tobt es, wie wenn der stärkste Sturm wüte, und man hört weithin mit gellender, wilder Stimme rufen: hio! ho! hio! ho! In den Tannen beginnt ein fürchterliches Krachen und Prasseln, als wollte der Sturm alles niederreißen, wenn auch sonst kein Lüftchen weht. Wildes Hundegebell und die Lockrufe des wilden Jägers lassen sich näher und näher vernehmen, zuletzt beginnt es zu wetterleuchten, zu blitzen und zu donnern. – Die Jagd war von alters her die Lieblingsbeschäftigung des kriegerischen Germanen, und das wilde, lärmende Treiben des irdischen Jagdzuges wurde auf den himmlischen übertragen. Darum begleiten den Gott die leichengierigen Totenvögel, die Raben, und kläffend stürzen große und kleine Hunde hinter dem Wode her. Im klaren Lichte des Mondscheins waren Holzdiebe in den Wald geschlichen. Da erhob sich plötzlich ein fürchterliches Getöse, der Mond verfinsterte sich, der Wind fing an zu rauschen und immer mächtiger zu schwellen, die Zäune sanken krachend zusammen, die Bäume brachen. Aus der Luft stürzte auf seinem weißen Rosse, von vielen Hunden umgeben, der Wode und rief: »Was sucht ihr hier? Die Nacht ist mein und der Tag ist euer!«

Ein im 16. Jahrhundert erwähntes giftiges Kraut heißt Woden dungel, Wuotanes zunkal, as. Wôdanes tunga = Wodansstern; Wodesterne als Pflanzenname findet sich auch sonst. In der Altmark wie in Hannover sprengt der Helljäger über das Hellhaus hinweg, oder jagt im Hellgrunde. Im Oberharz, im Göttingischen, Braunschweigischen und in Westfalen jagt Hackelberend, Hackelberg mit seinen Hunden: es ist der Mantelträger, ein Beiname des nächtlichen Sturmgottes (got. hakuls, ahd. hachul = Mantel, die Hekla auf Island heißt nach ihrer Schneedecke Mantel). In Norddeutschland und in Schwaben jagt der Weltjäger in der ganzen Welt herum. Scheint doch der Wind immer unterwegs zu sein, und wie der Mensch sich beim Unwetter in den Mantel hüllt und den Hut ins Gesicht drückt, so legte der Glaube dem rastlos zu Fuße wandernden oder auf dem Donner- und Wolkenrosse dahinjagenden Gotte Mantel und Hut bei. Germanische Söldner weihten in Gallia Narbonensis dem nächtlich wandernden Sturmgotte Wodan zwei Inschriften und nannten ihn Mercurius veator und viator. Selbst den Namen Wodan hat man zu ahd. wadalôn = umherschweifen, wallen gestellt und als den »Wanderer« gedeutet. Bei heftigem nächtlichem Sturm sagt man in Pommern, Mecklenburg und Holstein »der Wode jagt«, im Osnabrückischen »der Wodejäger«, im oldenburgischen Saterland »der Wôinjäger zieht um«. Der Zug bewegt sich zwischen Himmel und Erde, bald über die Erde allein. Nur wer mitten im Wege bleibt, dem tut er nichts; darum ruft Wod dem Begegnenden zu: »midden in den Weg!« Wie der Weg fest bestimmt ist, den Wodans Jagd einschlägt, so fallen auch die Umzüge in bestimmte Zeiten, meist in den Anfang und Schluß des Winters, in Schwaben in den Herbst und Frühling oder zu Weihnachten, in Schwerin hält der wilde Jäger Wod seinen Einzug im Herbste, seinen Umzug in den

Zwölften, seinen Auszug zur Frühlingszeit, namentlich in der Mainacht.

Nicht nur auf schwarzem, öfters auch auf weißem Wolkenrosse stürmt Wodan an der Spitze der wilden Jagd durch die Luft, oft dröhnt durch das Geheul der Hunde das Rollen des nachfahrenden Wagens. Wie der Wind die nächtlichen Wolken jagt, so scheucht er die schwarzen Gewitterwolken vor sich her, und das dumpfe Grollen des Donners erklingt wie das Dröhnen eines dahinrollenden Wagens. Die Sagen von Wodan, Frau Holle und Berchta berühren sich hier aufs engste: im tobenden Gewittersturm wird der zerbrochene Wagen verkeilt, und die goldgelben Blitze sind die herabfallenden Späne. Der Wind- und Wolkengott tritt in Verbindung mit dem Gewitter.

In der Nacht umkreist das Gespann des Himmelsgottes, der Irminswagen, den Pol, nach seinem Stande bestimmte man die nächtliche Stunde, sein Weg, die Milchstraße, hieß gleichfalls nach dem obersten Gotte die Iringsstraße. Aber in Oldenburg und in Westfalen fährt der Woinsjäger um das Siebengestirn; noch im 15. Jahrhundert heißt das Siebengestirn im Niederländischen Woenswaghen, und im Harz ist das Sternbild des Wagens Hackelbergs Gespann.

Großartig und altertümlich klingt folgende Sage aus Mecklenburg. So gewaltig und furchtbar die Erscheinung des Gottes ist, seinem Verehrer erweist er sich hilfreich, und wenn er einen Ebenbürtigen findet, einen Menschen, der seinem Wesen verwandt ist, kraftvoll und klug, so belohnt er ihn freigebig:

Ein Bauer kam in der Nacht von der Stadt; sein Weg führte ihn durch einen Wald, da hörte er die wilde Jagd und das Getümmel der Hunde und den Zuruf des Jägers in hoher Luft. »Midden in den Weg! Midden in den Weg!« ruft eine Stimme, allein er achtet ihrer nicht. Plötzlich stürzt aus den Wolken, nahe vor ihm hin, ein langer Mann auf einem Schimmel.

»Hast Kräfte?« spricht er, »wir wollen uns beide versuchen, hier die Kette, fasse sie an, wer kann am stärksten ziehen?« Der Bauer faßte beherzt die schwere Kette, und hochauf schwang sich der wilde Jäger. Der Bauer hatte sie um eine nahe Eiche geschlungen, und vergeblich zerrte der Jäger. »Hast gewiß das Ende um die Eiche geschlungen?« fragte der herabsteigende Wod. »Nein«, versetzte der Bauer, der sie eiligst losgewickelt, »sieh, so halt' ich's in meinen Händen.« – »Nun, so bist du mein in den Wolken«, rief der Jäger und schwang sich empor. Wieder schürzte schnell der Bauer die Kette um die Eiche, und es gelang dem Wod nicht. »Hast doch die Kette um die Eiche geschlungen!« sprach der niederstürzende Wod. »Nein«, erwiderte der Bauer, der sie wieder schon in den Händen hielt, »sieh, so halt' ich sie in meinen Händen.« – »Und wärst du schwerer als Blei, so mußt du hinauf zu mir in die Wolken.« Blitzschnell ritt er hinauf in die Wolken, aber der Bauer half sich auf die alte Weise. Die Hunde bollen, die Wagen rollten, die Rosse wieherten dort oben, die Eiche krachte an den Wurzeln und schien sich zu drehen. Dem Bauer bangte, aber die Eiche stand. »Hast brav gezogen«, sprach der Jäger, »mein wurden schon viele Männer, du bist der erste, der mir widerstand! Ich werde dir's lohnen.« Laut ging die Jagd an: Hallo! Hallo! Wod! Wod! Der Bauer schlich seines Weges, da stürzt aus ungesehenen Höhen ein Hirsch ächzend vor ihn hin, und Wod ist da, springt vom weißen Rosse und zerlegt das Wild. »Du sollst von dem Blute und ein Hinterviertel haben«, sagte er. »Ich habe keinen Eimer und keinen Topf«, sagte der Bauer. »So zieh deinen Stiefel aus«, sagte der Wod. Der Bauer tat, wie ihm geheißen, und trug Fleisch und Blut des Hirsches im Stiefel weiter. Die Last wurde ihm immer schwerer, und nur mit Mühe erreichte er sein Haus. Wie er nachsah, war der Stiefel voll Gold und das Hinterstück ein lederner Beutel voll Silber.

Es ist der hoch oben in den Wolken dahinfahrende Sturmgott, der aus der Höhe herniederstürzt und alles zu sich emporreißen will, daß die Erde bebt und die Eichen an den Wurzeln krachen. Die Kette, an der Wodan den Wanderer seine Kraft versuchen läßt, erinnert an die Stelle der »Ilias«, wo Zeus die Götter auffordert, eine Kette von Gold vom Himmel herunterzulassen, sich unten insgesamt daranzuhängen und ihre Kraft zu erproben.

In der Erscheinung Wodans ist der natürliche Hintergrund noch zu erkennen. Bald ist er als der Windgott der unermüdliche himmlische Wanderer, bald ein im Sturm und im rollenden oder nachhallenden Donner zu Roß oder zu Wagen dahintosender Jäger, bald ist er der dunkle Nachtgott. Durchweg überwiegt die finstere Seite. Ein weiter, wallender Mantel fliegt um seine Schultern, in dem man leicht das nächtliche wolkenbezogene Himmelsgewölbe wiedererkennt, tief in die Stirn ist sein breitkrempiger Schlapphut gedrückt, der Wolken- oder Nebelhut; Hunde, die Windstöße, umbellen ihn, und Raben umflattern ihn; das schwarze oder weiße Roß ist ein Bild der dunklen Wetterwolke oder des flüchtigen Nebels. Goldene Rüstung und kriegerischer Schmuck fehlen noch völlig. Nur den Speer, womit der Hirt den Wolf oder Bär verscheucht, führt die Hand des Gottes: aus dem Jahre 843 ist der Name Kêrans belegt, der wie Ansgar-Oskar den Speergott Wodan bedeutet. Es ist der Blitz, den der Gott aus der dunklen Wolke hervorschleudert. Aber frühzeitig ward diese Waffe Symbol des Toten- und Schlachtengottes. Wie der Gott den vernichtenden Blitz entsendet und damit die gewaltige Gewitterschlacht eröffnet, so ward der Speerwurf das Symbol der Ankündigung des Krieges. Aus dem Fluge des Speeres ergab sich ein Anzeichen über den Ausgang des Kampfes. Durch seine Entsendung ward das gesamte feindliche Heer dem Walgotte Wodan geweiht. Hatte der Gott gnädig den Sieg verliehen, so ward das durch ihn eroberte Land unter seinem Schutze eingenommen: der Speer ward das Zeichen der Besitzergreifung.

Vor der großen Hunnenschlacht auf den katalaunischen Feldern feuert ATTILA, wie ein germanischer Heerkönig, das Heer durch eine Rede an und schließt mit den Worten: »Als Erster schleudere ich den Speer gegen die Feinde!« Der Langobardenkönig AUTHARI reitet bei Regium in das Meer und berührt eine dortstehende Säule mit der Lanze: »Bis hierher soll das Gebiet der Langobarden reichen!« Kaiser OTTO wirft vor seinem Rückzuge aus Dänemark seinen Speer in die See, die davon den Namen Odensund trägt; dasselbe wird von KARL DEM GROSSEN berichtet. Als die Bayern den Römern Tirol abgewannen, stieß ihr Führer Herzog ADALGER am Haselbrunnen unweit Brixen seine Lanze ins Erdreich: »Das Land hab ich gewonnen den Bayern zu Ehren!« (»Kaiserchronik«).

Wie die wilde Jagd den Menschen emporreißt, so hebt der Windgott seine Lieblinge zu sich auf sein Pferd, rettet sie vor Gefahren und führt sie im Zauberfluge an den gewünschten Ort. Einem Manne begegnet ein Reiter auf hohem Rosse, faßt ihn und hebt ihn zu sich. Das Pferd stiebt mit ihm durch die Luft, daß ihm Hören und Sehen vergeht; endlich wird er hart an einer Stadt bei der Brücke zur Erde geworfen.

Wodans Einäugigkeit ist zwar nicht direkt bezeugt, darf aber als altgermanische Vorstellung gelten. Nur darf man sie nicht aus dem Tageshimmel, sondern eher aus dem nächtlichen Himmel erklären; denn Wodan als Sonnengott ist jüngere Vorstellung. Der unter den Wolken hervorzuckende Blitzstrahl erinnerte an das Leuchten eines von einer Wolke als einem Hute beschatteten Auges. Andere Erklärer denken an das Ochsen- oder Sturmauge (engl. bullseye, frz. oeil-de-boeuf), die runde Öffnung einer sturmverkündenden Wolke. Bei schwerem Wetter zeigt sich oft eine lichte Öffnung in den Wolken; meistens kommt der Wind aus der Richtung, wo sich das Auge im Wolkenhimmel öffnet; diesen weißlichen, von Finsternis umgebenen Raum nennen die Seeleute noch heute Sturmauge.

Den auf weißem Rosse stürmenden Reiter Wodan, der, von den Winden umheult, den zündenden Wetterstrahl aus finsterem Gewölke schleudert, kennt noch der allgemein geltende Volksglaube vom wilden Jäger. Nacht und Nebel, Wolken und Wetter jagt der nächtliche Gott über den Himmel dahin, daß die Sonne verlischt und Finsternis ihre Schwingen breitet, und von dieser allgemeinen Vorstellung hebt sich die Jagd auf ein einzelnes Tier, einen Eber, einen Hirsch, auch wohl eine Kuh, oder ein oder mehrere weibliche Wesen ab.

Man braucht die verfolgten und getöteten Tiere nicht als Sonnentiere aufzufassen, sondern es sind die in Deutschland üblichen Jagdtiere. Die naturmythische Deutung erklärt diese Jagd so: Wohl erlegt der nächtliche Sturmgott sie und zerreißt sie, aber sie werden immer wieder lebendig, und die Nachtjagd beginnt immer von neuem: denn die Sonne wird jeden Morgen neu geboren.

Wie die Nordwindsöhne Zetes und Kalais die »raffenden« Sturmgöttinnen verfolgen, die Harpyien Sturmfuß (Okypete), Fußschnell (Podarge) und Schnellfliegerin (Aello), so jagt in Deutschland Wodan im Sturmgebraus der Windsbraut und den Holzfräulein nach. Seit alter Zeit heißt der einem Gewitter vorausgehende Wirbelwind Windsbraut, Windis prût oder das »fahrende Weib«; als man die mythische Beziehung (Gemahlin des Windgottes) nicht mehr verstand, brachte man den zweiten Teil mit sprießen, Sproß, spritzen, zusammen, weiterhin auch mit Spreu, sprühen. Aber im Altertume bezeichnete Windsbraut nicht den Sprühwind, sondern den Wirbelwind, die Buhle, die der im Tosen und Heulen des Sturmes dahinjagende Gott verfolgt. Zahlreiche Sagen erzählen, wie der wilde Jäger einem gespenstischen Weibe (Wetterhexe mit roten fliegenden Haaren, weißes Weib), der Buhle, fahrenden Mutter oder einer ganzen Schar wilder Frauen nachsetzt. Jemand sieht ein Weib ängstlich vorüberlaufen, bald darauf stürzt ein Reiter, der wilde Jäger mit seinen Hunden, ihr nach, und es dauert nicht lange, so kehrt er wieder und hat die nackte Frau quer vor sich auf dem Pferde liegen. Wie der Sturmriese Vasolt und der Wunderer mit laut schallendem Horne und wütend bellenden Hunden eine Jungfrau verfolgen, so jagt der wilde Jäger bei Saalfeld unsichtbar mit seinen Hunden die Moosleute, der Nachtjäger in Schlesien die mit Moos bekleideten Rüttelweiber, die Lohjungfern, die Holzweibchen oder Holzfräulein. Bald fällt der halbe Leib eines dieser Wesen, bald ein Fuß mit grünem Schuh bekleidet dem nachrufenden Spötter gleichsam als sein Jagdanteil aus den Wolken.

Auch bei der Verfolgung eines einzelnen Weibes durch den wilden Jäger wird man eher an eine stürmische Werbung des Gottes um eine Frau zu denken haben, als an die Tötung. Das Wort »Brautlauf« für Hochzeit zeigt, daß bei den Deutschen alter Zeit die Sitte bestand, die Braut zu entführen. Solches Erjagen der Braut steckt auch hinter dem Mythos von der Windsbraut, die allnächtlich von ihm erlegt werde, aber immer wieder auflebe.

Aus dem 13. Jahrhundert wird eine solche Sage berichtet: Einem Ritter begegnet bei Nacht ein Weib, das vor einem blasenden Jäger und seinen bellenden Hunden herläuft und um Hilfe ruft. Er springt vom Pferde, zieht mit dem Schwerte einen Kreis um sich, in den er die Verfolgte aufnimmt, und schlingt deren Haarflechten um seinen linken Arm, während er in der Rechten das bloße Schwert hält. Als aber der Jäger näher kommt, schreit das Weib: »Laß mich, laß mich los, da ist er!« Sie reißt so gewaltig, daß ihm die Haare in der Hand bleiben, und läuft davon. Der Jäger hinterdrein, erreicht sie bald und legt sie quer vor sich aufs Roß, daß das Haupt hüben, die Beine drüben herunterhängen.

Nachdem Wodan die Gemahlin des alten Himmelsgottes Frija an sich gerissen hatte, stürmt er mit ihr zusammen durch die nächtlichen Lüfte. In Mecklenburg fährt ein Mann in grünem Jägerrock und einem dreitimpigen Hut bei der wilden Jagd mit Fru Gauden einher. Auch Hackelberend und Frau Holle jagen gemeinsam an der Spitze des wütenden Heeres.

Bei dem Kult des nächtlichen Sturmgottes ist von der niedrigsten Stufe der geistigen Entwicklung auszugehen. Der Kärntner Bauer stellt eine hölzerne Schale mit verschiedenen Speisen auf einen Baum vor dem Hause oder wirft Heu in die Luft: dann tut der Wind keinen Schaden. Dieses Füttern des Windes, woraus sich das Opfer für den persönlich aufgefaßten Windgott entwickelte, erinnert an das Bemühen Etzels, den gefräßigen Wunderer durch Vorsetzen von Speise zu besänftigen. Bei heftigem Sturme wirft man in Schwaben, Tirol und Oberpfalz einen Löffel oder eine Handvoll Mehl in die Luft für den »Wind und sein Kind«, in der Oberpfalz mit den Worten: »Da, Wind, hast du Mehl für dein Kind, aber aufhören mußt du.« Im niederösterreichischen Gebirge wird am 29. Dezember Mehl und Salz untereinander gemischt und auf einem Brett zum Dachfirste hinausgestellt. Verführt es der Wind, so sind im nächsten Jahre keine Stürme zu fürchten. – Auch Wodans Hunde erhalten Opfer. Sie dringen in die Backkammer, fallen über den Teig und schlürfen, wie wenn sie bei der Tranktonne seien. Läßt man die Tür auf, so zieht der Wode hindurch, und seine Hunde verzehren alles, was im Hause ist, sonderlich den Brotteig, wenn gerade gebacken wird. – Auch Wodans Pferd erhielt Opfer. Wenn die Bauern in Schleswig ein Stück Land mit Hafer besät hatten, ließen sie einen Sack voll Korn auf den nahen Berg bringen und dort stehen. Nachts kam dann »jemand« und brauchte den Hafer für sein Pferd. In Mecklenburg ließ man, nach einem Rostocker Berichte des 16. Jahrhunderts, bei der Roggenernte am Ende eines jeden Feldes einen Streifen Getreide ungemäht, flocht es mit den Ähren zusammen und besprengte es mit Bier. Die Arbeitsleute traten darauf um den Getreidebusch, nahmen ihre Hüte ab, richteten ihre Sensen in die Höhe und riefen Wodan dreimal mit folgenden Worten an:

> Wode, hole deinem Roß nun Futter!
> Nun Distel und Dorn,
> Aufs andre Jahr besser Korn!

Noch im Anfange des vorigen Jahrhunderts ließ man in der Gegend von Hagenow in einer Ecke des Feldes einige Halme stehen, damit »de Waur« Futter für sein Pferd fände. Am Wodenstage soll man keinen Lein jäten, »damit Wodans Pferd den Samen nicht zertrete«. Aber auch der Windgott selbst, der der Spender des Erntereichtums ist, empfing Gaben, und zwar Mehl und Brot. Ein Bauer hatte spätabends die Tür offengelassen. Da kam der wilde Jäger durch sie geritten und nahm ein Brot vom Brotschragen herab. Darauf sprengte er wieder fort und rief dem Bauern zu: »Weil ich dies Brot in deinem Hause bekommen habe, soll es in deinem Hause nimmer daran fehlen!« Er hielt auch Wort, und nie hatte der Bauer Brotmangel. Eine Erinnerung an das Opfer für den Sturmgott und die Windsbraut ist ein Gebrauch der Oberpfalz. Dort warf man drei Hände voll Mehl in den Wind und rief: »Wind und Windin, hier geb ich dir das Deine! laß mir das Meine!«

Der Wind- und Totengott ruht, wenn die Stürme nicht verheerend durch das Land brausen, in seinem unterirdischen Reiche, das als Berghöhle gedacht ist. Über ganz Deutschland, England wie über den Norden sind Wodansberge verbreitet. Hackelbergsgräber finden sich in Norddeutschland zahlreich, er sitzt in einem Berge, und von Bergen nimmt der wilde Jäger wie das wütende Heer seinen Auszug. Vom Odenberg (Glücksberg? einsamer, öder Berg?) bei Gudensberg in Hessen (noch 1154, 1170 Wuodenesberg) stürmt KARL DER GROSSE mit seinem rasselnden Reiterheer hervor, tränkt die

Rosse in dem Quell Glisborn, den der Huf seines Pferdes aus der Erde gestampft hat, und liefert eine blutige Schlacht. In einer Walkenrieder Urkunde vom Jahre 1277 wird ein Berg erwähnt, »qui Wodansberg vocatur«, den man auf den »Hutberg« Kyffhäuser bezieht (ahd. chuppha, mhd. kupfe = Hut; oder ahd. chupisi Zelt = zeltförmiger Hügel). Die Vorstellungen vom Aufenthaltsorte der Seelen im Berge, von einer mythischen letzten Schlacht am Ende aller Dinge verschmolzen hier, etwa im 15. oder 16. Jahrhundert, mit der deutschen Kaisersage, die nicht im germanischen Heidentum, sondern in den altchristlichen Vorstellungen von der dem jüngsten Gerichte vorangehenden dämonischen Herrschaft des Antichristes ihre Wurzel haben; und da Tilleda unter dem Kyffhäuser Kaiserpfalz war, wurde aus dem im Berge ruhenden Gott ein bergentrückter Kaiser. Wie KARL DER GROSSE bei Gudensberg, trat Kaiser FRIEDRICH II. an Wodans Stelle, und die Gestalt des apokalyptischen Kaisers wurde mit volkstümlichen und mythologischen Elementen ausgeschmückt. Nicht zu beweisen ist, daß Wodans Himmelsschloß Walhall im Kyffhäuser lokalisiert sei und daß die zechenden und Kampfspiele übenden Ritter den nordischen Einherjern entsprächen; bei den Raben aber, die um den Berg fliegen, kann man vielleicht an Wodans heilige Vögel denken. Andere Wodansberge sind: der Godesberg bei Bonn (Wodenesberg, Godenesberg), jetzt Utzberg bei Weimar, Wunstorp bei Hannover (früher Wodenstorp). Schon 973 wird ein Wodenesweg im Magdeburgischen erwähnt, entweder als der Weg zu verstehen, den der nächtliche Stürmer einschlägt, oder wêg ist = Wand, Mauer (got. waddjus, ags. wâg, an. veggr) oder als Wodans Heiligtum (ahd. wih = Tempel). In Thüringen gibt es ein Wudaneshusen (jetzt Gutmannshausen bei Weimar), in Oldenburg ein Wodensholt (jetzt Godensholt), in England Wodnesbeorg, Wodnesfeld.

In dem Heere oder Jagdumzuge des nächtlichen Sturmgottes befinden sich die Seelen der Verstorbenen. Das Wuotes Heer heißt auch Totenvolk, Totenschar. Wodan ist nicht nur der Nacht- und Sturmgott, sondern in germanischer Zeit bereits der Totengott. In seinem unterirdischen Reiche, dem Innern der Berge, herrscht er über die Winde, hier sammelt er auch die Toten in sein nächtliches Heer. Als der Stürmer der Lüfte sich zum kampfwütigen Kriegsgotte erhoben hatte, bildeten vor allem die Männer und Krieger sein Gefolge; sie entbot er zu sich durch seine göttlichen Dienerinnen, die Walküren. Wer im Dienste des Gottes gefallen war, hatte die frohe Hoffnung, nach seinem Tode bei Wodan weiter zu leben. Schon die Germanen des ARIOVIST waren im Kampfe deswegen so mutig und verachteten den Tod, weil sie an ein Wiederaufleben glaubten, und diese Zuversicht hat nur dann einen Sinn, wenn sie sich auf ein Fortleben im Reiche des Kriegs- und Totengottes bezog. Auch die Kimbern jauchzten, wenn sie in den Schlachtentod gingen, und jammerten nur, wenn sie auf dem Krankenbette sterben sollten. Mochten ursprünglich alle Toten dem Gotte angehören, später kamen nur die Kämpfer in Betracht; sie waren von ihm dem Tode im voraus bestimmt: »dâ sterbent wan die veigen« – da sterben nur, die sterben sollen – heißt es noch im 13. Jahrhundert sprichwörtlich. Freudig des Glaubens, daß der Gott ihn erkoren, wenn er die Todeswunde empfing, stürmte der Germane, leicht gekleidet, ohne Rüstung, mit leichten Waffen in das Wetter der Speere. Aus seinem Blute entsprang sein Recht, ein Gefolgsmann des großen Gottes fortab zu sein und teilzuhaben an seiner Herrlichkeit. Darum konnte ahd. urheizzo = der Geweihte (Glosse für suspensus = zum Opfer aufgehängt, der »Verheißene«) im Altsächsischen und Angelsächsischen die Bedeutung Kämpfer annehmen.

Die Kimbern- und Teutonenkriege erklären das Aufsteigen Wodans, vielleicht aber thronte er damals schon in den hellen Lufträumen, bei ihm seine Gemahlin und die gefallenen

Helden. Hier bewohnte er nach der langobardischen Stammsage mit Frea einen Saal, der natürlich in einer Burg gelegen haben muß, und von hier pflegte er des Morgens durch das Fenster gen Osten auszublicken. Im Norden heißt diese Halle Walhall (Totenhalle), aber für das deutsche Altertum läßt sich dieser Name nicht belegen.

Verräter und Überläufer hängten die Germanen an Bäumen auf; mit einem weidenen Ringe wurde ihnen die Kehle zugeschnürt, so daß ihnen der Atem, die Seele, gleichsam der Wind, ausgepreßt wurde; sie verfiel dann dem Wind- und Totengotte. Wer einen Gehängten vom Galgen nahm, beging nach fränkischer Anschauung noch in christlicher Zeit eine Missetat gegen den Kult, denn man entzog dem finstern Gotte sein Opfer. Todesstrafe setzt die »Lex Salica« (ca. 500) aus demselben heidnisch-religiösen Grunde, wenn jemand den gebundenen Verbrecher dem Richter entreißt und dadurch der drohenden Bestrafung entzieht. Weil Wodan die Toten bei sich aufnimmt, wie dem Hermes die Seelen der Verstorbenen übergeben werden, umschrieben ihn die Römer mit Mercurius. Ein Altar, der im Jahre 1874 im oberen Ahrtale gefunden wurde, trägt die Inschrift: Mercuri Channini.

Mercurius Channini soll aus Chanjini entstanden sein, hanjê, as., ags. henno, ags., fries. henna; ahd. heno, hano sei der Vernichter, der Tod, der Gott der Vernichtung, der Todesgott (idg. ken = stechen, schlagen, vernichten). Der mittelhochdeutsche Ausruf »iâ henne« soll soviel bedeuten wie »fürwahr, bei Wodan«; in Niederhessen findet sich entsprechend »Gott Henne« und christlich entstellt »Henne, der Teufel«. Auch »Freund Hein«, wie wir noch heute den Tod bezeichnen, wird nicht als eine Erfindung des MATTHIAS CLAUDIUS oder als ein Witz auf einen Hamburger Arzt anzusehen sein, sondern als eine verderbte Form für den tötenden Wodan. Der Hain, das Waldheiligtum, wo die alten Germanen ihre Toten begruben, hat sicher nichts mit Freund Hein zu tun.

Das symbolische Tier der unterirdischen Mächte ist die Schlange. Sie ist auch das Symbol des nächtlichen, unterirdischen Totengottes Wodan, und wie die Langobarden einst von ihm Namen und Sieg empfingen, so verehrten sie auch die goldene Schlange als sein heiliges Tier.

Nicht nur die himmlischen oberen Gottheiten, auch die Götter der Unterwelt sind Urheber des Wachstums der Pflanzen und der Ernte. Den heißen Strahlen der Tagessonne muß die Kühle der Nacht folgen, der Wind jagt die Wolken, bis sie ihr segnendes Naß spenden, der Wind führt den männlichen Blütenstaub befruchtend den weiblichen Blüten zu. Darum gilt der Landstrich im kommenden Sommer als ganz besonders fruchtbar, über den die wilde Jagd gezogen ist. Wenn das Guetis Heer schön singt, gibt es im Aargau ein fruchtbares Jahr. Der schwäbische Bauer, der nur um Sonnenschein, nicht auch um Wind bittet, bekommt kein Korn. »Ohne Wind verscheinet das Korn«, sagt ein Sprichwort, und eine alte Bauernregel lautet: »Viel Wind, viel Obst«. Darum ist der nächtliche Sturmgott auch der Spender der Fruchtbarkeit und des Erntesegens, und darum wurde er vor allem mit Erntedankopfern verehrt. Fast in ganz Deutschland ließen die Schnitter bei der Ernte auf dem Acker einen Busch Ähren für Wodan stehen, damit er ihn als Futter für sein Pferd gebrauchte. Erntewôd hieß diese letzte Garbe, die Ernte in Bayern bis zum 18. Jahrhundert die Waudlsmähe (Waude – Woude – Wuote); das Opfer für seine Hunde hieß von Passau bis Preßburg Waudfutter. Dann traten die Schnitter mit entblößtem Haupte um die blumengeschmückte Wode in einen Kreis und riefen unter dem Schwingen der Hüte und dem weithin schallenden Streichen der Sicheln zu dreien Malen mit überlauter Stimme den Gott im Gebet an. Man bat Wodan, die geringe Gabe gnädig anzunehmen und sie als Futter für sein Roß zu holen; an ihrer Kleinheit und Wertlosigkeit sei nur die heurige schlechte Ernte schuld; würde sie im nächsten Jahr besser ausfallen, so solle er auch reichlicher von ihnen bedacht werden: Wode, hole deinem Roß nun Futter ... Unterbleibt diese Feierlichkeit, so gerät im folgenden Jahre weder Korn noch Obst. Zuweilen wird auch ein Feuer angezündet, und die Burschen rufen, wenn die Flamme lodert, unter Hutschwenken: Wauden! Wauden! Wauden! Der heilige COLUMBAN (gestorben 615) traf auf seiner Reise heidnische Schwaben oder Alemannen gerade im Begriff, ihrem Gotte Wodan, den andere Mercur nennen, ein Opfer darzubringen. In ihrer Mitte stand eine Kufe, die 26 Maß Bier, etwas mehr oder weniger, enthielt.

Bei der Frühlings- und Maifeier sowie beim Erntedankfeste fielen Wodan Rosse und Rinder zum Opfer. Die Knochen der Opfertiere galten als heilkräftige Talismane; noch im 16. Jahrhundert wurden vier Roßköpfe auf den vier Ackerenden angebracht, um die Saat vor dem Winde zu sichern. Wodan behütete auch den herbstlichen Heimtrieb der Herde. In einem christlich überarbeiteten Segen, dem »Wiener Hundesegen«, wird er zum Schutze der Rinder und Schafe, auch der Hunde angerufen vor Wolf und Wölfin, sowie vor Dieben, wenn das Vieh zu Holz und zu Felde, zu Wasser und Weide geht.

Alle deutschen Stämme scheinen Wodan bereits als Gott des Zaubers verehrt zu haben. Ihm schrieb man vielleicht die Erfindung der »Vorrunen« zu, d.h. der im Orakelwesen üblichen Zeichen, und des Runenzaubers. Auf istwäonischem Boden wurde er dann zum Träger der geheimnisvollen Schriftrunen, die die heimischen heiligen Zeichen mit den aus der Fremde eingewanderten Buchstaben vereinten. »Sage mir, wer zuerst Buchstaben setzte?« lautet ein angelsächsisches Gespräch. »Ich sage dir, Mercurius (Wodan), der Riese.« Eine wunderbare Macht schrieb der Germane diesem Runenzauber zu, besonders dem dazu gemurmelten Liede oder Spruche. Runenweisheit und Dichtkunst gehören zusammen.

Darum gilt Wodan den Angelsachsen als Gott aller List, nach christlicher Auffassung des Truges und der Diebereien. Wodan allein vermag Balders Roß den verrenkten Fuß zu heilen, er spricht den Genesung bringenden Zauberspruch: weder Balder selbst noch die vier Göttinnen vermögen in seiner Gegenwart etwas auszurichten. Als wundertätiger Arzt und Heilgott erscheint Wodan auch in einem ags. Zaubersegen, in dem die neun heilkräftigsten Kräuter der Erde genannt werden, die alle Krankheiten und alles Gift bannen:

> Eine Schlange kam gekrochen, zerschlitzte den
> Menschen.
> Da nahm Wodan die neun Kraftkräuter,
> Schlug damit die Natter, daß in neun Stücke sie flog.

Nächtliche und himmlische Züge vereinigt das Gesamtbild Wodans, wie es in geschichtlicher Zeit erscheint. Viel Wind bedeutet noch heute Krieg, und als Gott der geistigen Begabung muß Wodan schon in alter Zeit die Kriegskunst verstanden und geleitet haben. Das Wort Sturm ist schon im Altertum von dem Kampfe der Lüfte auf den Kampf der Männer übertragen; Wetter der Speere, Sturm der Lanzen, Regen der Schwerter sind alte Bezeichnungen des Schlachtengetümmels: sie erklären, wie der Herr der Stürme zum Gebieter des Kampfes werden konnte. Folchans (Gott des Kriegsvolkes) hieß daher der Gott des »furor germanicus«, der germanischen Kampfeswut, und als Siegesgott lehrte er die Germanen selbst die Schlachtordnung des Fußvolkes, den »Eberrüssel«. Die äußerste Spitze des Keiles bildeten nur wenige oder ein einzelner Mann, der König oder die Edlen mit ihrem Gefolge, sofern sie nicht zu Roß kämpften; fochten mehrere Völkerschaften zusammen, so bildete jede für sich einen Keil. Ein solcher Angriffsstoß war von furchtbarer Kraft, unwiderstehlich schob er sich in die feindlichen Reihen ein. Bei den Germanen des ARIOVIST tritt, soviel wir wissen, uns zum ersten Male die keilförmige Schlachtordnung entgegen. TACITUS hebt ausdrücklich hervor, daß die Schlacht aus Keilen zusammengesetzt wurde. Die Alemannen schlossen sich bei Straßburg gegen JULIAN in einen Keil zusammen. Bei den Franken war noch im 9. Jahrhundert die keilförmige Aufstellung in ihrer ganzen ursprünglichen Eigentümlichkeit erhalten, auch bei den Angelsachsen war in der verhängnisvollen Schlacht bei Hastings der dichtgeschlossene, tiefgegliederte Keil allgemein. Wodan galt als Erfinder dieser Angriffsform, die wir vom Jahre 58 vor Christus bis ins 11. Jahrhundert verfolgen können. So trat er dicht neben Tius, und bereits zur Zeit des TACITUS muß er bei dem Volke, von dem der Römer seine Nachrichten über das Opferwesen bezog, also bei den Istwäonen, über Tius und Donar gestanden haben.

Denn »sie verehren von den Göttern am meisten den Mercurius (Wodan), dem sie an bestimmten Tagen auch Menschenopfer zu bringen für Recht halten«. Als die Hermunduren im Jahre 58 mit den Chatten um den salzhaltigen Grenzfluß stritten, gelobten sie Tius und Wodan das feindliche Heer zum Opfer. Chlodwigs Gemahlin sucht ihren Gatten von der Ohnmacht der heidnischen Götter zu überzeugen im Gegensatze zur Allmacht des Christengottes und fragt ihn, wie weit denn die Macht seines Tius (Mars) und Wodan reiche. Noch im 6. Jahrhundert gelten also diese beiden als die angesehensten Götter der istwäonischen Franken. Als Hengist und Horsa mit den Sachsen nach England kommen, werden sie gefragt, was für Götter sie anbeten. Die Antwort ist: »Unter Führung des Mercurius überschritten wir die Meere und suchten das fremde Reich auf. Den Mercurius verehren wir besonders, den wir in unserer Sprache Wodan nennen. Ihm weihten unsere Altvorderen den vierten Wochentag, der bis heute noch seinen Namen, den Wodenes dai, erhalten hat.« Eine Chronik des 10. Jahrhunderts sagt von Hengist und Horsa: sie waren die Enkel eines

Barbarenkönigs Woddan, den die Heiden wie einen Gott verehrten und dem sie Opfer darbrachten um Sieg oder Heldentum. Wie in der angelsächsischen Abschwörungsformel der Täufling Thunaer, Woden und Saxnot entsagt und an den Christengott zu glauben verspricht, so wird in einem angelsächsischen Denkspruch Wodan als Hauptgott der Heiden dem christlichen Gott gegenübergestellt:

> Wodan wirkte Irrlehre, der allwaltende Gott die weiten Himmel

Von Wodan, dem Kriegs- und Siegesgotte, leiteten also alle angelsächsischen Könige ihren Stammbaum ab, und noch König HEINRICH II. von England, der Zeitgenosse FRIEDRICH BARBAROSSAS, fühlte sich als Nachkomme Wodans. In Altsachsen und in den sächsischen Besiedelungsländern Mecklenburg, Pommern, Altmark und Prignitz haften bis heute Sagen und Gebräuche von Wodan. Und wie noch heute in den alten Wohnsitzen der Langobarden Gode fortleben, so berichtet bereits PAULUS DIACONUS, daß die Langobarden den Wodan unter der Form Gwodan verehrt hätten.

Als Kriegsgott erregt Wodan Kampf zwischen Winnilern und Wandalen; beide Völker, also auch die ostgermanischen Wandalen, rufen ihn um Sieg an. Er thront im Himmel und hat hier einen Saal, wie Zeus auf dem Ida sitzt und den Sterblichen zuschaut, wie Helios alles überblickt und vernimmt; von hier aus lenkt er das Geschick der Völker. Er hat die Macht und das Reich des alten Himmelsgottes Tius, und auch Frija, die ursprüngliche Gemahlin des Tius, sitzt ihm zur Seite. Gemütvoller Humor selbst den Himmlischen gegenüber ist deutsche Charakteranlage, es sei an Wodans Begegnung mit dem Mecklenburger Bauern erinnert und an die Schwänke, in denen Gott, Christus und Petrus auftreten. Auf keinen Fall ist deswegen auf junges Alter der Sage zu schließen. Auch Hera und Athene besteigen gegen den Willen des

Zeus den flammenden Wagen, um die zu bekämpfen, denen der Olympier den Sieg verleihen will; aber ganz anders erhebt Zeus seine Stimme.

Daß die Langobarden Wodan als chthonischen Gott verehrten, zeigt sein Symbol, die goldene Schlange. Für seine Verehrung als Wetter- und Kriegsgott spricht auch folgender Kult: Im Jahre 579 waren die Langobarden teilweise noch Heiden. Bei einer Siegesfeier, bei der 400 Gefangene niedergemacht wurden (zu Ehren des Kriegsgottes Wodan), brachten sie dem Teufel ein Opfer dar. Dieses bestand in dem Haupte einer Ziege, das sie im Kreise umtanzten und mit einem »verabscheuungswürdigen« Liede dem Gotte weihten. Nachdem sie es selbst mit gebeugtem Rücken angebetet hatten, wollten sie dazu auch die Gefangenen zwingen; da diese aber schon Christen waren, zogen sie den Märtyrertod vor. Daß dieses Bocksopfer und der Opferleich dem Wodan galten, lehrt ein anderes Zeugnis (Miracula Apollinaris): Deutsche Heiden – Alemannen oder Wandalen – fielen in Burgund ein und wollten eine Kirche zerstören, die dem Märtyrer Apollinaris von Chlodwigs Gemahlin gebaut war. Als alle Bemühungen, sie in Brand zu stecken, sich als vergeblich erwiesen, riefen sie ihre Priester zusammen und trieben sie an, nach alter Sitte ihrem Gotte Wodan Ziegen zu opfern und ihn (als Sturmgott) zu bitten, dem Feuer Kräfte zu geben, um den Tempel des Gottes eines fremden Volkes zu verbrennen. Jene brachten auch sogleich ihre unheiligen, törichten Opfer dar und riefen alle einstimmig ihren Wodan an. Aber während sie damit beschäftigt waren, erlosch das Feuer abermals, das an das Gotteshaus gelegt war. Als das die Anführer sahen, stürzten sie über die Diener ihrer Heiligtümer her und wüteten gegen sie mit grausem Mord.

Mit seinem Reiche hatte der leuchtende Gott Tius auch seine Gemahlin an Wodan abtreten müssen. Nach der langobardischen Sage thront Frea neben Wodan im Himmel. Die älteste Vorstellung aber war, daß der Windgott im Sturmgebrause seine Buhle, die vom Winde gepeitschte Wolke, verfolgte; wenn dann der Gott die Verfolgte eingeholt hat, feiert er mit ihr das Fest der Vermählung.

Diese Jagd auf die verfolgte Frau, als eine rohe und altertümliche Form des Brautraubes aufgefaßt, erklärt den Anteil, den der kriegerische Windgott an der deutschen Hochzeitsfeier hat. Dem Brautlaufe liegt der Gedanke zugrunde, daß die Frau durch Kraft und Geschicklichkeit ersiegt werden muß. Durch ungestümes Vorwärtseilen errang sich der Bräutigam beim Wettlaufe die Braut; von dem Gotte, der als der Schnellste und Siegreichste galt, dem unwiderstehlich dahinstürmenden Windgotte Wodan, erhoffte und erflehte er dabei Beistand und Hilfe. Darum ward Wodan als siegreicher Schützer des Brautlaufes und der Hochzeit angerufen, während man die eigentliche Weihe dem hammerbewehrten Donar zuschrieb. Braut- und Liebesleute wandten sich an Wodan in feierlichem Hochzeitswunsche, und auf Geschenken, die sie einander verehrten, ritzten sie wohl einen Segenswunsch ein: wie der Gott seine himmlische Gemahlin mit Eile und Ungestüm ersiegt habe, so möge er seinem irdischen Vertreter den eilenden Fuß beflügeln. Ein solcher alter Hochzeitswunsch ist uns auf der sogenannten Nordendorfer Spange erhalten. Im Jahre 1843 stießen die Arbeiter beim Bau der Eisenbahn von Augsburg nach Donauwörth in der Nähe von Nordendorf auf menschliche Gebeine und mannigfache Schmuckgegenstände aus dem 6. oder 7. Jahrhundert. Man hatte einen alten Kirchhof aufgefunden: die Köpfe waren nach Westen, die Fußenden nach Osten zugekehrt. Die Reste der Vergangenheit werden uns zu Zeugen des Glaubens und Lebens unserer Vorfahren.

Eine Gewandspange mit einem feierlichen Hochzeitswunsche darf als ein passendes Hochzeitsgeschenk angesehen werden, das die Braut dem Geliebten überreichte. In dem

Spruche: Loga þore Wodan, wigi Thonar = Die Heirat ersiege, Wodan; weihe, Donar sind Wodan und wigi, þore und þonar durch gleichen Anlaut gebunden: es ist ein aus zwei Kurzzeilen bestehender Langvers. Auch die Namen des alemannischen Liebespaares sind erhalten; von einer anderen Hand ist der Inschrift ein zweiter Teil zugefügt: »Awa hat die Spange dem Leubwini geschenkt.« Und wie in den Zwölfnächten Wodan als Sankt Nikolaus mit breitkrempigem Hute oder als Schimmel oder Schimmelreiter erschien, für dessen Pferd die Kinder Heu und Hafer in ihre Schuhe steckten, die Alten eine Sache ins Freie stellten, so erschien im vorigen Jahrhundert in der Nacht zur Hochzeit »eine wodanähnliche Figur, ein Schimmelreiter mit rotem Mantel und breitkrempigem Hut«.

Aber Wodan blieb nicht mehr bloßer Naturgott, sondern er entwickelte sich zu einem Kulturgott im höchsten Sinne des Wortes. Bereits in historischer Zeit ist er bei den Istwäonen unter dem Einflusse der von Süden und Norden her eindringenden Kultur zum Spender alles Segens, Gott des Rechtes, der Gewandtheit und der Erfindung, der Wissenschaft und der Dichtkunst geworden. Alles Schöne und Edle wird auf ihn übertragen, alles Hohe und Herrliche stammt von ihm, jeder Wunsch wird von ihm gewährt. Wie auf germanischen Denksteinen Tius mit der Victoria erscheint, so werden dem Wodan (Mercurius) und der Felicitas oder Fortuna von den Gardereitern Inschriften geweiht. War Wodans Speer ursprünglich der aus der nächtlichen Wolke geschleuderte Blitz, dann das Symbol des Schlachtengottes, so erhielt der Speerwurf jetzt auch rechtliche Bedeutung. Regelmäßige Stöcke oder Pfähle wurden zur Landmessung in die Erde gestoßen und das abgesteckte Gebiet dem Schutze Wodans empfohlen; darum war Vônstoc (Vôdenstoc, Wodans Stock oder Pfahl) im ags. ein Grenzmal, und wenn in den Niederlanden ein gewisses Handmaß oder die Spanne Woenslett (Woedensglied) heißt, so erscheint auch in dieser Anwendung Wodan als Gott des Maßes.

Er wird selbst als König der Götter angerufen: ein BATAVER BLESIO weiht dem Mercurius rex (dem Könige Wodan) einen Stein, der am Ufer der Waal gefunden ist, und auf einer anderen, bei Aachen gefundenen Inschrift wird Wodan Mercurius Leudisio genannt, Herrscher über alles und alle.

Vom Rhein aus erobert sich Wodan seine Macht und Stellung, ursprünglich dem Himmelsgotte Tius untergeordnet, dann mit ihm sich in die Herrschaft teilend und endlich unbestritten der alleinige Gebieter der Götter und Menschen. TACITUS versichert, daß die Deutschen vorzüglich den Mercurius, Hercules (Donar) und Mars (Tius) verehrten. Aus den allgemeinen Andeutungen geht hervor, daß Wodan wie Tius dem Kriege vorstand. Die vornehmsten Opfer waren Menschenopfer und diese fielen dem Mercurius zu. Die Anwendung klassischer Namen auf deutsche Götter, die interpretatio Romana, verbreitete sich allgemein und wurde von den lateinischen Schriftstellern der folgenden Jahrhunderte mit genauer Übereinstimmung beibehalten. PAULUS DIACONUS sagt: Wodan, den sie mit vorgeschlagenem Buchstaben Gwodan nennen, ist derselbe, der bei den Römern Mercurius heißt. Die Alemannen opferten ihrem Wodan, den andere Mercur nennen; Mars und Mercur sind die Götter, zu denen Chlodwig betet. Hengist und Horsa verehren besonders den Mercur, der in der heimischen Sprache Wodan heiße. Die Deutschen nannten den vierten Wochentag, den Tag des Mercur (frz. Mercredi) nach ihrem Gotte Wodan: noch heute heißt der Mittwoch nhd. Gudenstag, engl. Wednesday, ags. Vôdenes däg, holländ. Woensdag. Wenn die Römer Wodan mit Mercur wiedergaben, so mag TACITUS immerhin die Stelle CÄSARS vorgeschwebt haben, daß die Gallier eine an Mercur gemahnende Gottheit verehrt hätten, und ihre Kenntnis des gallischen Mercur (keltisch Lug) mag bei ihrer

Verdolmetschung mitgewirkt haben, aber als tatsächlicher Bestand bleibt doch, daß Wodan eine Gottheit war ähnlich dem aus Hermes entwickelten Mercur, geistig rührig, überall in das Leben eingreifend, ein Förderer des Verkehrs, gewandt in Rede und Wort. Hermes und Wodan sind Windgötter, Schnelligkeit und Kraft sind beiden gemeinsam. Wie Wodan seine Lieblinge auf sein Götterroß hebt, so trägt Hermes den Ganymed in den Himmel empor. Beide wehren Krankheiten ab, schützen die Flur und die Herde und sind Führer des Totenheeres. Dem wilden Jäger entspricht Hermes. Beiden sind Berge heilig, und auch Hermes ist in einer Gebirgshöhle verborgen. Wie dem Hermes das erste und beste Los heilig ist, so gilt Wodan als Erfinder der Losrunen und Glücksspiele. Wie Hermes trägt Wodan den breitrandigen Hut und den wallenden Mantel.

TACITUS hat bei seiner Schilderung der Deutschen vorzüglich die rheinischen Völker im Auge. Am unteren Rhein waren die Germanen zuerst mit der keltischen und dann mit der römischen Kultur in Berührung getreten. Noch als Nomaden waren die Istwäonen mit ihren Herden in das zur Weidewirtschaft geeignete Keltenland hinabgestiegen und hatten sich in den Häusern und geschlossenen Einzelhöfen der Kelten festgesetzt. Während sonst das germanische Dorf mit seinen Häusern und Gäßchen, den ringsumgebenden Ackerfluren, dem umfangreichen Wiesen-, Weide- und Waldland den Siegeszug der Deutschen bis in das Herz Galliens begleitet, sind die Einzelhöfe keltischen Ursprungs. Als die Istwäonen in das keltische Gebiet eindrangen, wurden die bisherigen Besitzer, soweit sie nicht entflohen oder umkamen, ihre Sklaven oder Liten. Diese keltisch-germanische Mischkultur der Istwäonen trat in der Zeit zwischen CÄSAR und TACITUS durch die Feldzüge des DRUSUS, TIBERIUS, VARUS und GERMANICUS mit der noch höher entwickelten römischen Kultur in Beziehung. In Krieg und Frieden,

Rechtspflege und Handelsverkehr waren Berührungen zwischen Germanen und Römern unvermeidlich; acht römische Legionen lagen zur Zeit des TIBERIUS am Rhein. So ward dem Lande und seiner Kultur vornehmlich ein militärischer Charakter gegeben, aber auch die Namen der Wochentage, der Monate, das Alphabet drangen von Rom aus an den Rhein. Als Tiwaz Istwaz bei den Rheinländern von Wodan verdrängt wurde, ward Wodan der Träger dieser höheren Kultur. Ausbildung der Kriegskunst und bessere Bewaffnung, Beredsamkeit und höheres Wissen, Gewandtheit und Erfindungsgabe verdankte man ihm. Der Gott selbst zeigt jetzt kriegerisches, ritterliches Gepräge: er führt den Speer oder das Schwert, sprengt auf mutigem Roß einher, die Brust bedeckt mit goldener Brünne. Waren die istw. Marsen noch zur Zeit des GERMANICUS (14 n. Chr.) Pfleger des Heiligtums des Tius und der Tanfana, so wurden die gleichfalls istw. Answaren, nördlich der Sieg, die Wahrer und Hüter des istwäonischen Ans- oder Wodandienstes und errangen unter den Istwäonen die führende Stellung. Schon TACITUS deutet an, daß sie ein gewisses Stammesansehen genossen, Adel und Königsgeschlecht der ripuarischen Franken sind ansiwarisch, anscheinend auch die Familie der Pippiniden. JULIAN muß gegen die Franken, die »auch Ansiwari heißen«, über den Rhein zu Felde ziehen, die Nachricht des TACITUS von ihrer Vernichtung ist also ein Irrtum; von ihrem Lande nördlich der Sieg begründeten die Ansiwari die Macht des ripuarischen Frankenreiches.

Von den istwäonischen Stämmen rückt der Haupt- und Kulturgott Wodan zu den andern deutschen Stämmen vor und nimmt auch bei ihnen die Stelle des Tius ein. Charakteristisch für Wodans Vordringen ist die Geschichte seines Stammes. Während die gotische Amelungensage die Macht und Herrlichkeit der Treue preist, zeigt die rheinische Nibelungensage das zerstörende Wirken der Untreue. »Den Franken ist es erb und eigen, lachend das Treuwort zu brechen«, keine Hindernisse schrecken das merowingische Königsgeschlecht von seinem Ziele, der Alleinherrschaft, zurück, in blutigen, rücksichtslosen Kämpfen wird das Königs- und Adelsgeschlecht ausgerottet, auch nach Einführung des Christentums wuchern Verrat und Mord in unerhörten Greueltaten fort, aber ein deutsches Land nach dem andern unterwirft sich dem salischen Eroberungstriebe, dessen unersättlicher Vertreter Chlodovech ist, bis sich in ungeahntem Glanze das fränkische Reich erhebt. So erobert der Götterkönig Wodan einen Stamm nach dem andern in unvergleichlichem Siegeszuge, die Ingwäonen wie die Erminonen, und drückt seinen Namen und sein Gepräge so unauslöschlich fest auf die deutsche Geistesbildung, daß Wodan als die Verkörperung des deutschen Glaubens gelten darf. Der dichterische, fürstliche, siegreiche Wodan, der unbestrittene Göttervater und Götterherrscher, dringt nach Norddeutschland zu den Sachsen und Langobarden und zu den Nordgermanen; hier ist er in seinem vollen Glanze erhalten. Noch bevor die Langobarden ihre alten Wohnsitze an der unteren Elbe verließen, muß Wodan ihr Hauptgott gewesen sein. Aber auch bei den ostgerm. Vandalen muß er damals schon seinen Siegeseinzug gehalten haben. Mindestens gleichzeitig, wenn nicht schon früher, haben ihn auch die Sachsen verehrt. Wie fest hier seine Verehrung wurzelt, bezeugen die ags. Königsgenealogien, die ins 5. Jahrhundert zurückreichen, die Abschwörungsformel noch aus dem 8. Jahrhundert und das Verzeichnis heidnischer und abergläubischer Gebräuche und Meinungen aus der Zeit Karls des Grossen. Wodansopfer und Wodansheiligtümer werden in ihm verboten, sowie Wochentage (den Mittwoch) ihm zu Ehren vor den übrigen auszuzeichnen (»Indiculus«). Eine Musterpredigt aus derselben Zeit verbietet Opfer, die dem Donar und Wodan über Felsen, an Quellen, an Bäumen dargebracht werden, und die heidnische Mittwochfeier. Den Nordfriesen heißt der Mittwoch noch heute Winjsday, Winsday = Wodanstag. In Mitteldeutschland verehren ihn die Thüringer als den höchsten zauber- und heilkundigen Gott, in Hessen und Thüringen findet sich ein Wodensberg. Selbst den suebischen Bauern in Spanien galt im 6. Jahrhundert der Mittwoch als Wodanstag für besonders heilig, an dem man nicht arbeiten dürfte. Es fällt daher nicht allzuschwer ins Gewicht, daß auf süddeutschem Boden ein Wuotanestac nicht belegt ist. Denn die Nordendorfer Spange, der Eigenname Wuotan, der siebzehnmal im 9. Jahrhundert vorkommt, die Glosse wôtan-tyrannus, das Zeugnis des JONAS VON BOBBIO und der »Miracula Apollinaris« beweisen, daß Wodan in Oberdeutschland keineswegs bloßer Nacht- und Windgott wie im »Münchener Nachtsegen« oder gar nur ein Dämon war. Die Angabe des Langobarden PAULUS DIACONUS wäre unbegreiflich, wenn gerade die nächsten Grenznachbarn seines Stammes, Alemannen und Bayern, eine so auffällige Ausnahme gebildet hätten. PAULUS DIACONUS wird mit Recht für die Zeit vor der Bekehrung behaupten: Wodan wird von allen Stämmen Germaniens als Gott verehrt.

4. Donar

Bereits in indogermanischer Zeit ist der Gewittergott vom Himmelsgotte getrennt gewesen. Wie Indra neben Dyaus bei den Indern, Herakles neben Zeus bei den Griechen, steht Donar-Thor neben Tius-Tyr bei den Germanen. Der Gewittergott erscheint wie ein blondbärtiger oder rotbärtiger Riese von übermäßiger Kraft, ein gewaltiger Esser und Trinker, ein heldenhafter Drachentöter; die Freude am derben Dreinschlagen ist ihm eigen, wenig kümmert er sich um Sitte und feine Lebensführung. Sein starker Arm bringt Macht und Sieg, öffnet die Schleusen des Himmels und läßt den warmen Regen niederrauschen; das Gedeihen der Herden und Felder,

der Saat und Ernte hängt von seiner Huld ab, aber auch der Segen des Hauses und der Nachkommenschaft. Er ist heftig und doch gutmütig, furchtbar in seinem Grimme, freundlich und freigebig gegen seine Verehrer. Er ist mehr der Gott der Bauern als der Krieger, er steht weniger im Mittelpunkte des Stammeskultus als im kleinen Kultus des täglichen Lebens. Ein Gewitter verkündet nach dem Glauben der Germanen den Zorn der Himmlischen; wenn unheilbedeutender Hagel auf die Schilde schmettert, ziemt dem Menschen, den Kampf abzubrechen. Ein Gewitter hilft dem Kaiser MARC AUREL zu seinem großen Siege über die Quaden; Hagel vereitelt im Jahre 537 die Mordpläne der Brüder CHLOTHARS, sie und ihr Heer werfen sich unter den Schilden zu Boden und bitten Gott um Verzeihung, daß sie etwas gegen ihr Blut unternommen haben. Ein Gewitter verhindert 20 Jahre später die Schlacht zwischen den Söhnen CHLOTHARS.

Der Name des Gewittergottes Donar, Thonar in Schwaben, Thuner bei den Sachsen, Þunor bei den Angelsachsen, Thuner bei den Friesen, Þórr (Þonraz) bei den Nordgermanen, ist mit dem Suffix ra von der indogermanischen Wurzel *stan, tan »donnern, dröhnen« gebildet (lat. tonare). Das älteste Zeugnis für Donar stammt aus dem Jahre 16: vor dem Kampfe mit GERMANICUS auf der Idisenwiese versammeln sich alle Weservölker in einem dem Hercules heiligen Haine. TACITUS erwähnt ihn neben Tius und Wodan und hebt hervor, daß ihm Tieropfer fallen. Die ältesten lateinisch schreibenden Schriftsteller geben ihn mit Hercules wieder, wegen seiner Stärke, des Donnerkeils und wegen seiner Kämpfe gegen alle Feinde der Menschen und ihres entwickelten Lebens. Zahlreiche römisch-germanische Votivsteine sind ihm zusammen mit Mars-Tius, Mercurius-Wodan oder allein errichtet, einer im Gebiete von Xanten aus dem Jahre 118 dem Hercules und seiner Gattin, der Fortuna. Die späteren Schriftsteller setzen dafür Jupiter ein. Vielleicht hat Donar bei einigen Völkerschaften in der

Tat die höchste Stelle eingenommen, aber dies kann nur bei Stämmen und zu einer Zeit geschehen sein, die sich friedlicher Kultur erfreuten. Bei den Friesen werden Herculessäulen genannt, aber es ist auffallend, daß TACITUS keine Rücksicht auf den früher erwähnten Gott nimmt. Donarssäulen sind schwerlich gemeint, auch befriedigt die Erklärung nicht, daß die Sage von den Herculessäulen durch Felsen, die aus dem Meere hervorragten, und durch scharfe Vorgebirge hervorgerufen sei: die röm. Seeleute hätten die Klippen der Nordsee mit den südlichen Säulen des Hercules in Parallele gesetzt. Eher könnte man an Grabdenkmäler friesischer Seehelden denken, die wie das Beowulfs an den Klippen der Brandung errichtet seien, oder man hat in ihnen ein uraltes Weihgeschenk phönizischer Seefahrer in Gestalt zweier Peiler zu sehen.

Östlich der Weser, wo sich die zu Arminius stoßenden Stämme in Donars Hain versammelten, ward Thonar auch ferner noch verehrt. Vielleicht bezeugen auch die »Castra Herculis« im Gebiete der Bataver bei Nimwegen die Verehrung des Donar. Das »Sächsische Taufgelöbnis« nennt Thuner als den ersten der drei großen Heidenteufel, vor Wodan und Sahsnôt. Auch bei den Hessen blühte im 8. Jahrhundert sein Kult; zwischen 725 und 731 fällte BONIFATIUS mit eigener Hand bei Geismar einen Baum von wunderbarer Größe, der in der Sprache der Heiden Donars Eiche hieß. Eine große Menge von Heiden war zugegen, die den Feind ihrer Götter verfluchte und erwartete, daß der strafende Blitzstrahl des Gottes den Frevler zerschmetterte. Aber wie von des Christengottes allmächtigem Hauch angeblasen, sank die Rieseneiche um, und an ihrer Stelle erhob sich ein Heiligtum des Petrus, der unter den christlichen Heiligen Donar am meisten zu entsprechen schien. Also im heiligen Walde war die Eiche dem Donnergotte geweiht, und wie beim Nerthustempel der heilige See lag, in dem die Göttin badete, wie unter der goldenen Axt des Foseti ein Quell hervorsprudelte und ein Quell zu seinem Tempelgute gehörte, so wird bei der Donarseiche bei Fritzlar ein heiliger See gewesen sein; denn Geismar (Sprudelquell; gîsan, mari) wird Opferquell bedeuten. BONIFATIUS erwähnt auch einen Priester des Donar und muß für die Franken, Thüringer und Sachsen die Opfer des Donar und die Feier seines Festes nachdrücklich verbieten: »Alle Opfer und Beobachtungen der Vorzeichen von seiten der Heiden sind Entweihungen des Heiligen. Der Art sind Opfer für die Toten oder über den Gräbern, Amulette, Opfer auf Steinen, an Quellen und Bäumen für Donar, Wodan und die andern Götter der Heiden, denn sie sind sämtlich teuflische Mächte.« In Hessen begegnet im 9. Jahrhundert ein Donaresbrunno, in Westfalen ein Donnersbrunnen, jetzt Petersbrunnen, Thoneresberg in der Pfalz, Thuneresberg in Westfalen und Donnershaug; bei Oldenburg liegt ein Dorf Donnerschwe (Donars Heiligtum oder Weg); neben Thoneresfeld und Doneresreut finden sich in England Þunresfeld und Þunresléah. Nur wenige Personennamen sind mit Donar zusammengesetzt: Donarpercht, Donarpret, Donarad, Thunereulf, Albthonar.

Der heilige ELIGIUS VON NOYONS (gestorben 659) hat seine Not mit dem zähen heidnischen Leben der getauften Franken und unternimmt auch Bekehrungsversuche bei den benachbarten Friesen; besonders eifert er bei den getauften Deutschen gegen die Heilighaltung des Donnerstages, namentlich im Mai, an dem das Volk nicht arbeiten wollte. Der »Indiculus« verbietet die Pflege der Heiligtümer des Wodan und Donar, außer Bildern, Säulen und Altären wird an Haine und Wälder, Berge, Quellen und andere Kultstätten und -gegenstände zu denken sein, die diesen Göttern vornehmlich geweiht und durch allgemeinen, verstärkten Opferdienst ausgezeichnet waren. Zahlreich sind in den Bußbüchern des 7.–9. Jahrhunderts die Verbote, den Tag des Jupiter untätig zu verbringen, den fünften Tag zu Ehren Jupiters nach der Heiden Weise auszuzeichnen. Selbst bei den spanischen Sueben ist es verboten, den Sonntag nicht zu feiern und dafür zu sagen, man feiere den Tag des Donar, des Wodan und der Frija. Aber es ist sehr zweifelhaft, ob man daraus den Schluß ziehen darf, der Donnerstag sei gewissermaßen der heidnische Sonntag gewesen, der Ruhetag der alten Deutschen. Denn die Kirche räumte dem Donnerstag eine bevorzugte Stellung ein zum Andenken an die Einsetzung des Abendmahles und an die Himmelfahrt; Sonntag, Dienstag und Donnerstag waren Fleischtage, und darum pflegte man von alters her Dienstag und Donnerstag zur Abhaltung weltlicher Festlichkeiten, wie z.B. von Hochzeiten, Märkten und Gerichten, zu verwenden. Man darf also kaum den heidnischen Deutschen den Donnerstag als Ruhetag, den Dienstag und Donnerstag als Gerichtstage und bevorzugte Hochzeitstage zuschreiben.

Die Alemannen am Zürichersee verehren außer Wodan auch Donar; als die Bekehrer das Christentum bringen, geben die Heiden den »flammenden« Donar auf. In Schwaben war der Donarsberg bei Nordendorf ein besonders hochgehaltenes Heiligtum. Die Nordendorfer Spange trägt die Inschrift: Die Heimat ersiege, Wodan! weihe, Thonar! Die alten Bewohner von Nordendorf müssen sich unter dem besonderen Schutze Donars gefühlt haben; denn in unmittelbarer Nähe liegt ein alter Donarsberg, von dem ein mittelalterliches Schloß Donarsperch seinen Namen erhielt, heute Donsbergerhof.

Wie die Sachsen in Deutschland, verehrten auch die nach Britannien gewanderten Angelsachsen den Thunar, auch bei ihnen wird Donar mit Jupiter wiedergegeben. Alle Germanen benannten nach Donar den fünften Tag der Woche; der »dies Jovis« heißt in Oberdeutschland Donarestac, in Norddeutschland Donresdach, bei den Friesen Thunresdey, bei den Angelsachsen Thunoresdäg, engl. Thursday, im Norden Þórsdagr, schwed. torsdag.

Donar fährt auf einem Wagen durch die Lüfte. In Dithmarschen umschreibt man das Gewitter mit den Worten: »der Alte fährt wieder einmal am Himmel da oben und schlägt mit der Axt an die Räder«. Die Angelsachsen nannten das Gewitter Thunorrâd, d.h. Donnerfahrt oder Wagen. In Bayern fährt Gott und unsere liebe Frau beim Gewitter im Himmel spazieren; die Rosse schlagen mit ihren Hufen auf den Stein, daß die Funken sprühen. Nach dithmarsischer Sage fährt ein Riese auf einem Wagen, der mit Böcken bespannt ist, die sich verirren. Auch in Tirol hat ein brüllender Riese einen goldenen Bockswagen.

In der Rechten schwingt der Gott einen steinernen Keil oder Hammer; beim grollenden Donner haut sich der Alte mit der Axt ein Rad.

Mit hymnenartigen Liedern, in denen vor allen Donar gefeiert wurde, zog man in die Schlacht: in ihnen verherrlichte man wohl den hilfreichen Donar und rief seinen Beistand auch für diese Stunde an, oder man pries in einem kurzen Liede mythischen Inhaltes irgendeine Heldentat Donars und feuerte den Mut der Heeressäulen durch das ruhmwürdige Beispiel des Gottes an. Wie Donar beim Rollen des Donners brüllend in seinen Bart bläst, daß die Erde wankt, so ahmten nach Absingen des Donarliedes dann die Kämpfer die Donnerstimme des Gottes nach, indem sie die Schilde vor den Mund hielten und kräftig hineinschrieen.

Der Gesang, mit dem der Vormarsch anhob, ging also beim Sturmlauf in ein Schlachtgeschrei über, und dieser kurze, aber mit voller Lungenkraft in die Wölbung der Schilde geschmetterte Ton mochte sich wohl wie das dumpfe Rollen des Donners anhören. Dem Hurraruf wohnt in der Tat, wie TACITUS berichtet und urteilt, eine fast zauberhafte Wirkung inne, der schmetternde Vollton siegbewußter Kühnheit reißt alles dahin und wirkt lähmend auf den Gegner, aber das schwache, der Angst entpreßte, schwankende Gemurmel ist ein Zeichen der Verzagtheit und tötet alles frische Wagen. So kann man noch heute sagen, daß der Schall dem Kämpfer eine Weissagung für den Ausgang der Schlacht erscheint, und das donnernde Hurra benennt sich mit Recht nach dem Bartrufe des Gottes barditus (bard »Bart«). Diese Erklärung erscheint natürlicher als die Ableitung vom an. barđ-Schild, Schildgesang; die Bestimmung, »indem sie die Schilde vor den Mund halten«, ist bei TACITUS offenbar nebensächlich. Andere denken an afries. barja »rufen, jubeln, singen« (es bedeutet aber »anklagen«) oder übersetzen barditus als »Kampflied, Schlachtgesang«.

Als kraftvoller, starker Gott erscheint Donar auf römischen Inschriften, die Bataver oder stammverwandte Germanen geweiht haben; drei finden sich in Nordbrabant, eine am Hadrianswalle – ihr Stifter ist vielleicht ein Friese –, eine fünfte in Bonn, eine sechste unterhalb Deutz, eine siebente in Rom, gestiftet von batavischen Gardereitern.

Donar, der Teufelssohn, ist schon ganz in den Vorstellungskreis des christlichen Teufels hineingezogen; er ist wie ein Riese gedacht, als ein beleibter Mann mit großen Brüsten, er steht auf Adams Brücke (= Kreuz?) und spaltet den Stein (d.h. die Brücke, die auf steinernen Pfählen ruht) nicht schwerer als ein Mann, der einen Baumstamm zu Brennholz scheitet. Christus aber, Adams Sohn, kommt dazu, schützt den Bau seiner Verehrer und treibt den Heidengott in den Wald zurück. Zugrunde liegt ein wirklicher Vorfall aus der Zeit der Kämpfe zwischen Christentum und Heidentum. Die Christen legen über irgendeinen Fluß eine steinerne Brücke. Die heidnischen Deutschen des jenseitigen Ufers fürchten, daß nach Vollendung der Brücke die neue Lehre und neue Kultur bei ihnen eindringe, daß ihre Wälder verwüstet und ihre Rechte und Einkünfte geschmälert werden, die an ihrer alten Fähre oder Furt hängen. Sie suchen daher den bereits angefangenen Bau zu hintertreiben, ein Gewitter scheint ihren Anschlag zu unterstützen, indem der Blitz in die steinernen Pfähle oder Bogen einschlägt und sie zum Teil zerstört; d.h. in der mythischen Sprache: Donar will die Brücke durch seinen Blitz vernichten, aber der neue, mächtige Christengott erscheint und schlägt ihn in den Wald zurück, wohin er gehört. Bei dem Kampf um den Bau werden Donar und Christus von ihren Bekennern angerufen, sie greifen beide tätig ein und entscheiden ihn; der Ausgang hängt von der geringeren oder größeren Kraft des alten oder des neuen Gottes ab. Auch in der Schlacht bei Noreja schleudern die Götter der Kimbern und Römer ihre Blitze in den Kampf der Männer.

Donar, der Schirmherr des Landes, wäre also, wenn die vorgetragene Deutung richtig ist, als Schützer von Fähre und Furt gegen Feinde gedacht: ihm war der Frieden des Landes befohlen, während die Mannen auf Kriegstaten umherschweiften. Brücken waren den alten Deutschen noch unbekannt, ein Ferge oder Furtmann vermittelte unter Donars Hilfe den Übergang. Die Brücke, die unsere Vorfahren zuerst von den Römern kennenlernten, und die ihnen später als ein Stück der vordringenden christlichen Kultur erschien, ward nunmehr als verbesserte Furt oder Fähre gleichfalls unter Donars Schutz gestellt, und so erscheint der Gott selbst als Stifter und Schutzgott von Brücken, die er als treuer Hüter zu verteidigen sucht.

Der Blitz spaltet die Wolken, und die himmlischen Wasser strömen zur Erde nieder; der Blitz fährt in den Erdboden, und der Quell springt hervor. Darum war Donar der Quellenschöpfer; die Donnersbrunnen hat der Donnergott entstehen lassen.

Der Hammerwurf als Entscheidung über eine Grenze ist bei den Deutschen allgemein bekannt. Erst nach und nach, mit dem Verschwinden des alten steinernen Streithammers, ist dessen Wurf auch durch das Werfen mit anderen Gegenständen, wie Beil, Hufhammer, Pflugschar und Sichel, ersetzt worden. Der Sinn des Vorgangs ist durchaus religiös: der Wurf hängt nicht vom Werfenden, sondern vom Willen des Gottes ab. Deshalb wurde die Handlung oft auf mancherlei Weise erschwert, um sie zufällig, d.h. dem Willen der Gottheit zugänglicher zu gestalten. Der Ausfall des Wurfes hatte also die Bedeutung eines Loses. Wie der Hammerwurf aber bei der Anlage von Ortschaften praktisch angewendet wurde, ist nicht ganz klar. Außer dem äußersten Punkte der Grenze zeigte der Fall des Hammers nur die Richtung an, nach der das zu erwerbende Grundstück sich ausdehnen sollte; die Größe des Besitzstückes war dadurch nicht gegeben. Bei der Anlage von Ansiedelungen konnte jeder Berechtigte durch Hammerwurf nur bestimmen, nach welcher Richtung hin und bis zu welchem Punkte sein Teil liegen sollte. Der Ausdruck des TACITUS »sie verteilen die Äcker unter sich nach Ansehen und Würde« läßt vielleicht die Erklärung zu, daß ein Häuptling oder ein besonders angesehenes Familienhaupt zuerst nach seiner Wahl einen Teil übernehmen durfte. Aber die Mehrzahl der Gemeinfreien stand sich durchaus gleichberechtigt gegenüber. Die Entscheidung konnte also nur das Los ergeben. Zwar erwähnt TACITUS den Hammer weder in Kapitel 10 (bei der Erforschung des Götterwillens), noch in Kapitel 26 (bei der Ackerverteilung), aber vermutlich bestimmte die Lage des geworfenen Hammers die Auslosung. So erklären sich die ungleichmäßigen Lagen und Abgrenzungen der ältesten Acker- und Feldeinteilungen.

Mit dem Hammer spaltet Donar das Erdreich und macht den Boden urbar. So wird er der Gott des Ackerbaues, der Beschützer der Heimat. Darum versammeln sich die Deutschen östlich der Weser in Donars heiligem Haine zum Schutze gegen römische Angriffe; darum ziehen sie mit Liedern, die ihn preisen, und an deren Schlusse sie des Donnerers Bartruf nachahmen, in die Schlacht. Darum wird bei Besitzergreifung eines neuen Landes der erworbene Boden ihm geweiht und die Grenzen durch Hammerwurf bestimmt, das bezeugt der Ortsname Donnersmark. Der zuckende Blitz macht die Äcker fruchtbar, zugleich hat er sie von Anfang an geweiht, ihre Grenze mit Feuer umzogen. Bei den oberen Sachsen rief der umhergetragene Hammer die Bevölkerung zum Gericht wie zum Kampfe; bei den Franken weihte der Hammer das Eigentumsrecht.

Die Scheide zwischen Dorf- und Ackergemarkung war ein dem rotbärtigen Donnergotte geheiligter roter Faden; rot war auch die Farbe, die im Schmucke der Hochzeitsleute wie der geladenen Gäste überwog. Der Donnerstag ist in vielen Gegenden als Hochzeitstag beliebt, besonders bei den Friesen, in Holland, Ditmarschen und Pommern; im Lüneburgischen meidet man den Donnerstag. In Süddeutschland heißt es: Donnerstagsheirat, Glücksheirat! In Schwaben erfolgt die Einladung zur Hochzeit am Donnerstage der vorhergehenden Woche. In Holstein und Hessen reicht die Feier vom Donnerstage bis zum Sonntage; in der Mark gilt umgekehrt der Donnerstag für unglücklich. Am Niederrhein heißt es »man muß die Hühner gut füttern, wenn am Hochzeitstage gut Wetter werden soll«; Hähne und Hühner sind Donar geweiht, wegen der nahen Beziehung, in der sie zum Wetter stehen. Die geladenen Gäste spenden für die am Donnerstage stattfindende Hochzeit Hähne, früher in Wirklichkeit, in Mecklenburg heute einen aus Butter oder Tonerde geformten, mit Federn und Blumen gezierten Hahn. Zahlreicher Aberglaube, der an den Hochzeitstag knüpft, hängt mit dem Wetter zusammen. Wie das Wetter an ihm ist, so verläuft das eheliche Leben; ruhiges, stilles Wetter ist von guter Vorbedeutung. Während des Gewitters beim Brautzuge oder beim ersten Gewitter nach der Vermählung soll die junge Frau ein schweres Gewicht heben, das verleiht ihr Gesundheit und Kraft und erleichtert die Lasten des Ehelebens. Im bayerischen Walde gehört Bockfleisch auf den Hochzeitstisch. Das dem Donar heilige Tier wird von dem Dache eines Hauses herabgestürzt und von dem Metzger sofort abgestochen: es ist der Rest eines alten Tieropfers. In ältester Zeit wurde die Braut mit dem Blute des Bockes besprengt. Eine Erinnerung daran sind die das Blut vertretenden roten Fäden um Stirn und Hals der Braut in den verschiedensten Gegenden Deutschlands. Nach uralter Sitte wird das Paar von der Mutter des Mannes um den Herd geführt; die Braut setzt sich neben dem Herde auf einen Stuhl und bekommt Zange und Feuerbrand in die Hand, dann geht es zur Trauung. Bei Dortmund ward während des Umführens um den Herd das Feuer entzündet; dabei sprach man vergessene Sprüche. Die Nordendorfer Spange beweist, daß Donar seit alter Zeit als Beschützer und Schirmer der Ehe galt. Der Wind- und Sturmgott Wodan wird zur Ersiegung der Braut angerufen, denn er ist der Schnellste unter den Göttern, die göttliche Weihe erfolgt durch Donar (wigi = Thonar!), vermutlich durch seinen Hammer, das Sinnbild des Rechtes wie der Fruchtbarkeit.

5. Balder

Zwar sind die Zeugnisse über Balder nur spärlich, aber sie lassen ihn immerhin noch als eine lichtspendende, jugendliche Gottheit erkennen. Balder, ags. Bealdor, an. Baldr bezeichnet den Leuchtenden, Lichtverbreitenden. Idg. *bhaltos bedeutet sowohl hell schimmernd, glänzend, wie schnell, kühn; beide Bedeutungen sind vielleicht auch für Balder anzunehmen (der kühne Licht- oder Glanzspender). Die alten englischen Königsgenealogien nennen als Vodens Sohn Baldaeg oder Balder. Baldaeg = der helle Tag, Glanztag, ist ein Beiwort Balders und bestätigt das Wesen und den Namen des Gottes. Auch aus dem westfränkischen Worte Baldrevert = der gleich Balder Leuchtende ergibt sich derselbe Name mit der gleichen Bedeutung.

Unsere Kenntnis vom Mythos des Gottes bei den hochdeutschen Stämmen beschränkt sich im wesentlichen auf den zweiten »Merseburger Zauberspruch«:

Phol und Wodan ritten zu Walde.
Da ward Balders Roß sein Fuß verrenkt.
Da besprach ihn Sinthgunt, und Sunna, ihre Schwester,
Da besprach ihn Frija, und Volla, ihre Schwester,
Da besprach ihn Wodan, der es wohl verstand:
so den Knochenbruch,
so die Trennung der blutenden Weichteile,
so die eigentliche Verrenkung:
Knochen zu Knochen, Blut zu Blut,
Glied zu Glied, als ob sie geleimt seien!

Dem Zauberspruche, der beim Stillen des Blutes und Verbinden der Wunde seine Wirkung ausüben soll, geht eine kurze mythische Erzählung voraus. Wie Wodans Spruch bei Balders Roß die Genesung erzielte, so soll es das (dreimalige) Hersagen des ganzen Liedes bei irdischen Pferden, die erkrankt sind; die Bemühung des Menschen wird unter göttlichen Schutz gestellt. Der erste Teil versetzt uns also auf mythischen Boden, der zweite enthält den eigentlichen Zauber, das Ganze dient zur praktischen Nutzanwendung.

Das Lied schildert einen Ritt der himmlischen Götter. Zwei Reiter, von vier Göttinnen begleitet, fahren zu Walde, d.h. reiten auf die Jagd: Wodan und Balder, Sinthgunt und Sunna, Volla und Frija. Unterwegs erleidet Balders Fohlen einen Unfall. Die Göttinnen versuchen dem Übel abzuhelfen; wie die germanischen Frauen die Wunden des Kriegers verbinden, sind ihre himmlischen Gegenbilder heilkundig gedacht. Aber ihre Kunst ist hier umsonst; erst Wodan gelingt es.

Vier Hauptpunkte treten hervor: der Ritt Phols und Wodans, die Verletzung von Balders Pferde, die vergebliche Besprechung des Schadens durch vier Göttinnen, endlich das helfende Eingreifen Wodans.

Die Vorstellung, daß die Lichtgötter ihren Weg reitend zurücklegen, ist uralt. »Grüß dich Gott, du heiliger Sonntag, ich sah dich dort herkommen reiten«, beginnt ein alter Segen, und ein anderer aus Schwaben: »Sei mir willkommen, Sonnenschein, wo reitst du hergeritten?« Wenn das Fohlen, das Balder besitzt, nicht einfach das Streitroß bedeutet, so weist es auf eine jugendliche Lichtgottheit hin, eine Erscheinung des frühen Morgens. Das Straucheln des Pferdes hat also guten Sinn. Wenn der junge Lichtgott das Ende seines Weges erreicht, wird sein Roß lahm. Umgekehrt ist das Roß im Märchen, das die Sonne am Anfang ihrer Laufbahn reitet, schwarz, später grau, am Morgen dagegen weiß und glänzend.

Balder ist also nach dem »Merseburger Spruch« ein Lichtgott, mag man an das Zwielicht, das erste Aufleuchten des Tages oder an den Taggott selbst denken. Dann kann die Beinverrenkung des Pferdes und dessen Heilung nur den täglichen Ritt des Lichtgottes zur Unterwelt, seinen Fall und seinen neuen Aufgang bedeuten. Befremdend ist, daß Wodan, der alte Nacht- und Sturmgott, den Lichtgott begleitet; man erwartet eher: der Gott des Zwielichtes und sein Vater Tius, der Tagesgott, reiten auf lichten Rossen am Morgenhimmel empor. Mit gutem Grunde hat man daher angenommen, daß die Heilung zu einer Tat Wodans umgedichtet sei, nachdem dieser sich zum Hauptgott aufgeschwungen hatte.

Die auffallende Reihenfolge, daß Wodan an zweiter Stelle genannt wird, sowie das starke Hervorheben »der es wohl verstand« zeigen, daß er seinen Platz erst später in diesem Liede erhalten hat.

Fulla, die Üppige, auf römisch-germanischen Votivsteinen der Gardereiter aus der Zeit von 132–141 vielleicht Fortuna genannt, ist eine Hypostase der Frîja, die Spenderin der Fruchtbarkeit; hier ist sie als Schwester aufgefaßt. Sie war in der Urzeit die Gemahlin des Himmelsgottes Tius, bis der nächtige Stürmer Wodan ihn stürzte und sein Reich und seine

Gattin an sich riß. Frija–Volla muß also in dem Spruche als Wodans Gemahlin aufgefaßt werden; mithin muß Sunna–Sinthgunt in einem besonderen Verhältnisse zu Balder stehen. Sunna bedeutet die Sonne, die Sonnengöttin, eigentlich ist sie dieselbe wie Frîja; Sinthgunt, ihre Hypostase, ist gleichfalls als Schwester aufgefaßt, zwischen Sunna und Sinthgunt muß ein Zusammenhang bestehen. Es ist unmöglich, zwischen den reitenden Tagesgottheiten sich eine Nacht- oder Mondgöttin vorzustellen, die Kampfjungfrau, die Nacht für Nacht wandelt (Sinnachtgunt), oder die streitbare Walküre, die vor der Türe der Totenhalle ihren Posten hat. Sindgund ist die wandelnde, eilende Göttin, die Gefährtin der eilenden Sonnengöttin, oder sie ist die Göttin, die ihren Weg erkämpfen muß, die zum Kampf ausgeht. Aus den Eigenschaften der Frîja und Sunna sind also selbständige Göttinnen entstanden. Ist aber Sinthgunt–Sunna ursprünglich ein Wesen, wie Volla–Frîja, und gehört letztere als Gemahlin zu Wodan, so muß unbedingt ein mythisches Verhältnis zwischen Sinthgunt und Balder obwalten. Wie der Himmelsherr und die Himmelskönigin ein Paar bilden, so muß der junge Tag oder das Zwielicht und die Sonnengöttin zusammengehören. Darauf deutet auch der sachliche Zusammenhang. Der Ritt der Götter erfolgt offenbar in einer gewissen Reihenfolge. Es kann nicht Zufall sein, daß Sinthgunt, die doch an Macht hinter Frîja zurücktritt, zuerst Balders Fohlen zu Hilfe eilt und an erster Stelle unter den vier Göttinnen genannt wird. Sie muß an Balders Seite reiten, wenn sie zuerst den Unfall wahrnimmt. Ihr folgt ihre Schwester Sunna, dann das Schwesternpaar Volla und Frîja und endlich Wodan. Dem Gattenverhältnis Wodan–Frîja entsprechend, muß Sinthgunt als Balders Gemahlin gedacht sein.

Ist aber Sinthgunt ein Beiname der Sunna, Volla ein solcher der Frîja, so liegt es nahe, auch in Phol einen Beinamen des Gottes Balder zu sehen. Daß er nicht ein neuer Gott sein kann, zeigt der Zusammenhang. Er wird bei der Besprechung nicht weiter erwähnt, während doch Wodan, der schon in der ersten Zeile genannt war, noch einmal mit Namen auftritt. Das Beiwort ist lediglich aus metrischen Gründen für Balder selbst eingesetzt: Phol gab zu fuhren den fehlenden Stabreim.

Phol, germ. pulaz (skr. bala = Kraft) ist der Starke, Kräftige. Die mit Phol zusammengesetzten Namen zeigen, daß Phol und Balder sich durchaus entsprechen; ob als Brüder oder als Namen eines Gottes, mag dahingestellt bleiben, der »Merseburger Zauberspruch« faßt sie jedenfalls als eine Gottheit auf. In Thüringen, unfern der Saale, finden wir Pholesbrunno, jetzt Pfuhlsborn; Baldebrunno (Baldersbrunno) in der Rheinpfalz ist zweifelhaft. Von Pfuhlsborn geht die Sage, daß dort ein dem Götzen Pful geweihter Tempel gestanden habe, der an der noch jetzt vorhandenen Quelle seinen Sitz hatte. Einem Baldenhain (Baldershain) entspricht vielleicht, einem Balderes lêg (Hain) bestimmt ags. Polesléah, jetzt Polsley: es gab also heilige Haine, die Balder-Pol geweiht waren. Ein Baltheresberghe wird 744 erwähnt; ein Polesworth liegt in Warwickshire. In einer zwischen 744–788 verfaßten Urkunde wird ein bayerischer Ort Pholesouwa erwähnt, jetzt Dorf Pfalsau bei Passau; ein Pfalsau liegt auch an der Melk (Niederösterreich); um 1138 wird ein Ort Pholespiunt genannt (piunt = eingehegter Garten oder Acker, Feldstück), jetzt Pfalzpoint an der Altmühl; in Pholeschirîchûn heißt es in den Urkunden von St. Gallen 855.

Die Göttinnen

Uralt ist die Anschauung, daß der sich über den Menschen wölbende Himmel und die alles erzeugende Erde gleichsam ein Vater und eine Mutter der Welt seien, deren Nachkommen die lebenden Geschöpfe sind, Menschen, Tiere und Pflanzen. Im Frühjahr feiert das göttliche Paar seine Vermählung. Aber der Schoß, der alles Leben als große Mutter gebiert, nimmt auch alles Leben als großes Grab wieder in sich zurück. Darum ist die Erdgöttin auch Totengöttin. Nachdem der Himmelsgott der Herrscher des lichten Tages geworden war, konnte auch die Erdgöttin nicht mehr seine Gemahlin bleiben; als Sonnen- und Wolkengöttin schwang sie sich zu ihrem himmlischen Gatten empor. Wie sich vom germanischen Himmelsgotte Tiwaz die verschiedenen Erscheinungsformen loslösten, so tritt auch die deutsche Hauptgöttin Frîja, die Geliebte oder Gattin des größten Gottes, unter vielen Namen auf.

Die Erdgöttinnen

1. Die Mutter Erde

Ein alter ags. Spruch, den die Engländer noch vom Festlande mit hinübergenommen haben, lautet:

Heil sei dir, Erde, Menschenmutter,
Werde du fruchtbar in Gottes Umarmung,
Fülle mit Frucht dich, den Menschen zum Nutzen!

Mit dem Gott, in dessen Umarmung die Erde empfängt und die Frucht hervorbringt, kann nur Tius gemeint sein. Der Segen soll gesprochen werden, wenn man den Pflug in Bewegung setzt und die erste Furche zieht. Diese Nachricht wird durch einen zweiten, gleichfalls ags. Spruch vervollständigt:

Ostwärts stehe ich, Hilfe erflehe ich,
Ich bete zu dem hehren Herrn, ich bete zu dem
großen Herrn,
Ich bete zu dem heiligen Wart des Himmelreiches;

Zur Erde bet' ich und zum Himmel darüber
Und zu der wahrhaftigen, heiligen Maria

Und zu des Himmels Macht und seinem Hochbau,
Daß ich vermöge durch des Herrn Gnade
Mit den Zähnen aufzureißen diesen Zauber durch
mutigen Gedanken,
Zu wecken das Wachstum zum Nutzen der
Menschheit.

Der erste Segen wurde bei der Beackerung und Aussaat gesprochen, der zweite dient zur Herstellung der Fruchtbarkeit solcher Äcker, denen ein Zauber angetan ist. Er ist von einem Mönche des 8. oder 9. Jahrhunderts aufgezeichnet, der neben die uralte, heidnische Anrufung von Himmel und Erde ein Gebet an die heilige Jungfrau Maria setzte. Auch die zum Gebet gehörenden Opfergebräuche sind erhalten. Man soll gen Morgen vor Sonnenaufgang (vielleicht in der Nacht, die dem Vermählungsfeste des Tius und der Erdgöttin voraufgeht) vier Rasenstücke aus den vier Winkeln des Ackers schneiden, da man steht; dann soll man Hefe, von allen Viehes Milch, etwas von allen im Lande wachsenden Bäumen außer den Hartbaumen (Eiche und Buche, die keine Besegnung nötig haben) und etwas von allen namhaften Kräutern außer der Klette (Unkraut) auf die Rasenstücke legen, mit heiligem Wasser besprengen und dabei sprechen: Wachse, vermehre dich und erfülle die Erde! Dann soll das ganze Opfer, das die Tiere und Früchte umfaßt, die dem Landmann nützlich sind, zur Kirche getragen werden, so daß das Grüne gegen den Altar gewendet ist; vier Messen werden darüber gelesen und die Rasenstücke noch vor Sonnenuntergang wieder auf den Acker gebracht. Dann schneide man vier Stäbchen vom »Lebensbaum«, ritze darauf die Namen der vier Evangelisten und das Zeichen des Kreuzes und lege unter jedes Rasenstück ein Stäbchen: Es ist offenbar ein heidnischer Runenzauber, durch christliche Namen und Zeichen ersetzt. Dann wende man sich gegen Osten, wo gerade die Sonne aufgeht, und spreche den erwähnten Segen.

In demselben Zusammenhange ist noch ein dritter Segen an die Erdgöttin bewahrt, der unmittelbar zu dem ersten gehört und sich ebenfalls auf die Beackerung und Aussaat bezieht:

Erce, Erce, Erce, Mutter der Erde.
Es gönne der allwaltende, ewige Herrscher.
Daß die Äcker wachsen und gedeihen,
Voll werden und sich kräftigen.

Er gönne ein Heer von Schäften (Getreidehalmen)
 und des Kornes Wachstum
Und der breiten Gerste Wachstum
Und des weißen Weizens Wachstum
Und aller Erde Wachstum.

Es gönne dir der ewige Herrscher, daß die
Äcker gefriedet seien gegen aller Feinde
Schädigung und geborgen gegen alles Böse.

Das Wort Erce, womit der Spruch beginnt, ist eine Weiterbildung von ero Erde, wie zum Beispiel Funke von got. fôn Feuer. Da auch Attilas Gemahlin Erka heißt, mhd. Herche, war der Name auch den Goten bekannt, ist also sehr alt. Wenn auch dunkel ist, warum Erce Mutter der Erde genannt wird (die Göttin als Mutter des Erdreiches?), und ob die im Volksglauben fortlebende Herke, Arke zu ihr gehört, die als fahrende Mutter bezeichnet wird, so läßt sich doch mit Sicherheit sagen, daß in dem ganzen Brauche die vergötterte Erde mit Gebet und Opfer verehrt wird. In dem zuerst angeführten Segen wird die Erde selbst als Menschenmutter angerufen.

Dieser Ackersegen wird angewendet, nachdem folgende

Gebräuche erledigt sind: Unbekannter, von Bettlern gekaufter Same wird genommen – denn gefundene, gebettelte oder gestohlene Dinge gelten für besonders heilsam –, das Ackergerät herbeigeholt, in einer Höhlung des Pfluges Weihrauch, Fenchel, geweihte Seife und geweihtes Salz verborgen, und auf den Pflug selbst der Same gelegt. Nachdem dann die erste Furche gezogen und gesprochen ist, »Heil sei der Erde, der Menschenmutter«, wird der Mutter Erde ein Opfer gebracht. Man nehme Mehl von jeder Art, bilde daraus mit den Händen einen breiten Laib, knete ihn mit Milch und mit heiligem Wasser und lege ihn unter die erste Furche.

2. Nerthus

Das älteste geschichtliche Zeugnis für die Verehrung der Erdgöttin bei den Ingwäonen bietet TACITUS: Weiterhin von den Langobarden wohnen die Reudigner und Avionen, die Anglier und Variner, die Eudosen, Suardonen und Nuitonen, die alle durch Flüsse und Wälder geschützt sind. Bemerkenswert bei den einzelnen Völkern ist nichts, vereint verehren sie die Nerthus, das ist die Mutter Erde. Sie glauben, daß die Göttin eingreife in das Leben der Menschen und bei den Völkern einziehe. Es ist auf einer Insel im Ozean ein heiliger Hain, den niemand betreten darf, und in ihm ein geweihter Wagen, mit einer Decke verhüllt. Nur dem Priester ist es gestattet, ihn zu berühren. Dieser weiß, wann sich die Göttin im Allerheiligsten aufhält, und er begleitet sie, wenn sie auf ihrem von Kühen gezogenen Wagen umfährt in frommer Haltung, unter Beobachtung heiliger Gebräuche und mit ehrfurchtsvollem Gebete. Frohe Tage gibt es dann und festlich geschmückte Orte, wohin die Göttin gastlich ihre Schritte lenkt. Die Waffen ruhen, des Krieges Stürme schweigen, alles Eisen ist verschlossen; Friede und Ruhe sind dann allein bekannt, dann allein geliebt, bis derselbe Priester die des Verkehrs unter den

Sterblichen satte Göttin ihrem Heiligtume zurückgibt. Dann wird der Wagen nebst den Tüchern und, wenn man glauben will, die Gottheit selbst im einsamen See gebadet. Sklaven versehen dabei den Dienst, die sogleich derselbe See verschlingt. Daher der geheimnisvolle Schauer und die heilige Unwissenheit, was das sei, das nur dem Tode Geweihte schauen.

TACITUS schildert den Kultus der seeanwohnenden Stämme. Tiwaz Ingwaz und Nerthus, der Himmelsgott und die mütterliche Erde, sind das göttliche Paar bei den Ingwäonen. Wo die Gemahlin verehrt wurde, muß auch der himmlische Gatte verehrt sein; das Fest wird schwerlich der Göttin allein gehört haben.

TACITUS verdankt seinen Bericht, der allerdings das Fest des Gottes unerwähnt läßt, offenbar einem Römer, der selbst in diesen Gegenden die ihm merkwürdige Prozession erlebte und mit ähnlichen Schaustellungen in der kaiserlichen Hauptstadt verglich. Die Schlußfolgerungen sind vom Schriftsteller selbst gezogen, er hat erst nach den Motiven der Handlung geforscht und sie sich nach seiner Geistesrichtung zurechtgelegt. Also nur das Tatsächliche des Berichtes ist der Wirklichkeit entnommen, alles übrige ist freie Reflexion. Aber auch so bleibt bei der Gedrängtheit des Stiles manche Ungewißheit und Unklarheit zurück.

Schon der Schauplatz des Festes ist nur im allgemeinen angegeben. Der Wohnsitz der sieben ingwäonischen Völkerschaften, die sich zur gemeinsamen Verehrung der Nerthus zusammenfanden, liegt nördlich vom Stammlande der Langobarden, dem Bardengau. Wo aber im einzelnen die Stämme gewohnt haben und wo der aus dem Meer aufragende Hain zu suchen ist, bleibt ungewiß. Der Name der Reudigner ist vermutlich wie der der Semnonen und Nahanarvalen ein hieratischer Kultname; an. rjóđa = röten ist die technische Bezeichnung für das Bestreichen und Besprengen mit dem heiligen Opferblut; die Reudigner wären also das Sakralvolk der

Ingwäonen. Sechs Stämme scheinen auf dem Festlande gewohnt zu haben, der siebente, die Aviones, auf den Inseln; ihr Name bedeutet »Inselbewohner«.

Höchstwahrscheinlich war der Nerthustempel auf Seeland gelegen, nicht auf Rügen, Fehmarn, Bornholm, Alsen (Als-ö Insel des Heiligtums), noch auf einer der friesischen Inseln der Nordsee. Es ist erklärlich, daß sich ein Teil der Ingwäonen die erntespendende Erdmutter auf Seeland heimisch dachte, dem fruchtbarsten Lande, das sie von Hause aus besaßen. Noch im 10. Jahrhundert wird berichtet, daß in Hleiđr (Lejre, Lederun) auf Seeland jedes neunte Jahr um die Zeit der Sommersonnenwende große Opferfeste gefeiert wurden, die erst HEINRICH DER VOGLER 934 abschaffte. Und da der Ort auf einer Insel (Seeland) gelegen ist, sogar in der Nähe der See nicht fehlt (der Videsö, der weiße See bei Ledreburg), so wird hier das Stammesheiligtum zu suchen sein. Selbst der Name Hleiđr scheint aus vordänischer Zeit zu stammen und die ingwäonische Bezeichnung für das Gebäude zu enthalten, in dem Wagen und Bild der Göttin bewahrt wurden.

Der römische Reisende, der TACITUS von diesem Feste Kunde gab, vernahm als den heimischen Namen der Göttin Nerthus, den er mit »terra mater« verdolmetschte. Nerthus ist grammatisch Maskulinum und Femininum zugleich, mythologisch eine doppeltgeschlechtige Gottheit, ein Geschwisterpaar, das zugleich ein Ehepaar war. Als Gattin des Tius könnte sie die Herrin der Erde, der Unterwelt sein, daher mag sie die »Unterirdische« sein. Da aber die höchste Göttin sonst schlechthin Frija heißt, d.i. die Geliebte, die Gattin des obersten Gottes, so ist auch die Erklärung »Männin« nicht völlig abzuweisen. Der männliche Nerthus ist allein im Norden als Niǫrđr erhalten, seine Schwester und Gemahlin allein bei den Ingwäonen. Die Bezeichnung »Mann und Frau« für den Himmelsgott und die Erdgöttin hat Anspruch auf höchstes Alter.

Aus unbekannter Ferne nahte der Himmelsgott den Menschen und hieß darum Ingwio der Ankömmling. Im Winter aber zog er wieder in fernes Land, aus dem er im Frühling heimkehrte. Solange die holde Gegenwart des Gottes währte, glaubte man ihn anwesend und beging festlich seine Vermählung mit der Erdgöttin im Lenz. Auch die Göttin war dann den Menschenkindern sichtbar, in feierlichem Umzuge ward sie von der dankbaren Bevölkerung eingeholt. Sie wachte jedes Jahr von ihrem totenähnlichen Schlummer auf, sobald die ersten Lerchen schwirrten; beseeligend war ihre Nähe, und Blumen und Früchte waren ihr Gastgeschenk an ihre Verehrer. Aber wenn die Blüte bleicht, wenn eisig Schnee und Reif sich auf die Fluren legen, dann zog sie sich wieder in die Unterwelt zurück. Darum ward, wie TACITUS berichtet, nach beendigter Umfahrt der Wagen der Nerthus, die Tücher und die Gottheit selbst im einsamen See gebadet. Denn nunmehr verschwand sie in ihrem unterirdischen Reiche, dessen Eingang der See bildet. Aber wenn der Priester in dem sonst von keinem Menschen betretenen Hain am Belauben des Waldes, am Erblühen der ersten Waldblume, vielleicht des Zeidelbastes, oder am Erscheinen des ersten Käfers das Nahen des Frühlings, die Heimkehr des Gottes wahrnahm, dann besuchte auch die Göttin in segnendem Umzug ihr Volk. Die feierliche Umfahrt der Nerthus bedeutet also das Erwachen der Natur im Frühjahr; das Einholen des Maigrafen und der Maigräfin, des Maikönigs und der Maikönigin ist durch dieselbe Anschauung hervorgerufen. Obwohl TACITUS nichts von dem göttlichen Gemahl erwähnt, so ist doch wahrscheinlich, daß das Fest zu Ehren der Vermählung des göttlichen Paares stattfand. Oder der Priester galt als der Vertreter des Gottes, denn TACITUS sagt ausdrücklich, daß allein dem einzigen Priester erlaubt war, den Wagen zu berühren, und die göttliche Ehe war schon vollzogen, wenn das erste Grün sich zeigte. Milde Witterung und Hoffnung auf gute Ernte brachte die Göttin; sie gestattete wieder die Schiffahrt und spendete stilles Wetter für die Fischerei. Aber mit der guten Zeit, wo Fruchtbarkeit herrschte, Handel und Schiffahrt blühte, ersehnte der Germane auch zum Schutze seiner blühenden Gefilde Frieden und Waffenruhe. Wenn auch im allgemeinen die religiöse Ehrfurcht eine Unterbrechung der verwüstenden Fehden wünschenswert erscheinen lassen mußte, die Ingwäonen waren unfraglich schon zu einer ruhigeren Lebensweise gedrungen als die beiden andern Stämme. Ein Volk, das die Segnungen der Kultur so tief empfand, wird auch seine höchsten Götter zu Schützern des Friedens gemacht haben. Nicht mehr Kampf und Streit galt als die Krone des Daseins, sondern Friede und Fruchtbarkeit. Darum ruhten auch zur Zeit des Umzuges Wehr und Waffen verschlossen in der Halle.

Als der höchsten Göttin brachte man ihr auch das kostbarste Opfer dar, das die grausame Vorzeit kannte, Menschen. Nichts anderes kann der Ausdruck meinen »der See selbst reißt die dienenden Knechte in sich«. Schwierigkeiten macht nur, daß ein einziger Priester sie geopfert haben soll; oder ist an ein Töten durch Überfahren mit dem Wagen zu denken? Nur in entfernter Weise darf man an die Sklaven denken, die den Busentofluß nächtlich abgruben und nachher getötet wurden, damit der Ort geheim bliebe, wo der große Tote ruhte. Vielleicht ist auch ihre Tötung als ein Opfer anzusehen. Wie die Semnonen ihren Festkult begannen, indem von Staats wegen ein Mensch geopfert wurde, so brachten die ingwäonischen Stämme die ertränkten Sklaven der Nerthus als Opfer dar, wenn sie in das Innere der Erde zurückkehrte.

Der Ausgangspunkt der Prozession war ein Wald, der in stiller Abgelegenheit durch den Besuch der Menge nicht entweiht war. Dort stand der Tempel der Göttin und in ihm ein geheimnisvoller und darum mit Tüchern verhüllter Wagen. Beim Erwachen des Frühlings gab der Priester den Befehl,

Kühe vor den Wagen zu schirren, und das Bild der Göttin wurde auf den Wagen gehoben, der mit einem Tuche oder mehreren Decken bedeckt war. Während zu Ehren des Tius kriegerische Rosse aufgezogen und zu gottesdienstlichen Zwecken an den Wagen gespannt wurden, stehen die Kühe, das uralte idg. Symbol der Fruchtbarkeit, mit dem weiblichen Geschlechte der tragbaren Mutter Erde in Zusammenhang. Die Umfahrt auf dem Wagen reicht vermutlich in die älteste Zeit zurück, wo die Germanen noch als flüchtige Nomaden kein festes Haus, also kein bestimmtes Tempelgebäude kannten; der zweirädrige, von Rindern gezogene Karren, der auf niedrigen, massiven Holzrädern ruhte, war ihnen Wohnsitz und Tempel zugleich. Auf dem Wagen stand das (hölzerne) Bild der Göttin; es war verhüllt, um das Heiligtum bald der anbetenden Menge zu zeigen, bald profanen Blicken zu entziehen. Die Annahme eines Tempels und eines aufrecht stehenden oder sitzenden Bildes ist unumgänglich nötig, obwohl TACITUS sagt, die Germanen hielten es nicht der Größe der Himmlischen für gemäß, die Götter innerhalb der Wände zu bannen oder dem menschlichen Antlitz ähnlich zu bilden. Er widerspricht sich selbst, wenn er sagt, daß nur dem Tode Geweihte (natürlich mit Ausnahme des Priesters) das göttliche Wesen sehen. Wie soll man sich sonst das Bad der Göttin nach vollzogenem Umzuge und ihre Zurückstellung in den Tempel denken? Diese ingwäonische Feier wird durch eine gotische bezeugt. WULFILA war vielen Gefahren unter den heidnischen Goten ausgesetzt, denn die Christen wurden von dem Gotenkönig ATHANARICH verfolgt (gestorben 382). ATHANARICH befahl, die Bildsäule des gotischen Gottes auf einem Wagen vor den Wohnungen aller des Christentums Verdächtigen herumzuführen; weigerten sie sich, niederzufallen und zu opfern, so sollte ihnen das Haus über dem Haupte angezündet werden. Gemeint ist ein bedeckter, persischer Reisewagen mit Vorhängen, die man auf- und zuziehen konnte. Endlich ist beachtenswert, daß der Name des Ortes, wo der Nerthustempel stand, Hleiđr, durch das got. hleiþra = Zeltwagen seine Erklärung findet. Die Tücher waren vermutlich von weißer Farbe; zahlreiche abergläubische Gebräuche bekunden, daß die Leichen unter einem weißen Laken begraben wurden.

Wenn sich der Zug in Bewegung setzte, übte der Priester angesichts der herbeiströmenden, festlich gestimmten Menge feierliche Zeremonien aus und sprach heilige Gebete. Aber auch das Volk betätigte seine Teilnahme an der Umfahrt. Wie bei den Goten das Götterbild von Haus zu Haus zog und Opfergaben in Empfang nahm, wie in Rom einzig und allein bei der Prozession der »Großen Mutter« (mater magna) eine Kollekte der religiösen Körperschaft erlaubt war, so wird während des Umzuges von den einzelnen Häusern und Höfen eine Steuer eingesammelt sein, das geld, ahd. këlt, die heilige Mahlzeit. Wie der Priester feierliche Gebete sprach, so stimmte auch das Volk während der Fahrt des Götterwagens Lieder zu Ehren der wiederkehrenden Göttin an, unter deren Klängen Reigen getanzt und Aufzüge dargestellt werden.

Nach Beendigung der Festzeit wurde der Nerthuswagen mit dem Bilde der Göttin und den Decken ins Wasser gezogen. Ein uralter Rest aus längst vergangener Zeit mag in diesem Brauche fortleben, ein Regenzauber, durch den man hinreichenden Regen auf die frisch bestellte Saat herabzulocken wähnte. Der erste Pflug und die erste Egge wurden mit Wasser begossen oder in einen Bach und See gestürzt, beim Pflugumziehen wurde der Wagen mit den vorgespannten Mägden ins Wasser getrieben. Der eigentliche Festakt endete mit dem Opfern der Diener, indem man (der Priester?) sie in die Tiefe des Sees stürzte; aber dieses Menschenopfer sollte nicht die erhoffte Wirkung des Regenzaubers verstärken, sondern es wurde der höchsten Göttin dargebracht, die in ihr unterirdisches Reich zurückkehrte.

So mischen sich selbst im alten Nerthuskulte Vorstellungen und Gebräuche einer noch viel älteren, roheren und einer fortgeschritteneren Zeit. Wie die Frühlingsfeste sich geschichtlich weiterentwickelt haben, lehrt ein Zeugnis des 13. Jahrhunderts, das die niederländische Sitte schildert, eine Pfingstkönigin zu wählen: Zur Zeit des Bischofs ALBERTO VON LÜTTICH (gestorben 1155) wählten Priester und Kleriker am Oster- und Pfingstfeste gemeinsam mit dem Volke aus den Weibern der Priester eine aus, schmückten sie mit Krone und Purpur, setzten sie auf einen Thron, verhüllten sie mit Gewändern und ernannten sie zu ihrer Königin. Dann stimmten sie den ganzen Tag hindurch unter Begleitung von Musikinstrumenten Lieder von ihr an und erwiesen, wie wirkliche Götzenanbeter, ihr wie einem Götzenbilde Verehrung.

Also noch im 12. Jahrhundert verehrte man die auf einem Wagen umherziehende und durch Gardinen oder Schleier verdeckte Pfingstkönigin wie ein Götterbild und feierte sie mit Chorgesängen und Reigen.

Wie kam TACITUS oder vielmehr sein Gewährsmann dazu, die ingwäonische Hauptgöttin durch die römische »terra mater« zu verdolmetschen? Die Übereinstimmung zwischen dem Frühlingsfest der Nerthus und der Cybele ist auffallend.

Die Umfahrt der großen Mutter auf dem von Rindern gezogenen Wagen und ihr Bad samt dem Wagen ist in beiden Feiern die Hauptsache; ein römischer Zuschauer des deutschen Festes mußte mit Notwendigkeit dazu kommen, an den Kult der mater zu denken und durch Erinnerung an das römische Fest das deutsche zu veranschaulichen. Hier wie dort umringt den Umzug die festlich gestimmte, dicht gedrängte Menge, hier wie dort begrüßt die Göttin auf ihrem Wagen feierlicher Gesang, frische Blumen werden gestreut, das Fahrzeug geschmückt, und endlich findet in Rom wie auf Seeland die Einsammlung der Steuer von Haus zu Haus während der Prozession statt. Die interpretatio Romana geht also allein von dem äußeren Hergang des Kultes aus. Das ist festzuhalten, um zu einem Verständnisse der Göttin Nehalennia zu kommen.

3. Nehalennia

Von einer Göttin Nehalennia weiß man erst wieder seit dem 5. Januar 1647. Heftige Ost- und Nordostwinde tobten an der batavischen Insel Walcheren (an der Scheldemündung) und legten bloß, was jahrhundertelang unter dem Dünensande verborgen gewesen war. Beim Eintritt der Ebbe erblickten die Bewohner von Doomburg, einem Städtchen an der Nordwestküste, 45 Trümmer von Säulen, Altären und Statuen mit Inschriften und Darstellungen. Aus ihnen ging hervor, daß man die Reste eines Tempels der Nehalennia vor sich hatte. Von diesen Denksteinen sind zweiundzwanzig noch heute erhalten, die übrigen bei einem Brande verlorengegangen. Im Herbst 1870 wurde abermals bei Doomburg aus dem Flugsande des Strandes ein Altar der Nehalennia ans Tageslicht getrieben.

Zwar war schon im Jahre 1600 im alten Ubierlande, in Deutz, ein derselben Göttin geweihter Altar gefunden, aber nicht bekannt geworden; 1776 oder 1777 fand man in Deutz eine neue Inschrift.

Auf achtzehn Altären ist Nehalennia bildlich dargestellt, viermal stehend, viermal sitzend. Sämtliche Bilder zeigen die Göttin in einen weiten, mit einem großen Kragen versehenen Mantel gehüllt, der durch eine Agraffe zusammengehalten wird. Auf einigen trägt sie eine Kappe oder Flügelhaube, wie sie noch im 13. und 14. Jahrhundert in ganz Deutschland üblich war und in den Niederlanden noch heute vorkommt. Auf elf Altären sitzt, bald zur Rechten, bald zur Linken der Göttin, ein Hund mit horchend zu ihr erhobenem Kopfe.

Auf drei Altären erscheint neben ihr ein Schiffsvorderteil, auf einem hält sie außerdem ein Ruder in der Rechten: einmal ruht der linke Fuß der stehenden Göttin auf dem Steven, das andere Mal beide Füße, auf dem dritten Stein stützt sie sitzend den linken Fuß auf den Kiel. Auf einem Doomburger Altare löst ein seefahrender Kaufmann der Göttin Nehalennia ein Gelübde für die glückliche Errettung seiner Waren. Auf zehn Altären, wo die Göttin sitzend dargestellt ist, trägt sie einen Korb oder eine Schale mit Äpfeln und andern Früchten. Auf fünf Steinen ist sie mit Füllhörnern abgebildet, die sich nebst Bäumen und Reben auch öfters an den Seitenwänden finden. Auf einem Altar ist ein Jagdknecht abgebildet, an einem Stabe schreitend und auf dem Rücken einen erbeuteten Hasen tragend.

Die Verehrung der Göttin ist also für den Rhein und die Nordseeküste bezeugt. Daß die Inschriften von Deutschen herrühren, bezeugen die deutsche Kleidung der Nehalennia, der verhüllende Mantel, der deutsch gekleidete Jagdknecht, der einen Hasen am Stocke trägt, und das Vorkommen deutscher Namen auf den Altären. Der römische Soldatendienst, bei dem die lateinische Sprache gebraucht wurde, erforderte, daß die Germanen sich neben ihrem heimischen Namen auch einen römischen beilegten; aber an der Verehrung ihrer Götter wurden sie nicht gehindert.

Wie auf Seeland das Nerthusheiligtum der sieben ingwäonischen Stämme gelegen war, so wird auf der Insel Walcheren ein Tempel der Nehalennia gestanden haben. Vielleicht ist dieses das Heiligtum, das der heilige WILLIBRORD im Jahre 694 besuchte. Als der ehrwürdige Mann nach seiner Gewohnheit unterwegs war, um zu predigen, kam er an ein Dorf namens Walichrum, wo ein Götzenbild als Rest des alten Irrwahns geblieben war. Dieses zertrümmerte der Mann Gottes in seinem Eifer vor den Augen des Hüters dieses Götzen. Der aber schlug rasend vor Zorn, um die seiner Gottheit zugefügte Beleidigung zu rächen, in der Leidenschaft seines törichten Sinnes mit dem Schwerte nach dem Haupte des Priesters Christi. Aber Gott verteidigte seinen Knecht, so daß er durch den Hieb nicht verletzt wurde. Als aber seine Gefährten das sahen, eilten sie herbei, um die frevelhafte Vermessenheit des gottlosen Menschen durch seinen Tod zu rächen. Aber der Mann Gottes befreite frommen Sinnes den Schuldigen aus ihren Händen und entließ ihn frei.

Auf Walcheren befand sich also noch im 7. Jahrhundert ein Tempel der Nehalennia mit einem Götterbilde; der Hüter des »Götzen« war der Gauvorsteher, der das Heiligtum und die Kultgegenstände vor frevelhafter Entweihung zu schützen hatte. Diesen Versuch, den seiner Obhut anvertrauten Tempel gegen die christlichen Eindringlinge zu verteidigen, mußte er fast mit dem Leben büßen; das Heiligtum selbst wurde dem Boden gleich gemacht, kein Stein sollte mehr auf dem andern bleiben, die Überreste wurden ins Meer gestürzt. Aber etwa tausend Jahre später spülten dieselben Wogen die Denkmäler deutschen Glaubens wieder ans Land und gaben der Nachwelt die heiligen Schätze der Vorfahren zurück.

Der verhüllende Mantel der Nehalennia scheint auf eine Göttin der Unterwelt zu deuten. Auch der Hund, der fast beständig als ihr Begleiter erscheint, ist ein Symbol der Todesgottheit. Durch das Schiff, das Ruder und eine Inschrift wird sie als Beschirmerin der Schiffahrt und des Seehandels vor den Gefahren des Meeres bezeichnet, durch die Schale mit den Äpfeln als Göttin der Ehe und des Kindersegens, durch die Füllhörner und Früchte als Spenderin der Fruchtbarkeit, gleich Nerthus. Im Gefolge der Frau Harke befinden sich ebenfalls Hasen. Nehalennia ist also eine Gottheit, die über das Reich des Todes herrscht, der gesamten Natur Fruchtbarkeit verleiht und den Menschen und seine Habe vor den Unbilden des Meeres schützt. Sie ist wie die kolchische Göttin in GRILLPARZERS Gastfreund »Menschenerhalterin, Menschentöterin, die des Halmes Frucht und des Weidwerks herzerfreuende Spende gibt, das Feld segnet und den beutereichen Wald«.

Nehalennia wird als die Unterweltsgöttin, die Erdgöttin

erklärt (idg. neqos, germ. nehal- und Suffix–innjo, Nehalinnjô) die »Töterin« oder die »Totenbergerin« (–halenî = Wurzel verhehlen); oder als die »Gewährende«, Reichtum Spendende. Wegen ihres Abzeichens, des Schiffes, bringt man Nealeni mit nêwa-lo (navalis; mhd. nâwe, naewe = Nachen) zusammen: die Göttin, die es mit den Schiffen zu tun habe.

Schiff und Pflug, Wagen und Schlitten sind Symbole der germanischen Frühlings- und Sommergöttin; bei ihren Festen wurden sie in feierlichen Aufzügen umhergeführt. Die wichtigsten Sagen der Frîja-Holda-Perchta erzählen von ihrer segensreichen Umfahrt auf einem der vier Fahrzeuge. Namentlich am Rhein und in Schwaben bedient sich Frîja bei ihrer Fahrt eines Schiffes und bringt im Frühjahre Fruchtbarkeit.

Etwa um 1133 wurde am Niederrhein ein lange Zeit vergessener Brauch wieder aufgefrischt; gegen den Willen der Geistlichkeit gestattete die Obrigkeit ein seltsames Fest und erzwang sogar die unmittelbare Beteiligung der Bevölkerung. Im Frühjahr, als die Tage noch ganz kurz waren, zimmerte ein Bauer aus Inden im Jülischen (Cornelimünster) mit Hilfe seiner Gesellen im Walde selbst ein Schiff, das er unten mit Rädern versah. Vor dieses »Landschiff« wurden Weber gespannt und gezwungen, es an Stricken nach Aachen und Maastricht zu ziehen, wo Mast und Segel hinzukamen, und von da nach Tungern und Looz und weiter im Lande umher; von da sollte es über Löwen und Antwerpen auf die Schelde gebracht werden, vor deren Mündung die Insel Walcheren liegt. In Aachen ward das Schiff unter großem Zulaufe von Männern und Frauen feierlich eingeholt. Den Städten, die der Umzug berührte, wurde das Eintreffen der Prozession vorausgesagt, und wie dem trojanischen Pferde, heißt es in RUDOLFS Chronik von St. Trond, wurden dem Schiffe die Tore geöffnet. Allabendlich bildete es den Mittelpunkt eines Reigentanzes, an dem beide Geschlechter, Frauen mit aufgelösten Haaren und losem Gewande, sogar Matronen trotz der halbwinterlichen Frühjahrszeit in bereits sommerlicher Kleidung teilnahmen; wenn der Reigen sich löste, ertönte Musik, Gesang, wie unsinniges Gejuchze und Jubelgeschrei. Es galt für schimpflich und unglücklich, das Schiff nicht weiter zu befördern; wo man hinkam, lösten die Weber des Ortes die Ziehenden ab; kamen sie zu spät, verfielen sie der Strafe. Auch sonst spielten die Weber bei dem Volksfeste eine besondere Rolle. Tag und Nacht mußten sie in vollem Waffenschmuck Ehrenwache bei dem Schiffe halten. Nur sie durften es berühren; wer es sonst anfaßte, mußte ein Pfand von seinem Halse geben oder sich durch beliebige Gaben lösen.

Der Geistlichkeit war dieser Umzug zuwider, und sie suchte ihn auf alle Weise als ein sündhaftes, heidnisches Werk zu hintertreiben. Sie nannte das Schiff ein Abzeichen böser Geister, ein Teufelsspiel; sie nahm an, daß es unter unheilvollen Wahrzeichen und in heidnischer Gesinnung aufgeschlagen sei, daß in ihm böse Geister umherzögen, ja, daß es ein Schiff des Neptun oder Mars, des Bacchus oder der Venus heißen könne; man solle es verbrennen oder sonst wegschaffen. Allein die weltliche Obrigkeit hatte die Feier gestattet und schützte sie. Selbst als der Graf von Löwen, dem Geschrei der Pfaffen nachgebend, die Tore verschloß und die Fortsetzung des Umzuges mit Feuer und Schwert bedrohte, nahmen sich der Klostervogt von St. Trond und die Grafen von Duras der Volksfeier an. Ihre Truppen stürzten sich auf die Gegner und gaben deren Häuser und Kirchen den Flammen und dem Verderben preis.

Bloßer Gesang und Tanz konnte den Geistlichen unmöglich solchen Ärger bereiten, selbst nicht, daß dabei Lieder gesungen wurden, die ihnen anstößig erscheinen mußten. Sie sahen in dem Umzuge offenbar einen Überrest aus heidnischer Zeit, der, jahrhundertelang eingeschränkt, nicht völlig hatte ausgerottet werden können. Auf den äußern Hergang der alten Feier kam die Lust des Volkes von Zeit zu Zeit wieder zurück und fand darum Verständnis und Unterstützung bei der Obrigkeit. Der Name der Gottheit war längst vergessen, nur die gelehrten

Mönche witterten etwas von altem Heidentum. Es war offenbar eine altgermanische Frühlingsfeier, die in allen Hauptstücken an das Nerthusfest erinnert. Auch hier ist der Ausgangspunkt der Prozession ein Wald; denn es ist sicher uralte Erinnerung, wenn das Schiff nicht auf der bequemen Werft in der Stadt, sondern im Walde gebaut wird. Auch hier wird der Grund derselbe sein: im Haine konnte man am frühesten die ersten Pflanzentriebe wahrnehmen. Wie der Umzug der Nerthus zuletzt am einsamen See endet, so soll das Schiff am Niederrhein an der Küste der Nordsee halten und von da nach der Insel Walcheren geführt werden; beidemal ist das Heiligtum auf einer Insel gelegen. Beide Umzüge sind von Gesang und Tanz begleitet. In dem Pfande, durch das man sich lösen mußte, steckt offenbar ein altes Opfer, das man ehedem der Göttin dargebracht hatte, dessen Bedeutung sich aber im Laufe der Jahre verloren hatte. Wie die Weber jetzt dieses Opfer erhielten, so empfingen es einst die Priester. Bedeutsam erscheinen die Worte des Chronisten, es sei eigentlich wunderbar, daß man die Weber nicht gezwungen habe, vor dem Schiffe zu opfern; vielleicht wirkt noch eine dunkle Erinnerung nach, daß dergleichen früher wirklich geschah. Wenn es heißt, daß nur sie das Schiff anfassen durften, so stimmt das genau zu den Worten des TACITUS: den Wagen der Nerthus zu berühren ist nur einem Priester gestattet. Auch in dem niederländischen Gebrauche lebte die Vorstellung fort, daß das »Landschiff« die Wohnung der Gottheit sei; es entspricht dem mit einem Tuche bedeckten Wagen der Nerthus. Beidemal erstreckt sich der im Frühling unternommene Umzug über einen größeren Landstrich, berührt Dörfer und Städte und wird überall mit Jubel begrüßt; man ist versucht, auch am Niederrheine für die alte Zeit, wie an der Ostseeküste, eine Art Amphiktyonie anzunehmen. Da die Prozession in derselben Gegend stattfindet, wo nachweislich die Nehalennia verehrt wurde, liegt der Schluß nahe, daß es sich um eine Frühlingsfeier der Nehalennia handelt; auch der Endpunkt der Fahrt soll die Insel Walcheren sein, wo im Altertume der Tempel der Nehalennia stand.

Wie im Mittelalter silberne Pflüge in die Kirchen geliefert, sogar als Abgabe gefordert wurden, so pflegt man noch heute in holsteinischen Dörfern, wo viele Schiffer wohnen, in den Kirchen kleine Schiffe aufzuhängen, die zur Zeit des Frühlings, wenn die Schiffahrt beginnt und der Acker bestellt wird, mit Blumen und Bändern geschmückt werden. In Oldenburg setzt man zuweilen während der Pfingstnacht kleine Schiffe auf einen Wagen, mit dem man am folgenden Morgen durch die Straßen fährt. Pflug und Schiff entsprechen einander. Am Rhein und im Frankenland sammelten die jungen Gesellen alle Tanzjungfrauen und setzten sie auf einen Pflug. Im Kopenhagener Nationalmuseum gehören zu den merkwürdigsten Funden dieser unvergleichlichen Sammlung ungefähr hundert aus dünnem Goldbleche gefertigte und ineinander gesetzte Schiffe, die nur Opfergaben oder Votivsachen sein können.

Solche »Abzeichen, wie ein leichtes Schiff geformt«, erwähnt auch TACITUS bei der suebischen Göttin, die er Isis nennt. Die schwäbische Überlieferung hat festgehalten, daß sich ihre Hauptgöttin Frija bei ihrer Umfahrt im Frühjahr eines Wagens oder eines Schiffes bedient. Ein Ulmer Ratsprotokoll von 1530 verbietet am Nikolausabend den Umzug des mit Masken in Fastnachtstracht besetzten Schiffes: es soll sich niemand mehr weder bei Tage noch bei Nacht vermummen, verkleiden noch Fastnachtskleider anziehen, auch soll sich jeder des Herumfahrens des Pfluges und mit den Schiffen enthalten. Das Verbot des Ulmer Rates setzt also die Umfahrt des Schiffes und das Pflugumziehen einander gleich; beide sind Symbole der Fruchtbarkeit spendenden Frühlings- und Erdgöttin. Noch heute zieht man in den bayerischen Donaugegenden Fastnachts (mhd. vasenahten, d.h. »an den Tagen der Ausgelassenheit«) Kähne auf Rollen durch die Ortschaften, die Maste mit Eßwaren behängt, im Mastkorbe Feuer.

Auf schwäbischem Boden also, bei den Nachkommen der erminonischen Sueben, der alten Tiusverehrer, ist ein Umzug mit Schiff und Pflug bezeugt, ein Bittfest an die große Göttin, das im Lenze dem Landmanne reiche Ernte, dem Schiffer günstige Fahrt sichern sollte. Im römischen Bauernkalender hieß der 5. März »Schiff der Isis«, es war das Frühlingsfest der Isis, »die zuerst den Menschen die Frucht gab«, und in Deutschland fand der Schiffsumzug später zu Fastnachten, d.h. zu Beginn des Frühlings statt. Auch die Isisbilder sind den Darstellungen der Nehalennia ähnlich; der Kopfputz der beiden Göttinnen bietet eine gewisse Gleichheit, auch der Hund, der Fruchtkorb, die Füllhörner und selbst das Schiff kehren wieder. Die Römer konnten daher leicht an ihre Isis erinnert werden. Wie die Gewährsmänner des TACITUS kein Bedenken trugen, das deutsche Frühlingsfest als ein Fest der Isis zu erklären, so trugen römische Kaufleute kein Bedenken, der Nehalennia als einer Erscheinungsform ihrer »tausendnamigen« Isis Dankopfer darzubringen; so erklärt sich, daß sich römische und germanische Namen auf den Nehalenniasteinen finden.

4. Tanfana

Bei den Istwäonen waren die Marsen Hüter und Pfleger des Bundesheiligtums. Neben dem flammenden Himmelsgotte Tiwaz Istwaz verehrten sie seine Gemahlin, die Tanfana. TACITUS erwähnt nur das Fest und den Tempel der Göttin, wie bei der Beschreibung des ingwäonischen Nerthusumzuges; aber er wie der römische Feldherr erkannten die Wichtigkeit des Stammesheiligtums sehr wohl.

Nach dem Tode des AUGUSTUS drohte bei den unterrheinischen Legionen offene Empörung auszubrechen, die durch den aus Gallien herbeigeeilten GERMANICUS nur mit Mühe unterdrückt wurde. Patrouillen hatten ihm gemeldet, daß die Germanen um diese Zeit des Nachts ein frohes Fest begingen und bei feierlichem Mahle sich dem Spiel hingaben. Darauf baute er seinen Plan. Er wußte, daß, wenn es ihm gelänge, die Festversammlung zu überfallen und das Heiligtum zu zerstören, er dem Stamme den durch Religion und Alter geheiligten Halt und Mittelpunkt nehmen würde. Er überschritt den Rhein, sandte auf beschwerlichen, aber vom Feinde unbewachten Umwegen den CÄCINA mit den Leichtbewaffneten voraus, um dem Gros der Legionen den Weg zu bahnen, und rückte in sternenheller Nacht auf die Gehöfte der Marsen zu. Seine Berechnung, die Germanen mitten im Frieden des Festes zu überraschen, hatte ihn nicht getäuscht; froh hatten die Deutschen die Nacht bei Gelagen und fröhlichen Gesängen zugebracht. Wie bei der Nerthusfeier die Waffen ruhten, so waren hier nicht einmal die gewöhnlichsten Vorsichtsmaßregeln getroffen, keine Nachtposten waren aufgestellt. Noch lagen sie sorglos, ihren Rausch verschlafend, auf Bänken und neben den Tischen umher, an denen sie geschmaust und gezecht hatten, als GERMANICUS hervorbrach. Um einen möglichst breiten Landstrich zu verwüsten, teilte er die Legionen in vier keilförmige Haufen. Zehn deutsche Meilen in die Runde zerstörte er alles mit Feuer und Schwert; alt und jung, Mann und Frau wurden niedergehauen, Gehöfte und Heiligtümer, auch der von diesen Völkerschaften am höchsten und heiligsten verehrte Tempel der Tanfana dem Erdboden gleichgemacht.

Die Zeit des Überfalls muß der Spätherbst gewesen sein, die Zeit, wo die Sachsen ihr herbstliches Sieges- und Totenfest feierten, und die Erminonen im heiligen Walde zusammenkamen. Um Tius und seiner Gemahlin, der Erdgöttin Tanfana, für die glücklich beendete Ernte zu danken, war das Volk aus allen Gauen zusammengeströmt. Galten die ingwäonische Nerthusfeier und das Isisfest dem Wiedererwachen des Frühlings, so fand das Tanfanafest Ende September oder Anfang Oktober statt, es fiel mit dem Ende und Anfang des Jahres bei den Germanen zusammen. Mit der absterbenden Vegetation zogen sich die Geister der Abgeschiedenen in das Innere der Erde zurück. Toten- und Erntefeier waren ein Fest, die Gottheit war Herr über Leben und Tod. Das heidnische Totenfest wurde in eine Kirchenfeier verwandelt, die in der sogenannten Heiligen gemeinen Woche, das ist die Woche, die mit dem Sonntag nach Michaelis beginnt, fast durch ganz Deutschland begangen wurde. Die ländlichen Erntefeste und Kirchenmessen finden noch heute zu derselben Zeit statt. Der Oktober und November hießen bei den Angelsachsen und Schweden Opfermonat, bei den Niedersachsen, Friesen, Niederländern, Dänen und den istwäonischen Völkern Schlachtmonat, ein junger Ersatz für Opfermonat.

Der Beiname der Erdgöttin, Tanfana, bedeutet die »Opfergöttin«; Tanfana = Tabana gehört zu ahd. zebar, ags. tiber, tifer, zur idg. Wurzel dap = teilen, verteilen. Wie der lateinische Landmann vor der Ernte zum Jupiter dapalis betete, so dankte der Deutsche nach der glücklich eingebrachten Ernte der Tanfana, die zu Ende des Winters beim großen Erntefest ihre Opfer empfing, wie die römische Gottheit ihre daps. Die Übersetzung von Tanfana »Nahrung verleihend, Ernte spendend«, ändert sachlich nichts. Liest man für das überlieferte Tanfana Thambana, so bedeutet das Beiwort »die Göttin der Fülle und des Reichtums, des Ackersegens« (aisl. þǫmb = Schwellung, got. þamba = Fülle, norweg. temba = füllen, stopfen).

5. Hludana

Am 15. August 1888 wurde in der niederländischen Provinz Friesland bei dem Dorfe Beitgum der untere Rest eines Votivsteines aus der Römerzeit gefunden. Auf dem oberen Teile des Steines sind die Füße und das herabhängende Gewand einer sitzenden Figur noch zu erkennen, die vermutlich in einer Nische dargestellt war. Unter der Gestalt steht in den schönen Buchstaben, wie sie auf römischen Denkmälern gegen

Ende des 1. Jahrhunderts gefunden werden, die Inschrift: »Der Göttin Hludana haben die Pächter des Fischfangs unter dem Obmann Q. Val. Secundus ihr Gelübde gern und schuldigermaßen dargebracht.«

Mit diesem Funde war auch für das alte Stammland der Friesen eine Göttin gesichert, die durch andere Inschriften bereits für das nordwestliche Germanien bekannt war.

Schon im 17. Jahrhundert hatte man bei Xanten einen Stein ausgegraben: Deae Hludana sacrum C. Tiberius Varus. In Utrecht befindet sich eine bei Nijmwegen gefundene, aber verstümmelte Inschrift: Hludanae sacrum. Bei Münstereifel fand man eine Inschrift aus der Zeit des ALEXANDER SEVERUS (222–235): das dort garnisonierende Detachement der ersten Minervischen Legion errichtete für die Errettung des Kaisers ALEXANDER SEVERUS und seiner Mutter aus einer drohenden Empörung der Legionen der Göttin Hludana einen Dankaltar.

Unter zahlreichen Beinamen wurde die Erdgöttin von den Deutschen verehrt, daher heißt sie Hludana, »die Vielgenannte, Vielnamige«. Sie waltet über das Meer und den Fischfang, wie über die Wohlfahrt des Landes, sie sorgt für das Leben der Bewohner und für das des germanischen Kriegsherrn, des Kaisers. Oder Hludana wird direkt durch ihren Namen als »Erdgöttin« bezeichnet (hlada = aufladen, aufbauen, hlóđ = Herd, der in der ältesten Zeit auch nur ein Erdhaufe war).

Die himmlischen Göttinnen

1. Frija

Die gemeingermanische Bezeichnung für die oberste Göttin war Frija; urgerm. Frijô gehört zu skr. prija, prijâ = Gattin, Geliebte; wie Hera die »liebe Gemahlin« des Zeus, so ist Frija die Geliebte oder Gattin des höchsten germanischen Gottes, des Tius. Das Eigenschaftswort ist zum Eigennamen geworden. Bei allen germanischen Stämmen ist nach ihr der Wochentag benannt, als noch vor der Bekehrung zum Christentum die römischen Tagnamen ins Deutsche übertragen wurden. Frija muß also von allen Germanen gleich hoch verehrt worden sein, überall in der Urzeit als Gattin des Tius gegolten haben.

Im »Merseburger Zauberspruch« lautet ihr Name Frîja, bei den Langobarden Frea, as. Frî, ags. Fríg, nd. Frie, Frée, Fricke, Frecke (kk = ggj = urgem. jj), an. Frigg. Der nach ihr benannte Tag heißt nhd. Freitag, ahd. Frîatag, Frîjetag, mhd. vrîtac, ags. Frígedaeg, engl. Friday, afries. frîgendei, Freiendej, niederl. vrijdag, an. Frjádagr, Friggjardagr.

Als Tius an Wodan sein Reich und seine Macht verlor, eroberte der kriegerische Nacht- und Sturmgott auch seine Gattin. So lassen sich zwei Hauptabschnitte in Frijas Verehrung unterscheiden: in der ersten Periode war sie die Gemahlin des Tius, in der zweiten die Wodans. Wiederum als Gattin des alles überwölbenden und bedeckenden Himmels war sie die mütterliche Erde, als Gattin des lichten Tagesgottes die strahlende Sonnengöttin. Hatte ehedem der Himmelsgott um die Erde gefreit, so warb nunmehr der Gott des lichten Tages um die Jungfrau Sonne. Bestand einst der Reichtum Frijas in Tieren und Früchten, so wurde jetzt das Sonnengold als Schmuck, Schatz oder Hort aufgefaßt. Wie der Germane seine Tochter nicht ungeschmückt und unbeschenkt aus dem Hause entließ, so stattete er die des Morgens am Himmel erscheinende Göttin mit einem großen, leuchtenden Halsband aus, dem Brisingamen, dem Sonnengold (Halsband der Brisinge, der Zusammenflechter, der kunstreichen Verfertiger; mhd. brîsen = einfassen oder aisl. brísingr = Feuer). Das Wort des Herrn: »Ihr sollt das Heiligtum nicht den Hunden geben« (Mt. 7, 6) gibt der Dichter des »Heliand« so wieder:

»Vor die Säue sollt ihr nicht eure Perlen werfen oder schimmernden Schatz, heiligen Halsschmuck.« Selbst das Beiwort »heilig« mag uralt sein, wie die Alliteration zeigt: es ist der unverletzliche, der Himmelskönigin als Göttereigen zukommende Schmuck. Von diesem Halsschmucke soll auf altem sächsischem Boden Dortmund seinen Namen haben (Throtmani, Throtmenni). Auf einem Votivsteine der germanischen Gardereiter, der von TRAJAN errichteten equites singulares, der am Lateran gefunden ist, steht die Inschrift: »Deae Menmanhiae Aurelius Placidus votum solvit libens laetus animo.« Der Name Menimani kehrt auf einer Mainzer Inschrift wieder. Menmanhia ist die Halsbandfrohe (ahd. minnia und menni = das Halsband).

Als Gemahlin Wodans, der mit seinem Heere durch die nächtlichen Lüfte zieht, erscheint Frija besonders als Totengöttin. Schon bei BURCHARD VON WORMS begegnet der Aberglaube, daß Frija holda mit der Schar der nächtlichen Geister in gewissen Nächten durch die Lüfte reite. Im 15. Jahrhundert sagt man, daß die Göttin Diana, im Volksglauben »die frawen unhold« genannt, in den zwölf Nächten mit ihrem Heere fahre. Eckehart zieht vor dem wütenden Heere mit Holda einher, im Kyffhäuser ist die Königin Holle Wirtschafterin bei KAISER FRIEDRICH. Alle ungetauft sterbenden Kinder kommen ins wütende Heer zu Holla oder Berchta.

War die Göttin dadurch von ihrer himmlischen Höhe herabgestiegen, daß Wodan ihr Gatte wurde, so errang sie mit dem allmächtigen Himmelsgotte Wodan auch bei einigen Stämmen ihre alte Stellung wieder. In der langobardischen Stammsage thront sie neben Wodan im goldenen Himmelssaale, wie einst neben Tius, und lenkt mit weisem Rate die Geschicke ihrer Verehrer. Im »Merseburger Zauberspruch« erscheint sie als Göttin der Fülle, des Reichtums und des Wohlstandes, als Licht- und Sonnengöttin. Ein angelsächsisches Zeugnis nennt Wodan den obersten sächsischen Gott und Frea die mächtigste Göttin.

Der Freitag ist fast im ganzen Norden Deutschlands als Hochzeitstag beliebt; alles an ihm Unternommene gelingt; in der Altmark und im Hennebergischen ist er neben dem Dienstage der Hochzeitstag. Wo die christliche Anschauung überwiegt, daß der Heiland an einem Freitag den Kreuzestod erlitten habe, gilt er als der unseligste Tag, besonders in Westfalen und in der Oberpfalz. Die Feier des dies Veneris wird schon den spanischen Sueben von MARTIN und den Alemannen von PRIMIN streng untersagt.

In Pommern, auf Rügen, in der Uckermark und im Harz lebt Frija als Frie, Frée und Fricke in der Volkssage fort. Wenn sie bei ihrem Umzuge in den Zwölften den Wocken nicht abgesponnen findet, zaust sie die Mädchen und verunreinigt den Wocken; wie das wilde Heer mit lieblicher Musik einherfährt, so soll auch Fria Musik gemacht haben, zuletzt aber im Wasser verschwunden sein. In weißem lang herabwallendem Gewande irrt Frau Frîen weinend über Berg und Tal, um ihren Gatten zu suchen. Ein Bauer fährt spät am Abend heim; da hört er plötzlich ein gewaltiges Toben, und die alte Frick mit ihren Hunden kommt dahergestürmt. In seiner Angst schüttet der Bauer seine Mehlsäcke aus, gierig fallen die Hunde darüber her und fressen alles auf. Aber am nächsten Morgen sind seine Säcke alle wieder wohlgefüllt. Wie Frua Fria, gleich Nerthus, in einem See verschwindet, so tragen verschiedene an Seen gelegene Orte den Namen Frickenhausen. Ein Vrekeleve, Fricksleben liegt bei Magdeburg; das altwestfälische Stift Freckenhorst weist auf einen heiligen Hain der Frecka und erinnert an den heiligreinen Hain der Nerthus. Wie das Zeugnis BURCHARDS VON WORMS Frau Holde, Holle als ein ursprüngliches Beiwort Frijas erweist, so bestätigt die älteste Nachricht von dem Namen Freke die Identität mit Holle: im sächsischen Volke wurde Fru Freke verehrt, der dieselbe Wirksamkeit zugewiesen wurde, die die oberen Sachsen ihrer Holda zuteilen.

Unter dem Namen Fru Wod, Frau Gode, Fru Gauden, d.h. als Wodans Gattin, erscheint die deutsche Hauptgöttin in der nördlichen Altmark, dem angrenzenden Lüneburgischen, in der Priegnitz, in Mecklenburg.

Wie Nerthus, Frau Holle und Perchte mit dem Wagen umziehen, so fährt Frau Gode mit einer ganzen Meute Jagdhunde bei ihrer wilden Fahrt auf einem Wagen einher.

Auf sächsischem Boden war der Kult der mütterlichen Erde, Erce ausgebildet. Von einer Jagd- und Waldriesin Frau Herke, Harke, Arke, Harta weiß die Volkssage in der Mark, den südlich angrenzenden Strichen und selbst in Dithmarschen, an der Elbe, im Anhaltischen zu erzählen. Im Havelland lag der Harkenstein und Harkenberg, im Harz und in Westfalen ein Herkenstein, in Oldenburg und Mecklenburg findet sich Arkeburgen, in Dithmarschen Arkebek und Harkengrund.

Wie Nerthus zieht sie durch die Lande, meistens zur Zeit der Zwölften, bei Torgau schon um Bartholomäi (24. August). Dann freuen sich die Landleute, denn sie wissen, daß ein fruchtbares Jahr folgt. Bei Halle fliegt sie als Taube durch die Luft, und wo sie sich niederläßt, grünt und blüht es im folgenden Sommer am schönsten. Nach ihrem Umzug wird sie, wie Nerthus, das ganze Jahr hindurch nicht wiedergesehen. Auch das Schiff, das alte Symbol der Frühlingsgöttin, ist ihr Fahrzeug. Als himmlische Wolkengöttin erregt sie, gleich Frau Holle, Schnee und Wirbelwind, als Sturmgöttin hebt sie Eichen mit Ästen und Wurzeln aus, läßt im Rollen des Donners Berge aus der Schürze fallen und schleudert Steine, fährt mit der wilden Jagd durch die Lüfte und kehrt am Ende ihres Umzuges in den Berg zurück, aus dem sie ihre Umfahrt begonnen hat.

Über den größten Teil Deutschlands ist die Volkssage von Frau Holle verbreitet; ihre Verehrung reicht im Norden bis an den Harz, im Osten bis Halle und Leipzig, im Südwesten bis Unterfranken, im Westen die Fulda und Werra entlang bis Münden; vereinzelte Spuren gehen bis Schlesien, Tirol und Siebenbürgen.

Frau Holde, Holle ist die »holde, gnädige«, sie ist in ihrem Wesen völlig der oberdeutschen Berchte gleich, »der glänzenden«; es ist nicht nötig, ihren Namen als die »Unterirdische«, als die Totengöttin aufzufassen (helan = Holle; bergan = Berchta, die Verborgene). Holle und Berchte sind die Führerinnen der Holden und Perchten, der elbischen Geister und der Seelen der Verstorbenen.

In der Main- und Taubergegend verkleideten sich die Mädchen am Weihnachtsabend in Frau Hulda, indem sie ein weißes Gewand anlegten. Holle selbst wird als ein Weib von wunderbarer Schönheit mit langem, goldgelbem Haar geschildert, der Leib ist weiß wie Schnee und in ein langes weißes Gewand gekleidet; ein Schleier hängt über ihren Rücken oder verbirgt ihr Gesicht, zuweilen ist sie wie Nehalennia ganz in einen Mantel gehüllt. Die Kirche veränderte die lichte, holde, glänzende Göttin in ein wildes, unheimliches, gespenstisches Weib. Luther vergleicht die Gott widerstrebende Natur mit »fraw Hulde mit der potznasen«. Holde ist die mütterlich sorgende Göttin, die segnend über die Fluren schreitet, den Flachsbau und das Spinnen hütet. Faulen Spinnerinnen wirrt sie das Garn oder zündet den Flachs an, fleißigen schenkt sie Spindeln und spinnt selbst für sie in der Nacht, daß die Spulen des Morgens voll sind. Frau Holle entläßt das Kind, das die Stiefmutter in den Brunnen gestoßen hat, durch ein goldenes Tor, ein gewaltiger Goldregen fällt auf das Mädchen herab, und alles Gold bleibt an ihm hängen. Die Stiefschwester aber, die ebenfalls in ihren Brunnen gesprungen war, entläßt sie durch das Pechtor, das einen ganzen Kessel voll Unrat auf sie herabschüttet. Sie hilft den Mädchen, die zu schwer mit Gras, Streu oder Holz belastet sind, besonders ist sie schwachen und gebrechlichen alten Frauen geneigt. Als Wolkengöttin badet sie im stillen Weiher oder sonnt sich auf weißen Linnentüchern: ein Bild des Nebels und der Wolken, die an den Bergen und Wäldern streichen. In ihrer Felsgrotte oder auf einsamer Bergeshöhe dreht sie das goldene Spinnrad, den irdischen Frauen ein leuchtendes Vorbild; wenn sie von den Fäden den Menschen schenkt, so nehmen diese nie ein Ende. Wie Frea als kluge, geschäftige Hausfrau bei Wodan im Himmel sitzt und auf das Treiben der Menschen herniederblickt, so weilt Frau Holle bei Kaiser Friedrich im Kyffhäuser als seine Haushälterin und sorgt für alles, dessen er und die vielen hundert Ritter und Knappen bedürfen, die mit ihm um den großen steinernen Tisch sitzen.

Wie Nerthus fährt sie auf einem Wagen umher und spendet das schimmernde Saatengold; wie Frau Gauden und Berchte belohnt sie den Menschen, der ihr zerbrochnes Gefährt wieder herstellt. Zur Zeit der Flachsernte schwebt sie über die blauen Flachsfelder, richtet geknickte Pflanzen auf und segnet das im Winde wogende Getreidefeld. Die Tiroler verdanken ihr die Einführung des Flachsbaues. Bei Göttingen ließ man die letzte Handvoll Frucht ungeschnitten auf dem Acker stehen »vor Frû Holle«.

Als Wolkengöttin zieht Frau Holle nach dem Brocken, wenn es schneit; beim Schneefalle schlägt sie ihr weißes Gewand weit auseinander, oder sie macht dann ihre Betten oder pflückt die Gänse. Als Regenspenderin trägt sie im Harz einen goldenen Eimer ohne Boden den steilen Berg hinauf, und das Wasser läuft aus dem Gefäß heraus. Wenn es nebelt, hat Frau Holle ihr Feuer im Berge angemacht. Regnet es die ganze Woche – Frau Holle wäscht dann ihre Schleier –, so muß es zum Sonntage doch Sonnenschein geben, denn Frau Holle muß bis dahin ihre Schleier wieder trocken haben. Von den lichtweißen Lämmerwolken sagt man in der Mark: Frau Holla treibt ihre Schafe aus. Die ihre goldenen Locken auf hohem Felsen kämmende Göttin ist ein schönes Bild der hin- und herzitternden Sonnenstrahlen, das bei der Lurlei, der Lure des Elfenfelsens, wohlbekannt ist. In dem Frau Hollenstein bei Fulda sieht man die tiefen Furchen ihrer Tränenströme, die sie um den verschwundenen Gatten geweint hat.

Wie Nerthus wohnt Frau Holle in einem Teiche. Zuweilen hat man sie um die Mittagsstunde im Frau Hollenbade baden sehen, aber nachts war sie wieder verschwunden. Der Frau-Hollenteich (südöstlich von Kassel), der unter dem wilden Felsgerölle der Kalbe tief und heimlich in einer Schlucht des Gebirges gebettet ist, sonnig zugleich und von Schatten hoher Bäume umgeben, von einem verwitterten Steindamme eingeschlossen, liegt in einer grünen Wiese. Von ihrer alten Kultstätte aus unternimmt sie zur Weihnachtszeit ihre Umfahrt und verleiht den Äckern Fruchtbarkeit; unter Musik und Tanz begingen noch vor kurzem die Bauern nach alter Sitte dort ein ländliches Fest. Das Mädchen, das von der Stiefmutter in den Brunnen gestoßen ist, kommt unter dem Wasser zu einer schönen, grünen Wiese, auf der Frau Holles Haus steht. Wie sich die weiße Wolke aus der Höhe in den feuchten Waldgrund oder zum Flusse herabsenkt, so steigt Frau Holle von dem Berge zum Bade oder zum Waschen im Born oder Fluß; drunten in der Lutter wäscht sie nach Harzer Sage ihren Schleier. Eine Stelle im Main bei Hasloch heißt Huldas Badplatz. Aus einem Born in Oberhessen, der Frau Holle Loch geheißen, fährt sie mittags im Wirbelwinde heraus.

Aus ihrem Reiche, zu dem der See, Teich oder Born, wie der Nerthussee, den Eingang bildet, schickt sie die Seelen der Menschen in Kindesgestalt ins Leben und ruft sie wieder zu sich; sie bilden ihr Gefolge. Weiber, die zu ihr in den Frau-Hollenteich steigen, macht sie gesund und fruchtbar; die neugeborenen Kinder stammen aus ihrem Brunnen, und sie trägt sie daraus hervor. Aber sie zieht auch die Kinder in ihren Teich, die guten macht sie zu Glückskindern, die bösen zu Wechselbälgen.

Frau Holle waltet also über den Seelen der Menschen. Nach merkwürdiger uralter Überlieferung spinnt sie im Harz aus dem Flachs, den sie in den Zwölften auf dem Wocken findet, ein Netz und fängt als Totengöttin mit ihm die, die im nächsten Jahre sterben sollen. Als Wodans Gemahlin führt sie die wilde Jagd an, das Heer der abgeschiedenen Geister. Sie reitet zuweilen, wie der Schimmelreiter, einen prächtigen Schimmel, der dabei nicht die Erde berührt, sondern fußhoch über dem Waldrande schwebt.

Der Frau Holle entspricht in Süddeutschland völlig Frau Berchta, Perchta, Berta. Sie trägt einen lang nachwallenden Schleier wie Holla, auf den ihre Dienerin treten muß, um ungenetzt mit der Herrin über den Fluß zu gelangen. Sie bewässert das Land, indem sie ihren Rock hinter sich herschleift – das Bild einer aus der Ferne gesehenen Regenwolke, deren Erguß wie ein Schleppkleid auf die Erde herabhängt. Auf ihr Gebot müssen die Heimchen, die Kinderseelen, die Felder und Fluren der Menschen bewässern. Umgeben von weinenden Kindern setzt sie auf einem Schiff über die Saale, und die Kleinen schleppen einen Ackerpflug herbei. Zerbricht ihr Wagen oder Pflug in den Zwölften oder in der Perchtennacht, so lohnt sie den ihr helfenden Menschen mit Spänen, die sich in Gold verwandeln. Die Zeit ihres Umzuges ist die heilige Zeit des Mittwinters; der Perchtentag (5. Januar) ist ihr heilig, dann kehrte sie in ihr Heiligtum zurück. Über die ganzen deutschen Alpen ist die Sitte des Perchtenspringens oder Perchtenlaufens verbreitet. Vom Perchtenabend an bis zum letzten Faschingabend findet eine Art Maskerade statt, die Vermummten heißen Perchten. Sie tragen auf dem Kopfe eine große Schellenspitzhaube mit Glöckchen, oder auf dem Rücken eine große Alpenglocke, oder schwingen Kuhglocken, knallen mit Peitschen, führen lange Stangen und haben vor dem Gesicht entstellende Masken. Sie springen und stürmen in wilder Lust tobend und rasend über die Gassen und in die Häuser von Ort zu Ort. Von diesen Aufführungen erwartet man ein gutes Erntejahr, Mißernte schreibt man dem unterlassenen Perchtenspringen zu. Durch das laute Lärmen will man die ungebetenen Gäste vertreiben, die feindlichen Geister, die immer und überall dem Menschen zu schaden suchen. Die Vermummungen und Verkleidungen sollen die der Gottheit nahenden Personen nicht in ihrer wahren Gestalt zeigen, sie gewissermaßen decken.

Wie Frau Holle von den Holden, so ist Perchta von den Perchten umgeben und zieht an der Spitze des wilden Heeres, umgeben von Geistern und Seelen aller Art und aller Altersstufen. Mit den verstorbenen Kindern schreitet sie durch das Land oder eilt mit ihnen durch die Lüfte. In Kärnten reißt sie, wie die wilde Jagd, auch lebende Menschen zu sich empor und trägt sie in ferne Gegenden. Schon aus dem 13. Jahrhundert ist bezeugt, daß die Leute für die Perchta in der Perchtnacht Essen oder Trinken stehen ließen. Im 15. Jahrhundert stellte man um dieselbe Zeit allerlei Lebensmittel und Getränke auf den Tisch für Perchta und ihr Gefolge. Diese Opfer leben in vielen Gegenden Deutschlands bis auf den heutigen Tag fort; die Gerichte, von denen Berchta einen Teil als Opfer empfängt, müssen aus Mehlspeisen oder Gemüse und Fischen bestehen: denn die Göttin gebietet über die Seen und befruchtet die Felder. In Oberbayern wurde am Christtage eine Pflugschar im Zimmer unter den Tisch gesteckt.

2. Ostara

Die indogermanische Göttin des Frührotes ausôs wurde bei den Indern als ušâs, bei den Römern als aurõra, bei den Litauern als auszra verehrt. Zwischen s und r entwickelte sich im Urgermanischen der Übergangslaut t, so wurde aus idg. ausro germ. aus-t-rô, Ôstra. Englands größter und gefeiertster Lehrer, der durchaus glaubwürdige Angelsachse BEDA VENERA-

BILIS (gest. 735), sagt: »Der April hieß bei den Angelsachsen »eosturmonath« nach einer Göttin Eostre, der zu Ehren man in diesem Monate Feste feierte; mit dem einmal gebräuchlich gewordenen Worte eines Brauches bezeichnen sie die Freuden des neuen Festes.«

Da schon zur Zeit KARLS DES GROSSEN der April ôstarmânoth heißt, wird Ostara, Eástre eine Licht- und Frühlingsgöttin gewesen sein. Wie bei den Indern der Ushas die erste Morgenröte der Frühlingsfeier gewidmet war, so ist in Deutschland ôstrûn das Fest der Göttin des wiederkehrenden Frühlings. Obwohl wir keine unmittelbaren Nachrichten von heidnischen Ostergebräuchen haben, liegt doch kein hinreichender Grund vor, die Existenz der Göttin Ostara zu bezweifeln. Osterfeuer lodern noch heute, und auch Spiele und Tänze werden aufgeführt. Kränze und Sträuße werden ins Wasser geworfen, besonders begegnen Brot und Eier, Symbole der fruchtbaren Erdgöttin wie der Ostara.

3. Baduhenna

Im Jahre 28 n. Chr. zog der Proprätor von Germania inferior LUCIUS APRONIUS gegen die aufständischen Friesen zu Felde, die es seit DRUSUS mit den Römern gehalten hatten. Willig hatte die Bevölkerung Ochsen und Äcker hingegeben, selbst die Frauen und Kinder in Leibeigenschaft, aber als ihr trotz aller Beschwerden keine Erleichterung ward, ergriff sie erbittert die zur Tributerhebung abkommandierten Soldaten und schlug sie ans Kreuz. Auch die Reiter und Leichtbewaffneten des Propätors wurden zurückgeworfen, und ein Detachement von 900 Mann fiel bei einem Haine, den die Friesen »Hain der Baduhenna« nennen.

Es ist nicht zu bezweifeln, daß von einem Heiligtum die Rede ist, das nach einer Gottheit benannt ist; hier stand vermutlich auch ein Tempel. Baduhenna bedeutet entweder die »Kampffreundin« (Baduwini) oder besser, der römischen Schreibung entsprechend, die »Kampfwütige« (badu-wennô, ahd. winna = Streit, got. winnô = Leidenschaft). Diese letzte Erklärung paßt auch gut zu der berichteten Abschlachtung der 900 Römer. Da die Friesen als höchsten Gott den Tius-Mars verehrten, wird Baduenna als seine Gemahlin aufzufassen sein, die nach Art der Walküren Lust an der männermordenden Feldschlacht hat und vielleicht selbst dazu anregt.

Auch auf den Monumenten der germanischen Gardereiter erscheint Tius-Mars ausschließlich als Kriegsgott, und wenn neben ihm als Gattin die Victoria genannt wird, so ist auch hier die höchste Göttin einseitig als Kriegsgöttin wiedergegeben. Die Beinamen Hariasa und Harimella, die uns auf Votivsteinen begegnen, werden der kriegerischen Gattin des Kriegsgottes Tius zukommen. Dea Hariasa lautet die Inschrift eines im Jahre 187 gesetzten Steines; hari-jasa, har-jasa ist die »Krieg erregende« Göttin, Harjaza ist die »kriegführende, heerende« Göttin. Nördlich vom Hadrianswall, in Birrens bei Middleby in Schottland, wurde ein Stein gefunden: Deae Harimellae; er ist von Soldaten der zweiten Tungrischen Kohorte errichtet, die dort in Garnison lag. Harimella ist die im Heere, in der Schlacht glänzende oder die das Heer mit Mut erfüllende, dem Heere Sieg verleihende Göttin.

4. Walküren

Göttliche Mädchen auf schnellen Rossen, Gestaltungen der am Himmel dahinfahrenden Wolken, durcheilen im Sturmgebraus die Luft und stehen im Dienste des Himmels- und Wettergottes, vielleicht ursprünglich des Tius, später des Wodan. Wie die Wolken vom Sturm gejagt werden, gehören die Wolken- und Sturmweiber dem Sturmgott Wodan an und rauschen mit ihm durch die Lüfte. Aber als Wodan zum Lenker der Schlachten emporstieg, legten die elbischen Wolkenfrauen kriegerische Rüstung an und wurden zu göttlichen Kampfjungfrauen, die auf die Walstatt reiten und die dem Walgotte gelobten Menschenopfer in Empfang nehmen; sie holen, in vollem Waffenschmucke prangend, von Blitzen umloht, vom Donner umtobt, die aus dem sterbenden Körper als Lufthauch entweichende Seele und führen sie Wodan zu. Die aus dem Wasser emporsteigende Wolke, der sich dem Waldsee entringende Nebel brachten die göttlichen Frauen mit den im Dunkel der Wälder sprudelnden Brunnen und mit den fließenden Wassern in Verbindung. Als Gestaltung des weißen Nebels von See und Fluß und Weiher erscheint die liebliche Schwanjungfrau; sie legt ihr Schwanenkleid ab und badet im einsamen Waldsee oder am Strande des Meeres, schlüpft dann wieder in ihr schimmerndes Gewand und schwebt über Land und Wasser. Wolkengöttinnen und Schwanjungfrauen sind also eins und mit den göttlichen Quell- und Brunnenfrauen verwandt. Das bezeugen auch die altdeutschen Frauennamen: Wolchangart und Suanagarda, Wolchanhart und Suanehard sind im Altgermanischen gleichbedeutend.

Wie lebendig und wie allgemein die Vorstellung der kriegerischen Wolkenfrauen war, bezeugen die alten Namen: Himilthrûd, Nordhilt, Sunthilt, Osterhilt, Westrât, die himmlische, nach Norden, Süden, Osten und Westen ziehende Walküre. Göttliche Jungfrauen sind im Geleite des Morgens: Dagahild, Dagathrûd, steigen in der Dämmerung auf: Themarhilt, stammen aus den Wolken: Wôlkandrût, sind der Sonne gleich: Sunnihilt, glänzen wie die Sonne: Solbertá, fahren schnell hernieder wie der Blitz: Blicdrût, rauschen im Winde: Windbirg, Nebel geht vor ihnen her: Mistila; Rîmburg ist die Reifjungfrau, Sneoburg, die schneeweiße, schützende Jungfrau, Himilrât, die vom Himmel gekommene Raterin. Noch heute glaubt das Volk, alte Weiber gegen Morgen, wenn die Mägde zum Melken gehen, auf schweißtriefenden Pferden quer über die Felder reiten zu sehen.

Wenn nicht alles täuscht, ist der Denkstein von Housesteads das älteste direkte Zeugnis für die Walküren. Die Inschrift ist dem Tius Thingsus und den beiden Alaisiagis Bede und Fimmilene geweiht. Die Alaesiagae werden als die »Allgeehrten«, »Allrechtsprechenden«, »Allrechtseherinnen«, »die zum rechten Unterweisen Befähigten«, oder als die »Erlenerschreckerinnen«, die »Hilfreichen« gedeutet, vielleicht aber sind die Al–aisgagjôn, die »gewaltig Einherstürmenden, die gewaltig Erregenden« (germ. Wurzel *îs, urgerm. aisjan, an. eisa = eilen, stürmen; vgl. Ise und nhd. Eisbein). Zu dieser gemeinsamen Bedeutung passen auch die einzelnen Namen. Fimmila ist die weibliche Personifikation des Windes (ahd. fim–ila bezeichnet die Bewegung, besonders das Wehen des Windes); Beda ist die Personifikation des Wirbelwindes oder des Wetterschauers (idg. *bhadh = erschrecken). Die stürmende Fimmila und die schreckende Bêd sind also Wind und Wirbelwind, vergleichbar unserm Wind und Wetter. Der Himmels- und Wettergott entsendet die gewaltig einherfahrenden Alaisiagen, und, wie Tius kriegerische Rüstung trägt, so sind die beiden Göttinnen als Siegspenderinnen, Viktorien, mit Kranz und Schwert dargestellt.

Das Idealbild der göttlichen Frauen hat sich direkt aus dem Leben entwickelt, umgekehrt traten menschliche Frauen zur Zeit der Völkerwanderung als Walküren auf und suchten dem göttlichen Vorbilde nahezukommen. Wir finden in der Mythologie Punkt für Punkt die Züge wieder, die TACITUS und die Römer überhaupt von den Weibern der Germanen berichten.

Während der Schlacht standen die Mütter, Weiber und Kinder der Germanen hinter den Kämpfern, die zu dem Gesange der ausrückenden Männer ihre Zauberlieder anstimmten. Die schrecken nicht vor der blutenden Wunde zurück, verbinden sie, wie Hildegund in Walthariliede und bringen Speise und Ermunterung den im Kampfe Stehenden. Sie sind die zuverlässigsten und liebsten Lobspender, sie dienen dem Tapfern zur Anfeuerung, dem Feigen zur Beschämung. Vom Hurra der Männer und von dem gellenden Zaubergesange der Frauen erbebte die Schlachtreihe im Aufstande des Civilis. Diesem Zaubergesange hat man gewiß ebenso wie dem Barditus eine religiös zauberhafte Bedeutung und muterwekkende Kraft beigemessen. In der Schlacht bei Bibracte stellen die Germanen des ARIOVIST die Frauen auf die Wagen und Karren; mit ausgebreiteten Händen und unter Tränen flehten diese die in den verhängnisvollen Kampf ziehenden Krieger an, sie nicht in die Knechtschaft der Römer fallen zu lassen. Als die Wandalen zur Entscheidungsschlacht schritten, ließ König GELIMER die Frauen mit den Kindern und allen Schätzen in die Wagenburg mitten in der Aufstellung bringen, um die Seinen hierdurch zum äußersten Widerstande zu treiben. War deutsches Ungestüm der römischen Taktik unterlegen, so wurden einige Schlachten, schon sinkend und wankend, von den Weibern wieder hergestellt, indem sie die Brust entblößten und die Männer flehentlich aufforderten, sie lieber zu töten als dem Feinde preiszugeben. Ergreifende Szenen schildert PLUTARCH aus dem Untergange der Ambronen und Kimbern. Als die Ambronen in der Schlacht bei Aquae Sextiae zurückwichen, traten ihnen die Weiber mit Schwertern und Beilen entgegen, laut aufschreiend in fürchterlichem Zorn, und wehrten die Fliehenden wie die Verfolger ab. Bunt unter die Kämpfenden gemischt, rissen sie mit der bloßen Hand die Schilde der Römer herunter und griffen nach den Schwertern; Wunden und Verstümmelung ertrugen sie ruhig, ungebeugten Mutes bis in den Tod. Als die Römer nach der Schlacht bei Vercellae den weichenden Kimbern bis an die Wagenburg nachdrängten, stand ihnen ein hochtragischer Anblick bevor. Die Weiber, in schwarzen Gewändern auf den Wagen stehend, töteten die Fliehenden, die ihren Mann, jene den Bruder; jene den Vater: die Weiber erwürgten sie mit der Hand und warfen sie unter die Räder und Hufe der Tiere, dann ermordeten sie sich selbst. VALERIUS MAXIMUS erzählt von den Weibern der Teutonen, sie hätten den siegreichen MARIUS gebeten, er möchte sie den vestalischen Jungfrauen zum Geschenke schicken, wie jene würden sie sich unbefleckt halten. Als sie das nicht erlangten, erdrosselten sie sich in der folgenden Nacht. In dem Kriege CARACALLAS waren viele chattische und alemannische Frauen in Gefangenschaft geraten. Man stellte ihnen die Wahl zwischen Knechtschaft und Tod, viele zogen den Tod vor. Als sie aber dennoch als Sklavinnen verkauft werden sollten, töteten sie sich und ihre Kinder. Im Feldzug MARC AURELS gegen die Alemannen fanden die Römer auf der Walstatt die Leichen bewaffneter Frauen. In AURELIANS Triumphzug werden zehn Gotinnen aufgeführt, die in männlicher Rüstung kämpfend gefangen waren; weit mehr waren in der Schlacht gefallen.

Neben den archäologischen und historischen Zeugnissen steht das der alten Namen. Die Namen, die man den Kindern gab, sollten ihnen das Ideal weisen, dem sie nacheifern sollten.

Das Ideal des Mannes war der Held, das Ideal des Weibes ist in der Mythologie in den göttlichen und halbgöttlichen Schlacht- und Schicksalsfrauen ausgebildet. Weil die Frau von der frühesten Zeit an dem Germanen als ein höheres Wesen erschien, in näherer Berührung mit der Götterwelt stand als der Mann, zeigen die altdeutschen Frauennamen weit mehr als die Namen der Männer unmittelbaren Zusammenhang mit den Vorstellungen von göttlichen Wesen. Sie sind also eine wichtige Quelle für den Walkürenglauben. Zahlreiche Namen sind mit gunt und hilt (Krieg) zusammengesetzt, oder dem gleichbedeutenden hadu, wîc oder lauc (Kriegsbrand), leich (Kampfspiel); zum Beispiel Mechthild, Mathilde ist die machtvolle, Chlothilde die berühmte, Kriemhilde die verhüllte Kämpferin, Kunigunde die für ihr Geschlecht Kämpfende, Gudrun die Runen kundige Kampfzauberin, Hildegund, Baduhild, Haduwig, Hedwig die tüchtige Kämpferin, Thusnelda die Kraftkühne. Die Siegjungfrau bezeichnen Sigihilt, Siguwîf (Weib), Sigithrûd, Siginiu (Tochter des Sieges). Auf ihre Teilnahme am Heereszuge gehen die Namen mit heri und sint: Sinthgund, Herigilt (Priesterin des Heeres). Sie sind gerüstet und tragen einen Helm: Helmborg, Grîmhilt; eine Brünne: Brunihild; einen Schild: Rantgund; einen Speer: Gêrdrûd, Gêrlind, Kêrpurc, Gisalhilt; Baughild ist die Schildträgerin mit dem Ringe, Isanbirg, Isanburg die eisengerüstete Jungfrau. Darum ist ihr Ansehen strahlend, glänzend: Berahthild, Berahthrûd.

Ihr Erscheinen ist siegverkündend wie das der heiligen Tiere des Kriegsgottes, Wolfhilt, Ebirhilt, Rosmôt. Sie haben von ihrem göttlichen Herrn den Auftrag, seine Günstlinge zu schirmen: die Namen mit birc, burg, munt drücken diese Aufgabe aus. Dann lächeln sie dem Sieger zu: Blîdhilda, Blîdthrûd; haben wohl selbst ihre Lieblinge unter den Streitern: Thrûdwin; halten das fliehende oder feindliche Heer auf, wie auch der »Merseburger Zauberspruch« erzählt: Stillihere, wachen überhaupt vorsichtig über den ganzen Kampf: Gundwara, verleihen den Sieg: Gebahilt, schaffen den Frieden: Friduhilt; sie sind somit die Führerin in der Kriegsnot: Nôtharja, die starken auf dem Walfeld: Waledrût, opfern nach dem Siege das Heer der Feinde: Herigilt, und nehmen die Gefallenen auf.

Eine göttliche Walküre, und nicht bloß eine menschliche, kampfesfrohe Königstochter ist die Brunhild des Nibelungenliedes. Zwar ist ihr alter Walkürenglanz schon stark verblichen, aber ihre ganze Erscheinung hebt sich immerhin noch auffallend von der ritterlichen Umgebung des Liedes ab. Sie lenkt nicht mehr aus luftigen Höhen ihre Rosse auf das Schlachtfeld und kürt nicht mehr die Wal, aber sie weilt auf der fernen, meerumfluteten Veste Isenstein und raubt unbarmherzig dem das Leben, der von ihr besiegt wird, gerade in den Kampfspielen kommt ihre göttliche Natur zum Vorschein. Im Speerschießen, Steinwurf und Sprung unterliegt sie zwar, aber nur durch Hilfe des mythischen Nibelungenattributes, der unsichtbar machenden Nebel- oder Tarnkappe; denn durch sie geborgen und geschützt, übernimmt Siegfried die Taten, Gunther die Gebärde. Mit elementarer Kraft bricht Brunhilds jungfräuliche Walkürennatur zum letzten Male in der Hochzeitsnacht hervor, als sie zürnend dem Gatten ihre Liebe verweigert, ihm mit einem Gürtel Hände und Füße bindet und ihn hoch an die Wand hängt.

Daß es auch in Deutschland einen Mythos gegeben habe, nach dem die göttliche Walküre auf dem Felsen von Siegfried aus dem Schlafe erweckt war, wird zwar lebhaft bestritten, aber man hält sich zu einseitig an die literarischen Zeugnisse und übersieht andere, nicht weniger wichtige. Die in Westdeutschland an mehreren Orten als alt und volkstümlich nachgewiesenen Benennungen von Felsen, wie Brunhildenstein (zum Beispiel auf der Hohenkanzel auf dem Taunus, acht Kilometer nördlich von Wiesbaden), Brunhildenstuhl (der Brummholzstuhl bei Dürkheim in der Rheinpfalz ist aus Brunhildenstuhl entstellt) bezeugen, daß auch in der deutschen Sage die Walküre Brunhild auf einer Felsenburg ihre Wohnung gehabt hat, wie ja noch im Nibelungenlied Isenstein als ihr Sitz genannt wird. Der Brunhildenstuhl bei Dürkheim ist sogar als alte Fastnachts-(Frühlings-)feuerstätte überliefert; in der Römerzeit sind hier Sonnenräder und fünf Inschriften eingehauen, von denen eine dem Mercurius Cisustius Deus geweiht ist. Der mit dem Brunhildenmythos in Verbindung gebrachte Fels, der zum Frühlingsfeuer dient, war also von ältester Zeit her ein heiliger Ort. Daß aber sogar Brunhilds Zauberschlaf und damit ihre Erweckung deutsche Sage war, beweist das Brunhildenbett auf dem großen Feldberg im Taunus. In einer Urkunde des Erzbischofs BARDO VON MAINZ von 1043 heißt eine etwa vier Meter hohe Felsbildung auf dem Feldberge von eigentümlicher Form, die schon von weitem das Auge auf sich lenkt und den Vergleich mit einem Ruhelager unwillkürlich wachruft, lapis qui vulgo dicitur lectulus Brunihilde.

Da der deutschen Nibelungendichtung ein »Lager der Brunhild« auf der Höhe eines Berges unbekannt ist, kann diese Bezeichnung nur aus der Sage stammen, und wenn der Name noch in der Mitte des 11. Jahrhunderts volkstümlich war, muß er es schon lange vorher gewesen sein. Wenn also die Rheinfranken ein riesenhaftes Felsbett auf der Spitze eines hohen Berges »Bett der Brunhild« nannten, so müssen sie auch geglaubt haben, Brunhild habe auf einem hohen Berge geschlafen.

Die auf einem Felsen schlafende Walküre, die natürlich auch aus ihrem Schlummer geweckt sein muß, ist somit für Deutschland erwiesen. Nicht erwiesen ist, daß sie auch nach deutscher Vorstellung von der Waberlohe umgeben war; diese mag nordische Zudichtung und Ausschmückung sein, und ein Märchen der Dornröschengruppe mag dabei mitgewirkt haben.

Der allgemeine, urgermanische Name für die göttlichen Mädchen war ahd. itis, as., mhd. idis, ags. ides, an. dís. Die Idisi sind wohl die »emsig schaffenden«, die überirdischen Frauen (an. iđ, iđn, iđja = Arbeit). Neben der an. valkyrja findet sich in angelsächsischen Glossen des 8. Jahrhunderts walcyrge = Eurynis, walcrigge = Herinis, waelcyrre = Tisiphona, waelcyrige = Bellona, Allecto. Im Angelsächsischen verstand man also unter Walküren unheimliche Gottheiten, die in das Geschick des Kampfes eingreifen, und dieses Zeugnis reicht völlig aus, um die Walküren als westgermanische und deutsche Gottheiten zu erweisen. Kein einziger Grund läßt sich für eine Entlehnung aus dem Nordischen beibringen; im Gegenteil, daß bei den Westgermanen des Festlandes derselbe Name vorhanden gewesen sein muß, beweist der erste Teil des zusammengesetzten Namens walu, urgerm. walaz. In allen germanischen Dialekten bedeutet ahd. wal, ags. wael, an. valr den Haufen der Erschlagenen oder die Stelle, wo sie liegen; im Niederdeutschen vom 13. Jahrhundert an bis heute bezeichnet Wall einen Haufen. Die Walküren küren also, wie ihr Name sagt, die Gesamtheit der Krieger, die im Kampfe fallen sollen.

Zum Streite gerüstet, also mit Helm, Brünne und Speeren bewaffnet, laut jauchzend vor frohem Kampfesmut, reiten die mächtigen Frauen durch die Lüfte einher und senden sausende Speere und Pfeile auf den Feind.

Das letzte Zeugnis für die Schlachtjungfrauen findet sich auf deutschem Boden um das Jahr 1000. BURCHARD VON WORMS spricht von dem Glauben, es könnten Weiber bei geschlossenen Türen ausfahren und hoch in den Wolken einander Kämpfe liefern, Wunden erteilen und empfangen.

5. Schwanjungfrauen

Walküren und Schwanjungfrauen sind Wolkenfrauen. Aber während die Walküren als Boten des Sturm- und Kriegsgottes ausschließlich als Schlachtjungfrauen erscheinen, sind die Schwanenmädchen vor allem der Zukunft kundig. Das Walkürenideal ist in der Zeit entstanden, da die Germanen waffenklirrend in die Weltgeschichte dringen, die Gestalt der Schwanjungfrauen ist mit dem eigentümlichen poetischen Duft umwoben, der den stillen Waldsee mit seinen schattigen, grünen Ufern noch heute umgibt. Diesem lieblichen Bilde entspricht naturgemäß mehr das stille innerliche Wesen des Weibes als ihre im Drang der Zeit großgezogene Amazonennatur. Die Angabe des TACITUS, daß dem ganzen weiblichen Geschlecht nach dem Glauben der Deutschen prophetische

Gabe innewohne und die ehrfurchtgebietende Gestalt der Veleda zeigen, wie sich die Vorstellung entwickeln konnte, daß den Schwanmädchen besonders der Blick in die Zukunft eigen war.

Wiederum sind die althochdeutschen Frauennamen die wichtigste Quelle. In den Wäldern lassen sich die holden Jungfrauen nieder: Tanburg, Waldburg; sie tragen ein Schwanhemd: Alpiz, der Schwan, ist ein Frauenname; wenn sie sich baden, legen sie ihr Gewand ab: Suanahilt, Swanburg, Swanegard ist die Schwanjungfrau; Swanaloug ist die Jungfrau, die sich wie ein Schwan badet, Triuloug ist die im Walde Badende. An den sandigen Ufern der Flüsse und Bäche werden sie gefunden: Sandhilt, oder auf feuchtem Boden: Wasahilt, auf Wiesen: Wisagund. Daß die Walküren zugleich Schwanjungfrauen sein können, zeigen die kriegerischen Namen der badenden Frauen im Nibelungenlied Hadburc und Sigelind.

Eins der ältesten Eddalieder, das auf niedersächsische Sage zurückgeht, erzählt:

Von Süden her flogen einmal durch den Schwarzwald drei behelmte Jungfrauen, ihr Handwerk zu üben. Als sie müde waren, setzten sie sich zur Ruhe am Strande eines Sees nieder, weißes Linnen spannen die Weiber des Südens (d.h. sie wirkten das Schicksalsgewebe). Schwanweiß hieß die eine, Allwiß die andere, Olrun die dritte; sie stammten aus Walland (der mythische Name bedeutet »Land der Schlachtfelder«). Da überraschte sie Wieland mit seinen beiden Brüdern, sie nahmen ihnen die abgestreiften Schwanenhemden weg und führten die Jungfrauen als ihre Weiber heim. Sieben Winter saßen sie daheim bei ihren Gatten, doch im achten waren sie unruhig, im neunten konnte nichts mehr sie halten. Sie schwangen sich auf, zurück nach dem Schwarzwald, die behelmten Mädchen, um in den Dienst ihres göttlichen Gebieters zurückzukehren. Vom Weidwerk kamen die wegmüden Schützen, sie fanden die Häuser öd und verlassen, sie traten hinein und traten hinaus und suchten und spähten – fort waren die Frauen.

Die Handlung des Gedichtes spielt in Deutschland; der Schwarzwald, durch den die Schwanjungfrauen kommen, ist der saltus Hercynius, der ungeheure Urwaldsgürtel, der einst das mittlere Deutschland bis zu den Quellen der Weichsel durchzog. Darum heißen sie auch die südlichen Idisi, und Allwiß, Wielands Geliebte, ist die Tochter eines Königs, der den deutschen Namen Ludwig führt.

Auf einem verlorengegangenen deutschen Wielandsliede oder auf mündlicher Überlieferung beruht das mhd. Gedicht von »Friedrich von Schwaben« (14. Jahrhundert).

Es erzählt, daß der Held unter dem Namen Wieland seine Geliebte gesucht habe. Bei einer einsamen Waldburg sieht er drei Tauben zu einer Quelle fliegen, die sich darin baden wollen. Indem sie die Erde berühren, werden sie zu Jungfrauen; eine davon ist die verschwundene Geliebte. Sie werfen ihre Gewänder ab und springen ins Wasser. Wieland, durch Hilfe einer Wurzel unsichtbar, nimmt ihnen die Kleider weg. Darüber erheben die Mädchen großes Geschrei, aber Wieland, sichtbar hervortretend, erklärt sich nur dann zur Zurückgabe der Kleider bereit, wenn eine davon ihn zum Manne nehmen wolle. Sie entschließen sich endlich, und Wieland wählt sein Weib, das mit Freuden in ihm den Friedrich von Schwaben erblickt.

Noch um das Jahr 830 ist dem Dichter des Heliand der Glaube an Walküren im Schwanengewand durchaus vertraut. Bei der Schilderung der Auferstehung Christi erscheint der Engel im Federgewande vom Himmel fliegend:

Mit Sausen kam des Allwaltenden Engel
  aus heiterer Höhe
Im Federkleid gefahren, daß das Feld erbebte,
Die Erde ertönte, und die tapfern Wächter
Den Mut verloren.

Es ist der rauschende Flug einer auf den Wolken fahrenden Wolkandrût, der hier auf den Engel übertragen wird, um den Sachsen das Imposante der Engelserscheinung durch die Erinnerung an ähnliche Erscheinungen aus dem Kreise der ihnen geläufigen Vorstellung nahezulegen.

Gudrun und Hildeburg sind von der wölfischen Gerlind an den Strand geschickt, damit durch niedrige Mägdedienste ihr stolzer Sinn gebrochen werde. In grauer Frühe beim rauhen Märzenwinde waschen die Königstöchter in den eiskalten Wogen die Leinwand. Da sehen sie einen Schwan über die Meeresflut heranrudern. »O weh, schöner Vogel, ruft Gudrun, du tust mich erbarmen, daß du einhergeschwommen auf der Flut kommst.« Aber in menschlicher Stimme gibt ihr der hehre Gottesengel Antwort und verkündet den Heimatlosen die nahe Ankunft der Freunde. Aus der Schwanenjungfrau ist ein Engel geworden, der die Gestalt eines Vogels angenommen hat.

Schwanenjungfrauen sind auch die weisen Meerweiber des Nibelungenliedes.

Die Nibelungen sind unangefochten bis an die Donau gekommen. Der Strom ist angeschwollen, kein Fährmann noch Fahrzeug zu sehen. Während die Scharen sich lagern, macht sich Hagen gewappnet auf, um einen Schiffersmann zu suchen. Da hört er Wasser rauschen, zu lauschen hob er an: in einem schönen Brunnen baden Meerweiber. Leise schleicht er ihnen nach; aber als sie den Helden sehen, entrinnen sie ihm schnell und schwimmen wie die Vögel schwebend auf der Flut. Aber wie Wieland hat ihnen Hagen das Gewand geraubt. Da verspricht ihm die eine der weisen Frauen, Hadburg, wenn er ihnen die Gewänder wiedergebe, ihm zu verkünden, was er auf der Reise bei den Hunnen erleben werde. Hagen kennt die geheimnisvolle Gabe der Schwanjungfrauen, und gerne glaubt er Hadburgs doppelsinnigen Worten, daß die Fahrt in Etzels Land hohe Ehren bringen werde. Darum gibt er ihnen ihre Kleider zurück. Als sie aber ihr »wunderbares« Gewand wieder angelegt haben, sagt die andere Jungfrau, Sigelind, ihre Schwester habe aus List also geweissagt; noch sei es Zeit, wieder umzukehren, ihnen allen sei der Tod bereitet; nur der Kaplan des Königs käme wieder heim in König Gunthers Land.

Sagen und Märchen bis in die neueste Zeit schildern diese anmutigen Gebilde deutschen Glaubens übereinstimmend: sterbliche Männer rauben ihnen ihr Schwanengewand, nackt in göttlicher Schönheit stehen die Frauen vor ihnen und geben sich ihnen auf einige Jahre zu eigen, bis sie wieder in ihr lichtes Wolkenreich entschweben. Oft hat sich das aus dem Marenglauben bekannte Motiv der verbotenen Frage und Nachforschung an diese Erzählungen angeschlossen.

Eine Braut geht unfern von Donsum mit ihrem Geliebten am Ufer, sieht Schwäne auf dem Wasser, erkennt in ihnen ihre Schwestern und fliegt plötzlich als Schwan mit den anderen davon. Ein Knabe zu Wimpfen erblickt auf einem See drei Schwäne, fährt auf einem Brette zu ihnen hinüber, versinkt aber und findet unter dem Wasser ein Schloß mit drei schönen Jungfrauen, bei denen er so lange bleibt, bis ihn die Sehnsucht nach der Oberwelt ergreift. Als sie ihm aber die Rückkehr erlauben, stirbt er, wie sie ihm angedroht haben. Die Schwanenhemden kehren im Märchen als weißseidene Hemdchen wieder, die die Stiefmutter den Kindern überwirft; kaum haben sie den Leib berührt, so verwandeln sich die Kinder in Schwäne und fliegen über den Wald hinweg. Als die Sonne untergeht, setzen sie sich auf den Boden, blasen einander an und blasen sich alle Federn ab, und ihre Schwanenhaut streift sich ab wie ein Hemd.

IV DER KULT

Das Christentum schlug den heidnischen Germanen gegenüber ein doppeltes Verfahren ein. Das unduldsame Wort des Bischofs REMIGIUS VON RHEIMS bei der Taufe des Frankenkönigs CHLODWIG (496): »Beuge dein Haupt in Demut, stolzer Sigamber, und verehre von nun an, was du bisher verbranntest, und verbrenne, was du bisher verehrtest!«, darf als vorbildlich für die spätere Zeit gelten, in der die heidnischen Götter sämtlich für teuflische Mächte erklärt wurden, und die christlichen Missionare sich beeiferten, die Heiligtümer zu vernichten und den heimischen Glauben und Brauch auszurotten. Zwar leugnete die Kirche die persönliche Existenz der für Götter gehaltenen Wesen durchaus nicht, aber auf Grund biblischer Stellen wurden sie als Dämonen bezeichnet. Ihre Verehrung wurde Teufelsdienst; die deutschen Götter wurden direkt als böse Geister bezeichnet. »Entsagst du den Unholden?« fragt das ostfränkische Taufgelöbnis des 7. Jahrhunderts, und der Täufling antwortet: »Ich entsage«. Die Opfer, die er seinen Göttern gebracht hatte, mußte er aufgeben; aber ihre Namen nennt die Taufformel nicht, sie wären eine Entweihung: sie sind nicht den Menschen hold, sondern unhold. In der sächsischen Taufformel von ca. 790 wird allen Werken und Worten des Teufels entsagt, dem Donar, Wodan und Saxnot und allen den Unholden, die ihre Genossen sind. So ist die Gestalt des Teufels, wie sie im Volksglauben lebt, reich an Zügen entstellten deutschen Heidentums. Namentlich in

Norddeutschland ist die Kirche mit furchtbarer Rücksichtslosigkeit vorgegangen. Unerbittliche Strenge spricht aus den Verordnungen KARLS DES GROSSEN vom Jahre 787/8: die capitula, quae de partibus Saxoniae constituta sunt, setzen auf Mord von Priestern Todesstrafen, ohne das Wergeld (Manngeld) zuzulassen, ebenso auf Menschenopfer, Bündnisse mit Heiden, Raub und Zerstörung von Kirchen, ja auf Verweigerung der Taufe, Verharren im Heidentum, Leichenverbrennen und Fastenbruch. Aber noch um 700 war in Bayern Kirchendiebstahl nicht höher gestraft als Diebstahl aus einem andern öffentlichen Gebäude, wie zum Beispiel einer Mühle. In acht Artikeln zum Schutze des Christentums kehrt der schaurige Refrain wieder: »der soll des Todes sterben«. In einem besonderen Verzeichnis werden auf das Sorgfältigste alle heidnischen Gebräuche und Opfer aufgezählt, deren völlige Unterdrückung durchgeführt werden soll. Dieser »Indiculus superstitionum et paganiarum« (Verzeichnis heidnischer und abergläubischer Gebräuche und Meinungen) etwa vom Jahre 800 reiht in knapper Fassung dreißig Punkte nebeneinander und scheint zum Amtsgebrauche der königlichen Sendboten oder Bischöfe für ihre Visitationsreisen gegeben zu sein, vermutlich bestimmt für friesische, den sächsischen benachbarte Gaue. Aber trotz Feuer und Schwert gelang es nicht, die alten heiligen Gebräuche gänzlich auszurotten. Oft genug erweist sich das, was niemals aufgeschrieben ist und sich nur in mündlicher Überlieferung erhalten hat, durch Heranziehen ethnologischer Parallelen als Rest uralter Zeit.

Als Beispiel einer gegen germanischen Glauben gerichteten Predigt sei ein Predigtstück aus dem Leben des hl. ELIGIUS mitgeteilt, das in mehr als einer Beziehung wichtig und interessant ist: »Vor allem bitte und beschwöre ich Euch, daß Ihr keinerlei heidnischem Aberglauben anhängt, nämlich, daß Ihr keine Loswerfer, Zeichendeuter, Zauberer und falschen Propheten angeht und sie in irgendwelcher Angelegenheit und auch nicht in Krankheiten um Rat fragt. Denn wer solcher Sünde verfällt, geht sofort des Segens der Taufe verlustig. Ebenso sollt Ihr an keine Wahrzeichen und Vorbedeutungen beim Niesen glauben, und wenn Ihr auf einer Reise begriffen seid, nicht auf die Stimmen der Vögel als auf Prophezeiungen achten. Mögt Ihr eine Reise antreten oder Euch sonst zu einem Werke vorbereiten, so zeichnet Euch im Namen Christi und sprechet das Glaubensbekenntnis und das Vaterunser mit rechtem Sinn und Glauben, dann wird Euch kein Feind etwas anhaben können. Kein Christ lege darauf Wert, an welchem Tage er das Haus verläßt oder in dasselbe zurückkehrt, denn Gott hat alle Tage (nämlich der Woche) geschaffen. Kein Christ beachte für den Beginn eines Werkes den Tag oder den Mond, keiner soll beim Beginn des Neujahres sich lächerlichem und sündhaftem Spiel und Aberglauben hingeben, niemand soll in der Neujahrsnacht eine besetzte Tafel aufstellen oder Neujahrsgeschenke geben oder empfangen und unnützes Gelage anstellen. Kein Christ soll an Feuerwahrzeichen glauben und sich auf den First des Daches setzen, denn das ist alles Teufelswerk. Und am Johannisfeste oder am Feste irgendeines anderen Heiligen soll niemand Sonnenwende begehen oder Tänze und Aufzüge unter teuflischem Gesange aufführen. Niemand soll den Namen von Dämonen oder denjenigen des Neptun, des Orkus, der Diana, der Minerva oder des Genius anrufen oder an solche lächerlichen Dinge glauben. Ferner soll außer an den Festen niemand den Donnerstag, weder im Mai noch zu einer anderen Jahreszeit, in Ruhe verbringen und feiern oder den Motten und Mäusen einen Tag weihen, sondern jeder soll allein nur den Sonntag heiligen. Kein Christ soll an alten heiligen Stätten oder an Felsen und an Quellen und unter Bäumen oder in einem Hag oder auf Dreiwegen Lichter anzünden und hierbei Gelübde verrichten. Niemand darf am Halse eines Menschen oder eines anderen lebenden Wesens Binden und

Amulette befestigen, auch wenn dies von seiten eines Klerikers geschehen sollte und gesagt wird, daß das eine heilige Sache sei und Sprüche aus der Heiligen Schrift enthalte; denn in solchen Dingen liegt nicht der Segen Christi, sondern das Gift des Teufels. Auch soll niemand Kräuterzauber treiben und Reinigungsopfer veranstalten oder seinen Rauch durch einen hohlen Baum oder durch ein Erdloch hindurchgehenlassen, denn dadurch weiht er es allein dem Teufel. Und die Frauen sollen nicht Bernsteinschmuck um den Hals hängen und beim Spinnen und beim Färben nicht den Namen der Minerva oder einer anderen Heidengöttin anrufen, sondern bei jedem Werk, das sie verrichten, sich die Gnade Christi herbeiwünschen und der Kraft seines Namens aus ganzem Herzen vertrauen. Niemand soll den Mond anrufen, wenn er sich verfinstert, denn diese Finsternis tritt mit Gottes Willen zu ganz bestimmten Zeiten ein. Und beim Neumond soll sich niemand fürchten, an irgendein Werk zu gehen. Denn Gott hat den Mond geschaffen, um die Zeiten zu bezeichnen und die Dunkelheit der Nacht zu erhellen, aber nicht, um eines Menschen Werk zu verhindern oder um den Menschen den Geist zu verwirren, wie die Törichten glauben, wenn sie annehmen, daß die von bösen Geistern Besessenen durch den Einfluß des Mondes leiden müßten. Auch soll niemand Sonne und Mond als Götter anrufen und bei ihnen schwören, denn beide sind von Gott gemacht und dienen nach seinem Willen der Notdurft der Menschen. Auch hat niemand an ein Fatum oder an bestimmtes Glück oder an das Horoskop seiner Geburtsstunde zu glauben, so daß er vermeint, er werde so, wie ihn die Konstellation geschaffen habe; denn Gott hat nach seiner Weisheit alles eingerichtet, wie er es vor Erschaffung der Welt bestimmte. Und wenn dem Menschen irgendwelches Leiden einmal zustößt, dann soll er nicht Zeichendeuter, Zauberer, Loswerfer und falsche Propheten befragen oder an Quellen und Bäumen und auf Kreuzwegen an die

Kraft teuflischer Amulette glauben, sondern wer krank ist, der vertraue allein auf das Erbarmen Gottes und empfange im rechten Sinn und Glauben den Leib und das Blut Christi im Abendmahl und erbitte sich von der Kirche geweihtes Öl, um damit seinen Leib im Namen Christi zu salben. Dann wird er nicht nur Gesundheit seines Leibes, sondern auch seiner Seele empfangen. ... Und bedenket, was das für eine menschliche Torheit ist, einem fühllosen und abgestorbenen Baume göttliche Ehren zu erweisen und die Gebote Gottes zu verachten. Weder den Himmel noch die Sterne, weder die Erde noch irgendein anderes Geschaffenes sollt Ihr anbeten, nur Gott allein, da er alles geschaffen und geordnet hat. Wohl ist der Himmel hoch und groß die Erde, gewaltig ist das Meer, und schön sind die Sterne, aber größer und schöner muß der sein, welcher das alles schuf. Und wenn schon alles das, was sichtbar ist, vom Verstande des Menschen nicht begriffen werden kann, nämlich die verschiedenartige Frucht der Erde, die Schönheit der Blumen, die Mannigfaltigkeit des Obstes, die vielfachen Arten der Tiere, von denen einige auf der Erde, andere im Wasser und wieder andere in der Luft leben, ferner der kluge Verstand der Bienen, das Wehen der Winde, die Feuchtigkeit der Wolken, das Rollen des Donners, der Wechsel der Zeiten und die Wiederkehr von Tag und Nacht – denn das alles kann der menschliche Sinn nicht nach Gebühr fassen und würdigen –, wenn also solches, was wir sehen, für unsern Verstand unbegreiflich ist, wie sollen wir dann erst das Himmlische schätzen, das wir nicht sehen? Und wie gewaltig muß der Schöpfer aller dieser Dinge sein, durch dessen Wink alles entstand und durch dessen Willen alles gelenkt wird! Ihn also, Ihr Brüder, fürchtet über alles, ihn betet in allem an, ihn liebet über alles, an sein Erbarmen haltet Euch, an seiner Güte zweifelt niemals.«

Hundert Jahre nach der Taufe CHLODOVECHS spricht der römische Bischof GREGOR DER GROSSE ein anderes, geradezu entgegengesetztes Wort über das Verhalten der Kirche dem germanischen Heidentum gegenüber. Auch er hatte anfangs die angelsächsischen Missionare angewiesen, die Götzentempel der Bekehrten zu zerstören, aber er war zu der Überzeugung gekommen, daß es besser wäre, behutsam zu Werke zu gehen und den christlichen Glauben soviel wie möglich an deutsch-heidnische Vorstellungen anzupassen.

Der Brief, den GREGOR an den Abt MELITTUS VON CANTERBURY geschrieben hat, lautet: »Sagt dem AUGUSTINUS (der mit 40 Benediktinern in England gelandet war, 596), zu welcher Überzeugung ich nach langer Betrachtung über die Bekehrung der Angelsachsen gekommen bin. Man soll die Götzenkirchen bei jenem Volke ja nicht zerstören, sondern nur die Götzenbilder darinnen vernichten; man mache Weihwasser und besprenge damit die Tempel, man errichte Altäre und lege Reliquien hinein. Denn sind jene Kirchen gut gebaut, so muß man sie vom Götzendienste zur wahren Gottesverehrung umschaffen, damit das Volk, wenn es seine Kirchen nicht zerstören sieht, von Herzen den Irrglauben ablege, den wahren Gott erkenne und um so lieber sich an den Stätten versammele, an die es gewöhnt war. Und weil die Angelsachsen bei ihren Götzenopfern viele Stiere zu schlachten pflegen, so muß auch diese Sitte zu irgendeiner christlichen Feierlichkeit für sie umgewandelt werden. Sie sollen sich also am Tage der Kirchweihe oder am Gedächtnistage der heiligen Märtyrer, deren Reliquien bei ihren Kirchen niedergelegt werden, aus Baumzweigen Hütten um die ehemalige Götzenkirche machen und sollen so den Festtag bei kirchlichem Mahle feiern, so dem Teufel keine Tieropfer mehr bringen, sondern sie sollen zum Lobe Gottes die Tiere zum Essen schlachten und dem Geber aller guten Gaben für ihre Sättigung danken; denn wenn ihnen einige äußerliche Freuden bleiben, werden sie um so geneigter zu den innerlichen Freuden (der Bekehrung) werden. Den rohen Gemütern auf einmal alles abzuschneiden, ist ohne Zweifel unmöglich, weil auch der, so auf die höchste Stufe steigen will, durch Schritt und Tritt, nicht aber durch Sprünge in die Höhe kommt.«

Diesem weisen Verhalten GREGORS, das klug den deutschen Volksgeist schonte und so die neue Lehre volkstümlich machte, ist es zu verdanken, daß uralte Kulttrümmer der heidnisch-deutschen Gottesverehrung heute noch als Volksfeste und Volksbelustigungen erhalten sind und als unzertrennliche Begleiter der kirchlichen Feste auftreten.

Zur Bezeichnung dessen, das unter dem Banne der Gottheit steht oder die engere Zugehörigkeit zu dieser ausdrückt, dient das urgermanische Adjectivum heilagas. Heilig gehört zu heil und bezeichnet etwas, was dauernd heil und unversehrt, was unverletzt und unverletzlich ist. Unverletzlich war nach germanischer Vorstellung nur das von den Göttern Geschützte, und somit drückt heilig den Gegensatz zum Profanen aus. Es scheint, daß »heilig« seine eigentümliche Prägung erst durch den Gottesglauben erhalten hat und ursprünglich nicht zur Bezeichnung dessen verwendet wurde, das auch den Seelen und Geistern gehörte.

Für das enge Verhältnis von Zauber und Kult aber ist bezeichnend, daß aus derselben Wurzel sich im Gotischen weihs mit dem Begriff »geweiht, heilig« (lat. victima = Opfertier) und im ags. wicca mit der Bedeutung »Zauberei«, ags. wiccan = zaubern entwickeln konnten.

Die deutschen Götter gelten durchaus als mächtige Helfer und weise Lenker. Da das Opfer dem Menschen die Gnade der Götter gewinnen soll, ist die überragende Mehrzahl Bittopfer; es findet von der Gemeinde vor allem nach beendigter Aussaat, wie beim Beginne der Ernte statt. Eine Abart ist das Sühnopfer. Bei einem Viehsterben oder bei großen Landplagen gilt es, den mächtigsten Gott, der ganze Landstriche durch die von ihm zur Strafe gesandten Seuchen verheert, durch Opfer zu versöhnen; man hofft, durch einen

Akt seiner verzeihenden Gnade Segen und Glück wiederzuerhalten. Das germanische Kriminalrecht ruht in seinem letzten Grunde auf der religiösen Idee der Sühnung. Hat die Gemeinde die Huld des Gottes wiedererlangt, so vergißt sie nicht, ihm abermals zu nahen, im feierlichen Dankopfer.

Ihren Höhepunkt erreichen die Opfer im blutigen Menschenopfer. Sie sind die fürchterlichsten, aber in gewissem Sinne auch die tiefsinnigsten Opfer des Heidentums; um die Götter zu gewinnen, verzichtet der Opfernde auf das, was ihm selbst als das Wertvollste erscheint, auf das eigene Leben, dann auf das der ihm zunächst Stehenden (wie der Kinder, Verwandten, Fürsten), und schließlich gibt er gewissermaßen als Ersatz das Leben der Gefangenen hin.

Dieser Ersatz an Stelle des Besten und Wertvollsten ist ein Zeichen des sinkenden Heidentums. Wohl wird noch ein Leben für das andere hingegeben, aber eins von geringerem Wert als das bedrohte. An Stelle der Könige und Fürsten, die für ihr Volk fielen, treten bei den Deutschen kriegsgefangene Feinde, erkaufte Knechte oder schwere Verbrecher; BONIFATIUS klagt die christlichen Händler an, den Heiden Sklaven zu Opferzwecken verkauft zu haben. Wie an Stelle des höheren Lebens das niedere tritt, wie sogar das Opfer eines Tieres ein menschliches Leben ersetzen kann, so wird es ganz gebräuchliches Verfahren, den Teil für das Ganze hinzugeben. Die Gottheit erhält nicht mehr das ganze Opfertier, sondern nur bestimmte Stücke, oft solche, die der Mensch selbst nicht verwerten kann. Schließlich bleibt von dem Opfer nur noch die bildliche Nachahmung übrig. Man brachte Nachbildungen von den erkrankten Gliedern dar, als Bittopfer vor der Heilung oder als Dankopfer nach derselben. Die Kirche hatte die heidnische Sitte zu bekämpfen, in Holz geschnittene Glieder zur Hebung der Krankheit vor einem heilkräftigen Idole aufzuhängen. Oder man ahmte die geweihten Opfertiere aus einem Mehlteige nach und opferte sie als symbolische Ersatzmittel. Wenn das Wasserhuhn an der Bode in Thale am Harz pfeift, muß ein Mensch ertrinken; aber dann werfen die Müller dem Nickelmann ein schwarzes Huhn ins Wasser, um das Opfer abzulösen. Ja die Wassergottheit begnügt sich mit einer Nachbildung des Menschen, sie verlangt nur die Anerkennung ihres Rechts. Die laubbekränzten Knaben und Mädchen und die Stroh- und Lumpenpuppen, die am Sommer- oder Totensonntage (Laetare) in Franken, Thüringen, Meißen, Lausitz und Schlesien ins Wasser geworfen werden, sind nur ein Ersatz für einen lebenden Menschen, der beim Frühlingsbeginn für die Fruchtbarkeit des Jahres geopfert wird. Uralt und weit verbreitet ist der Brauch, an geweihter Stätte ein Stück des Gewandes niederzulegen oder aufzuhängen. Aus dem 15. Jahrhundert ist die Sitte bezeugt, Knabenkleider am Pilbisbaum aufzuhängen für den Bilwiz. Häufig war es nur ein Dankopfer. In Oberösterreich wirft man alte Kleider und Eßwaren in den Fluß, um vom Wassermanne Frieden für das ganze Jahr zu erhalten. Im Erzgebirge sucht man das Leben eines im Zeichen des Wassermannes geborenen Kindes dadurch zu retten, daß man dem Wassermann ein getragenes Kleid des Kindes in den Fluß oder Teich wirft. Nicht als Opfer, sondern als mysteriöses Mittel der Heilung dienen die Kleidstücke, die sich an Quellen finden; auf die Lappen oder Fetzen soll die Krankheit übertragen werden. Die Gewänder wurden befeuchtet und in der Nähe des Wassers an einem Baum oder Strauch aufgehängt, wo sie blieben, bis sie zerfielen; wer solches Opfer gebracht, durfte sich beim Weggehen nicht umschauen.

1. Gottesdienst, Gebet und Opfer

Über die Art und Weise des germanischen Gebetes fehlen genauere Nachrichten. Das einzige erhaltene Gebet, das allerdings in die älteste Zeit zurückreicht, ist der ags. Flursegen:

»Zur Erde bet' ich und zum Himmel darüber ...«, »Erce, Erce, Erce, Mutter der Menschen«. Zu vergleichen ist der Brauch, daß in Mecklenburg am Ende des 16. Jahrhunderts die Schnitter mit entblößtem Haupte um die Ähren im Reigen tanzen und dazu singen: »Wode, hole deinem Roß nun Futter! Nun Distel und Dorn, aufs andere Jahr besser Korn!«

In der ältesten Zeit, von der keine geschichtliche Kunde uns meldet, war bei den gottesdienstlichen Handlungen, durch die die Gnade der Gottheit, ihr Segen für das Leben in Menschen, Tieren und Gewächsen, ihr Schutz gegen feindliche Kräfte und Wesen errichtet werden sollte, völlige Nacktheit des Bittenden und Opfernden erforderlich. Losgelöst von dem unreinen, gewöhnlichen Leben sollte der Mensch vor die Gottheit treten, wie ein vom Leben noch nicht beflecktes Kind. Auch die Götter waren ja in der Urzeit noch unverhüllt gedacht. Wer eine über menschliche Kraft reichende Handlung vollziehen, den Göttern gleich wirken wollte, mußte wie sie nackt erscheinen. In den volkstümlichen Gebräuchen, die auf einen Einblick in die Zukunft und die Erkenntnis geheimnisvoller Erscheinungen zielen, ist die Nacktheit geboten; allerdings ist meistens die Entblößung des ganzen Leibes auf einen Teil, zum Beispiel die Füße, beschränkt.

Noch im 10. Jahrhundert wurde bei Regenmangel ein Mädchen ausgewählt, nackt ausgezogen und zu einer Stelle außerhalb des Dorfes geführt, wo Bilsenkraut wuchs. Dort mußte das nackte Kind eine Bilsenpflanze mit dem kleinen Finger der rechten Hand entwurzeln, die darauf an die kleine Zehe des rechten Fußes gebunden wurde. Zweige in den Händen haltend, führte man die Kleine in den nächsten Bach, besprengte sie mit den ins Wasser getauchten Zweigen, sang dazu Zauberlieder und führte rückwärts gehend das nackte Mädchen wieder ins Dorf. So hoffte man Regen zu bekommen. Ursprünglich wurde natürlich das Mädchen getötet als ein Opfer des Gottes, von dem das Gedeihen von Feld und

Weide, also Regen und Sonnenschein abhing. Noch heute wird in vielen Gegenden ein Jüngling oder Mädchen in Laub, Schilf und Blumen gekleidet und durch das Dorf geführt, auch wohl ins Wasser geworfen. Der älteste Bericht hebt die völlige Nacktheit des Regenmädchens bei diesem Regenzauber hervor. Die Umhüllung des ursprünglich nackten Menschen mit Laub und Kräutern ist die Bekränzung des Opfers.

Als mit der steigenden Kultur der Mensch sich seiner Nacktheit schämte und gewahr wurde, daß er nackend war, machte er sich wie das erste Menschenpaar nach dem Sündenfalle Schürzen. Man wagte nicht mehr in seiner wahren Gestalt der Gottheit vor die mächtigen Augen zu treten, sondern suchte sich gewissermaßen durch Unkenntlichmachen vor ihr zu decken und zugleich feindliche Dämonen zu schrecken. Uralte Gebräuche, die noch heute bei den Tänzen und Festspielen der Naturvölker geschehen, lassen sich auch für Deutschland vom Altertum her durch das Mittelalter bis in die Gegenwart bei Ernte- und Frühlingsfeiern, am heidnischen Neujahrsfest, aber auch bei Hochzeiten verfolgen. Wie man den überirdischen Wesen Gestaltenwechsel zuschrieb, namentlich von ihrer Fähigkeit fest überzeugt war, sich in Tiere zu verwandeln, so vermummten sich die Teilnehmer an Aufzügen bei gottesdienstlichen Festen in Tiermasken, besonders von Hirschen und Kühen. Ja, es scheint, daß diese Maskierungen wie die Nacktheit stattfanden, um den Göttern gleich zu erscheinen und gleiche Wirkungen auszuüben. Vor allem richteten sich die Verbote der Kirche gegen die Vermummungen bei der deutschen Neujahrsfeier.

Wie wenig die Verbote nützten, geht daraus hervor, daß sie im 11. Jahrhundert wiederholt werden mußten. Als Schwärzung des Gesichtes, Verkleidung in allerlei seltsame Trachten und Anlegen von Tiermasken hat sich der Brauch bis heute erhalten, namentlich zu Martini und in der Fastnacht.

Zu den Vermummungen gehören auch die Verstellungen der Männer in Weiber und der Weiber in Männer. Auch dagegen eifert die Kirche bereits in der ältesten Zeit: »Wie schändlich ist aber auch, daß die als Männer Geborenen Frauenkleider anziehen und in den schändlichsten Verkleidungen durch Mädchenanzug die männliche Kraft weibisch machen, sie, die nicht erröten, die kriegerischen Arme in Frauenkleider zu stecken; bärtige Gesichter tragen sie zur Schau, und doch wollen sie für Weiber gelten« (ELIGIUS, PRIMIN). Noch im 17. Jahrhundert verbietet eine brandenburgisch-kulmbachische Polizeiverordnung die Fastnachts-Vermummungen, wobei die Frauen sich in Mannes-, die Männer in Frauenkleidung verstellen. Dieser Kleidertausch der Geschlechter, namentlich bei den Mai- und Pfingstaufzügen, findet noch heute in Schwaben, Thüringen und der Altmark statt. Im Elsaß wird bei der Beendigung der Weinlese auf einem mit Trauben beladenen Wagen ein ganz rußiger Mensch umhergefahren, der alle Begegnenden mit seinen rußigen Händen schwarz zu machen sucht. Den Wagen umgeben die übrigen Arbeiter, wobei sich die Männer als Weiber, die Weiber als Männer aufputzen.

Die gemeingermanische Bezeichnung für das Gebet ist verlorengegangen; auch der heidnische Ausdruck für Opfer mußte dem von der Kirche gebrauchten Fremdworte weichen. An Stelle des got., ags. blôtan, an. blóta, ahd. pluozan »Gott durch Opfer verehren«, trat in Oberdeutschland ahd. opfarôn, mhd. opfern, aus kirchenlat. operari = Almosen spenden, in Niederdeutschland as. offrôn, engl. to offer, auf lat. offerre = darbieten zurückgehend. Got. hunsl, an., ags. húsl = Opfer gehört zu lit. szweñtas, aw. svetu = heilig; ahd. siodan = sieden geht auf das beim Opfer gebrauchte, gesottene Fleisch.

Ahd. kelt, as. geld, ags. gield, nhd. Geld = die Spende, Entgelt, was man als schuldig zu entrichten gezwungen ist, bezeichnet sowohl Zahlung, Steuer, wie Opfer. Zu dem gemeinschaftlichen Opfermahl wurden die Steuern in Form von Lebensmitteln eingesammelt, wobei das Heiligtum von Haus zu Haus herumgeführt wurde. Eine solche Einigung zum religiösen Mahl bildete nach altgermanischem Begriff eine Gilde. Von diesen alten Opferschmäusen beim Götterdienste oder auch schon von den durch den Totenkult geforderten Opfergelagen führen die Gilden ihren Namen.

Unmöglich konnten natürlich bei den großen Festen der religiösen Genossenschaften alle Teilnehmer im Tempel Platz finden. Beim Überfalle des GERMANICUS wurde der Tempel der Tanfana dem Erdboden gleich gemacht, und die feiernden Massen wurden auf ihren Gehöften niedergemacht. Also nur ein Teil feierte im Heiligtume selbst, der andere in derselben Weise unter freiem Himmel oder in den nächsten Höfen. Aus dem Schreiben GREGORS an MELITTUS geht hervor, daß die Teilnehmer während der Festzeit sich in Laubhütten bei der Kultstätte aufzuhalten und für sich zu feiern pflegten. Aber es wurde nicht allein zu Ehren der Götter gegessen, sondern auch wacker getrunken. Welche Ausgelassenheit dabei herrschte, kann man daraus ersehen, daß die Germanen im Spätherbst des Jahres 14 nicht einmal die erforderlichen Vorsichtsmaßregeln getroffen und für das Aufstellen von Nachtposten nicht Sorge getragen hatten. Der übermäßige Genuß von Speise und Trank konnte dem Gläubigen nicht schaden, sondern nur Vorteil bringen. Je mehr er aß, um so sicherer war er, des Segens der Gottheit teilhaftig zu werden, der auf das ihr geweihte Mahl überging, und je mehr Becher er ihr zu Ehren leerte, um so stärker und schöner mußte er werden. Feierte die Gemeinde ein großes Fest nach glücklich eingebrachter Ernte oder zur Zeit der Wintersonnenwende, so durfte sich niemand vom Opferschmaus und Gelage zurückziehen. Selbst der vorüberwandernde Fremdling ward gastlich in den feiernden Kreis gezogen. GREGOR VON TOURS spricht von der Überfüllung mit Speise und Trank, der sich die Barbaren im Opferbezirke bis zum Erbrechen ergeben hätten. Die Langobarden wollten 579 bei einem Siegesfeste 400 gefangene Christen zwingen, Wodan anzubeten und vom Opferfleische zu essen.

Aus dem mit Silber oder anderem Metall beschlagenen Becher brachte man von dem Bier, das die Priesterinnen bei den öffentlichen Feiern bereitet hatten, oder von dem Met, den die Frauen durch Aufguß auf Honigwaben gewonnen, den Göttern ein Trankopfer dar. Wie man der Verstorbenen beim fröhlichen Mahle gedachte und zur Erinnerung an sie »Minne« (d.h. Gedächtnis) trank, so war es Sitte, auch der Götter nicht zu vergessen, man ließ sie den feierlichen Trank mitgenießen. Dankwart stürmt mit Blut bedeckt, das bloße Schwert in der Faust, in den Saal und verkündet laut den treulosen Überfall in der Herberge. Da springt der grimme Hagen auf, heißt ihn die Türe schließen und bricht in die entsetzlichen Worte aus: »Nu trinken wir die minne und gelten s küneges wîn« (Nun trinken wir die Minne und opfern des Königs Etzel Wein), dabei schlägt er Kriemhilds Sohn das Haupt ab. Wie man beim Mahle einen Becher leerte als Gedächtnis für die Toten, so denkt Hagen in furchtbarer Ironie des erschlagenen Siegfried; der Trank aber ist Blut, und die Becher sind die Schwerter; des Königs Wein ist das Opfer, das Blut seines Sohnes und seiner Mannen. Der heilige COLUMBAN traf auf ein alemannisches Wodansfest; in dem mächtigen Opferkessel stand aus 26 Scheffeln Getreide gebrautes Bier; sie wollten auf die Minne ihres Gottes trinken. Auch LIUTPRAND erwähnt, daß die Deutschen des Teufels Minne getrunken hätten; an welchen heidnischen Gott zu denken sei, läßt sich nicht erkennen. Der »Indiculus« enthält das Verbot de potando (memoriam oder amorem, quod boni vocant sanctae Mariae, d.h. nicht über das Minnetrinken zu Ehren der Maria, sondern über das Trinken zum Andenken an heidnische Götter.)

Im heiligen Festrausch ließ man sich zu Gelübden kühner

Taten hinreißen. TACITUS scheint von solchen gehört zu haben: »Beim Gelage beraten sie über die Gewinnung von Häuptlingen und über kriegerische Unternehmungen, und am nächsten Morgen überlegen sie, wie sie das Gelübde ausführen können; handelte es sich um Angelegenheiten der Gemeinde, so konnte das Gelöbnis nur in voller Volksversammlung zum Beschluß erhoben werden.«

Feierliche Lieder zum Preise der Götter erklangen beim Opferfeste.

Die angelsächsischen Verse: »Heil sei dir Erde, Menschenmutter« sind ein uralter heidnischer Frühlingshymnus.

Ahd. Ansleicus, ags. Ôslâc, Leich für die Götter, bedeutet einen solchen Hymnus auf die Götter, wie sie an hohen Festen angestimmt wurden. Aber keins von diesen alten ehrfürchtigen Liedern ist auf die Nachwelt gekommen, selbst ihren Inhalt können wir kaum vermuten.

Zum Opferfest gehörten außer Schmaus, Gelage und Gesang auch heilige Opfertänze. Dieser Reihentanz hat sich jahrhundertelang als Bauerntanz erhalten, und als der Bauer ihn aufgab, setzte ihn das Kind bis heute fort, und dunkle Erinnerungen an heidnische Gebräuche leben in den verderbten Versen weiter, mit denen sie begleitet werden. Die altgermanische Bezeichnung für diese Verbindung von Lied, Melodie und Tanz ist laikaz, got. laiks, ags. lâc, ahd. leih, Leich (mhd. leichen = hüpfen). Da das Wort in allen germanischen Sprachen wiederkehrt, muß es uralt sein, und wenn lâc im ags. auch »Opfer« und »Gabe« bedeutet, so muß Tanz, Musik und Gesang zur urgermanischen Opferfeier gehört haben. Wiederum bietet TACITUS den ältesten geschichtlichen Beleg, denn die Worte bei der Schilderung des Festes der Tanfana: »Die Germanen begingen diese Nacht festlich und weihten sie bei feierlichem Mahle dem Spiele«, zwingen an die mit Schmausen, Singen und Tanzen verbundenen Opferfeste zu denken.

Bei Beginn des Frühlings, bei der Aussaat, im Mittsommer, bei der Ernte wie zur Weihnachtszeit, beim Anrücken gegen den Feind wie nach erfochtenem Siege, aber auch bei der Hochzeit und der Totenfeier ertönten heilige Lieder teils heitern, teils ernsten Inhaltes, aber alle Gesänge waren teils von den lebhaften Windungen des Reigentanzes begleitet, teils in feierlich abgemessenem Schritt vorgetragen. Der Gesang ist zugleich Bewegung, Wort und Weise zugleich Takt. Von den Dithmarschen wissen wir, daß sie die Lieder zum Tanze sangen, die sie in ihren Fehden und Kriegen dichteten.

Lied und Reigen begleiteten auch die Prozessionen, bei denen das Götterbild in festlichem Zuge unter Leitung des Priesters vorangetragen wurde; die festlich geschmückte Gemeinde, Blumen und Kränze im Haare, Weidenzweige in der Hand, oder in allerlei Vermummungen, führte unter Gesang Spiele und Tänze auf. Noch heute ist »begehen« die übliche Bezeichnung für die Feier eines Festes und besagt nichts anderes wie »einen feierlichen Umzug« halten. Wie die Götter selbst zu bestimmten heiligen Zeiten durch das Land zogen, um Segen zu spenden, so ahmte man auch ihre Umzüge nach und führte ihre Bilder oder Symbole mit, der festen Hoffnung, daß auch diese dasselbe wirken würden wie jene selbst.

Umzüge fanden zu verschiedenen Zeiten und zu verschiedenen Zwecken statt. Besonders im Frühling, wo das Korn im vollen Wachstum steht, und wo am leichtesten Gefahr durch Wind und Wetter, Regen und Sturm, Schlossen, Hagel und Dürre droht, wurden feierliche Umzüge durch die Felder abgehalten. Wie man die Heiligtümer mit Binsen und Laub bestreute, so schmückte man die Wohnungen mit Birkenreisern; zur Abwehr schadenfroher Geister besprengte man sie mit Weihwasser oder zog zu ihrem Schutze Furchen um sie.

Am Abend vor der Feier versammelte man sich an heiliger Kultstätte, hielt das Opfermahl, wozu jeder beisteuerte, unter Tanz und Gesang ab und zog am anderen Morgen vor Sonnenaufgang um die Saatfelder in langer Prozession, voran der Priester, in der Mitte die Götterbilder in weißer Umhüllung und am Schluß die zum Opfer bestimmten Tiere. Unter den heiligen Eichbäumen oder am heiligen Quell machte der Zug Halt, der Priester segnete die Feldfrüchte und flehte, gegen Sonnenaufgang das Antlitz gerichtet, die Götter um Schutz und Schirm vor Unwetter, Hagel und Mißwachs, um Segen für Saat und Vieh an. Bei der Rückkehr wurde das Götterbild an den altheiligen Ort zurückgeführt, in den Tempel oder an heiligen Bäumen aufgehängt oder auf Baumstämmen aufgestellt, das gemeinschaftliche Opfer gebracht und das Opfermahl gehalten. Der Gottheit wurden Tiere geschlachtet, Brot, Eier, Pflanzen und Früchte des Feldes geopfert und Feuer angezündet. Unter dem Singen feierlicher, alter Weisen tanzte man jauchzend und jubelnd um den brennenden Holzstoß, steckte verglimmte Scheite des Opferfeuers gegen Hagel und Blitz in die Felder oder streute die Asche darauf.

Noch im 10. Jahrhundert verlief der Flurumgang in dieser Weise; die entworfene Schilderung ist unter Heranziehung alter Gebräuche im wesentlichen eine heidnische Rückübersetzung einer Verordnung der Äbtissin MARCSUITH vom Kloster Schildesche bei Bielefeld (940). Da es der Kirche nicht gelang, diese Feld- und Flurbegänge auszurotten, verwandelte sie diese mit Beseitigung des Anstößigen und Umdeutung der einzelnen Teile in Litaneien und Rogationen. An Stelle des Gottes trat der Patron der Kirche, an die Stelle der Opfergaben Almosen zum Besten der Armen, an die Stelle der Opfer und Lieder Vigilien und heilige Gesänge.

Der Aufzug und das Spiel wie die begleitenden Reden und Gesänge verschmolzen zu einer eigentümlichen Kunstgattung, in der wir die ersten rohen Behelfe dramatischer Kunst, den Anfang des deutschen Schauspiels zu sehen haben. Man besang nicht bloß die Taten der Götter im feierlichen Lied, sondern stellte sie mit verteilten Rollen dramatisch dar; der Inhalt des

Liedes wurde beim Feste wirklich vorgeführt. Ein dramatischer Wettkampf zwischen Sommer und Winter wird noch heute in manchen Gegenden veranstaltet und hat früher sicherlich einen Teil der germanischen Frühlingsfeier ausgemacht.

Der Sommer tritt auf, in Efeu, Singrün, oder weiße Gewänder gekleidet, der Winter in Stroh und Moos oder Pelz vermummt. Unter dem Zurufe des Volkes, das gleichsam den zuschauenden Chor abgibt, beginnen beide einen Streitgesang, dann kämpfen sie mit ihren Holzstangen, bald werden sie handgemein und ringen so lange miteinander, bis der Winter niederliegt. Dem zu Boden geworfenen Winter wird seine Hülle abgerissen, zerstreut und ein sommerlicher Kranz oder Zweig umhergetragen. Die in den Worten des Chores

»Stab aus, Stab aus, Stecht dem Winter die Augen aus!«

enthaltene grausame Sitte ist gewiß ein Rest aus uralter Zeit. Beim Zürcher Sechseläuten im April wird noch heute der Winter »Bögg« genannt, durch die Straßen der Stadt nach dem Richtplatze geführt, die mit Feuerwerkskörpern gefüllte Riesenpuppe auf einer hohen Stange aufgestellt und darunter ein großer Reisighaufen zusammengelegt. Die Vorübergehenden verspotten die Figur, und in Gegenwart der Zünfte wird der Holzstoß mit dem sechsten Glockenschlag in Brand gesetzt, unter lautem Geknatter explodiert das Feuerwerk im Körper des »Bögg« und zerfetzt die letzten Überreste des Winters. Mißglückt die Verbrennung, und tritt im folgenden Jahre Unglück ein, so ist die Behörde daran schuld, weil sie die »Hinrichtung« nicht ordnungsgemäß vollzogen hatte. In Schlesien wird am Sonntag Lätare die »Marzanna«, eine sorgfältig herausgeputzte Strohpuppe, und der »Gaik«, ein mit Eiern und bunten Bändchen behängtes Bäumchen, unter Absingung passender Lieder durch das Dorf getragen. Die große, auf einem Stocke befestigte Puppe verkörpert den nun überwundenen Winter. Jauchzend wird sie nach dem Umzug in ein Gewässer geworfen, und dann mag der durch das Bäumchen dargestellte Frühling seinen Einzug halten; alt und jung ist voll Sehnsucht, ihn zu empfangen. In der Frühe des Maitages zog man in den Wald, um den Sommer einzuholen, zu empfangen oder zu begrüßen. Die Rolle des Sommers pflegte dabei der sogenannte Maikönig oder Maigraf zu spielen, der sich seine Königin oder Gräfin wählte. In Moos gekleidete Personen, die letzten Nachzügler des Winters, wurden dabei verfolgt und vertrieben. Das geschmückte, in Laub und Blumen verkleidete Paar wurde unter Jubel und Gesang aufgesucht und hielt dann fröhlichen Einzug im Dorfe, oder feierte auf dem Saatfelde das Brautlager.

Was dem Menschen selbst Freude machte, das mußte nach alter kindlicher Auffassung auch den Göttern Freude bereiten. Nicht nur die Opfergaben stimmten die Himmlischen gnädig, sondern auch die Spiele, die ihnen zu Lust und Ehren veranstaltet wurden. Je mehr man seine Geschicklichkeit und Gewandtheit zeigte, um so huldvoller mußten die Götter dreinschauen. Ein heldenhaftes Volk findet Gefallen an kriegerischen Vorführungen, an Spielen, die Mut und kühnes Wagen offenbaren. Wie bei den Griechen, so gehörten auch bei den Deutschen Wettläufe und Wettrennen als heilige Kulthandlungen zu den Frühlings- und Erntefesten; aber auch bei den bedeutenden Ereignissen des öffentlichen und häuslichen Lebens fehlten sie nicht. Die angelsächsische Synode von 747 bestimmt, »die Litaneien an den drei Tagen vor der Himmelfahrt Christi mit Fasten und Meßopfern zu begehen, aber ohne eitle Nebendinge, wie so oft geschehen, zum Beispiel Spiele, Pferderennen, Mahlzeiten«.

2. *Opferspeise*

Die älteste Opferspeise waren die wichtigsten Erzeugnisse der Ackerwirtschaft wie der Viehzucht; der Krieger wird blutige Opfer, der Hirt und Ackerbauer wird Vieh und was die

Herde, der Acker, das Feld und der Haushalt bietet, darbringen: Milch, Butter, Eier, Körnerfrüchte, Honig, Pflanzen, Blumen, Brot und Wein. Mit unblutigen Opfern mußte sich der einzelne begnügen, blutige Opfer, die an den großen Jahresfesten fielen, wurden von der Familie oder der Gemeinde dargebracht.

Die Früchte des Feldes wurden in die gen Himmel steigende Flamme oder in den brausenden Wind gestreut, oder man ließ einen Teil von ihnen zum Gebrauche für die Götter auf der Flur stehen, oder stellte ein aus ihnen bereitetes Gericht für sie beiseite. Blumenschmuck durfte selbst bei dem Opfern von Tieren und Menschen nicht fehlen. Bevor die weissagenden Priesterinnen der Kimbern den Gefangenen die Gurgel durchschnitten, bekränzten sie diese. Die bei den Gemeindefesten zum Opfer bestimmten Tiere wurden mit Blumen bekränzt und mit bunten, farbigen Bändern geschmückt, den Kühen und Böcken die Hörner vergoldet. Selbst die Teilnehmer waren festlich mit Blumen und Kränzen geziert. In den Kräutern und Gräsern waren heilbringende Kräfte enthalten; dankbar erblickte man in ihnen kostbare Geschenke der Götter, und in kindlicher Einfalt wußte man sie nicht besser zu vergelten als dadurch, daß man die heilkräftigsten Blumen bei dem Opfer den Himmlischen darbrachte.

Zu den unblutigen Opfern gehören auch die bildlichen Opfer, die eine Nachahmung des blutigen Ritus sind. Das älteste schriftliche Zeugnis für Kultgebäcke oder Gebildbrote der Mittwinterzeit ist bei ELIGIUS erhalten: »Niemand begehe an den Kalenden des Januars die Abscheulichkeit und Abgeschmacktheit, Kälblein (vetulas = vitulos? oder Vetteln, Weibsbilder?), Hirschlein oder Teigfiguren herzustellen« (iutticos; al. ulerioticos, vellerios ticos = zottige Ziegen?). Für die Opfer und die sich anschließende Mahlzeit kneteten die Frauen Götzenbilder aus Teig, in der Form eines Gottes oder eines seiner Symbole oder eines der ihm heiligen Tiere.

Diese wurden mit Öl bestrichen, an geweihter Stätte von den Frauen gebacken und teils den Göttern dargebracht, teils verzehrt. Obwohl diese Brote, Fladen oder Kuchen nur ein Ersatz für das wertvollere Tieropfer waren, glaubte man doch, daß durch den Segen des Priesters die geheimnisvolle, göttliche, sündentilgende oder segenbringende Kraft in sie eindrang und auf den Genießenden übertragen wurde. Zahlreiche Spuren dieser Opferbäckereien haben sich bis heute erhalten. Noch vor kurzem bildete zu Ulten in Tirol die Hausmutter aus dem letzten, vom Teigbrette zusammengescharrten Brotteige eine unbestimmte Figur, die »der Gott« hieß. Die verschiedenen Backwerke zu Ostern, Martini und Weihnachten: die Osterwölfe, Osterwecken, Hedwige (heiße Wecken), der Pflaumenmann, der Pfefferkuchenreiter, die Pferde und Schweinchen am Weihnachtsbaume sind nichts weiter als alte Opferkuchen; das Martinshorn stellt die langgebogenen Hörner eines Ochsen oder einer Kuh dar; in England schenkte man sich sogar übergoldete Martinsringe von Kupfer zu Martini (11. November).

Bis in die Mitte des 6. Jahrhunderts können wir ein anderes, unblutiges Opfer verfolgen: Man opferte das Abbild und gleichsam das Ersatzmittel des erkrankten Gliedes oder Körperteiles in Holz, Metall oder Wachs, um Heilung zu erlangen.

Wer an einem Gliede ein Gebrechen trug, brachte ein hölzernes Abbild als Weihgeschenk in den Tempel zu Köln oder stellte es an der Wegscheide auf. ELIGIUS befahl: »Verbietet die Nachbildung von Füßen, die sie an Kreuzwege stellen, und verbrennt sie mit Feuer, wo ihr sie antrefft; durch keine andere Weise könnt ihr gesund werden, wie durch Anrufen und das Kreuz Christi.«

Den unblutigen Opfern stehen die kräftigeren blutigen zur Seite. Uralt ist der Glaube, daß zur Sühne Blut fließen muß: das blutige Opfer Abels, der als Hirt von den Erstlingen der Herde opfert, gefällt Jahve besser als das des Ackerbauers

Kain, der die Früchte des Feldes darbringt. Bei den Deutschen waren nur untadelige, meistens männliche Haustiere und Wild opferbar, nicht Raubtiere. Für Tius und Wodan wurden Rosse auserlesen, für Wodan Rinder, Ziegen, Hunde, für Frija Kühe und Schweine, für Donar Böcke, Hähne und Gänse. Donar und Tius versöhnen sie mit den erlaubten Tieropfern, sagt TACITUS. Diese erlaubten, d.h. ausgewählten und geheiligten Tiere wurden Ziefer genannt (ahd. zëbar, ags. tifer = Ungeziefer, schlechtes Getier; portug. Zebra). In den ältesten Zeiten galten besonders Pferdeopfer als wohlgefällig. In den heiligen Hainen und Waldtriften wurden weiße Pferde gehalten. Die Hermunduren opferten die Pferde der besiegten Chatten. Ihr Fleisch wurde bei den Mahlzeiten gegessen; im Gotischen hat sogar der Dornbusch, womit das Roßopfer angezündet wurde, davon den Namen Roßzünder (aihvatundi). Den Thüringern wurde noch zur Zeit des Bonifatius das Verbot eingeschärft, Pferdefleisch zu essen, und selbst 1272 wurde ein Gesetz veröffentlicht, das den Genuß des Pferdefleisches aufs strengste untersagte. Bei den Franken und Alemannen war das Ferkel als Opferspeise beliebt; ahd. friscing (Frischling) übersetzt geradezu lat. hostia. Dem Opfertiere wurde das Haupt abgeschnitten, dieses wurde dann als Pfand der Versöhnung zwischen Gottheit und Mensch an heiliger Statt unter dem Dachfirst aufbewahrt und galt als sicheres Unterpfand des Wohlwollens der Götter und als Schutz vor Krankheiten. Die in Deutschland weitverbreitete Sitte, die Giebel der Häuser mit zwei roh geschnitzten Pferdehäuptern oder anderen Tierschädeln zu zieren, hängt damit zusammen. Der Glaube lag nahe, daß selbst hölzerne Abbildungen der heil- und wunderkräftigen Opferhäupter zum Schutze der Gehöfte dienen würden. Die Sitte des Hauptabschneidens beim Opfer reicht bis in die ältesten Zeiten des deutschen Heidentums zurück.

Das herabrinnende Blut wurde unter der Weihe heiliger Segensformeln oder Lieder und unter Tänzen in einer Grube oder in Opferkesseln aufgefangen; in diese tauchte man Wedel, um das Volk zu besprengen oder Altäre und Götterbilder damit zu bestreichen. Haut, Knochen und Eingeweide des Rumpfes der geköpften Opfertiere wurden in dem Opferfeuer zu Asche verbrannt. Darin lag keine Mißachtung der Götter, denn sie vermochten aus dem, das dauernd Zeugnis ablegte für das geopferte Tier, also aus den bleibenden Gebeinen, stets neues Leben zu erwecken. Das Übrige wurde gesotten, wie es scheint, aber nicht gebraten, durch die Priester an das Volk verteilt und gemeinschaftlich verzehrt. Später wurde ein Baum auf dem Opferplatze errichtet und die Äste mit den gesammelten Knochen besteckt. Die Spitze des Opferbaumes oder Knochengalgens zierte ein Pferdeschädel. Mit Gelage, Minnetrinken, Tanz, Spiel und Ausgelassenheit schloß dann die Feier.

Das höchste und feierlichste Opfer war das Menschenopfer. Natürlich konnte sich an ein Menschenopfer der Opferschmaus nicht unmittelbar anschließen, vielleicht fand er dann überhaupt nicht statt, oder es wurden auch Tiere geopfert, die das Fleisch zur Mahlzeit gaben.

Die älteste Nachricht von Menschenopfern bei den Deutschen findet sich bei STRABO. Die weissagenden Priesterinnen der Kimbern bekränzten die Kriegsgefangenen und führten sie an einen ehernen Kessel, der etwa 20 Maß faßte. Dann bestieg eine von ihnen einen Tritt und durchschnitt, über einen Kessel gebeugt, dem Gefangenen, der über den Rand emporgehoben wurde, die Gurgel. Auch die Scharen des ARIOVIST opferten die Gefangenen; nur dem glücklichen Fallen der Lose verdankte Procillus seine Rettung. »In bestimmten Fristen halten sie auch Menschenopfer zu bringen für frommes Recht«, in diesen Worten des TACITUS liegt eine leise Entschuldigung der Menschenopfer, es ist nicht Grausamkeit, sondern religiöse Verirrung. Aber der Zusatz »in bestimmten Fristen« zeigt, daß solche Menschenopfer nicht ausnahmsweise stattfanden, sondern ein durchaus fester und regelmäßiger Brauch waren. Im Frieden wie im Kriege fielen Menschenopfer.

Der Umzug des Wasservogels und des laubbekränzten Regenmädchens in Schwaben und Bayern sind Reste eines uralten Menschenopfers am Frühlingsfeste des schwäbischen Tiu, des bajuvarischen Eru. Auch bei den Herbstfesten wurde ein Mensch geopfert, um die himmlischen Mächte zu erfreuen und zu stärken, die das Wachstum, das Sonnenfeuer und das befruchtende Himmelswasser schaffen. Ein lebendiger Mensch ward in der Urzeit begraben – heute in volkstümlichen Gebräuchen zum Schein oder als Ersatz nur ein Strohmann; oder er wurde in Erbsenstroh gehüllt, verbrannt – heute nur noch das Stroh, womit er umwickelt ist; oder er wurde im Wasser ertränkt – heute wird ein »Butz« hineingeworfen. Beerdigen, Verbrennen, Ertränken, das waren die verschiedenen Arten des Menschenopfers am Herbstfeste.

Menschenopfer sind an den Quellen selten gefallen, wohl aber an Strömen und Seen, also an fließendem Wasser und an tieferen, größeren Wasserbecken.

Das furchtbare Menschenopfer, das der Frankenkönig Theudebert 539 brachte, als er mit seinem Heere über die alte Pobrücke zog, war zwar ein »Erstlingsopfer des Krieges«, aber zugleich ein Opfer an den Flußgott. Bis in die Gegenwart erhielten sich die Spuren des Brückenopfers. Die Sagen von der notwendigen Einmauerung eines lebenden Menschen in den Brückenbau bewahren die Erinnerung an die Brückenopfer aufs zäheste. Unzählige Flüsse, Seen und Teiche stehen in dem Rufe, Menschenopfer als Recht zu fordern; wenn die Stunde gekommen, lockt der Wassergeist durch seinen Ruf oder durch Pfeifen, durch gellendes Lachen oder auch durch einen glockenähnlichen Klang aus der Tiefe den zum Tode bestimmten Menschen mit unwiderstehlicher Gewalt zu sich. Meist zu Johannis (24. Juni), am Mittsommerfeste, fordert das Wasser sein Opfer. Am Sonnenwendtage, der hochheiligen Zeit der blühenden und reifenden Natur, hat das Wasser ganz besondere Kräfte; aber es war auch der Tag, an dem die Wassergeister besondere schädliche Macht hatten und ein Menschenopfer verlangten. Ihnen, die das sommerliche Gedeihen wesentlich gefördert hatten, wurde ein Menschenopfer gebracht.

Wenn bei dem Auftreten von Hungersnot, Seuche oder Mißwachs die mit dem Notfeuer verbundenen Sühnopfer vergeblich gewesen waren, so brachte das Land als solches zur Versöhnung der Götter Menschenopfer dar. Besonders dem Kinderopfer schrieb man große Wirkung zu, denn man glaubte, daß die erzürnte Gottheit am besten durch Darbringung eines völlig reinen Geschöpfes versöhnt werden könnte. Noch im Mittelalter wurden bei Grundsteinlegungen von Burgen, Stadtmauern, Brücken, Flußwehren sowie beim Bau von Deichen Kinder, manchmal auch Erwachsene, lebendig eingemauert, um dem Bau Dauer und Glück zu verschaffen. War die Not am höchsten gestiegen und zeigte sich keine Aussicht auf Hilfe mehr, so verschonte man selbst die geheiligte Person des Königs nicht. Die Könige waren für alle Unfälle verantwortlich, die das Land trafen. In den meisten Sagen ist die Person, die vom Himmel als Opfer verlangt wird, dem höheren Stande angehörig. Deutlich kehrt die Vorstellung des Sühnopfers in dem geschichtlichen Berichte wieder, daß im 4. Jahrhundert der König bei den Burgunden nach alter Sitte sein Amt niederlegen muß, wenn sich das Kriegsglück gegen ihn erklärt hat oder der Boden eine reiche Ernte verweigert hat.

3. Opferfeuer

Das Feuer im Gottesdienste beförderte vor allem die Spende zu den Göttern. Zu ihren himmlischen Höhen sandte man ihnen mit dem emporwirbelnden Rauch und der aufsteigenden Flamme die Opferspeise hinauf, und der liebliche Geruch des verbrannten Opfertieres lockte sie an, sich dem Menschen huldreich zu nahen. Zwar nicht jede Spende wurde dem Feuer übergeben; in den heiligen Quell warf man ein mit Blumen geschmücktes Gebäck als Opfergabe hinein, streute Körner in die Luft oder ließ Früchte des Feldes für sie stehen, aber im allgemeinen bildete das Feuer den wesentlichsten und wichtigsten Bestandteil des deutschen Opferfestes.

Dieses Opferfeuer, der Bote zwischen der göttlichen und menschlichen Welt, ist natürlich verschieden von den großen Feuern, die an bestimmten Festtagen, besonders an denen der Tag- und Nachtgleiche und der Sonnenwende, sowie bei ungewöhnlichen Gelegenheiten, auf Bergen und Höhen und Feldern, aufflammten. Sie reichen bis in die indogermanische Urzeit zurück. Denn als man schon längst eine bequemere Art der Feuerbereitung gefunden hatte, wurden noch bei Indern, Griechen, Römern und Germanen das sühnende Feuer in der ursprünglichsten Art hergestellt und durch Drehung gewonnen, indem ein Stab entweder in einen anderen gebohrt und so hin- und hergedreht wurde, oder ein solcher durch eine Scheibe, Tafel oder die Nabe eines Rades gebohrt wurde. In Deutschland werden diese Feuer urkundlich im 8. Jahrhundert erwähnt. Die unter KARLMANN 742 unter dem Vorsitz des BONIFATIUS abgehaltene Synode gebot den Bischöfen und Grafen, gottlose Feuer zu unterdrücken, die sie »niedfyr« nennen. Auch der »Indiculus« handelt de igne fricato de ligno i. e. nodfyr. Ignis fricatus ist die wörtliche Übersetzung von Notfeuer, ahd. hnotfiur (niuwan, nûan = reiben). Auf dem Eichsfelde heißt es das »wilde Feuer«, in England »Willfire«.

4. Der Götterdienst im Wirtschaftsverband

Zur Sühne und Abwehr brannten Notfeuer, ehemals nur bei wirklich eingetretenen Seuchen, später ständig. Der Hirt wollte, zumal im Hochsommer, von vornherein den Viehseuchen vorbeugen, der Landmann wollte die das Wachstum gefährdenden Mächte verscheuchen und die über Himmel, Erde und Wetter waltenden Gottheiten durch Bittopfer gnädig stimmen, durch Sühnopfer versöhnen, daß nicht Gewitter und Hagel die schweren Ähren knickten und die goldenen Körner vernichteten.

Jedes Zeichen des neuerwachenden Lebens wurde freudig begrüßt. Der Priester, der Hüter des heiligen Waldes, nahm an dem Ergrünen des ersten Laubes, am Erblühen der ersten Waldblume das Nahen des Frühlingsgottes wahr, und freudig begrüßte alles Volk die Boten des Lenzes, den ersten Käfer, die erste Lerche, den ersten Storch.

Die Burschen schmückten mit grünen Maien das Haus der Geliebten und durchzogen in grüner Verkleidung die Dörfer. Heitere Spiele auf dem Anger stellten die Verfolgung und Austreibung der in Moos gekleideten winterlichen Dämonen dar, das Aufsuchen und den Einzug eines in Laub und Blumen geschmückten Paares. Von Haus zu Haus streifte die Jugend, um von jedem Mitgliede der Gemeinde Holz und Stroh zum Festfeuer, Milch, Korn und Eier zum Festmahl einzusammeln. Dann zog man hinaus auf die Wiese oder auf den Hügel vor dem Dorfe, brachte Rinder, Pferde und Korngabe dem Tius oder Wodan dar, Schweine, Flachs und Speisen der großen Mutter Erde, Hähne, Gänse und Böcke dem Wettergotte Donar. Auf dem Scheiterhaufen thronte der winterliche Dämon oder die Hexe in Gestalt einer Strohpuppe, und während die Flamme den Holzstoß prasselnd verzehrte, zog man mit entblößtem Haupte feierlich um ihn herum und sprang auch über die lodernden Feuer, bis die allgemeine Lust in Jubel und frohen Tanz ausbrach. Die jungen Burschen entzündeten an dem Feuer lange Strohfackeln und schwärmten damit lärmend, mit Peitschen knallend, mit kleinen Schellen läutend, über die Felder, um die Geister zu verscheuchen. Soweit das Feuer leuchtete, teilte es der Flur seine heilende Kraft mit, und darum gedieh soweit das Korn gut.

Auch bei der Feier des Frühlingsanfangs flammten Feuer: Holzscheiben, die in der Mitte durchlöchert und an den Rändern rotglühend gemacht waren und so ein Bild der aufsteigenden Gestirne darstellten, wurden an Stöcken in die dunkle Luft geworfen. Sie sind schon aus dem Jahre 1090 von Lorch bezeugt: eine brennende Holzscheibe war bei einem am Abend der Frühjahrstag- und Nachtgleiche stattfindenden Volksfeste auf das Dach der Kirche des Klosters gefallen, und das Feuer griff rasch um sich und vernichtete die prächtige Kirche und einen großen Teil der Gebäude. Ihr Emporschnellen vertrieb die Wetterdämonen, half der Sonne und unterstützte das Wachstum. Wenn aber die Sonne auf ihre höchste Stelle kam und sich langsam wieder zum Abstieg wendete, rollte man brennende Reisigbüschel über die grünende Saat oder trieb mit Stroh umflochtene und dann angezündete Räder die Anhöhe hinab in die Felder und in den Fluß. Das heilige Feuer selbst, der Umlauf mit Fackeln, das Scheibenschlagen, die Umwälzung eines brennenden Rades bildeten also einen Teil des deutschen Frühlingsfestes; aber während das Aufwärtsschleudern der feurigen Scheiben beim Frühlingsfest im März ein Symbol der aufwärts steigenden Sonnenbahn ist, galt das abwärts gerollte Rad zu Johanni als Symbol der abwärts steigenden Sonne.

Von besonderer Bedeutung waren die Frühlingsfeuer und die dabei geschlagenen Scheiben noch für Liebespaare und junge Eheleute. Im Frühjahr oder zur Sommersonnenwende fand auch ein Brunnenfest statt. Ihm ging die Reinigung der Quellen als Einleitung in der Nacht vor dem Festtage voran.

Zu der Zeit, wo ein heftiger Hagelschauer, ein Hochgewitter die schönsten Hoffnungen des Landmanns auf eine reiche Ernte zu vernichten drohte, wurden zum Frommen des Viehbestandes der Hirten die Johannis-Notfeuer angezündet. Das Fest der Sommersonnenwende, die hochheilige Zeit der blühenden und reifenden Natur hatte also eine ungemein hohe Bedeutung; die Dorfgemeinde, die sich aus Hirten und Ackerbauern zusammensetzte, beging dann das wichtigste und größte Sühn- und Bittopfer des ganzen Jahres.

Das große Gemeindeerntedankopfer im Herbste (Oktober oder November) wurde zu Anfang des Winters gefeiert. Finsternis und Kälte galten als die Keimzeit des warmen, lichten Lebens.

Die Sonnenwende im Winter war, wie die im Sommer, eine hochheilige Zeit der Germanen und erhielt ihre Bedeutung namentlich dadurch, daß von hier das Aufwachen des erstorbenen Naturlebens beginnt. Die Zeit der Zwölften, der Unternächte, wie sie im Vogtländischen heißen, weil sie zwischen Weihnachten und Epiphanias liegen, ist auch die Zeit, wo die Tage wieder länger werden, und die Hoffnung des kommenden Sommers, seiner Sonne und der langen, hellen Tage wieder wach wird, die frohe Zeit des wiedergeborenen Lichtes. Es ist wenig wahrscheinlich, daß Julfest (an. Jól, Júl, engl. Geól; Jul in Pommern scheint aus Schweden oder Dänemark eingeführt zu sein) eine gemeingermanische Benennung für das große Jahresfest im Mittwinter war. Die Etymologie des Wortes ist dunkel. Forscher, die es als Fest der wiederkehrenden Sonne auffassen, bringen es mit ags. hveól, engl. wheel, fries. yule, an. hvel = Rad zusammen und denken an die Sonnenräder; andere deuten es als das »fröhliche, lustige« (lat. joculus) oder das »Schlachtfest« (lat. jugulare), noch andere als die »dunkle Zeit«, im Gegensatz zu »Ostern«, der »hellen oder aufleuchtenden Zeit«. Weihnachten war vor allem den chthonischen Gottheiten heilig, die im Schoße der Erde das Wachstum der Saat, der Felder und der Wiesen fördern. Holda, Perchta, aber auch Wodan in seiner ältesten Gestalt waren chthonische Gottheiten; Wodan, der Herr der Unterwelt, der Nacht und des Todes, war auch Erntegott. Darum treiben noch heute im Volksglauben zur Zeit der winterlichen Sonnenwende vor allem Wodan, Holda und Perchta ihr Wesen. Sie dachte man sich zur Zeit der zwölf Nächte wieder in ihr Land einziehend. Darum heißt es von Wodan und Frija geradezu, sie zögen besonders in den Zwölften. Ahnung und Weissagung lag über der ganzen Zeit, jeder Tag war bedeutungsvoll, und in das Dunkel der Zukunft suchte man durch Zauber und Losspiele zu dringen. Noch heute knüpft an diese Tage zahlreicher Aberglaube, der sich wie in der Vorzeit mit den beiden ursprünglichsten Fragen des menschlichen Lebens beschäftigt, dem Vorwärtskommen im Besitz und dem Finden einer passenden Ehehälfte. Nicht eine ausgelassene Festzeit also war es, sondern eine geheimnisvolle, geheimen Schauder erzeugende.

Es war eine Art Vorfrühlingsfest. Heilige Feuer flammten auf, Feuerräder rollten, und Fackellauf breitete die heilige Glut über die Felder aus. An der reinen Flamme des Wintersonnwendfeuers wurde das zuvor sorgfältig ausgelöschte Herdfeuer wieder entzündet. Schon im 12. Jahrhundert wird urkundlich im Münsterwalde die Sitte erwähnt, einen schweren Klotz aus Eichenholz, den Christblock, im Feuerherde einzugraben; wenn das Herdfeuer in Glut kommt, glimmt dieser Klotz mit, doch ist er so angebracht, daß er kaum in Jahresfrist verkohlt. Sein Rest wird bei der Neuanlage sorgfältig herausgenommen, zu Staub gestoßen und auf die Felder gestreut: das soll die Fruchtbarkeit der Jahresernte befördern. Während im Johannisfeuer ein Baum ganz verbrannt wird als Bild der versengenden, Laub und Gras verzehrenden Glut des Hochsommers, wird der Baum im Weihnachtsfeuer nur angekohlt, ein Bild der mit Mittwinter beginnenden, langsam Blätter, Blüten und Früchte hervorbringenden Sonnenkraft.

Wie sich die Hirtenopfer mit den Bauernopfern zu einer gemeinsamen Feier verschmolzen, so gingen aus den Gemeindeopfern zur Wintersonnenwende, zu Frühlingsanfang, zur Sommersonnenwende und im Herbst die großen Volksopfer hervor, wo die zerstreut wohnenden Mitglieder der

Landesgemeinde zusammenkamen, der mitanwesenden, mitfeiernden Götter gedachten, Gericht hielten und tausch-, kauf- und verkauflustig ihre Ware ausstellten. Aus Opfer mit Schmaus und Tanz, Markt, aber auch zugleich aus Gericht, Waffenmusterung und Beratung über bevorstehende Feldzüge, Gelöbnissen liebender Paare aus fremden Gemeinden bestanden die großen altgermanischen Volksfeste.

5. Der Götterdienst im Staatsverband

Unter freiem Himmel oder unter dem Schutze eines großen heiligen Baumes tagte die Landgemeinde. Das germanische Wort Thing bezeichnet die öffentliche Versammlung, die Gerichtsstätte war zugleich Opferstätte und stand unter dem Schutze der Götter, vor allem des Tius, der darum den Beinamen Thingsus führte, aber auch des Donar und Wodan. Die Landgemeinde ist zugleich Heeresversammlung und dient zur Musterung der waffenfähigen Schar. Sie entscheidet über Ackerverteilung, Krieg und Frieden, über Verbrechen, durch die man sich den ganzen Stamm und seine Götter zu Feinden macht, über Landesverrat, Übergang zum Feinde und Feigheit. Die Gerichtsstätte war von der Umgebung durch einfriedende Haseln ausgeschieden. Die Hasel war dem Gott des Waffen- und Rechtsstreites Tius heilig, mit ihr wurde der zur Walstatt wie zum Thing bestimmte Platz eingehegt. Die Haselung war das äußere Zeichen der Weihung des Feldes, der Übergabe in den Schutz des großen Himmelsgottes. Die Stecken wurden durch heilige Bänder verbunden, und der Priester vollzog dann die Heiligung der Stätte.

Nach feierlichem Eingangsopfer, wobei in der Regel Menschenblut floß, forderte der vorsitzende Richter den Priester auf, die Lose zu fragen, ob die Beratung den Göttern genehm sei, und ließ durch ihn feststellen, ob die Förmlichkeiten der

Einhegung gehörig erfüllt seien. Darauf gebot der Priester im Namen des Gottes, dem das Thing geheiligt war, Stillschweigen und verkündete den Thingfrieden. Die Schweigen auferlegende Opferformel, die in Rom favete linguis lautete, war: ich gebiete Lust und verbiete Unlust (as. hlust zu ahd. hlosên, bayr. losen = lauschen, zuhören).

Nach CÄSAR und TACITUS sprechen die Häuptlinge das Recht, aber die Strafe erteilt im Namen der Gottheit der Priester, er vollstreckt körperliche Züchtigungen und die Todesstrafe, aber nicht eigentlich zur Strafe, noch auf Befehl des Häuptlings, sondern auf der Gottheit Geheiß. Die Todesstrafe hatte also sakralen Charakter, sie war ein Opfer. Gewalttaten gegen einzelne, Raub, Körperverletzung, selbst Mord konnten als leichtere »Verschuldungen« durch Übereinkunft mit einer Anzahl von Pferden, Rindern oder Schafen gebüßt werden; aber staatsgefährliche und entehrende Verbrecher, die die ewigen unverbrüchlichen Gesetze der Gemeinde- und Familienordnung verletzt, die sich damit als Feind der Götter und des Volkes gezeigt hatten, wurden mit dem Tode bestraft. Verräter und Überläufer wurden mit einem Weidenstrang erdrosselt und an laublosen, dürren Bäumen oder an Galgen aufgehängt. Dieselbe Strafe traf Kriegsgefangene, oder sie wurden in Gruben lebendig begraben oder am Altar geschlachtet oder verbrannt. Feiglinge, Kriegsflüchtige und Unzüchtige wurden in Moor und Sumpf versenkt und Flechtwerk darüber geworfen. Tempelschänder wurden bei den Friesen ertränkt. Die Franken pflegten einen rückfälligen Dieb den Göttern zu opfern.

Die zweite Art, Verbrecher zu bestrafen, erscheint auf den ersten Blick weniger grausam, war aber nicht minder furchtbar. Nicht der Mensch selbst vergriff sich an ihm (in der Regel vergönnte man dem Verurteilten Zeit zur Flucht), er bestimmte nur im Namen der Gottheit das Urteil und überließ den strafenden Göttern, wie sie Sühne für begangene Missetat nehmen wollten. Das heilige Gericht, das die Friedlosigkeit ausgesprochen hatte, sollte nicht entweiht werden. Ein Wunder war es, wenn der Verfehmte in den Wäldern sein verlorenes Leben nicht sofort einbüßte. So war die Friedlosigkeit geradezu ein Todesurteil. Auf feiger Heeresflucht stand nicht immer unmittelbare Todesstrafe, TACITUS erwähnt auch, daß den Schandbeladenen, die den Schild verloren und dadurch die allergrößte Schmach begangen hatten, verwehrt war, bei den Opfern zu erscheinen oder in die Volksversammlung zu kommen; viele hätten daher, obwohl sie dem Kriege entronnen wären, solcher Ehrlosigkeit durch den Strick ein Ende gemacht. Zwar nennt TACITUS in der »Germania« die Friedlosigkeit und Verfehmung der Ausreißer nicht, aber nur diese Strafe kann gemeint sein. Der schändliche Mann, der den Frieden verwirkt hat, heißt noch im Gesetze des Frankenkönigs CHILPERICH: ein Mensch, der durch die Wälder irrt. Eine gemeinsame Bezeichnung des Friedlosen war warc, warg: der Würger, der Wolf. Dem Dichter des »Heliand« ist der Verräter Judas, der sich entleibt, warag. Der Friedlose soll wolfsfrei sein, wie der Wolf als allgemeiner Feind von jedermann erschlagen werden kann und soll.

Friedlosigkeit traf besonders den, der gegen die eigene Familie gefrevelt, sich gegen den heiligen Frieden der Sippe vergangen hatte. Die Stiftung der heiligsten Gemeinschaft, des Blutsverbandes der Familie war das Werk der Götter, ihre Verletzung daher ein Religionsfrevel. Ein Verbrecher, der den Göttern selbst zur Bestrafung preisgegeben wurde, konnte nur durch sie selbst wieder begnadigt werden. Vielleicht galt seine Freveltat als gebüßt, wenn er neun Jahre das Elend der Wildnis überstanden hatte.

Der Gründer der Familie, wie der Schutzherr der Lebensordnung, war Tius, gegen seine ewigen Satzungen hatte sich der Friedensstörer vergangen, in seinem heiligen Walde kam man zusammen, im Gotteswalde sollte er, friedlos gelegt, sein elendes, gehetztes Leben führen, die feierliche Thingstätte des Tius war auch die grausigste Opferstätte.

Dem Opferakte ging die Anwendung eines Gottesurteils, eines Ordals voraus (ags. ordal = Urteil). Die allwissenden Götter, denen nichts verborgen ist, offenbarten ihre Macht auch bei gewissen heiligen Handlungen: man befragte das Los und den Kriegsgott im Zweikampfe. Der Kriegsgott Tius war zugleich Gott des Gerichtes, von seinem Willen hing der Ausgang des Kampfes ab.

Nach bayerischem Rechte werden die Kämpen vor Beginn des Ordals den Parteien durchs Los zugewiesen. War der Verbrecher bereits überführt, so suchte man den Willen der Götter zu erkunden, ob der Verbrecher oder der gefangene Feind ihnen genehm sei.

Fielen die Lose zugunsten des Verbrechers, oder bestand er unversehrt das Gottesurteil, so verkaufte man ihn in die Knechtschaft oder trieb ihn außer Landes. War das Ergebnis des Ordals ungünstig, so war die Tötung zur Erfüllung des göttlichen Willens und konnte nicht die unmittelbare Vollziehung eines auf Todesstrafe lautenden Urteils sein.

Auch beim Ablegen des Eides wurden die Götter zu Zeugen angerufen. Ursprünglich ist der Eid ein Fluch, den man für den Fall des Meineids gegen sich selbst ausspricht, ein Zauber, den man gegen sich selbst herbeiruft. Man berührt dabei sich selbst oder einen Gegenstand, in dem Gedanken, daß das Berührte, wenn man falsch schwört, dem Verderben ausgesetzt sei oder Verderben bringen solle. Als man aber die Götter als ethische Persönlichkeiten verehrte, als Hüter ewiger Wahrheit, rief man sie zu Zeugen oder Vollstrecker des Eides an und rief die göttliche Vergeltung auf sein Haupt herab. Der älteste Eid ist der Waffeneid, dann der Vieheid.

Auch bei den Germanen nahm die ursprünglich rein religiöse Vereinigung der Sakralverbände politischen Charakter an. Der gemeinsame Hauptkult hielt die verschiedenen kleinen Staaten zusammen. Sie verehrten eine Stammesgottheit, von der sie abzustammen glaubten, den Gott sahen sie als den Vater und Gründer ihres Geschlechtes an, die Göttin als ihre Mutter. Einem Stamme ward die Pflege und Bewachung des Bundestempels anvertraut, hier strömten sie alljährlich zusammen und erneuerten bei blutigem Opfer ihre Zusammengehörigkeit.

Wie es einen Gott geben mußte, zu dem die Kultverbände gemeinsam aufsahen, und eine Opferstätte, groß genug, die zahllosen Scharen zu fassen, so muß es einen bestimmten Leiter gegeben haben. Er wird aus dem Stamme genommen sein, der das Bundesheiligtum unter seiner Obhut hatte, er wird priesterliche, richterliche und weltliche Macht in sich vereint haben, also dem vornehmsten Adelsgeschlechte entstammt sein.

6. Der Götterdienst im täglichen Leben

Religiöse Gebräuche begleiteten das Leben unserer Vorfahren vom Augenblicke der Geburt an bis zur Todesstunde. Fühlte die junge Mutter die schwere Stunde herannahen, so rief sie die Schicksalsfrauen um gnädigen Beistand an. Das kaum geborene, schwache und hilflose Kind war mit der Mutter vor allem den Angriffen der nächtlichen Unholde ausgesetzt. Gegen die Hexen, Druden, Maren und Elbe, die das Kind zu rauben oder gegen einen Wechselbalg zu vertauschen suchen, brannte nachts das abwehrende Feuer. In die Wiege wurde zum Schutze gegen Unheil ein Runenzauber eingeritzt; in Süddeutschland malt man noch heute den Drudenfuß gegen die Hexen daran. Um das kleine Wesen vor dem Alp zu sichern, forderte man ihn in Beschwörungsformeln auf, den Sand, die Sterne, alle Wege zu zählen, oder man stellte einen Kessel siedenden Wassers neben das Lager. In der Hand der geheimnisvollen Schicksalsfrauen lag es, ob das Kind wirklich ein Mensch werden oder die Fähigkeit der Seele behalten sollte, den Körper nach Belieben zu verlassen und zu wandeln. Darum stellte man Speise und Trank für sie auf den Tisch, um sie gastlich zu bewirten.

Vom Willen des Vaters hing es ab, ob das neugeborene Kind in die Familie aufgenommen oder ausgesetzt werden sollte. Die Angaben des TACITUS, daß es als Schandtat gälte, die Zahl der Kinder zu beschränken oder eins der nachgeborenen zu töten, ist nur zum Teil richtig.

Die Großmutter des heiligen LIUDGER wollte ihre Enkelin töten, weil ihre Tochter nur Mädchen, keine Söhne hatte. Sie befahl, daß die Tötung erfolge, bevor das Kind Milch von der Mutter genossen hätte; denn solange ein Kind noch keine irdische Speise berührt hatte, war sein Tod gestattet. Der damit beauftragte Sklave brachte das Mädchen zu einer Wanne, um es darin zu ertränken; aber durch Gottes Erbarmen hielt es sich mit seinen Ärmchen am Rande der Wanne über Wasser, bis ein aus der Nachbarschaft hinzukommendes Weib es den Händen des Sklaven entriß, in ihr Haus brachte und ihm Honig einflößte. Die rasende Großmutter schickte Gerichtsdiener nach dem Kinde in das Haus der mitleidigen Frau, aber sie sagte ihnen, das Kind hätte bereits Honig genossen und zeigte ihnen dessen Lippen. Nach heidnischem Brauche war es nun nicht mehr gestattet, das Kind zu töten. Aber erst nach dem Tode der wütenden Großmutter konnte die Mutter ihr Kind zu sich nehmen.

Der entscheidende Akt, durch den ein Kind völlig zu seinem Rechte kam und als Person anerkannt wurde, war die Namensgebung. Von der Zeit an, wo dem Kinde ein Name beigelegt war, galt Aussetzung als unerlaubt. Die Namensgebung pflegte binnen neun Nächten nach der Geburt zu erfolgen und war schon in heidnischer Zeit bei allen Germanen mit Wassertauche oder Wasserbegießung verbunden. Von da an trat das Kind in sein volles Wergeld ein, während es vorher nur durch ein halbes Wergeld geschützt war. Der Volksscherz von den blinden Hessen oder Schwaben bewahrt noch eine Erinnerung an die alte Rechtsordnung, die den Neugeborenen bis zu dieser Frist dem Ungeborenen gleichstellte. Vermutlich ward das Kind bei der mit der Wasserweihe verbundenen Namensgebung mit dem Hammer, dem Symbole Donars, geweiht. Die langobardische Sage, daß Wodan auf Freas Geheiß, weil er ihnen den Namen Langbärte gegeben habe, ihnen als Namensgeschenk den Sieg verliehen habe, zeigt, daß ein Geschenk der Namensgebung folgen mußte. Der Hausvater verrichtete selbst die Taufe des Neugeborenen; erst durch sie wurde die Körperlichkeit des jungen Menschen befestigt.

Schon ARISTOTELES kennt bei vielen Barbaren die Sitte, die Neugeborenen in kaltes, fließendes Wasser unterzutauchen, und der Arzt GALENUS im 2. Jahrhundert sagt ausdrücklich, daß die entsetzliche Sitte, die Neugeborenen, heiß vom Mutterleibe wie glühendes Eisen in kaltes Flußwasser zu tauchen, bei den Germanen herrsche. Aus dem 4. Jahrhundert stammt die griechische Fabel, daß der Rhein den nordischen Barbaren zur Kinderprobe diene, weil er die unechten sinken lasse. Der alte Name für die Wasserweihe war daupjan tauchen; WULFILA übersetzt damit die christliche Taufe. Auch die Westgermanen behielten dôpjan, toufan dafür nach ihrer Bekehrung und ließen es durch kein kirchliches Wort verdrängen, wie bei andern heiligen Handlungen. Als der getaufte Sohn des Frankenkönigs CHLODWICH stirbt, ruft dieser: »Wäre der Knabe im Namen meiner Götter getauft gewesen, gewiß lebte er noch; aber er konnte nicht leben, weil er im Namen eures Gottes getauft ist!« Die christliche Taufe übt also nach der Ansicht des Heiden nicht die der heidnischen Weihung zustehende Kraft, des Kindes Körperlichkeit zu festigen. Die Kirche sah daher in der heidnischen Taufe einen gefährlichen Nebenbuhler und ein teuflisches Werk.

BONIFATIUS schreibt 732, die von den Heiden Getauften müssen von neuem im Namen der heiligen Dreieinigkeit getauft werden. Wenn eine von Heiden vollzogene Taufe (d.h. die germanische Wasserbegießung) für ungültig erklärt wird, muß sie also bestanden haben.

In den Namen, der dem Kinde gegeben wurde, legte man die Fähigkeiten und Charakterzüge hinein, durch die es sich, erwachsen, nach dem frommen Wunsche des Gebers auszeichnen sollte: er sollte das ideale Vorbild sein, dem das Kind nachstreben sollte. War es der Name eines Gottes, so sollen dessen Taten und Empfindungen Muster und Beispiel werden. Zugleich sollte dadurch ein gewisses Schutzverhältnis zwischen dem Gott und dem seinen Namen tragenden Menschen erfleht werden. Mit Wodan, Donar, Balder zusammengesetzte Eigennamen finden sich wiederholt für deutsche Männer, selbst als einfache menschliche Namen kommen sie vor. In Answalt, Oswald, Ansgar, Reginbirin (Kind der ratenden Götter) sind die alten Bezeichnungen der Gottheit, in alb, hûn, thurs, Mimi sind dämonische Namen enthalten; auf die den kriegerischen Gottheiten geweihten Tiere weisen arn, hraban, swan, ebur und wolf. Bei den Frauen überwiegen in der ältesten Zeit Walkürennamen. Aber auch nach den Wald- und Wasserfrauen und den Elbinnen ward das Mädchen benannt. Häufig deutet der Name auf priesterliche Tätigkeit hin, auf die Heiligtümer: alah, wih, die Opfer: gelt (gildi), auf Zauber und Weissagung: rûn.

Trat der Sohn aus der Gewalt des Vaters heraus, so schnitt ihm der Vater, der dabei wieder Priesterdienste verrichtete, das Bart- oder Haupthaar ab: das Haar, das Symbol der Fruchtbarkeit, war der Gottheit des Wachstums geweiht, oder es war ein stellvertretendes Opfer für den Menschen selbst.

Die frohen Zeiten der erwachenden Natur sind auch die Feste der Liebe. Alter Brauch am 1. Mai war es, daß das Mädchen den Hut des Geliebten mit grünen Blumen schmückte, und daß der Bursche ihr einen Maien, das Zeichen der Frühlingsgottheit, vor der Tür aufpflanzte. Durch das Oster- und Johannisfeuer sprangen die jungen Paare, um Segen für den Besitz und für sich selbst zu erlangen. Bei dem Scheibenschlagen warfen die Burschen das brennende Rad zugunsten der Erkorenen. Zur Wintersonnenwende befragte man nach uralter Sitte das Schicksal nach dem Geliebten oder schaute nach dem künftigen Gatten.

Hochzeit, hôhe zît, hieß der festliche Tag der Heirat. Die Hilfe der Götter wurde für das junge Paar erfleht, heilige Gebräuche weihten ihn ein. An dem heiligen Tage des Gottes, unter dessen besondere Huld man die Ehe stellen wollte, ward die Hochzeit begangen.

Am Tage zuvor wurde die Braut durch ein reinigendes Bad entsühnt, um die feindlichen Geister abzuwehren, sie gegen den Zorn der göttlichen Mächte zu schützen und ihr deren Gunst zu sichern. Auch ein Sühneopfer wurde dargebracht; der dem Donar heilige Bock wurde geschlachtet und mit seinem Blut die Braut besprengt. Auch die Verhüllung der Braut weist auf alten Opferdienst für die unterirdischen, Fruchtbarkeit spendenden Mächte. Ein zwar aus älteren Quellen nicht belegter, aber uralter Brauch war, am Vorabend der Hochzeit, an dem sogenannten Polterabend, allerlei Geschirr zu zertrümmern: die schädlichen Unholde sollten durch den Lärm vertrieben werden.

Als Herdgott und Schutzgott des Hauses wurde der Gewittergott Donar besonders angerufen. Das junge Paar umwandelte dreimal den Herd, auf dem ein frisches Feuer angezündet war; hier brachte die Neuvermählte auch den Hausgeistern ein Opfer dar. Auf der hochzeitlichen Tafel fehlte auch des Wettergottes heiliges Tier, der Brauthahn, nicht. In feierlichem Gebete lud man die Gottheit zum Hochzeitsmahl ein; in der ältesten Zeit genossen die Ahnen, die Hausgeister, die hauptsächlichste Verehrung bei der

Vermählungsfeier, für sie und neben ihnen traten später die himmlischen Götter als anbetungswürdige Vorbilder der Feiernden oder als Festteilnehmer und Ehrengäste ein. Besonders dachte man sich die Schicksalsfrauen bei der Hochzeit weilend.

Tanz und Spiele gehörten zu den alten religiösen Festen, auch bei der Hochzeitsfeier fehlten sie nicht. Die Festgenossen begleiteten den Brautzug wie eine feierliche Prozession, Männer kleideten sich wie Frauen und umgekehrt, schwärzten die Gesichter und stellten allerlei Tiergestalten dar, um die feindlichen Dämonen zu schrecken, aber auch aus ehrfurchtsvoller Scheu. Lieder erklangen, und selbst kleine dramatische Szenen fehlten nicht. Der Auszug zur Einholung der Braut wurde oft als wildes Wettreiten ausgeführt. Oder die geladenen Gäste begannen nach uraltem, heiligem Brauche barfüßig den Lauf. Aber auch Braut und Bräutigam unternahmen den Wettlauf, die Braut bekam einen Vorsprung, und am Ziele der Bahn wurde ihr der Kranz abgenommen. Auch Siegfried erringt für Gunther im Wettlaufe die Walkürenbraut. Als der schnellste und siegreichste unter allen Göttern wurde Wodan zum Beistand des Bewerbers angerufen; aber die göttliche Weihe der Vermählung erfolgte durch Donar. Selbst das sühnende Feuer fehlte bei der Hochzeit nicht. Wie beim Frühlings- und Mittsommerfest wurde nach vollzogener Vermählung ein mit Stroh umwundenes Rad angezündet, die Gäste tanzten um das Feuer, und das junge Paar sprang über die heilige Lohe.

Mit den neuen Pflichten und Rechten, die der junge Hausvater übernommen hatte, verband sich für ihn die selbständige Ausführung der religiösen Gebräuche. Er vollzog fortan die Losungen und Gebete für sein Haus, brachte kleine Opferspenden und Gelübde an Bäumen, Felsen, Quellen, den Gräbern der Verstorbenen dar, beging den Wechsel der Jahreszeiten nach altem heiligem Brauche, ließ Feuer auf den

Bergen auflodern und in feierlichem Umzuge ein Götterbild um das Feld tragen, versäumte nicht die täglichen Opfer für die Hausgötter und Hausgeister und brachte abwehrende Opfer bei der Erkrankung einzelner Stücke der Herde, Bittopfer bei der Bestellung der Äcker, Dankopfer bei der Ernte. Bei den religiösen Gebräuchen des einzelnen hat sich der Seelenkult am längsten erhalten, aber die großen Götter des Volkes wurden keineswegs vernachlässigt. Nur waren seine Opfer naturgemäß ärmlicher und dürftiger als die großen Gemeindeopfer, deren Vorstufe sie sind. Nur geringe Gabe an Brot, Körnern und Eiern konnte der einzelne den Göttern darbringen, bescheiden war das anschließende Opfermahl; Rosse, Rinder, Schweine und Böcke mußte er sich versagen, selbst Gänse und Hühner werden kaum geopfert sein. Bilder der höheren Götter waren gleichfalls nicht im einzelnen Hofe anzutreffen. Es sind Bilder von Haus- und Herdgöttern, Geistern und ähnlichen Wesen, die sich der einzelne zu privatem Gebrauch zu Hause anfertigte. Schon der geringwertige Stoff, aus dem sie bestanden, und ihre gewiß kunstlose Form zeigen, daß ihre Herstellung und Anschaffung auch dem einfachsten und ärmsten Manne möglich war. Am Herde werden sie ihren Platz gehabt haben.

Geburt, Leben und Tod standen in der Hand der höheren Mächte. Der Tod war das Werk der Schicksalsgöttin, der Wurd, die nicht weiterhin auf dieser Welt Wonne genießen läßt. In den Schoß der mütterlichen Erde, dem alles Sein entsproß, kehrte der Mensch zurück. Der Sterbende, der Tote wurde gewaschen, die Leiche und der Sarg mit Weihwasser besprengt. Durch das Weihwasser reinigte man den Verstorbenen von schweren Sünden und versöhnte die Götter. Neun Tage währte die dem Totenkulte gewidmete Sühn- und Trauerzeit, sie schloß am neunten Tage mit einem Opfer, das den unterirdischen Gottheiten galt. Zugleich reinigten sich auch die Hinterbliebenen von der Befleckung durch den Toten. Zu dem Totenmahle lud man die Seele des Abgeschiedenen ein; was bei dem Schmause gegessen und getrunken wurde, kam dem Toten »zugute«.

Kurz darauf erfolgte der Antritt des Erbes. Zwar wird ein feierliches Opfer für die mächtigen Gottheiten nicht gefehlt haben, die Haus und Hof, Feld und Flur, Wald und Weide schirmen, aber das Erbbier hielt man vor dem leeren Hochsitze des Verstorbenen, trank des Toten Minne, und der Haupterbe nahm den Ehrensitz ein. Die Geister der Vorfahren weilten als Schutzgeister der Familie im heiligen Herdfeuer, und der Hausvater brachte ihnen täglich und zu bestimmten Zeiten Opfer dar. Alle Jahre am Todestage erschien die Seele wieder an der Grabstätte, um die vorgesetzte Speise als Opfer hinzunehmen. Bei jedem großen Opferfeste der Gemeinde trank man ihr Gedächtnis. Von seiten der Gemeinde oder der größeren Verbände wurde den Abgeschiedenen alle Jahre an dem großen Herbstfeste ein dreitägiges Totenfest gefeiert, wenn mit dem Ersterben der Vegetation die Seelen sich in das Innere der Erde zurückziehen. Zur Zeit der Wintersonnenwende, in den zwölf Nächten, wenn die Götter aus ihrem Schlummer erwachten, kamen auch die Seelen wieder hervor, und Speise und Trank setzte man für sie zurecht.

V VORSTELLUNGEN VOM ANFANG UND ENDE DER WELT

Die mythenbildende Kraft der Völker umspannt die ganze Welt, von ihrer nächsten Umgebung an bis hinauf zum Sternenzelt. Besonders zwei Gruppen dieser mythologischen Naturauffassung lassen sich unterscheiden, kosmogonische Sagen, die sich mit dem Entstehen der Welt, des Himmels und der Erde beschäftigen, und theogonische, die den Ursprung und die Entwicklung der Götter behandeln. Auf diesem volkstümlichen Grunde kann die Naturphilosophie der Denker und Weisen aufbauen; die Antwort aber, die das Volk suchte, konnte es nur auf religiös-poetischem Wege durch Mythen geben. Die Fragen über die in der Natur wirkenden Kräfte, nach dem Grunde der Bewegung der Himmelskörper, des Wechsels von Licht und Finsternis, Tag und Nacht, Sommer und Winter, über die Entstehung der Welt, der Götter und Menschen kehren bei allen Völkern wieder. Auch die Deutschen haben eine Kosmogonie gehabt oder wenigstens einzelne kosmogonische Gedanken entwickelt; aber ein kunstvoll zusammengesetztes System läßt sich bei ihnen nicht nachweisen.

1. Der Anfang der Welt

Die Deutschen rechneten in ältester Zeit nicht nach Tagen, sondern nach Nächten; vgl. Weihnachten, Fastnacht (Tag der Ausgelassenheit), die zwölf Nächte, d.h. die zwölf Tage von

Weihnachten bis zum 6. Januar, engl. sennight = acht Tage, engl. fortnight = vierzehn Tage. Ebenso galt der Winter als der Beginn der Zeit überhaupt. Diese Rechnung nach Nächten und Wintern hat mythologische Grundlage. Nach uralter, tiefer Auffassung ist Finsternis und Kälte die Keimzeit des lichten, warmen Lebens.

Es gab eine Zeit, wo noch nichts war, und mit der Verneinung der Hauptteile der Welt beginnt die deutsche Kosmogonie; weder die Erde mit Baum, Berg und Meer noch der Himmel mit Sonne und Mond waren vorhanden. Die Eingangsstrophe eines vermutlich heidnischen volkstümlichen Gedichtes von der Entstehung der Welt und der Menschen scheint uns in dem »Wessobrunner Gebet« erhalten zu sein. Doch muß nachdrücklich darauf aufmerksam gemacht werden, daß nach vielen Forschern alttestamentliche Gedanken den Inhalt des Gedichtes ausmachen. Auf der anderen Seite sollte man annehmen, daß, wenn eine Reihe von Versen in zwei räumlich und zeitlich weit auseinanderliegenden Gedichten fast wörtlich übereinstimmt, von einem Zufalle keine Rede sein kann. Das »Wessobrunner Gebet« lautet:

> Das erfuhr ich unter den Menschen als der Wunder größtes,
> Daß die Erde nicht war noch der Himmel darüber,
> Noch irgendein Baum noch Berg vorhanden war,
> Noch von Süden die Sonne schien,
> Noch der Mond leuchtete, noch das weite Meer.

Es ist der Anfang eines heidnischen sächsischen Liedes, das vom Anfange der Erde handelt und das uranfängliche chaotische Dunkel schildert. Mit ihm stimmt ziemlich genau ein isländisches, ebenfalls heidnisches Gedicht überein, das frühestens um die Mitte des 10. Jahrhunderts verfaßt sein kann (Völuspá 3, 5):

In der Urzeit
Da war nicht Kies noch Meer noch kalte Woge,
Nicht Erde gab es noch Oberhimmel,
Nur gähnende Kluft, doch Gras nirgends
[d.h. kein Boden, auf dem man stehen und sitzen konnte].
Nicht wußte die Sonne, wo sie Wohnung hatte,
Der Mond wußte nicht, welche Macht er hatte,
Die Sterne wußten nicht, welche Stätte sie hatten.

In beiden Gedichten kehrt die Vorstellung eines uranfänglichen Chaos wieder, und diese Übereinstimmung läßt auf eine gemeinsame Grundlage höchsten Altertums schließen. Im 8. Jahrhundert kannte der Bischof DANIEL VON WINCHESTER, der Freund des BONIFATIUS, heidnische rituale Erzählungen von einer germanischen Kosmogonie: Im Anfange gab es noch keine Götter, sie erwuchsen erst später aus der Welt.

Die Germanen stellten sich die anfängliche Leere als einen ungeheuren Schlund vor. Auch in der altsächsischen Genesis klagt Adam zu Eva: »Nun magst du sehen die schwarze Hölle gierig gähnen«, eine unzweifelhafte Anspielung an die gähnende Kluft. Die weitere Frage, wie aus diesem Nichts die Welt entstand, scheinen die Germanen in doppelter Weise beantwortet zu haben. Aus dem Gegensatz und der Bindung der einander entgegengesetzten Elemente des Feuers und des Wassers ging die Weltschöpfung hervor. Zwischen den Hermunduren und Chatten war über die heiligen Salzquellen Streit ausgebrochen. Die Veranlassung war weniger die Sucht, alles mit den Waffen auszumachen, als der angestammte Glaube, jene Stätten seien dem Himmel besonders nahe und das Gebet der Sterblichen werde von den Göttern nirgends so aus der Nähe vernommen, deshalb lasse die Huld der Götter in jenem Flusse, in jenen Wäldern das Salz entstehen; es bilde sich nicht wie bei anderen Stämmen, indem übergetretenes Meerwasser verdunste, sondern es entstünde durch den Kampf der einander widerstrebenden Elemente, des Feuers und des Wassers, indem das Wasser über einen brennenden Holzstoß gegossen würde. TACITUS will nicht seine eigene Meinung, sondern die religiöse Ansicht der Germanen darlegen. Aus der Vermischung von Kälte und Wärme, von Wasser und Feuer entsteht das Salz, der Urquell alles geistigen Lebens, und die Chatten und die Hermunduren hegten den religiösen Glauben, daß an diesen heiligen Orten fortwährend die Werkstätte jener elementarischen Weltschöpfung offen stünde.

Eine vorgeschrittenere Zeit aber machte die Götter zu Schöpfern der Welt. Die Königin CHRODICHILDE drang unaufhörlich in ihren Gatten, sich taufen zu lassen, und sagte: »Ohnmächtig sind die Götter, denen ihr dient, denn sie können sich und anderen nicht nützen, dieweil sie ein Gebilde aus Stein, Holz oder Erz sind. Tius und Wodan – wie weit reicht denn ihre Macht? Zauberkünste mochten ihnen zu Gebote stehen, aber die Macht einer Gottheit hatten sie nimmer.« CHLODWIG aber entgegnete: »Auf unser Götter Geheiß wird alles geschaffen und erzeugt, euer Gott ist augenscheinlich ein ohnmächtiges Wesen und was noch mehr ist, nicht einmal vom Stamme der Götter.« Solch ein umständlicher Bericht von Clodovechs Heidentum kaum 100 Jahre nach dem Ereignis und aus dem Munde eines unterrichteten Geistlichen wäre abgeschmackt, wenn ihm nicht Wahres zugrunde läge. Zweierlei geht für die Kosmogonie aus ihm hervor: Die Franken hatten eine Theogonie, nach der ein Gott vom andern unmittelbar abstammte, so daß der christliche Gott in ihr nicht unterzubringen war, und Tius und Wodan (wie die andern Götter) haben die Welt geschaffen und gezeugt.

Bevor BONIFATIUS die Mission in Ostfranken und Hessen begann, bat er seinen Freund DANIEL, Bischof von Winchester, um Auskunft, wie er den praktischen Missionsbetrieb einrichten müsse. DANIEL warnt ihn, zu niedrig von den Heiden zu denken; obwohl sie sich nur mit Erde und Himmel, der sichtbaren Welt, in ihren Spekulationen beschäftigten, wären sie doch sehr wohl imstande, sich auch das unbegrenzte All vorzustellen und die christliche Lehre mit Scheinbeweisen zu bekämpfen; man solle sie nicht verspotten und reizen, sondern ihnen ruhig und maßvoll gegenübertreten. DANIEL, der offenbar ein Meister in der Kunst der Dialektik ist, führt ihm ein System von Fragen vor, das auf die Vorstellungen der Heiden eingeht, sie mit biblischer Lehre widerlegt und ihnen die törichten Konsequenzen ihres Glaubens vorführt. Die Schrauben werden immer enger und enger gezogen, bis es zuletzt kein Entrinnen mehr gibt, und der im Disputieren wenig gewandte Germane mehr verwirrt als aufgereizt über das Unzulängliche seiner Vorstellungen errötet und einsieht, daß seine ritualen Erzählungen den Christen wohl bekannt sind. In den Antworten und Einwürfen, die Daniel auf die christlichen Fragen folgen läßt, muß also deutsches Heidentum enthalten sein, und zwar handelt es sich um die Vorstellungen vom Entstehen der Götter und der Welt. »Du mußt deine Fragen nach ihrem eigenen Glauben über die Genealogie ihrer auch noch so falschen Götter einrichten, heißt es in dem Briefe. Die heidnischen Deutschen glauben, daß ihre Götter nach Menschenart durch Umarmung von Mann und Frau erzeugt sind – mithin zeigst du ihnen, daß sie nicht Götter, sondern Menschen sind, und daß ihre Götter, da sie vorher nicht gewesen sind, einen Anfang haben müssen. Etwa seit dem Bestehen der Welt? Aber sie lehren im Gegenteile, daß die Welt, d.h. die Materie, von Anfang an vorhanden war, und daß auch ihre Götter erwachsen sind. Wer hat dann aber die Welt geschaffen? Dabei kannst du dich auf eins ihrer Lieder berufen, nach dem ihre Götter vor der Begründung des Weltalls nirgends einen Ort zum Verweilen oder Wohnen hatten. Bemühe dich besonders mit vielen Beweisen und Gründen den Glauben zu widerlegen, daß die Welt immer ohne Anfang existiert habe, und frage, um sie irre zu machen: wer vor der Geburt der Götter die Herrschaft über die Welt führte, und auf welche Weise sich die Götter die Welt unterwerfen konnten, die vor ihnen da war? woher, von wem und wann der erste Gott oder die erste Göttin eingesetzt oder erzeugt war? warum ihre Götter aufgehört haben, sich fortzupflanzen? wenn nicht, so muß ja die Zahl ihrer Götter bereits unendlich geworden sein. Zeige ihnen, daß sie ja gar nicht wissen können, wer unter so vielen und so großen Göttern der Mächtigste sei, und wie ängstlich sie fürchten müssen, bei einem Mächtigeren Anstoß zu erregen. Der Heide wird dir erwidern, daß er seinen Göttern alles zu verdanken habe, Glück und Ruhm, Wohlstand und Gesundheit. Laß dir dann sagen, ob sie etwa glücklicher seien als die Christen. Er wird weiter sagen: unsere Götter sind allmächtig, wohltätig und gerecht, sie belohnen die, die ihnen Opferspenden darbringen, und züchtigen ihre Verächter. Dann ist es Zeit, die Schlinge zuzuziehen. Frage sie, wie ein Gott allmächtig sein kann, der der Opfer bedarf, und wenn ihr Gott der Opfer nicht bedarf, so ist es ja überflüssig, ihn mit Gaben zu versöhnen. Die Ohnmacht und Ungerechtigkeit ihrer Götter geht daraus hervor, daß sie den Christen nichts anhaben können, die den Erdkreis von ihrer Verehrung zurückhalten und ihre Bilder zerstören, daß die Christen die fruchtbarsten und reichsten Länder haben, während sie den Heiden mit ihren Göttern die von Kälte starrenden Länder übriggelassen haben. Dann muß der Heide zugeben, daß der christliche Gott allein der wahre Gott ist, der eine, ewige, allmächtige, der Schöpfer Himmels und der Erde.« – Als positiver Gewinn ergibt sich erstens in betreff der deutschen Theogonie: es gab eine Zeit, wo die Götter noch nicht waren, sie sind erwachsen oder gezeugt wie Menschen und pflanzen sich wie diese durch Ehen mit Göttinnen fort; es gibt mächtigere und weniger bedeutende unter ihnen, alle aber sind den Menschen gegenüber allmächtig, wohltätig und gerecht. Die deutsche Kosmogonie lehrt zweitens eine ungeschaffene, seit Urbeginn vorhandene Materie und dehnt die Schöpfung nicht auf das Weltall aus, sondern schränkt sie auf Himmel und Erde ein. Das, wodurch sich die Götter um die urzeitliche, natürliche Welt verdient gemacht haben, ist der Segen der Kultur. Wenn auch die Götter später sind als die natürliche Welt des Organischen und Anorganischen, so haben sie doch erst die Welt wohnbar gemacht und eingerichtet. Sie stehen mithin nach germanischem Glauben nicht am Anfange der Schöpfung, sondern am Anfange der Geschichte.

Weiteren Aufschluß über die deutsche Theogonie im Zusammenhange mit der Anthropogonie gewährt TACITUS. Der Grundgedanke des schwierigen Kapitels ist durchweg die Autochthonie der Germanen. Denn 1. ein so rauhes Land können nur Autochthonen lieben, 2. die Göttermythen des Volkes selbst, enthalten einmal in mythischen Liedern und zweitens in noch vorhandenen mythisch entstandenen Völkernamen, weisen ausdrücklich auf erdgeborne Götter als Ahnen des Volkes hin; 3. der sich durchgängig selbst gleiche physische Typus der Germanen schließt das Vorhandensein nicht autochthoner Elemente aus. Am Niederrhein haben TACITUS oder seine Gewährsmänner uralte heilige Lieder gehört, in denen die Germanen den erdgeborenen Gott Tuisto und seinen Sohn Mannus als Stammväter und Gründer des Volkes feierten. Dem Mannus schrieben sie drei Söhne zu, nach deren Namen die Westgermanen benannt seien, und zwar die dem Ozeane zunächst wohnenden Ingwäonen, die in der Mitte Erminonen, die übrigen Istwäonen. Diese Theogonie oder Genealogie beginnt mit den ältesten Erinnerungen mythischen Denkens, hebt mit der unendlichen Fülle der göttlichen Macht an und verengert sich zu einem Mythos vom Ursprung und von der

Abkunft der deutschen Nation. Der ältesten mythischen Zeit war jede scharfe Grenzlinie fremd, namentlich zwischen Land- und Luftwesen. Himmel und Erde verschmolz für den Menschen der Urzeit ineinander. So ist Tuisto der Doppelte, Zwiefältige oder auch der Zwiegeschlechtige, Mann und Weib zugleich. Ebenso ist Nerthus, nach der grammatischen Form Maskulinum und Femininum, als Gottheit doppelgeschlechtig, ein Geschwisterpaar, das zugleich ein Ehepaar ist. Eine solche Vorstellung, die göttliche Zwitterwesen schafft und an die Möglichkeit des Geschlechts- und des Gestaltenwechsels glaubt, reicht natürlich in das fernste Altertum zurück. Tuisto hat die Erde zu seiner Mutter, mithin den Himmel zu seinem Vater. In Himmel und Erde waltet er als Gott, er verkörpert in sich das All, aber durchaus noch unpersönlich. Höher entwickeltes Denken mußte daran Anstoß nehmen. Die Westgermanen konnten sich ihren Gott nur in menschlicher Gestalt und Art, d.h. als Person, als Mensch vorstellen mit bestimmtem Geschlechte, mit geistigen, sittlichen und leiblichen Vorzügen. Mannus, der Sohn des Tuisto, d.h. der von Himmel und Erde Erzeugte, ist also eigentlich dasselbe göttliche Wesen, nur nach menschlichem Bilde vorgestellt; er ist nicht der Urmensch, der Erzeuger des Menschengeschlechtes, sondern, wie die Sprache lehrt, das »erinnernde, denkende« Wesen, die Vermenschlichung des Göttlichen überhaupt, die Gottheit bei ihrem geschichtlichen Eintritt ins menschliche Bewußtsein. In dem willkürlichen »sich erinnern« erkennen wir noch heute den letzten Unterschied von Mensch und Tier; mennisc der Mensch ist der adjektive Umlaut von Mannus. Damit war eine Spaltung der Gottheit Tuisto-Mannus verbunden, von der TACITUS nichts zu berichten weiß. Mannus konnte unmöglich noch Gott und Göttin in einer Person vorstellen. Nach allgemeiner Anschauung sind die Gottheiten, die die himmlischen Erscheinungen leiten und Wetter, Regen und Donner, Licht und Wärme senden, männlichen Geschlechtes, die Gottheiten aber, die aus der

Erde Fruchtbarkeit spenden, Göttinnen. So wurde der früher gemeinsame Machtbereich des Tuisto-Mannus auf einen Gott des leuchtenden Himmels und auf eine Göttin der mütterlichen Erde verteilt. Tiwaz nannten die Germanen der Urzeit den hohen Herrscher des Himmels, und Nerthus »die Männin« oder Frija »die Gattin« die fruchtbare Erdgöttin. Die Genealogie des TACITUS macht aber offenbar einen Sprung. Als nächstes Glied sollte man erwarten, daß vom allgemein Menschlichen zum Germanischen übergegangen würde. Anstatt aber zu sagen: der Sohn des Mannus ist Tiwaz-Tius, dieser ist der Urahn und Begründer der Deutschen, seine Gattin ist die Erdgöttin, gibt TACITUS sogleich die drei verschiedenen westgermanischen Beinamen des Tiwaz an, nach denen sich die drei Kultverbände nannten. Denn Ingwaz, Ermnaz, Istwaz – Ingwio, Irmino, Istwio sind nicht Söhne des Mannus, sondern Beinamen des großen Volksgottes, wie Nerthus, Nehalennia, Tanfana nur andere Bezeichnungen der Erdgöttin sind. – Mit Recht hat also TACITUS diesen theogonischen Mythos als einen Beweis für die Autochthonie der Germanen verwertet, denn dasselbe Volk, das sich im stolzen Gefühle seiner Würde und seines Adels vom obersten Gott ableitet, kann auch nur gemeint haben, die Erde, aus der der Zwitter und zwiefältige Gott entstand, sei die Erde der jetzigen Germanenheimat. Auch aus diesem Mythos geht hervor, daß die germanischen Götter nicht die Schöpfer des Alls waren, sondern nur die Lenker und Leiter der Geschicke des germanischen Volkes.

Liest man Tuisco = Tîwiskô (Sohn des Himmelsgottes Tiwaz und der Mutter Erde) und faßt man Mannus als »Urmenschen«, dann als Stammvater der Germanen auf, so erhält man die Genealogie Tiwaz–Tiwisko–Mannus–Maniskones (= Mannus-Nachkommen = Menschen), und die eigentlichsten Manniskones wären dann Ingwio, Istwio und Irmino.

Als der Himmelsgott Tiwaz die Jungfrau Sonne zur Gemahlin nahm, führte sie ausschließlich den Namen Frija. Eine neue folgenschwere Verschiebung trat ein, als der ehemalige Sturm- und Nachtgott Wodan den Tius entthronte und seine Herrschaft und seine Gattin an sich riß. Davon konnte TACITUS noch nichts berichten, weil sich diese Umwälzung erst zu seiner Zeit vollzog.

Uralt ist die Vorstellung des Himmels als eines Schädels. Schädel und Himmel sind ein Wort; die Germanen nannten den Schädel mit demselben Wort (an. heili Gehirn, fries. heila Kopf), mit dem die Griechen und Lateiner den Himmel benannten. Für beides erschien ihnen der Begriff der Wölbung charakteristisch, beide müssen ursprünglich gleich benannt gewesen sein. Nicht minder alt ist der Vergleich der See mit dem menschlichen Blut; denn Blut bedeutet eigentlich die »sprudelnde, schwellende Flüssigkeit«. Wie das volkstümliche mythische Denken sich die Bildung der Berge und Gewässer zurechtlegte, lehren die bayerischen Sagen vom Watzmann und ähnliche Riesengeschichten, wonach Hügel und Gewässer aus dem Körper und Blut eines erschlagenen Ungetüms entstanden sind. Was jetzt nur noch die Lokalsage berichtet, ist einst allgemeiner Volksglaube gewesen, daß nämlich die einzelnen Teile der Welt ursprünglich Bestandteile eines riesigen chaotischen Urwesens waren, das in menschlicher Gestalt vorgestellt wurde. Die ritualen Erzählungen, die Bischof DANIEL noch kannte, werden auch davon gehandelt haben. Die Kirche bildete diese Vorstellungen um und übertrug sie auf die Erschaffung des Menschen aus acht Teilen des Himmels und der Erde. Am reinsten sind sie im friesischen Emsigerrecht erhalten: »Adam wurde aus acht Stoffen geschaffen, das Gebein aus dem Stein, das Fleisch aus der Erde, das Blut aus dem Wasser, das Herz (die Seele) aus dem Wind, der Gedanke (das Gehirn) aus den Wolken, der Schweiß aus dem Tau, die Haare aus dem Gras, die Augen aus der Sonne. Dann blies Gott ihm den heiligen Geist ein und schuf Eva aus seiner Rippe, Adams Freundin.« Die Vorstellung, daß das Gehirn aus den Wolken, die Seele aus dem Wind, das Blut aus dem Wasser geschaffen sei, kann unmöglich biblischen Ursprungs sein. Kehren wir sie um, so haben wir die gemeingermanische Lehre von der Entstehung der Dinge. Wiederum ist die Übereinstimmung mit der nordischen Kosmogonie schlagend:

Aus des Urriesen Fleisch ward die Erde geschaffen,
  Aus dem Blute das brausende Meer,
Die Berge aus dem Gebein, die Bäume aus den Haaren,
  Aus dem Schädel das schimmernde Himmelsdach.
Doch aus seinen Wimpern schufen weise Götter
  Midgard dem Menschengeschlecht;
Aus dem Hirne endlich sind all die hartgesinnten
  Wetterwolken gemacht.

(»Grímnismól«)

2. Die Einrichtung der Welt

Die von den Menschen bewohnte Erde ist nach urgermanischer Auffassung in der Mitte der Welt gelegen. Da im Gotischen Midjungards, ahd. Mittilgart, as. Middilgard, ags. Middangeard, an. Miđgarđr den mittleren, eingehegten Raum bedeutet, herrschte bei allen Germanen dieselbe Vorstellung. Wald war ihnen die natürliche Grenze und Umgebung ihrer Niederlassungen und Gebiete; so war auch das Mittelgart überall von dichten Wäldern umgeben. Der gewölbte Himmel (ahd. ufhimil), wo die Götter herrschen, wo Wodan sein goldenes Haus hat, war die zweite Welt; die dritte war unterhalb der Erde gedacht. Dunstige schlammige Seen, Höhlengewässer und Brunnen galten als Eingang in die Unterwelt. Von gewissen Brunnen glaubt das Volk, daß sie der Eingang zur Hölle seien oder daß sie bis zur Hölle hinabgehen. Manche Brunnen heißen die Hölle. In dem Gedichte HEINRICH

DES GLEICHSNERS »Reinhart Fuchs« wird bei einer Äffung des Wolfes durch den Fuchs die Tiefe des Brunnens als das Himmelreich der Verstorbenen vorgespiegelt. In dem Märchen von Frau Holle ist der Brunnen der Einfahrtsschacht zur geheimnisvollen Unterwelt. Ein See bildet den Eingang zu dem unterirdischen Reiche der Nerthus. Das dem Wasser entsteigende Nebelgewühl schuf die Vorstellung einer neblichen Unterwelt. In dieser Wasser- und Nebelhölle hausen die Nebelsöhne, die Nibelungen. Im Innern der Erde ist der Aufenthaltsort der geschiedenen Seelen. Für die guten Seelen war die Unterwelt kein Strafort, sondern ein Freudenaufenthalt. Aber den Seelen der bösen Menschen wurde in der Unterwelt die verdiente Strafe zuteil. Es entspricht dem ausgebildeten Rechtssinn unserer Vorfahren, daß Verbrecher, die der irdischen Gerechtigkeit entgangen waren, nach dem Tode bestraft wurden. Nach deutscher Anschauung mußte der Übeltäter über eine ungeheuere, mit Dornen wie eine Hechel dicht besetzte Heide wandern und einen Fluß von unendlicher Länge und solcher Breite durchwandern, daß keines Hornes Schall hinüberreicht; eiserne Spitzen oder Schwerter ragen aus seinen Wellen hervor und zerfleischen den Leib. Die Germanen kannten also eine Wasserhölle, keine Feuerhölle. In heißen Ländern, wo alles nach Kühlung lechzt, ist glühende Hitze das Hauptmittel der Bestrafung; das Durchwaten grimmig kalter Ströme aber war in dem wasserreichen Germanien, wo es keine Brücken oder Fähren gab, außer der kurzen Sommerzeit wirklich eine Höllenqual. Nach den eiskalten, schneidenden Wogen, die wie Gift und Schwerter stachen, hießen Flüsse und Bäche in Deutschland Eitrâ, Eitraha, Eitarbach. Es ist weitverbreiteter Volksglaube, daß sich vor diesem Flusse eine Wiese ausbreitet, ein schönes lachendes Gefilde, worin Blumen und Früchte wachsen, die zum Pflücken einladen. Eine überaus breite und anmutige Linde erhebt sich in ihr, die über und über mit Schuhen behangen ist; mit den schützenden, ihm ins Grab mitgegebenen

Schuhen überschreitet der Tote den Fluß und die Moorumgebung. Im »Heliand« wird der Aufenthaltsort der Seligen, das Himmelreich auf schöne, aber ganz heidnische Weise, als »Waldwiese« (wang) bezeichnet: das Himmelreich die grüne Gottesaue, die Himmelsaue. Ebenso heißt im Angelsächsischen das Paradies die grünen Wohnsitze. Die »Paradiesauen« und die »himmlischen Gefilde« haben wir bis auf diesen Tag beibehalten, freilich oft nur als poetischen Schmuck.

Das Reich der Riesen war im hohen Norden gelegen. In die indogermanische Urzeit reicht die Vorstellung des Weltalls als eines ewig grünen Baumes zurück, mit einer Quelle am Fuße. Dieser mythische Baum hatte seine Abbilder im Kult. Auf Bergen und Höhen, wo heilige Bäume standen, flossen heilige Brunnen. Der Missionar Pommerns, Bischof OTTO VON BAMBERG, fand 1124 in Stettin eine große, vom Volke verehrte Eiche und unter ihr eine heilige Quelle, als Wohnung eines göttlichen Wesens. Im Schatten altverehrter Bäume fanden noch in später Zeit die Volksgerichte statt. Von der Irmensûl, die KARL DER GROSSE 772 zerstörte, heißt es ausdrücklich, daß sie »eine allgemeine Säule war, die gleichsam das All trägt«, und sie bestand aus einem unter freiem Himmel in die Höhe gerichteten, in die Erde eingegrabenen Baumstamme von bedeutender Größe. Man nimmt gewöhnlich an, daß dieser Weltenbaum sich aus einem Wolkengebilde entwickelt habe, dessen Zweige den ganzen Himmel bedeckten, oder aus dem Sonnenlichte, wie es sich mit der Morgenröte in den Wolken zu verzweigen beginnt. Aber die Erklärung dürfte weit einfacher und natürlicher sein. In der Urzeit schlug man seine Hütte unter einem laubreichen, schattenspendenden Baum auf, der so mitten in die Wohnung zu stehen kam: aus der altnordischen Wölsungen-Sage ist diese wundersame, stimmungsvolle Szenerie bekannt. Dieser Wohnungs-Baum wurde durch eine leicht verständliche und ganz natürliche Entwicklung zum allgemeinen Weltenbaume.

Für die Entstehung des ersten Menschen aus Bäumen fehlt jedes alte Zeugnis. Völlig abzuweisen ist die Meinung, daß die Worte des TACITUS, der »Ursprung der Erminonen ist vom Semnonenhaine ausgegangen«, die Herkunft der Semnonen aus Waldbäumen andeuten. Merkwürdig ist allerdings, daß unser Wort »Leute« mit got. liudan = wachsen zusammenhängt (vgl. pŏpulus = Volk und pōpulus = Pappel). Im 13. Jahrhundert brachte das älteste Zeugnis, GERVASIUS VON TILBURY, der zur wissenschaftlichen Unterhaltung des Hohenstaufen FRIEDRICH II. seine »Otia imperialia« verfaßte, den Namen Germanen mit lat. germinare = sprossen, knospen, keimen zusammen. In ROLLENHAGENS »Froschmäuselern« soll Achanes mit seinen Sachsen aus dem Harzfelsen im Walde bei einem Springbrunnen herangewachsen sein, und das bekannte Handwerksburschenlied läßt noch heute in Sachsen die schönen Mädchen auf den Bäumen wachsen. In Siebenbürgen werden die Kinder unter einem großen, dicken Baume im Walde hervorgegraben oder aus einem Brunnen hervorgezogen, der sich unter einem großen Baume befindet. In Ostfriesland kommen die Kinder aus einem alten hohlen Baume tief im großen Walde. Vom »Heiligen Baum« in Tirol werden die neugeborenen Kinder, besonders Knaben geholt, in Hessen von einer schönen, großen Linde.

3. Das Ende der Welt

Derselbe Fatalismus, der die germanischen Krieger jauchzend in das Wetter der Speere trieb, der den Losorakeln im häuslichen Leben wie im öffentlichen Kult eine solche Bedeutung beimaß, dehnte mit unheimlicher Konsequenz seine Anschauungen auch auf die Götter aus und faßte scharf und deutlich auch das letzte Schicksal der Welt und der Götter und die letzte Zukunft ins Auge. Wie der deutsche Mann kämpft und ringt und sich der Feinde erwehrt, so sind auch seine Götter in endlosem Streite gegen die finstern Mächte begriffen. Bei den Griechen lag der siegreiche Kampf der Olympier gegen die Titanen weit, weit in der Vergangenheit, der Germane dachte sich den letzten Kampf seiner Götter in der Zukunft, und nicht die Götter behaupten die Walstatt, sondern ihre Gegner. Und diese Anschauung von dem künftigen Weltuntergange kann in der germanischen Welt nur in Form einer Verkündigung und Prophezeiung verbreitet gewesen sein; weise Frauen vor allem und tiefsinnige Dichter werden sich von Anfang an ihrer angenommen und sie in Zusammenhang mit der Entstehung der Welt besungen haben. Es ist eine erschütternde Tragik ohnegleichen, daß ein Volk seine Götter verdammt, die es nach seinem Bilde geschaffen und zu seinen Idealen erhoben hatte, weil sie ihm nicht mehr genügten. Solange die gegenwärtigen Zeitläufte bestehen, solange wird Unrecht auf der Erde wie im Himmel geschehen; auf der Idee der Sühnung beruht die germanische Vorstellung des Weltuntergangs.

Mit der Vernichtung aller Dinge konnte das gewaltige Drama nicht abschließen, das uranfängliche Nichts konnte unmöglich wiederkehren. Schon bei den Germanen des ARIOVIST ist die Stärke des Unsterblichkeitsglaubens bezeugt; mutig und verwegen, die Wunden verachtend, gingen sie in den Tod, weil sie wußten, daß sie bei ihrem kriegerischen Himmelsgotte wieder auflebten. Der Glaube an eine Wiedergeburt war allgemein verbreitet: die Seele eines Verstorbenen konnte in einem neugeborenen Kinde wieder erscheinen. Wie jedem Tode neues Leben, folgt jeder Nacht neues Licht. Die Gewißheit des wiederkehrenden Lebens und Lichtes, die Zuversicht auf persönliche Fortdauer macht wahrscheinlich, daß nicht nur die Nord-, sondern auch die Südgermanen mit gleicher Sicherheit auf eine Erneuerung der Welt rechneten, und zwar stellten sie sich diese als eine Welt vor, die keine Finsternis und keinen Tod mehr kennt, in der ewiger Friede herrscht. Die tiefe Sehnsucht der Germanen nach einer reinen Friedenswelt bezeugt der Name Siegfried, d.h. »der Sieg und gefestigten Frieden besitzen soll«. Dem Christentum war durch sie der beste Boden vorbereitet. Das Christentum konnte mit der frohen Botschaft auftreten, der entzweiten Welt den ersehnten Frieden sogleich zu bringen. Eine Anknüpfung an die heidnischen Anschauungen und deren Läuterung, ein Weg innerer Bekehrung war damit gegeben, den einzuschlagen die Missionare nicht von sich weisen durften.

Die Vorstellung, daß Feuer und Lohe dereinst die Welt zerstören werde, ist uralt; sie muß entstanden sein, als noch die Kelten die unmittelbaren Nachbarn der Germanen waren. Denn STRABO oder wohl schon POSEIDONIOS wissen von den Galliern, daß nach ihrer Vorstellung einmal Feuer und Wasser die Oberhand bekommen würden. Da das den Weltuntergang durch Feuer bedeutende Wort durchaus germanisches Gepräge hat, ist es möglich, daß die Kelten diesen Glauben den Germanen entlehnt haben, sein hohes Alter ist dadurch gesichert. Dieses Wort heißt bei den Bayern im 8.–9. Jahrhundert mûspilli, bei den Sachsen mûdspelli, bei den Nordgermanen múspell. Im »Heliand« heißt es vom jüngsten Gericht: Mûdspelles Macht fährt über die Menschen, Mûtspelli kommt in düsterer Nacht. Der biblische Weltuntergang trägt also heidnischen Namen. In dem bayerischen Gedichte »Muspilli« heißt es: »Das hört ich sagen die weisesten Männer, daß der Antichrist wird mit Elias streiten. Wenn der Übeltäter [der Teufel] sich gewappnet hat, hebt an der Kampf. Die Kämpfer sind so tapfer, der Streit ist so groß. Elias streitet um das ewige Leben; er will den Frommen das Himmelreich sichern, und darum hilft ihm, der des Himmels waltet. Den beiden himmlischen Kämpfern Elias und Gott entspricht auf der feindlichen Seite der Antichrist und der Altfeind, der Satanas, der den Gott des Himmels besiegen will. Der Antichrist wird auf der Kampfstätte verwundet niederfallen und sieglos sein auf der Kriegsfahrt. Doch sind viele andere Gottesmänner auch der Ansicht, daß vielmehr Elias in dem Kampfe verwundet werde. Wenn das Blut des Elias auf die Erde träufelt, so entbrennen die Berge: Kein Baum bleibt mehr stehen auf der Erde, die Flüsse vertrocknen, das Meer verzehrt sich, es schwelt in Lohe der Himmel; der Mond fällt, Mittelgart brennt, kein Stein bleibt stehen. Dann fährt der Gerichtstag ins Land, er fährt daher mit dem Feuer, die Menschen heimzusuchen: dann kann kein Verwandter dem andern vor dem Mûspilli helfen. Wenn dann die breite Rasenfläche ganz verbrennt und Feuer und Wind sie ganz wegfegen, wo ist dann die Feldmark, um die man immer mit seinen Verwandten Streit führte?«

Dem Dichter schweben deutlich noch Züge des heidnischen Weltuntergangs vor. Nicht nur die Wörter Mittilagart und Mûspilli sind heidnisch, sondern das Betonen der Vernichtung durch die Flamme, der Umstand, daß durch das zur Erde triefende Blut des totwunden Elias alle Berge auflodern, daß der Mond herabstürzt und das Meer sich aufzehrt, ist biblischer Anschauung fremd und durchaus heidnisch. Ganz ebenso heißt es in der Edda: »Die Sonne wird schwarz, es sinkt die Erde ins Meer, vom Himmel fallen die heitern Sterne; Dampf tost und Feuer, zum Himmel leckt die heiße Lohe.«

Daß die Deutschen überhaupt den Glauben an einen Götterkampf und -untergang gehabt haben, darf man daraus schließen, daß für die Kelten und Nordgermanen ein großer Kampf der Götter und Riesen als gemeinsame Vorstellung erwiesen ist: beide Völker glaubten, daß beim Weltabschlusse die feindlichen Heere der Götter und Riesen auf einem bestimmten Kampfplatze zusammenstießen, daß dabei der Götterkönig durch den Riesenkönig gefällt, aber durch seinen Sohn gerächt wurde, und daß der stärkste Gott und sein riesischer Gegner einander zugleich töteten.

Von den vielen Versuchen, das rätselhafte Wort zu erklären, verdienen zwei Beachtung. Der zweite Teil bedeutet wohl Zersplitterung oder besser Zerspaltung. Mit »der mott« bezeichnet man noch heute in der Schweiz und im Elsaß das Ergebnis der Verbrennung von Rasen, Stoppeln und Gesträuch, wie sie im Herbst zur Düngung auf den Feldern stattfindet. Solche Feuer heißen noch heute Mott-, Muttfeuer. Mott bedeutet Kehricht oder Rasen, den man verbrennt, verbrannte Stoppeln und Stauden. In der Urzeit wurden zur Düngung der Felder Rasenstücke ausgehoben, wie sie nach der Brache vorhanden waren, dann mit den trockenen Stauden und Gesträuchen verbrannt und die Asche verstreut. Die Vegetation bot dem Feuer den eigentlichen Nährstoff. Auch im Muspilli entbrennen zuerst die Berge und die Bäume und dann die weite Rasenfläche, während das Sumpfland nicht mitbrennt, sondern nur sein Wasser verliert. Der Heide- und Waldbrand also, wie er sich aus den Feuern bei der Felddüngung leicht und oft entwickeln mochte, gab Anlaß zu der allgemein verbreiteten Vorstellung vom Weltende. Oder Muspilli wird als »Erdspaltung« aufgefaßt (mû = Erdhaufen, Hügel, vgl. ahd. muwerfo): dann wären vulkanische Eruptionen des Erdfeuers die Ursache des die Erde überflutenden Feuermeeres.

Spuren dieses Mythos finden sich vielleicht auch in der altsächsischen Genesis. Fünfzehn Verse geben zwei Verse aus 1. Mose 19 wieder:

> Der Tag brach an.
> Da erhob sich gewaltig Getöse und drang bis
> zum Himmel,
> Ein Brechen und Bersten; der Burgen jegliche
> Füllte mit Rauch sich; vom Himmel fiel
> Unendliches Feuer; die Todgeweihten ächzten,
> Die leidigen Leute: die Lohe ergriff

All die breiten Burgsitze; alles zusammen brannte,
Stein und Erde, und mancher streitbare Mann
Kam um und sank hin: brennender Schwefel
Wallte durch die Wohnstätten, die Übeltäter erlitten
Lohn für ihre Leidtat. Das Land sank hinein,
Die Erde in den Abgrund; ganz Sodomreich
Ward vernichtet, so daß nichts mehr davon übrig ist,
Und so in das tote Meer verwandelt,
Wie es noch heute steht, mit Fluten erfüllt.

Die alten Vorstellungen vom Weltuntergange und von der Welterneuerung lebten noch während des Mittelalters fort und haben sich im Glauben des Volkes bis heute erhalten. Sobald die aus der Fremde eingeführte Sage von einem apokalyptischen Friedenskaiser in Deutschland anfing bekannt zu werden und sich auf Kaiser FRIEDRICH oder KARL DEN GROSSEN die Hoffnung übertragen hatte, er werde vor dem Ende aller Dinge noch einmal zum Heile seines Volkes wiederkehren, mußte die Kaisersage mit volkstümlichen und mythologischen Elementen ausgeschmückt werden. Denn Fremdes, Unverständliches kann nur dann Volkssage werden, wenn es mit verwandten heimischen Anschauungen zusammentrifft und verschmilzt. Der oberste Gott, als der Wodan galt, war in den Berg gezogen. Waffen, Harnische und Schwerter schmückten seine unterirdische Halle. Kaiser FRIEDRICH im Kyffhäuser war an Wodans Stelle getreten, und die gleiche Verschmelzung des apokalyptischen Kaisers mit dem höchsten Gotte des deutschen Heidentums fand am Untersberg und in Kaiserslautern statt. Auf dem Walserfelde bei Salzburg oder auf dem Kirchhofe zu Nortorf in Holstein wird die letzte Schlacht geschlagen. Der Antichrist erscheint, die Posaunen ertönen, der jüngste Tag ist angebrochen. Das Walserfeld hat einen dürren Baum, wie der Kirchhof zu Nortorf einen Holunder. Auch sonst weiß die Volkssage am Untersberge, am Kyffhäuser und an anderen Orten, daß die letzte Schlacht um einen Baum entbrennt, um eine Esche, Birke, Linde oder einen Dornstrauch. Wenn der Baum zu grünen beginnt, naht die schreckliche Schlacht, und wenn er Früchte trägt, wird sie anheben. Dann hängt Kaiser FRIEDRICH seinen Schild an den Baum, alles wird hinzulaufen und ein solches Blutbad sein, daß den Kriegern das Blut in die Schuhe rinnt, da werden die bösen Menschen von den guten erschlagen. Der dürre Baum, d.h. das Kreuz des Erlösers, an dessen Fuße der Kaiser zum Zeichen des Verzichtes auf sein Reich Zepter und Krone nach der orientalischen Sage niederlegen sollte, nahm immer mehr den Charakter des aus den verdorrten Wurzeln neu ausschlagenden Weltbaumes an, und das Aufhängen des Schildes bedeutet nicht mehr einen Verzicht auf die Krone, sondern einen entscheidenden Herrscherakt, sei es als allgemeines Friedenswirken, sei es als Aufgebot des Volkes zu Thing- und Heerfahrt. Der Kampf um das heilige Land wurde zur letzten Schlacht der Götter und ihrer Widersacher, und seit der zweiten Hälfte des 17. Jahrhunderts zu einem blutigen, aber siegreichen Kampfe für ein großes einiges, ein deutsches Vaterland.

ABKÜRZUNGEN UND ERLÄUTERUNGEN

aengl.	altenglisch
afries.	altfriesisch
ags.	angelsächsisch
ahd.	althochdeutsch
aind.	altindisch
aisl.	altisländisch
altir.	altiranisch
an.	altnordisch
as.	altsächsisch
bayr.	bayerisch
erm.	erminonisch
got.	gotisch
ide.	indoeuropäisch
idg.	indogermanisch
ir.	irisch
istw.	istwäonisch
langob.	langobardisch
lat.	lateinisch
lit.	litauisch
mhd.	mittelhochdeutsch
mndl.	mittelniederländisch
nd.	niederdeutsch
nhd.	neuhochdeutsch
nl.	niederländisch
skr.	sanskrit

urgerm.	urgermanisch
ǫ	entspricht engl. »aw«
Þ đ	entspricht engl. »th«
ˉ ˆ	über Vokalen, bedeutet deren Länge
ˇ	Akzent
*	aus dem Indogermanischen hypothetisch erschlossen

Leseprobe

Kampf der Titanen

Auf der Spitze des Berges Othrys lag Kronos ausgestreckt am Boden. Die anderen Titanen wussten noch nicht, dass Zeus seine Brüder und Schwestern gerettet hatte, aber wahrscheinlich würden sie darauf mit wütender Gewalt reagieren. Im Schutz der Nacht machten sich Rhea und ihre sechs Kinder heimlich davon, um so viel Abstand wie möglich zwischen sich und das Titanenland zu legen.

Zeus wusste genau, dass ein Krieg unvermeidlich war. Kronos würde keine Ruhe geben, solange seine Kinder lebten, und Zeus war seinerseits entschlossen, seinen Vater zu entthronen. Im Innersten hörte er nachdrücklicher denn je die sanfte Stimme von Moros, die ihm einflüsterte, dass es seine Bestimmung sei, zu herrschen.

Der blutige, gewaltsame und zerstörerische Konflikt, der nun folgte, ist den Historikern als TITANOMACHIE bekannt.*

Auch wenn uns Einzelheiten zum Hergang dieses zehnjährigen Krieges nicht bekannt sind, so wissen wir doch, dass die kolossale Gewalt und Energie, die beim Kampf der Titanen, Götter und Monster freigesetzt wurde, die Berge dazu brachte, Feuer zu speien, und die Erde veranlasste, zu beben und aufzubrechen. Viele Inseln und Landmassen entstanden durch diese Kämpfe.

* Hesiod bietet uns im achten Jahrhundert vor Christus die umfangreichste erhaltene Beschreibung des Konflikts, aber auch andere Dichter besingen ihn; ein Epos namens *Titanomachie* des Eumelios von Korinth (oder möglicherweise des legendären blinden Barden Thamyris) wird oft in anderen Texten erwähnt, ist aber verschollen.

Ganze Kontinente verschoben sich und veränderten ihre Form. Ein Großteil der Erde, wie wir sie heute kennen, verdankt seine Geographie diesen seismischen Störungen, diesem im wahrsten Sinn des Wortes weltbewegenden Konflikt.

In einem fairen Kampf wäre die vereinte Kraft der Titanen höchstwahrscheinlich zu stark für die jungen Gegner gewesen. Sie waren einfach mächtiger und erbarmungsloser. Alle außer Klymenes Söhne Prometheus und Epimetheus stellten sich auf die Seite von Kronos und waren damit der kleinen Gruppe der selbsternannten Götter unter der Führung von Zeus zahlenmäßig weit überlegen. Aber so wie Uranos teuer dafür bezahlt hatte, dass er die Zyklopen und Hekatoncheiren in Gaia festsetzte, sollte Kronos dafür bezahlen, sie in den Höhlen des Tartaros eingesperrt zu haben. Es war die kluge Metis, die Zeus riet, sich in die Unterwelt zu begeben und seine drei einäugigen und drei hunderthändigen Brüder zu befreien. Er versprach ihnen die Freiheit, wenn sie ihm helfen würden, Kronos und die Titanen zu besiegen. Mehr Ermutigung war nicht nötig. Auch die Giganten beschlossen, sich auf die Seite von Zeus zu schlagen, und erwiesen sich als tapfere, unermüdliche Krieger.

Im letzten, entscheidenden Kampf verband sich die gnadenlose Grausamkeit der Hekatoncheiren, nicht zu vergessen ihr Überschuss an Köpfen und Händen, ganz prächtig mit der energiegeladenen Kampfkraft der Zyklopen, deren Namen, falls Sie sich erinnern wollen, Donner, Blitz und Leuchtkraft bedeuteten: Arges, Steropes und Brontes.

Diese talentierten Facharbeiter entwickelten aus ihrer Beherrschung der Stürme heraus die Blitze, damit Zeus sie als Waffe nutzen konnte. Er lernte, sie mit äußerster Zielsicherheit auf seine Feinde zu schleudern und diese zu atomisieren. Unter seiner Leitung griffen die Hekatoncheiren sich ganze Felsen und warfen sie in wahnwitzigem Tempo von sich, während die Zyklopen ihre Feinde mit Lichtshows hetzten und verwirrten. Die hundert Hände der Hekatoncheiren schaufelten und schleuderten, schaufelten und schleuderten unzählige Felsbrocken, ein Stakkato pfeilschneller Geschosse, bis die verprügelten und geschlagenen Titanen auf einen Waffenstillstand drängten.

So verlassen wir sie, ihre blutüberströmten Köpfe in vollständiger Kapitulation gebeugt, und schauen nach, was sonst noch in der Welt geschah, während die Kämpfe schreckliche zehn Jahre andauerten.

Die Vermehrung

Das Feuer und die Wut des Krieges hatten die Erde versengt, bereichert und befruchtet. Neue Triebe für eine frische, grüne Welt brachen durch, damit die triumphierenden Götter sie in Besitz nehmen konnten.

Früher einmal war der Kosmos nicht sehr viel mehr gewesen als Chaos. Dann hatte das Chaos die ersten Lebensformen ausgespuckt, die primordialen Wesen und die Prinzipien von Licht und Dunkelheit. Indem jede Generation sich weiterentwickelte und neue Wesen geboren wurden, die sich wiederum vermehrten, nahm die *Vielfalt* zu. Aus den alten primordialen und elementaren Grundlagen erwuchsen Lebensformen von immer größerer Fülle. Die Wesen, die nun geboren wurden, waren mit einer einzigartigen Persönlichkeit und Individualität ausgestattet. In Computersprache würde man sagen: Das Leben sprang von 2 Bit zu 4 Bit zu 8 Bit zu 16 Bit zu 32 Bit zu 64 Bit und so weiter. Jede Potenzierung stand für Millionen und dann Milliarden neuer Kombinationen in Größe, Form und etwas, das man Auflösung nennen könnte. In Erscheinung trat eine Art HD-Charakter, auf den wir modernen Menschen so stolz sind, und als neue Arten aufkeimten, gab es eine Explosion von etwas, das die Biologen Spezitation nennen.

Ich stelle mir die erste Stufe der Schöpfung gerne wie den Bildschirm eines altmodischen Fernsehapparats vor, auf dem in Schwarzweiß *Pong* gespielt wird. Erinnern Sie sich an *Pong?* Es gab zwei weiße, senkrechte Striche als Schläger und ein kleines Rechteck als Ball. Die Schöpfung war eine primitive, gepixelte Form eines lebhaften Tennisspiels. Fünfunddreißig bis vierzig Jahre später gibt es 3D-Virtual-Reality. So war es auch mit dem griechischen Kosmos, der mit schwerfälliger und unfertiger Low Resolution begann und jetzt zu einem reichhaltigen, vielfältigen Leben erblühte.

Mehrdeutige, unberechenbare, faszinierende und rätselhafte Geschöpfe und Götter waren auf den Plan getreten. Um eine Unterscheidung zu benutzen, die E. M. Forster traf, als er über Romanfiguren sprach, entwickelte sich die Welt nun von flachen zu gerundeten Charakteren – zur Ausformung von Persönlichkeiten, deren Verhalten uns überraschen könnte. Der Spaß begann.

Die Musen

Eine der originalen Titaninnen, Mnemosyne (Erinnerung), wurde durch Zeus zur Mutter von neun hochintelligenten und kreativen Töchtern, den Musen. Sie lebten zeitweise auf dem Berg Helikon (wo später die Quelle Hippokrene zu finden war), auf dem Parnass oberhalb von Delphi und in Pieria in Thessalien, dem Ort, wo die legendäre Quelle aller Künste und Wissenschaften floss.* Die Musen gelten heute als die Schutzheiligen aller Künste, unter besonderer Berücksichtigung der Inspiration. »O hätt ich eine Muse ganz aus Feuer!«, ruft der Chor in der ers-

* Die PIERIDEN kamen ebenfalls aus Pieria. Es handelt sich um neun Schwestern, die den Fehler machten, die Musen herauszufordern, nur um deshalb flugs in Elstern verwandelt zu werden.

ten Szene von *Heinrich V.* Er oder sie ist »meine Muse«, sagen wir von denen, die unsere Kreativität anfachen und uns zu Größerem anspornen. Die Musen finden wir in »Musik« wieder, in »Amüsement« und im »Museum«. W. H. Auden glaubte, dass das Bild von der kapriziösen Gottheit, die dem Dichter alle möglichen Einfälle ins Ohr flüstert, die beste Erklärung sei für die zum Wahnsinn treibende Unzuverlässigkeit der Inspiration. Manchmal schenkt sie einem Gold, manchmal liest man noch einmal, was sie einem diktiert hat, und stellt fest, dass es Schrott ist. Die Erinnerung mag die Mutter der Musen sein, ihr Vater aber ist Zeus, dessen haarsträubende Inkonsequenz das Thema vieler Geschichten ist, die noch kommen werden.

Aber zuerst wollen wir die neun Schwestern kennenlernen, von denen jede die Schutzheilige einer ganz bestimmten Kunstform ist.

Kalliope

Für den römischen Dichter Ovid war sie die Chefin aller Musen. Ihr Name bedeutet »schöne Stimme«, und sie brachte ORPHEUS zur Welt, den wichtigsten Musiker der griechischen Geschichte. Die herausragendsten Poeten – Homer, Vergil und Dante eingeschlossen – beschworen ihre Hilfe herauf, wenn sie sich an ihre großen epischen Werke machten.

Clio

Heute zu einem Autotyp von Renault und der Trophäe bei einer Preisverleihung der Werbeindustrie herabgestuft, war Clio oder *Kleio* (die Rühmerin) die Muse der Geschichtsschreibung. Sie war verantwortlich dafür, die Taten der Großen im In- und Ausland zu verkünden und sie berühmt zu machen. Amerikas älteste Debattengesellschaft, in Princeton von James Madison, Aaron Burr und anderen gegründet, trägt ihr zu Ehren den Namen *Cliosophical Society*.

Erato

ERATO war die Muse der Lyrik und Liebesdichtung. Ihr Name ist mit »Eros« und »Erotik« verwandt. In der Kunst wird sie gerne mit einem goldenen Pfeil gezeigt, um diese Nähe zu illustrieren. Turteltauben und Myrte werden ihr häufig zugeordnet, ebenso die Laute.

Euterpe

Die Muse der Musik selbst, die »entzückende« und »fröhliche« EUTERPE, zeugte mit dem Flussgott STRYMON den König RHESOS, der später eine kleine Rolle im Trojanischen Krieg spielen sollte. Ob der Name des Affen und des Blutgruppensystems auf ihn zurückgeht, ist umstritten.

Melpomene

Die tragische Muse MELPOMENE, deren Name sich vom griechischen Verb für »mit Liedern und Tänzen feiern« ableitet, stand ursprünglich für den Chor und schließlich für die Tragödie als Ganzes – eine bedeutende Mischung aus Musik, Poesie, Drama, Maske, Tanz, Lied und religiöser Feier. Die Schauspieler der Tragödie trugen wadenhohe Schaftstiefel mit sehr hohen Sohlen, die Kothurn genannt wurden.* In Darstellungen trägt Melpomene sie für gewöhnlich oder hält sie in der Hand. Auch sieht man sie natürlich mit der berühmten tragischen Maske, den un-

* Sie verliehen den Darstellern im wahrsten Sinn des Wortes Größe.

glücklich nach unten gezogenen Lippen. Zusammen mit ihrer Schwester Terpsichore ist sie die Mutter der Sirenen, deren Zeit noch kommen wird.

Polyhymnia

Hymnos ist das griechische Wort für »Lobpreisung«, und POLYHYMNIA war die Muse der Hymnen, der *heiligen* Musik, des Tanzes, der Poesie und der Rhetorik ebenso wie – etwas wahllos, könnte man denken – der Landwirtschaft, Pantomime, Geometrie und Meditation. Heute würde man sie wahrscheinlich »Muse der Achtsamkeit« nennen. Meist wird sie recht ernsthaft dargestellt, einen Finger nachdenklich an die Lippen gelegt. Zusammen mit Kalliope ist auch sie eine Anwärterin auf die Mutterschaft von Orpheus.

Terpsichore

Inhaber eines Käsegeschäfts: »Oh, ich dachte, Sie beschweren sich über den Bouzoukispieler.«
Kunde: »Oh, bewahre. Ich gehöre zu denen, die sich an allen Erscheinungsformen der Muse Terpsichore erfreuen.«

Dieser Dialog aus Monty Pythons unsterblichem »Käsegeschäft-Sketch« hat mich, wie so viele andere auch, mit TERPSICHORE bekannt gemacht, der Muse des Tanzes.